colección
Lejos y Cerca

directora de colección
Silvia Magnavacca

Diseño: Gerardo Miño.
Composición: Eduardo Rosende.

Edición: Primera en castellano. Julio de 2019.
Código IBIC: HPC [Historia de la Filosofía occidental]
HPCA [Filosofía occidental: antigua, hasta c. 500]
HPCB [Filosofía occidental: medieval y renacentista]

ISBN: 978-84-17133-60-3

Armado y composición: Suipacha, Prov. de Buenos Aires, Argentina.
Impresión: Ciudad Autónoma de Buenos Aires, Argentina.

Cualquier forma de reproducción, distribución, comunicación pública o transformación de esta obra solo puede ser realizada con la autorización de sus titulares, salvo excepción prevista por la ley. Diríjase a CEDRO (Centro Español de Derechos Reprográficos, www.cedro.org) si necesita fotocopiar o escanear algún fragmento de esta obra.

© 2019, Miño y Dávila srl / Miño.y Dávila sl

e-mail producción: produccion@minoydavila.com
e-mail administración: info@minoydavila.com
web: www.minoydavila.com

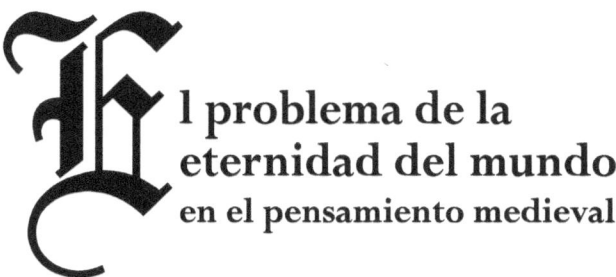

El problema de la eternidad del mundo
en el pensamiento medieval

A nuestros hijos: Jimena, Leandro, Sol y Santiago

OLGA L. LARRE

Con la colaboración de
MARÍA JULIA SAN MARTÍN GRANEL
PABLO ETCHEBEHERE

El problema de la eternidad del mundo en el pensamiento medieval

ÍNDICE

INTRODUCCIÓN 15

CAPÍTULO 1
El legado de la antigüedad: Platón y Aristóteles 21

1. Platón 21
   1.1. El *Timeo* como texto seminal del problema 21
   1.2. La investigación reciente y sus nuevas perspectivas ... 25
   1.3. Análisis del texto 27
   1.4. Evaluación y observaciones 38
2. Aristóteles 39
   2.1. Una teoría del tiempo que no depende de la eternidad ... 40
   2.2. Planteamiento del problema de la eternidad del movimiento y del mundo en el *corpus aristotelicum* 51
   2.3. Observaciones a modo de síntesis 62

CAPÍTULO 2
El platonismo latino y la gravitación de las primeras traducciones 67

1. La traducción de Cicerón (106 a.C.-43 a.C.) 68
   1.1. Formulación del argumento sobre la eternidad del mundo ... 71
2. La traducción y comentario al *Timeo* de Calcidio (aprox. 350) 75
   2.1. Ubicación cronológica y fuentes 75
   2.2. Estructura de la obra 78
   2.3. Calcidio y el problema en torno a la eternidad del mundo ... 82

CAPÍTULO 3
Filón de Alejandría 87

1. El tratado *Sobre la eternidad del mundo* 88
2. El exordio: sus características distintivas 92

3. El significado del cosmos filónico y los sentidos posibles de la corrupción 93
4. Las doctrinas en torno al problema de la eternidad del mundo.. 95
   4.1. El mundo como realidad eterna 95
   4.2. El mundo como creado y corruptible 97
   4.3. El cosmos como engendrado e incorruptible 101
5. El tiempo como criatura de Dios 103
6. El enigma de la eternidad del mundo: el tratamiento alegórico.... 105
7. Balance y conclusiones 108

CAPÍTULO 4
Plotino y el tiempo como afán del alma 111

1. El tiempo como imagen "necesaria" de la eternidad 113
2. Desde el tiempo como *kínesis* hacia el tiempo de la conciencia.... 116
3. Un universo eterno: los argumentos centrales de la *Enéada* III, 7... 123
4. Observaciones en torno a la posibilidad de un mundo eterno 126

CAPÍTULO 5
Argumentos patrísticos contra la eternidad del mundo 129

1. San Justino Mártir: primer argumento de transmisión platónica 130
2. Diodoro de Tarso (?-392), Juan Damasceno (675-749) y San Basilio (330-379): segundo argumento de transmisión aristotélica 131
3. Orígenes: un tercer argumento de transmisión aristotélica 132
4. Lactancio (245?-325): primer argumento de base estoica 134
   4.1. El segundo argumento de Lactancio de base estoica 136
   4.2. Tercer argumento de Lactancio 137

CAPÍTULO 6
La eternidad del mundo en Agustín de Hipona 143

1. San Agustín y el pensamiento precedente 144
2. La teoría agustiniana del tiempo. Su relación con la eternidad.... 149
3. El eterno retorno 154
4. ¿Mundo eterno o con inicio temporal? 156

CAPÍTULO 7
Filopón y Simplicio: emergentes de la primera confrontación argumentativa en torno al problema de la eternidad del mundo 163

1. Presentación de las obras centrales de referencia 167
   1.1. Las argumentaciones filopónicas contra Aristóteles 168
   1.2. Las argumentaciones con base en el neoplatonismo de Proclo 171
   1.3. Argumentaciones de Filopón con proyección en el pensamiento escolástico 172

CAPÍTULO 8
La eternidad del mundo en Boecio 177

1. El tema del tiempo y de la eternidad en *La Consolación de la filosofía* 178
2. Las bases de la argumentación boeciana sobre la perpetuidad del mundo 180
3. Duración indefinida versus eternidad 182
4. La vinculación tiempo-eternidad con la presciencia divina 184
5. La eternidad boeciana en clave de atemporalidad 185
6. La proyección de Boecio en el pensamiento posterior 188

CAPÍTULO 9
La eternidad del mundo en Juan Escoto Eriúgena 193

1. Los aspectos centrales del tratamiento de la cuestión en Juan Escoto Eriúgena 193
   1.1. La inserción del problema tiempo-eternidad en el marco del *Periphyseon* 195
   1.2. El binomio tiempo-eternidad en orden a las causas primordiales 198
   1.3. La derivación del mundo corpóreo desde lo inteligible. Propuesta eriugeniana de conciliación entre la eternidad de Dios y la temporalidad de lo físico 202
2. ¿Un ser creado ex nihilo puede ser eterno? 204
3. La relación tiempo-eternidad con relación al fieri divino 206
4. Balance y conclusiones 207

CAPÍTULO 10
La eternidad del mundo en la escuela de Chartres 211

1. Antecedentes de la formulación del problema de la eternidad del mundo en la escuela de Chartres 213
   1.1. La eternidad del mundo en Bernardo de Chartres y Guillermo de Conches 215
   1.2. Bernardo Silvestre 223
   1.3. El tema de la eternidad del mundo en Thierry de Chartres .. 225
   1.4. El tema de la eternidad del mundo en Clarembaldo de Arras 226
   1.5. La eternidad del mundo en la escuela de San Víctor 227
2. Un receptor crítico de las doctrinas chartrianas: Pedro Lombardo 229
3. A modo de síntesis 231

CAPÍTULO 11
Algacel y Averroes: la segunda etapa de la confrontación medieval ... 235

1. Una doctrina común: la *symphonia* neoplatónica en el islam medieval 235

2. Avicena y su análisis del problema de la eternidad del mundo... 239
3. La disputa sobre la eternidad del mundo en Algacel.................. 241
4. Averroes y su participación en la disputa..................................... 243
5. La recepción de la disputa en el mundo latino a través de Maimónides.. 252

CAPÍTULO 12
La eternidad del mundo en el siglo XIII:
Buenaventura de Bagnoreggio.. 265

1. Presentación de la discusión en el marco del siglo XIII............. 265
2. El problema de la eternidad del mundo en Buenaventura de Bagnoreggio 269
   2.1. Un punto de partida: el concepto de creación..................... 269
   2.2. Presentación de las líneas argumentativas y conceptuales de la doctrina elaborada por Buenaventura........................ 271
   2.3. Desarrollo de los argumentos *quod sic et quod non* 273

CAPÍTULO 13
La eternidad del mundo en Tomás de Aquino............................ 287

1. Las primeras formulaciones argumentativas tomasianas 289
2. Período medio... 293
3. Período final en la elaboración del problema 296

CAPÍTULO 14
Las versiones post-bonaventurianas en la escuela franciscana........ 305

1. Las primeras reacciones en la escuela franciscana: Guillermo de Baglione 305
2. La versión del problema en John Peckham 306
3. En síntesis 316

CAPÍTULO 15
La versión aristotélica de Siger de Brabante................................ 319

1. El *De Aeternitate Mundi* y la presentación del problema........... 321
2. La fundamentación argumentativa del *De Aeternitate Mundi*.... 323
   2.1. Las especies de entes generables y corruptibles son eternas y causadas 324
   2.2. La respuesta a las objeciones formuladas............................ 327
3. El problema de los universales y su vinculación con el tema 329
4. El análisis de la relación acto-potencia y su relación con la temporalidad... 330
5. Síntesis conclusiva del *De Aeternitate*....................................... 333

CAPÍTULO 16
Las postrimerías medievales del tema: Guillermo de Ockham......... 337

1. La noción de infinito 338
2. El infinito y la divisibilidad del continuo dimensivo 340
3. El infinito en relación con el tiempo... 343
   - 3.1. Argumentos ockhamistas respecto de la eternidad del mundo vinculados con la noción de infinito......................... 343
   - 3.2. Argumentos ockhamistas que parten de la realidad de la creatura 348

CAPÍTULO 17
Balance y consideraciones finales....................................... 355

ANTOLOGÍA DE TEXTOS 363
Platón 365
Aristóteles.. 367
Plotino... 373
Agustín de Hipona 377
Boecio 381
Alkindi 383
Avicena 385
Maimónides... 389
Buenaventura 391
Tomás de Aquino... 401
Hervé Nédellec... 405
Durando de San Porciano.. 413
Gabriel Vázquez S.I. 417
Francisco Suárez... 421

Introducción

El pensamiento medieval puede ser considerado como un movimiento de ideas definitivamente concluido o, por el contrario, como un espejo en el que puede mirarse el hombre contemporáneo con el fin de hallar sugerencias y modos posibles de abordar problemas filosóficos centrales que atraviesan toda época.

Nuestro tiempo, gravitado en su modo de pensar por el vasto panorama que las ciencias han obtenido sobre la naturaleza del universo y de la vida, suele encarar bajo una mirada científica la resolución del problema en torno al origen y la eternidad del mundo.[1] Por ello entendemos que el discernimiento de los núcleos problemáticos formulados en otro período pueden resultar de interés para el pensamiento contemporáneo si se tiene como finalidad descubrir el foco del verdadero

---

1   Cfr. a modo de ejemplo la perspectiva desarrollada por F. J.TIPLER, *La física de la inmortalidad*, Editorial Alianza, 2da. ed. 2001, p. 613.

"problema filosófico" que, por ser tal, transita de un modo permanente el curso de la historia, trasvasándose de una época a otra bajo formulaciones diferentes, y exponiendo una misma dificultad metafísica antigua y a la vez, siempre nueva.

La ciencia contemporánea concibe que la formación del universo tuvo lugar hace unos quince mil millones de años. Pero ¿se trata esto de un verdadero comienzo absoluto?; y este comienzo ¿nos permite hablar de un tiempo acotado en cuanto a su inicio? La moderna cosmología sólo se refiere a la formación del estado actual del mundo; nada dice sobre un comienzo absoluto. Y solo señala que, si hubo un estado anterior, no tiene ninguna relación con el estado actual, con lo cual deja el núcleo esencial del problema aún por tratar.

Nuestro interés radica en analizar este problema en el marco del pensamiento medieval, donde la cuestión ha adquirido características de centralidad en el contexto de la discusión filosófica. Su gravitación sobre la historia del pensamiento es tal que nos animamos a afirmar que la modernidad ha formulado el problema desde coordenadas de inteligibilidad análogas a las expresadas por el medievo.

La querella medieval sobre el tema que nos ocupa se ha expresado en tres oportunidades distintas. La primera entre el neoplatónico cristiano Juan Filopón y Simplicio, en los inicios del siglo VI, discutiendo ampliamente las argumentaciones aristotélicas.

Una segunda fase, con dos etapas en su manifestación, se produce en el ámbito del pensamiento musulmán cuando Algacel se opone a los filósofos, particularmente a Avicena, en la segunda mitad del siglo XI y redacta su *Destruccción o Incoherencia de los filósofos* en donde ataca la tesis de la eternidad del mundo como contraria al Corán y a la razón. En el siglo siguiente es Averroes quien en nombre de la razón, de Aristóteles y de la filosofía, propone como respuesta a Algacel su *Destrucción o Incoherencia de la incoherencia*.

Por último, la etapa que cierra el medioevo se produce en el seno de la universidad medieval cristiana y latina, en la segunda mitad del siglo XIII y queda centrada en las figuras de los maestros Buenaventura y Tomás de Aquino. En esta etapa se produce el momento de mayor efervescencia entre la posición de los maestros de artes y los teólogos; su trazo distintivo es que pone en juego a un número muy importante de interlocutores de innegable trascendencia en el pensamiento posterior.

Tomás de Aquino sostiene que ninguna razón convincente se opone a la posibilidad de un mundo creado desde toda la eternidad. De allí que, el comienzo del mundo en el tiempo no es una verdad alcanzada a través de la razón natural, sino por la fe: *"mundum non semper fuisse, sola fide tenetur et demostrative probari non potest".*[2] El carácter temporal del mundo –reflexiona santo Tomás– no se puede demostrar partiendo del mundo ni tampoco de Dios. Desde el concepto del mundo no se puede inferir que no haya existido siempre, pues el concepto esencial de una cosa prescinde del tiempo y del espacio. Y por otra parte, la causa eficiente del mundo es la libre decisión de Dios; y por ello, su comienzo temporal no es objeto del saber natural, sino de la fe.

San Buenaventura afirma, en cambio, que suponer un mundo eterno encierra una interna contradicción; pues la creación de la nada significa tener el ser "después del" no ser (*"habere esse post non esse"*); por tanto, hay primero no ser y luego ser,[3] con lo cual necesariamente –sostiene– se ha de vincular la creación con un principio de orden temporal.

Los autores escolásticos, sobre todo a partir del siglo XIII y de la fundación de las universidades y de la codificación de los géneros literarios, tienen por costumbre tratar los temas retomando los argumentos de sus predecesores y de sus contemporáneos antes de defender una posición personal. Esto nos permite inferir que en esta tercera etapa hay una influencia de las dos instancias precedentes aun cuando los textos mayores del debate entre los neoplatónicos y los pensadores árabes permanecieron prácticamente ocultos para los latinos; y sólo fueron difundidos a través de mediaciones particularmente significativas para la formulación del problema.

La revisión historiográfica de la transmisión de las fuentes conduce a distinguir una filiación greco-latina que se inicia con Platón y alcanza las *Sentencias* de Pedro Lombardo, mientras que la fuente greco-árabe se expresa masivamente a partir de fines del siglo XII sobre la naciente universidad; y condujo a significativas diferencias de evaluación.

Ha sido un lugar común considerar la formulación del problema de la eternidad del mundo, y ya en el curso del siglo XIII, como un producto derivado de la introducción de los libros naturales de Aristóteles y de algunos autores árabes como Avicena, Algacel y Averroes. Los trabajos de Luca Bianchi,[4] y de Omar Argerami,[5] enfatizan este aspecto;

---

2 TOMÁS DE AQUINO, *Summa Theologiae*. I, 46, 2 (Ed. Taurini-Romae, 1950, p. 237).
3 BUENAVENTURA, *Commentarium in Sententiis*, II, dist. 1, p. 1, a. 1, q. 2., (Ed. Quaracchi, vol. II,.p. 19-24)
4 "La discussione sulla durata dell' universo fu, come si è detto, una delle inevitabili conseguenze della massiccia penetrazione nell'occidente latino del XIII secolo dei testi dei pensatori greco-arabi, veri e propri arsenali di argomenti contrari al dettato biblico della creazione ab initio temporis" L. BIANCHI, *L'errore di Aristotele. La polemica contro l'eternità del mondo nel XIII secolo*, Florence, 1984, 17.
5 O. ARGERAMI, "La cuestión *De aeternitate mundi*: Posiciones Doctrinales", *Sapientia*, (1972), 27, 313-334; Ibid., (1973), 28, 179-208. En estos trabajos el autor expresa que "el

e incluso, las primeras investigaciones de Richard Dales expresan su inicial coincidencia con estas conclusiones.[6] Sin embargo, Dales, a partir de una profundización de sus estudios, centrados en la formulación del problema entre los años 1220 y 1260, modifica su enfoque, matizando mucho la combinación de viejo y de nuevo que caracterizó la escena parisina del siglo XIII.

Dales viene a sostener, de un modo contrapuesto a lo que ha sido la evaluación más difundida en el tratamiento del problema, que los filósofos latinos medievales estuvieron en deuda, fundamentalmente, con tres autores: Platón, san Agustín y Boecio, enfatizando así la importancia de la transmisión occidental. Más aun, Dales sube su apuesta al expresar que aún despúes del redescubrimiento de la filosofía natural de Aristóteles y de la introducción de las traducciones latinas de judíos y musulmanes "fueron los citados autores quienes proveyeron el contexto, el punto de partida y aún la base para la formulación de las dos aristas de resolución del problema":[7] el planteamiento franciscano de Buenaventura y aquel otro heterodoxo para los cánones de la época, sustentado por Tomas de Aquino,[8] manteniendo ambos, a estas autoridades con un carácter preeminente. El problema de la eternidad del mundo –indica– no reconoce como fuentes centrales a Aristóteles, sino al *De Consolatione philosophiae* de Boecio, y a las *Confessiones* y el *De Civitate Dei* de san Agustín; pues han sido, centralmente, estas obras las que gravitaron en la redacción del texto de las *Sentencias* de Pedro Lombardo, autor que introduce en el ámbito parisino la afirmación de la finitud del mundo.[9]

La discusión ha quedado abierta invitándonos a revisar también desde un punto de vista histórico-genético el problema que nos ocupa. Lo haremos con la intención de exhibir una amplia muestra de los numerosos textos que examinan nuestro tema a partir de autores significativos, con la finalidad de dar cuenta de la evolución del problema.

---

comienzo de la problemática (sobre la eternidad del mundo) está marcado por el desarrollo del aristotelismo" (1972), 313.

6 R. DALES, "Discussions of the Eternity of the World During the First half of the Twelf Century", *Speculum*, (1982), 7, 485-508

7 R. DALES, *Medieval discussions on the eternity of the World*, Brill, Leiden, N.Y., Kobenhavn, Köln, 1990, 3.

8 En particular y en cuanto al tema que nos ocupa se sugiere revisar: BUENAVENTURA, *Opera Omnia*, (Ed. Quaracchi, vol. V, p. 514). TOMÁS DE AQUINO, *Opuscula Philosophica*, Taurini-Romae, 1954, *De aeternitate mundi*, 105-108.

9 O. ARGERAMI, "La cuestión *De aeternitate mundi*: Posiciones Doctrinales", (1972), XXVII, 313-315.

El trabajo tiene límites: los autores estudiados podrían devenir, cada uno de ellos, objeto de un estudio específico. Y más todavía, entre dos cualesquiera de los autores considerados, se podrá encontrar un pensador intermedio, que ha de resultar de importancia a la hora de reconstruir la continuidad de la disputa. Reconocido lo cual, baste para nuestro intento, comenzar con la tarea, ofreciendo un texto en español sobre el tema, que recopile los hitos fundamentales que jalonan la historia del problema desde su formulación seminal en los textos base que dan origen a la disputa pasando por los hitos significativos de la cuestión en sus tres etapas, hasta alcanzar una formulación de cierre en Guillermo de Ockham quien asume desde el franciscanismo una posición solidaria, por lo menos en sus conclusiones, con la de Tomás de Aquino.

En nuestro recorrido intentamos recuperar una trama en la que se expliciten los matices de la tradición neoplatónica, transmitidos por la vía occidental, sin desconocer las aportaciones específicas –que también las hubo– marcadas por el desarrollo del aristotelismo y de la irrupción de la filosofía árabe y judía, presentes, particularmente, en las fórmulas argumentativas del siglo XIII.

Al revisar el tema se confirmará una vez más la imposibilidad de considerar a la Edad Media como un período dilatado en el tiempo, sin fracturas, que se resuelve en un pensamiento absolutamente homogéneo. En efecto, la reflexión sobre los datos revelados provoca, paradójicamente, el surgimiento de un fenómeno que diversifica la pretendida unidad del período, al generar la necesidad de ofrecer respuestas teóricas satisfactorias a los distintos problemas. Entre otros motivos, fue esa gran diversidad de respuestas las que hicieron de la Edad Media filosófica un período de profunda riqueza y complejidad, donde el encuentro de culturas es parte de su fisonomía propia.[10]

Seguir la discusión del problema que nos ocupa supone, por tanto, admitir esta pluralidad de culturas, de religiones, de lenguas, de centros de estudios y de producción de saberes siguiendo líneas de desarrollo que son simultáneas, haciéndolas coincidir en una única historia y respetando el contexto propio de la peculiar interculturalidad medieval.

---

10   F. ROMANO, C. MARTELLO, *Istituzioni di filosofia medievale. Storia, teoría, bibliografia*, Catania, Cooperativa universitaria editrice catanese di magistero, 2002, p. 6.

Capítulo 1
El legado de la antigüedad: Platón y Aristóteles

1. Platón

1.1 El Timeo *como texto seminal del problema*

Faltando criterios cronológicos decisivos,[1] parece aconsejable considerar al *Timeo*, conjuntamente con el *Critias*, como un diálogo de vejez,[2] al que habrían seguido,

---

[1] Sobre un análisis de los resultados de datación a partir de los estudios estilométricos de Cox y Brandwood publicados en 1959, se podrá consultar: T. M. ROBINSON, *American Journal of Philology*, 1967, 57 n. 1. Y para una valoración diversa: M. A. STEWART, *Philosophical Quarterly*, 1971, 172

[2] "This in itself would be a plausible reason for believing the Timaeus to be a later work than the Sophist; and the plausibility of such relative chronology could be reinforced by a comparative study of many other passages, some of them-like those examined here-passages which Owen has mistakenly adduced in support of his own thesis. But, if there mere time to examine them all, the result would only increase the pbausibility; and the highest degree of plausibility is still far different from proof. With this firmly in mind, I would therefore emphasize the following distinctions: 1) All the evidence we have or are likely ever to have requires us to recognize that the Cratylus, the Parmenides, and the Theaetetus were composed before the Timaeus. 2) Mr. Owen has adduced no evidence-nor to my knowledge has anyone else-that proves the Timaeus to have been composed, earlier than the Sophist, the Politicus, or the Phibebus; and on the contrary there are plausible reasons for believing that at least the Sophist and the Politicus antedate the Timaeus. 3) Whatever may be the true relative chronology of this group of dialogues, the philosophical doctrine expressed in the Timaeus is certainly not at variance with that expressed in any of the others of this group and is not repudiated, abandoned, or in any essential point even modified in any of them". H. M CHERNISS, "The Relation of the Timaeus to Plato's Later Dialogues", *American Journal of Philology*, 1957, 78, 225-266. H. M CHERNISS, "The Relation of the Timaeus to Plato's Later Dialogues", *American Journal of Philology*, 1957, 78, 265.

probablemente, el *Filebo* y, seguramente las *Leyes*.³ También podemos indicar que su redacción es, con seguridad, posterior a la *República* pero no de manera inmediata, como parece sugerirlo el comienzo del relato.⁴

Desde la Antigüedad, este diálogo ha tenido fama de oscuro y complejo, e incluso la crítica actual no se pone de acuerdo al destacar el fin último o los valores que mejor lo definen: tradicionalmente se ponía de relieve su carácter enciclopédico y el hecho de ofrecer una descripción del mundo físico. Más recientemente, se ha destacado que su tema verdadero –y el de toda la trilogía a la que supuestamente pertenece– sería el de la historia de la humanidad. Finalmente, para otros autores el objeto del diálogo consiste en la elaboración de una teoría de la ciencia.⁵

Para explicar su éxito, una parte de la crítica ha destacado su carácter metódico y pedagógico, señalando que entre los escritos de Platón, es el que mantiene una exposición continua más larga. Parece un curso o el resumen de un curso, semejante a los que debían darse en la Academia; dirigido a un público ya iniciado en las diversas ciencias y preparado para entender las alusiones a teorías cultas, lo cual explicaría el modo un tanto elíptico que tiene de exponer ciertos detalles matemáticos, como los relativos al alma del mundo o a doctrinas del orden astronómico.

Si tomamos al diálogo como un todo, podemos comprobar que su unidad se encuentra hasta cierto punto comprometida por algunas promesas incumplidas.⁶ Sócrates sugiere que el tema dice relación con la ciudad ideal que él ha descrito *ayer*. La introducción es sobre algo que ya pasó y que está *fuera* del diálogo; mientras que los discursos de *ahora* deberían centrarse en una guerra apropiada a la condición de esa ciudad (*Timeo* 20b). De ahí que *Critias* se adelanta a contar la historia de la Atlántida y de una Atenas originaria que lucha contra aquélla. Su relato, propuesto como un adelanto, va a continuar en el diálogo *Critias* y quedará inconcluso. Pero *Timeo* no va a exponer este tema, porque se le ha asignado al personaje la tarea de relatar la generación del cosmos, incluyendo en él al hombre. Una vez iniciado su discurso

---

Replican estos criterios: J.M. PÉREZ MARTEL, "La Atlántida en *Timeo* y *Critias*: exégesis de un mito platónico", *Fortvnatae*, 21, (2010), p. 127.

3   Véase PLATÓN, *Timeo*, Gredos, Introducción, 133.
4   Véase PLATÓN, *Timeo*, Gredos, Introducción, 131.
5   Para citar a modo de ejemplo las discrepancias ya clásicas de G. SARTON, expresadas en *Isis*, (1952), 57 y las de W. HEISENBERG, *Physicist's Conception of Nature*, American Institute of Physics, 1942, 60 y ss. Más recientemente: K. GLOY, *Studien zur Platonischen Naturphilosophie im Timaios*, Würzburg: Königshausen-Neumann, 1986.
6   Comparte este criterio: O. VELÁSQUEZ, "El *Timeo* de Platón como pieza literaria objeto de traducción", *Versiones*, (2005), nro. 7, 4.

continuará en su tarea hasta el final. Las cuatro restantes figuras del diálogo permanecen silentes todo el tiempo que resta, salvo una breve intervención de Sócrates (*Timeo* 29d) que tiene como objetivo separar el proemio del resto del relato. Se supone, también que el mudo auditorio constituye una suerte de tribunal que es árbitro del relato.

La estructura del diálogo es teleológica: se explica la creación del mundo y del hombre para dilucidar un estado político acorde con su naturaleza. Por ello comienza haciendo referencia a la *República*, donde se trataron diversos temas como la justicia, el gobierno de la *polis* y del hombre, el problema del conocimiento, la opinión, la cuestión del ser y del devenir, de lo excelente en el hombre y de su bien, y del gobierno que le permite alcanzar su fin. Para el Sócrates de la *República* no era importante que su Estado modelo se pudiera llevar alguna vez a la práctica; permanecía como un ideal (*parádeigma*) para guiar los pasos de los hombres hacia la justicia y lo recto (*Timeo* 472d-473b). En *Timeo* se indaga cómo proceder en la aspereza y el desorden de los choques con los otros estados. Éste es, sin lugar a dudas, el propósito de la referencia inicial a la *República*: indicar que en los años transcurridos los intereses de Platón han progresado desde una visión teórica de la sociedad hacia una perspectiva de política práctica.

Analizando las claves que pueden explicar su larga pervivencia, se ha insistido en que ésta no se fundamenta tanto en la belleza de la forma como en el tema desarrollado. Su carácter enciclopédico reúne, a pesar de la brevedad, una suma asombrosa de conocimientos humanos: *Timeo* supuso, en su momento la más completa recopilación del saber acumulado por Platón y su escuela en terrenos tan diversos como la cosmología, la teoría del alma y otros más propiamente "científicos", como la meteorología y las matemáticas. Y de hecho, los sabios de la Edad Media, preocupados por expresar un pensamiento de síntesis, creyeron encontrar en *Timeo* un excelente modelo teórico. Constituye una muestra de su importancia, el hecho de que en el cuadro de Rafael: "*La Escuela de Atenas*", la figura de Platón, lleve entre sus manos, precisamente, al *Timeo*, considerado en el renacimiento como la suma del saber griego.

Sin lugar a dudas, el tema central de *Timeo* es el origen del cosmos: "vamos a hacer un discurso acerca del universo, cómo nació y si es o no generado" (*Timeo* 27c). Sócrates hace un resumen de lo ya expuesto en torno a un estado ideal (*Timeo* 17b-19a) y expresa su deseo de oír una exposición que describa el funcionamiento concreto de un estado semejante (*Timeo* 19b-20c). Si bien se presentan cuatro personajes: *Sócrates, Timeo, Critias y Hermócrates*, y se alude a otros presentes en la *República* que no llegaron aún a la reunión preestablecida, el texto se transforma en un monólogo, sin interrupciones, de *Timeo*. No podemos hablar de *discurso* pues el tono de la exposición es llano, relajado y parece corresponder a una reunión de amigos, pero tampoco podemos decir que se despliega un diálogo donde se intercambian ideas, al modo en que Platón nos tiene acostumbrados.

En el desarrollo del *Timeo* se describe la creación del mundo desde tres puntos de vista distintos. En la primera sección Timeo expone la operación de la Razón (*Timeo* 27d-47e), es el fragmento de mayor interés respecto de la función del Demiurgo y del caos en el universo como también respecto del ordenamiento que el primero realiza sobre el segundo. Se distinguen el ámbito del ser eterno, del devenir que nunca es y de la causa del devenir (*ibíd.* 27d-28b). Al primero pertenece el modelo eterno; al segundo, el mundo sensible y al tercero, el Demiurgo inteligente (*ibíd.* 28b-30a). Se presentan distintos problemas: la creación del mundo (*ibíd.* 30c-34b), el cuerpo del mundo (*ibíd.* 30c-34b) y su alma (*ibíd.* 34b-36b), caracterizado como un ser viviente perfecto (*ibíd.* 30c-d); se presentan a los cuerpos celestes (*ibíd.* 38c-40c) y el hombre (*ibíd.* 41a-47e). El Demiurgo encarga a los *Timeo* inferiores la creación del cuerpo humano y de su alma (*ibíd.* 41a-42e); y finalmente, se explica la estructura del cuerpo teleológicamente (*ibíd.* 44d-45b).

En la segunda parte, Timeo describe las cosas que suceden por necesidad (*ibíd.* 47e-69c), o sea aquellos aspectos del mundo debidos a condiciones preexistentes, que la razón ha de tener en cuenta y no puede alterar (*ibíd.* 48a1-3). Es necesario, por tanto, aclarar el principio de todo cuanto deviene (*ibíd.* 48e-52c) e introducir uno nuevo, el receptáculo (*ibíd.* 48e-51d). Se enumeran los elementos y se explica la estructura de los mismos (*ibíd.* 52d-61c) en relación con las figuras geométricas. Finalmente, se describen las cualidades sensibles y las relaciones entre los opuestos (*ibíd.* 61c-68d).

Por último, en la tercera parte, Platón retoma los dos elementos que trató por separado en las dos primeras secciones. Desarrolla aquí la obra conjunta de la razón y la necesidad (*ibíd.* 69b-92 c); introduce el orden y la proporción comenzando por los elementos (*ibíd.* 69b-c) y expone una descripción pormenorizada de la anatomía del cuerpo humano (*ibíd.* 69c-77c) y de su alma (*ibíd.* 69c-72e). Luego describe las posibles enfermedades del cuerpo (*ibíd.* 81e-86a) y del alma (*ibíd.* 86b-87b), y también propuestas curativas a estas disfunciones (*ibíd.* 87c-90d). Sobre el final se ocupa del mundo animal (*ibíd.* 90e-92c) dado que los hombres que no han sabido respetar el orden natural son condenados a reencarnarse en una vida ulterior en un animal: mujer (*ibíd.*

90e-91d); pájaros; cuadrúpedos; reptiles y gusanos; peces y moluscos (*ibíd.* 91d-92c).

El diálogo formula un paralelismo entre las partes del hombre, y las tipologías humanas y los gobiernos posibles que surgen como consecuencia de ello. *Timeo* procura así, dar una fundamentación natural a la ética y a la política, ordenada desde la base ontológica de una física. En efecto, lo mejor para Platón, lo excelente, tiene que ver con el ser y el pensar; el estadio más alto del ser coincide, en el paradigma de la línea, con el estadio más alto del conocer, los estadios inferiores se relacionan con lo que deviene, con lo que cambia, con lo sensible y que por ello son más difíciles de conocer y, por tanto, son objeto de opinión.

El método de las explicaciones expresadas en *Timeo* está por encima del procedimiento dianoético[7] descrito en la línea dividida de *República*, y resulta más próximo a la dialéctica.[8] En efecto, hablar del mundo implica una dificultad adicional pues estos discursos que se refieren a lo engendrado tienen una consistencia distinta de aquellos que están referidos al ser (*to on*). Los discursos comparten la calidad de los objetos de los que son intérpretes: "La esencia es a la generación como la verdad a la creencia" (*Timeo* 29c). El cosmos, por tanto, como imagen que es, sólo engendra discursos verosímiles. Ha nacido así en la filosofía de Platón, la "narración verosímil" (*ton eikota myton*, *Timeo* 29d) o el *discurso verosímil* (*lógon ton eikota*, *Timeo* 30b), expresiones que se pueden considerar equivalentes. El discurso de *Timeo* está construido sobre la verosimilitud, de modo que no es absolutamente verdadero ni tampoco un mito. Esto deja una impronta profunda y constituye la clave conforme a la cual se desarrolla la totalidad del relato.

1.2 *La investigación reciente y sus nuevas perspectivas*

Sin olvidar que algunos aspectos del *Timeo* pueden formular aún hoy problemas para el lector del diálogo –pensemos, a modo de ejemplo, en la figura del Demiurgo– es posible señalar que en el curso de los últimos decenios se renovó un interés particular en el modelo explicativo del universo propuesto en el diálogo y en el rol asignado por Platón a las matemáticas en la elaboración de este modelo.[9] En esta línea, el

---

7   G. MARCOS, "Sobre la naturaleza dialéctica del relato verosímil del Timeo", *Revista Venezolana de Filosofía,* (1997), 35, 75.

8   Ya desde la antigüedad se lo había comparado con el método del geómetra. Cfr. A. TAYLOR, *A Commentary on Plato's Timaeus*, Oxford, 1928, 67-70.

9   Véase J. ATZPODIEN, *Philosophischer Mythos (eikòs mûtos) und mathematische Metaphorik in Platons Timaios*, Inaugural-Dissertation, Bonn, 1985; P. HADOT, "Physique et poésie

Timeo tiende hoy a ser interpretado como una contribución importante al proponer una teoría general del universo[10] y, particularmente, al discurrir sobre el estatuto de la ciencia física.[11] Estas interpretaciones de Platón testimonian el desarrollo de nuevos centros de interés que instan a los lectores contemporáneos a leer al autor a la luz de las contemporáneas problemáticas filosóficas.

Pero por nueva que sea esta interpretación del *Timeo* confronta al lector con una cuestión muy antigua que es la de saber si es necesario leer el *Timeo* en una perspectiva cosmológico-científica;[12] o bien, en clave cosmogónico-teológica.[13] De este debate participaron la mayoría de las interpretaciones, comenzando por la del mismo Aristóteles y continuando con los comentadores medio y neoplatónicos.

En particular, la lectura metafísica y teológica del diálogo ha prevalecido mucho más allá del medioevo, e incluso se la puede constatar en los escritos de los platónicos de Cambridge,[14] como una posible respuesta a la física de la modernidad. En cambio, ha sido una reacción cronológicamente posterior aquella en la que el Platón teólogo y metafísico ha cedido lugar al epistemólogo.[15] No dudamos en afirmar, coincidiendo en esto con A. Etienne[16] que un estudio que esclarezca los principales aspectos de la historia de la recepción del *Timeo*, profundizando en las lecturas e imágenes que propone es todavía una tarea

---

dans le Timée de Platon, *Revue de Théologie et de Philosophie*, 115, 1983, 113-133; A. F. ASHBAUGH, Plato's Theory of Explanation. A Study of the Cosmological Account in the Timaeus, Albany State Univ of NY Press, 1988.

10 Podrá consultarse, por ejemplo: K. GLOY, *Studien zur Platonischen Naturphilosophie im Timaios*, Würzburg: Königshausen-Neumann, 1986.

11 L. BRISSON-F. W. MEYERSTEIN, *Inventer l'univers: le problème de la connaissance et les modèles cosmologiques*, Paris, Les Belles Lettres, 1991.

12 "Dans le Timée, Platon développe une cosmologie, qui se fonde sur un ensemble limité de présupposés axiomatiques, dont les propriétés du cosmos apparaissent comme les conséquences déduites logiquement" PLATON, *Timée-Critias*, Paris, 1992, Introduction de L. Brisson, p. 13.

13 "Le Timée, par contre, n' est pas une description du monde tel qu' il est, une cosmologie (ce qui est en quelque sorte le cas du livre X des Lois), mais une explication de la formation du monde, une cosmogonie, et donc il ne peut être question d' une preuve ou d' une démonstration du type de celle que donne Platon au livre des Lois" G. NADDAF, *L' origine et l' évolution du concept grec de Physis*, Lewiston-Queenston-Lampeter, The Edwin Mellen Press, 1992, 373-4.

14 A. ETIENNE, *La réception du Timée a travers les siècles: un survol*, XXXI.

15 G. E. R. LLOYD, "Plato as a Natural Scientist", *The Journal of Hellenic Studies*, (1968), Vol. 88, pp. 78-92.

16 A. ETIENNE, *La réception du Timée a travers les siècles: un survol*, XXXI.

pendiente; historia, por cierto, compleja, y que podríamos decir que no ha conocido interrupción hasta nuestros días.[17]

1.3 Análisis del texto

Timeo fue el trabajo seminal para la discusión sobre la eternidad del mundo. La referencia al tema que nos ocupa está expuesta en 28a-38c. Veamos la secuencia del texto:

1.3.1 Presupuestos epistemológicos del problema de la génesis del mundo

Platón señala tres tipos de limitaciones para la comprensión del tema expuesto:

(i) las que provienen del objeto (*Timeo* 29b-c). Al presentar la cuestión, Timeo dice que uno no puede ofrecer una exposición completamente coherente y precisa de temas tales como los que se refieren a los dioses o al origen del universo, sino que debe contentarse con un mito o *lógos* probable (29c-d). Esta idea se mantiene a lo largo del discurso: en 48d habla de "mantener lo que dijimos al principio, la fuerza de un *lógos* probable"; en contraposición, los poetas han hablado de los dioses "sin demostraciones probables y necesarias" (*Timeo* 53d).

En 59c y luego de hablar de la composición de los metales, un tema que ingresa directamente en una concepción que hoy entendemos científica de lo natural, Platón llama a este tipo de análisis "perseguir el método de los mitos probables" y agrega:

> "Cuando un hombre, por distracción, deja de lado los discursos sobre lo que existe siempre y obtiene un placer inocente en los discursos probables del devenir, él añadirá un esparcimiento razonable e inteligente a su vida" (*Timeo*. 59c).

Aquí nos ofrece elementos para la valoración del *lógos* probable. Solamente podemos tener conocimiento seguro de lo que es; en cambio del mundo natural en cuanto es un mundo en devenir, sólo podemos tener esta forma de conocimiento que avanza de un modo indefinido a través de la investigación, sin alcanzar nunca la verdad incuestionable.

---

17 Puede repararse en las observaciones de Whitehead con relación a la influencia decisiva de este pensador para la historia de la filosofía al punto que, en su opinión, toda ella se resume en una suerte de pie de página a la obra de Platón. Véase A. N. WHITEHEAD, *Procès et réalité, Essai de cosmologie*, trad. Charles et al., Paris, 1995, 98.

Mediante el estudio de lo natural podemos alcanzar el conocimiento de la realidad divina e inmutable, porque hasta el mismo Demiurgo divino, al hacer el mundo lo mejor posible, se sirvió del material dado y de causas secundarias:

> "Por eso debemos distinguir dos tipos de causa, una necesaria, la otra divina. Las causas divinas debemos buscarlas siempre y con el fin de alcanzar la felicidad hay que buscar lo divino en todas partes, en la medida en que nos lo permita nuestra naturaleza" (*Timeo* 68e-69a).

(ii) Un segundo orden de dificultades corresponden a la elaboración misma del discurso (*Timeo* 29d2; 30b7) centrado en el cosmos físico, un ser cambiante y mudable.

(iii) y finalmente, deben indicarse los problemas resultantes de los potenciales receptores. Esto no se refiere, por cierto a los participantes del diálogo que son a su vez expositores, sino a los posibles lectores no calificados del texto. Así se afirma que es difícil descubrir al hacedor y padre del universo, e imposible comunicárselo a todos, una vez descubierto (*Timeo* 28c).

1.3.2 Una ontología subyacente: la distinción ser-devenir

En el preludio a la exposición de la génesis del cosmos (*Timeo* 27c-29d) Platón acude a la distinción ontológica entre ser y devenir, distinción familiar al lector de los diálogos de madurez, haciendo de ella uno de los presupuestos fundamentales sobre los que se apoyará toda la explicación subsiguiente.

El diálogo distingue lo que siempre es y nunca deviene, que es aprehendido por la inteligencia con una consideración racional; y lo que está siempre en devenir y nunca es, en cuanto es objeto de opinión junto con la percepción sensible no racional (*Timeo* 28a).

Platón retoma la clásica distinción entre ser (*ousía*) y devenir (*génesis*), entre el modelo inteligible y su imagen sensible, y correlaciona ambos órdenes ontológicos con los *lógoi* que darían expresión a ambos tipos de saber.

Pero a su vez, las palabras griegas que designan "devenir" y "llegar a ser" (*génesis*, *gígnestai*) tienen dos sentidos, en cuanto indican:

1. el origen de algo en un momento determinado, producido de un modo súbito o como fin de un proceso de desarrollo o de fabricación;
2. o bien, un estado de cambio en el que, aun cuando algo nuevo aparece y algo viejo desaparece, el proceso como tal continúa de un modo perpetuo. En este caso no es necesaria una causa que inicie

el movimiento sino sólo una causa que lo mantenga de una forma indefinida.

El problema del origen del mundo queda asumido en una discusión entre las formas y las realidades sensibles que se coloca como centro del discurso; y aparece expresada en términos extremos, como si se tratara, de factores incompatibles.[18]

Sin embargo el relato que se pone en boca de Timeo tiene la particularidad de poseer dos comienzos: pues en *Timeo* 47e, ya avanzada la explicación de la génesis del cosmos, se anuncia que ha sido concluida la exposición de la obra de la razón o de la inteligencia. Se sugiere entonces comenzar otra vez desde el principio, adoptando un nuevo punto de partida que permita dar cabida a la obra de la necesidad.

El universo, señala Platón, nació "por la cooperación de necesidad e inteligencia" (*Timeo* 48a) de ahí que sea menester explicar los factores irracionales que hay en él, dando cuenta de lo engendrado por la necesidad.

Y así a los dos principios introducidos inicialmente –ser y devenir– se suma a esta altura del relato, un tercero, "una especie difícil y oscura" (*Timeo* 49a), la de aquello que es "receptáculo y como nodriza de todo devenir" (*Timeo* 49a).

La trilogía ser-devenir-receptáculo sustituye así al dualismo inicial ser-devenir, proporcionando un nuevo punto de partida al relato sobre el origen del universo.

1.3.3 La causa de la existencia del mundo

Si el mundo ha sido engendrado, conviene conocer la causa por la cual comenzó a existir:

"Digamos ahora por qué causa el hacedor hizo el devenir y este universo. Es bueno y en el bueno nunca anida ninguna mezquindad. Al carecer de ésta, quería que todo llegara a ser lo más semejante posible a él. Haríamos muy bien en aceptar de los hombres inteligentes este principio importantísimo del devenir y del mundo" (*Timeo* 29e).

Las características que asume el universo son descritas con singular belleza por Platón:

"lo conformó como un todo perfecto, constituido de la totalidad de todos los componentes que no envejece ni enferma" (*Timeo*, 33a-b).

---

18   A. TAYLOR, *A Commentary on Plato's Timaeus,* Oxford, 1928, 32.

De ello se podría inferir que el universo no tendrá un fin; y una vez conformado dura indefinidamente.

Su figura es esférica, en cuanto incluye todas las figuras (*Timeo*, 33b); y si bien es un viviente, carece de ojos, oídos, nariz, boca manos y pies:

> "Pues no necesitaba ojos, ya que no había dejado nada visible en el exterior, ni oídos porque nada había que se pudiera oír. Como no estaba rodeado de aire, no necesitaba respiración, ni le hacía falta ningún órgano por el que recibir alimentos, ni para expulsar luego la alimentación ya digerida. Nada salía ni entraba en él por ningún lado –tampoco había nada– pues nació como producto del arte de modo que se alimenta a sí mismo de su propia corrupción y es sujeto y objeto de todas las acciones en sí y por sí. En efecto, el hacedor pensó que si era independiente, sería mejor que si necesitaba de otro. Consideró que no debía agregarle en vano manos, que no precisaba para tomar o rechazar nada, ni pies ni en general ningún instrumento para desplazarse. Pues le proporcionó el movimiento propio de su cuerpo, el más cercano al intelecto y a la inteligencia de los siete. Por lo tanto, lo guio de manera uniforme alrededor del mismo punto y le imprimió un movimiento giratorio circular, lo privó de los seis movimientos restantes y lo hizo inmóvil con respecto a ellos. Como no necesitaba pies para ese circuito, lo engendró sin piernas ni pies" (*Timeo* 33c-34a).

Y también el alma del mundo fue engendrada, procediendo el Demiurgo a unirlos:

> "Una vez que, en opinión de su hacedor, toda la composición del alma hubo adquirido una forma racional, éste entramó todo lo corpóreo dentro de ella para lo cual los ajustó reuniendo el centro del cuerpo con el del alma. Ésta, después de ser entrelazada por doquier desde el centro hacia los extremos del universo y cubrirlo exteriormente en círculo, se puso a girar sobre sí misma y comenzó el gobierno divino de una vida inextinguible e inteligente que durará eternamente" (*Timeo* 36d-e).

1.3.4 Definición platónica de Tiempo

Creado el mundo, Platón relata el surgimiento de *chrónos* del siguiente modo:

> "Cuando su padre y progenitor vio que el universo se movía y vivía como imagen generada (*gegenós agalma*) de los dioses eternos (*aidion theon*), se alegró y, feliz, tomó la decisión de hacerlo todavía más semejante al modelo. Entonces como este es un ser viviente eterno (*Zoon*

aidion), intentó que este mundo lo fuera también en lo posible. Pero dado que la naturaleza del mundo ideal es sempiterna y esta cualidad no se le puede otorgar completamente (*pantelos*) a lo generado, procuró realizar una cierta imagen móvil de la eternidad (*kineton tina aionos*) y, al ordenar el cielo, hizo de la eternidad que permanece siempre en un punto una imagen eterna (*aionion eikona*) que marchaba según el número (*arithmon*), eso que llamamos tiempo". (*Timeo* 37c-d).

En este primer relato la presencia de un Demiurgo, hacedor y padre (*patéra*) del universo (*Timeo* 28c) bien podría responder a la necesidad de relacionar los ámbitos sensible e inteligible presentados en un comienzo, como separados.

El segundo relato compara "el receptáculo a la madre, lo que se imita al padre y la naturaleza intermedia entre ambos, al hijo" (*Timeo* 50d). La figura del padre generador (*Timeo* 50d) se transfiere a la forma inteligible, gracias a lo cual no cabe entender la distinción entre los ámbitos del ser y del devenir, entre lo inteligible y lo sensible, en términos de mutua separación y trascendencia. Al mostrar que lo sensible procede de lo inteligible y de él depende como la imagen de su modelo, Platón expresa una continuidad entre ambos dominios.[19]

El primer relato, en cambio, preludia la labor demiúrgica. Habría un cosmos generado, que deviene; cuyo movimiento se despliega en un tiempo uniforme y medible, tiempo que puede ser contado pues marcha *según el número* (*Timeo* 37d).

El tiempo es movimiento; por tanto envejece: se puede decir "era" y "será" (*Timeo* 37e); es imagen generada por los dioses eternos. La movilidad y el tiempo según el número les fueron dados para otorgarle mayor perfección, pues a lo generado no es posible asignarle la misma naturaleza sempiterna que al mundo ideal. El mundo ideal no posee "formas devenidas del tiempo", pues no envejece, no se corrompe, no es generado ni tampoco deviene.

Hay una clara intención de contrastar el estado de eternidad de las Ideas con el estado de este nuevo cosmos generado.[20] Sin embargo, Platón no dice que el ser eterno esté fuera del tiempo; solamente dice que no había proporciones como el día, la noche, los meses, los años,

---

19 Cfr. G. MARCOS, "Sobre la naturaleza dialéctica del relato verosímil del Timeo", *Rev. Venezolana de Filosofía*, (1997), 35.

20 Tiempo-eternidad no son opuestos sino que están enlazados por una semejanza firmemente fundada en la "imagen". Cfr. TIMEO, trad. O. VELÁZQUEZ, Ed. Universidad Católica de Chile, 2004, p. 111, nota 123.

no había un "era" ni un "será". El tiempo es dividido en partes cuando se produce la generación del mundo.

Pues nada generado puede ser eterno en sentido estricto, lo eterno no sólo no tiene términos, sino que está exento de toda la distinción de antero-posterioridad, no tiene un fue ni un será. Mediante la introducción de la medida en los movimientos desordenados, el Demiurgo realizó "una imagen móvil de la eternidad, eso que llamaremos tiempo –*chrónos*– que se mueve de acuerdo con el número" (*Timeo* 37d-e) situando de esta manera al cosmos aun más cerca de su modelo. De modo que la distinción entre lo que carece de término *a parte ante et post* y lo eterno puede atribuirse con justicia al mismo Platón.[21]

Parménides a quien Platón prácticamente lo cita, había dicho de su Ser Uno: "No fue, ni será, puesto que ahora es" (fr. 8, 5-6). Pero para él no había nada más y sobre lo que nada es, nada puede decirse. Platón rechaza esta negación categórica del mundo de la *dóxa*, del cambio o movimiento temporales, y les concede un lugar, aunque subordinado, en una ontología más amplia.

El Demiurgo crea el universo, y en ese momento introduce el tiempo como una regularidad ordenadora, dividida en períodos susceptibles de medición, como el día, la noche, los meses y los años. Crea también el pasado, y el futuro a los que alude con los aspectos temporales del verbo *eimi*. El Demiurgo crea el tiempo para hacerlo semejante a las Ideas eternas.

Muchos han interpretado la afirmación de que *chrónos* se originó junto con el universo (*Timeo* 36b), como una prueba concluyente de que la narración platónica de la creación es sólo metafórica. Así se expresa Taylor, por ejemplo:

"nadie que esté en sus cabales podría interpretarlo literalmente afirmando que el tiempo y el mundo empezaron juntos y que también existió un estado de cosas (...) antes de que existiera el mundo".[22]

Sin embargo, si no hay tiempo antes de la creación del mundo, la materia resultaría inmune al flujo temporal y habría tenido la estabilidad absoluta de las Ideas.

Además sería posible inferir que el caos se asemeja –conforme a su estabilidad– más a las Ideas eternas antes de la creación del mundo que con posterioridad a él.

---

21 Podrá consultarse para la discusión de este punto el artículo: W. VON LEYDEN, *Philosophical Quarterly*, 1964. Owen ha discutido el pasaje en *Monist*, 1966, 332-336.
22 A. TAYLOR, *A Commentary on Plato's Timaeus*, Comm. 69.

Sin embargo también parece problemático que las Ideas sean eternas y que el caos suponga un cuasi tiempo, a menos que consideremos la eternidad como algún tipo de tiempo no fragmentado. Y en ese caso no la consideramos como equivalente a la atemporalidad.

La antipatía hacia la interpretación mítica quizá esté basada en la aceptación de "un tiempo antes del tiempo".[23] Tanto Cornford como Taylor[24] consideraron la creación como mítica dejando al Demiurgo identificado con la razón del alma cósmica. Sin embargo la idea de un tiempo anterior al universo material entra en conflicto con una de las convicciones más firmes de Platón según la cual el universo material habría estado desordenado si no mediara una mente ordenadora.

Para quienes el mundo no ha sido engendrado, la exposición platónica de la creación no es más que un análisis de la estructura del mundo a partir de una explicación genética. De un modo semejante, un geómetra, para describir la forma de un cubo, puede hablar en términos de un cuadrado que se construye a partir de cuatro líneas rectas iguales, y luego de un cubo que se construye con seis cuadrados. No se indica que las líneas existan con anterioridad temporal a los planos, ni los planos a los sólidos, pero ha descrito el cubo como si se estuviera formando, a modo de recurso pedagógico.

Para la interpretación genética la generación del mundo es semejante a los diagramas trazados por los matemáticos: su exposición no significa que el mundo se engendrara alguna vez, sólo se persiguen motivos instructivos, en cuanto hace más fácil comprender las cosas, del mismo modo que lo hace el diagrama para quienes siguen el proceso de construcción.

Desde este punto de vista, "engendrado" significa sólo derivado de una causa externa, no nacido por sí mismo ni causa de su propia realidad substancial. Estas precisiones implican desarrollos posteriores asignables a Espeusipo, Jenócrates y Crantor y parece haber prevalecido en la Academia tardía, y entre los neoplatónicos.[25]

---

23 G. VLASTOS, "Creation in the Timaeus: Is it a Fiction?", *Studies in Plato's Metaphysics*, Londres, 1967, 401-419. Contra él polemiza: L. TARÁN, "The Creation myth in Plato's Timaeus" en J. P. ANTON y G. L. KUSTAS (ed), *Essays in ancient greek Philosophy*, Albany, State Univ. of New of New Cork Press, 1971, 372-407.
24 A. E. TAYLOR, *A Commentary on Plato's Timaeus,* Oxford, Clarendon Press, 1962, 69.
25 Simplicio la atribuye a Jenócrates y los platónicos; y san Agustín (*Civ. Dei* X, 31) dice también que los platónicos creyeron que principio significa subordinación causal, no un orden temporal.

1.3.5 El tiempo como medida

Para Platón, el tiempo aparece vinculado con el número y la medida:

"Antes de que se originara el mundo no existían los días, las noches, los meses ni los años. Por ello planteó su generación al mismo tiempo que la composición de aquél. Éstas son todas partes del tiempo y el *era* y el *será* son formas devenidas del tiempo que de manera incorrecta aplicamos irreflexivamente al ser eterno. Pues decimos que era, es y será, pero según el razonamiento verdadero sólo le corresponde el *es*, y el *era* y el *será* conviene que sean predicados de la generación que procede del tiempo – pues ambos representan movimientos, pero lo que es inmutable no ha de envejecer ni volverse más joven en el tiempo, ni corresponde que haya sido generado, ni esté generado ahora, ni lo será en el futuro, (...) pues estas especies surgen cuando el tiempo imita la eternidad y gira según el número (*arithmou kykloumenou*)" (*Timeo*, 37e-38a).

El tiempo es cíclico a semejanza del movimiento circular de las esferas, aspecto indicado a través del *arithmou kykloumenou*, que la traducción utilizada interpreta como un girar según el número. Para los griegos *chrónos* es repetitivo:[26] se identifica con los movimientos celestes que producen la reiteración del día y de la noche, de los meses y los años, que Platón llama "partes del tiempo" (*Timeo* 37e), de manera que para que el tiempo existiera, las estrellas y los planetas tenían que haber sido creados y colocados en sus órbitas.

El sol manifiesta en su giro diario, el movimiento de lo Mismo y, mediante su movimiento independiente propio, indica el año; del mismo modo que la luna indica el mes. Los giros de los otros planetas se observan con menos facilidad "de hecho los hombres apenas si saben que sus vagabundeos son tiempo" (*Timeo* 39d), aunque existe un año grande o *perfecto*, señalado por el tiempo transcurrido a partir del movimiento del sol, la luna y los demás astros en volver a las mismas posiciones relativas.

Y antes de la creación de estos cuerpos en verdad no hubo *chrónos* (*Timeo* 38c). Nosotros hablamos de fabricar relojes para medir el tiempo; en cambio para Platón *chrónos* mismo es un reloj, no una mera sucesión o duración sino un patrón por el que puede medirse la duración. Así por ejemplo, la finalidad del sol es suministrar "una medida visible (...) a

---

26 Esto no significa que los griegos sostuvieran de una forma general la doctrina pitagórica de una repetición exacta de la historia. La distinción entre dicha repetición y el ciclo de los movimientos celestes la clarifica Eudemo recurriendo, respectivamente, a los términos identidad numérica y formal (fr. 88[Wehrli])

fin de que los seres vivos adecuados [es decir, los hombres] pudieran poseer el número" (*Timeo* 39b).

Mediante las matemáticas se puede alcanzar una comprensión de la armonía cósmica; precisamente en esto reside el secreto de la filosofía, por la que el alma humana misma se armoniza con la música divina y lleva a cabo su fin principal consistente en la mayor asimilación posible a Dios (*Timeo* 90c-d).

El punto de partida de este proceso es la observación de los movimientos celestes y, en un pasaje característico, se destaca el sentido de la vista y su importancia en orden a la determinación del tiempo:

> "Ciertamente, la vista, según mi entender, es causa de nuestro provecho más importante, porque ninguno de los discursos actuales acerca del universo hubiera sido hecho nunca si no viéramos los cuerpos celestes, el sol y el cielo. En realidad, la visión del día, la noche, los meses, los períodos anuales, los equinoccios y los giros astrales no sólo dan lugar al número, sino que éstos nos dieron también la noción de tiempo y la investigación de la naturaleza del universo (...) al género humano nunca le llegó ni le llegará un don divino mejor que éste" (*Timeo* 47a-b).

Con ello Platón nos recuerda que toda la cosmogonía ha de ser considerada en relación con el hombre, quien mediante su disposición natural puede no sólo distinguir el día de la noche y observar las estaciones, sino aprender el arte de contar.[27] De este modo, el tiempo es inseparable de un movimiento periódico, aspecto que no constituye una novedad para el pensamiento griego; el tiempo es pensado como el movimiento de las esferas, y esto también explica la opinión generalizada según la cual los asuntos humanos conforman un ciclo en el que las cosas que tienen un movimiento natural, se generan y mueren.

Sin los cuerpos celestes en sus órbitas no puede existir *chrónos* pero puede existir lo que llamamos duración, una sucesión de antes y después. La antero-posterioridad pertenece al movimiento pero *chrónos* implica un antes y un después en cuanto numerables, tema que –como veremos– será el corazón de la especulación cosmológica aristotélica.

La circularidad del tiempo puede entenderse de dos modos:

- como un volver a recorrer el mismo camino, o sea que lo que pasó ayer volverá a pasar mañana,
- o bien se puede considerar que el tiempo es inseparable del movimiento periódico, relacionándolo con la idea de que el tiempo "gira

---

27 Cfr. PLATÓN, *Epin.*, 987 b-e.

según el número". Esto significa que es susceptible de medición, dado que se puede separar en unidades proporcionales, continuas y uniformes, y por tanto, ser contado.

Chrónos proporciona las unidades de movimiento regulares y periódicas mediante las cuales puede medirse la duración. Espacio y tiempo no son correlativos para Platón. El espacio, receptáculo del devenir, existió siempre como la matriz sobre la que el Demiurgo puso la marca del orden;[28] el tiempo, en cambio, es una parte de la creación divina misma, es un rasgo específico del cosmos.[29] En efecto, el espacio y el devenir, nos dice Platón (*Timeo* 52d y ss.) existían "incluso antes de que los cielos se originaran" y los contenidos del espacio, aun no tocados por la mano de Dios, fueron lanzados aquí y allá al azar, con un movimiento irregular, sin razón o medida.

1.3.6 El fin del tiempo

El cosmos creado o generado a partir de una *arché*, e incluso creado junto con el tiempo fluyente, uniforme, medible puede tener un posible fin:

> "El tiempo, por tanto, nació con el cielo,[30] para que generados simultáneamente, también desaparezcan a la vez, si en alguna ocasión tiene lugar una eventual disolución suya". (*Timeo* 38b)

El nacimiento del tiempo es necesario, porque lo que deviene tiene por naturaleza que haber nacido (*Timeo* 28c). La ecuación es rigurosa: todo lo que es físico nace; sólo lo que es inteligible no nace y es eterno. El nacimiento del cosmos proviene desde el desorden de la materia en la que sobreviene un orden nuevo procedente de lo alto (30 a). La eventual disolución se debería al hecho de que la regularidad en lo sensible no es perfecta (22c), por lo que en el mundo podría infiltrarse un gradual desorden destructivo[31] y también porque lo que nace está destinado a morir. De todos modos Platón no dijo explícitamente que los cielos habrían de perecer, como en cambio, lo enseñaron los estoicos. Él pensaba, más bien, junto con Aristóteles en catástrofes periódicas que impedirían la consolidación de una historia: la civilización debería

---

28 Se podrá consultar: F. SAL, "Creación artística versus creación *ex nihilo* en el *Timeo*" http:// www.galeon.com/filoesp/Akademos/colabora/fs_timeo.htm Fecha de consulta: 24-06-2013.
29 W. GUTHRIE, *Historia de la Filosofía Griega*, T. V: Platón. Segunda época y la Academia, Madrid, Gredos, 1992, 316.
30 Optamos por el término cielo empleado en la referida traducción de Oscar Velazquez, p. 112.
31 Cfr. PLATÓN, *El Político*, 273 b-d. Esta tesis implica una explicación dualista del origen del mal.

resurgir una y otra vez. Sin embargo, Platón sugiere que el Demiurgo como padre bondadoso no ha de destruir su obra:

> "Dioses hijos de dioses, las obras de las que soy artesano y padre, por haberlas yo generado, no se destruyen si yo no lo quiero. Por cierto, todo lo atado puede ser desatado, pero es propio del malvado el querer desatar lo que está construido de manera armónicamente bella y se encuentra en buen estado" (*Timeo* 41a).

1.3.7 Eternidad del mundo versus principio en el orden temporal

Platón inserta en el primer relato el planteamiento que nos interesa dilucidar en torno al problema de si el cosmos ha sido siempre o tuvo un inicio:

> "debemos indagar primero (…) si siempre ha sido, sin comienzo de la generación o si se generó y tuvo algún inicio. Es generado, pues es visible y tangible y tiene un cuerpo y tales cosas son todas sensibles y lo sensible, captado por la opinión unida a la sensación, se mostró generado y engendrado" (*Timeo* 28b).

Platón propone aquí una disyuntiva cuya matriz de interrogación da forma a las discusiones posteriores del problema; el mismo planteamiento aristotélico asume la disyunción platónica, resolviéndola por una vía contraria a la de su maestro.

La respuesta de *Timeo* al problema del origen del universo se expresa en griego con un tiempo perfecto: "ha llegado a ser". La razón es contundente: es un cuerpo físico y todos los seres físicos tienen un origen: "todo lo que deviene, deviene necesariamente por alguna causa" (*Timeo* 28b). También es posible aludir a otro ejemplo citado por Platón: "el Demiurgo hizo al alma primera en origen y en virtud, y más antigua que el cuerpo" (*Timeo* 34c), donde "más antiguo" se refiere al nacimiento (orden temporal) y a la excelencia, eliminando –así lo entendemos– la posibilidad de interpretarlo en cuanto referido sólo al estatuto ontológico.

En el contexto inmediatamente precedente Platón ha realizado una clara distinción entre lo ejemplar y su modo de existencia (*aion, aevum,* eternidad); y el mundo sensible y su modo de existencia en el tiempo.

El ejemplar siempre permanece el mismo, mientras que el mundo es su imagen móvil. Pero no está claramente establecido si las ideas son eternas, atemporales o bien si ellas simplemente persisten sin cambio y sin movimiento.

Tampoco resulta claro, como ya enunciamos, si Platón realizó una narración temporal o si sólo brindó una estructura analógica cuando describió el surgimiento del mundo y del tiempo. Y quizá esta ambigüedad –nos animamos a decir– sea algo expresamente buscado por Platón al proponernos este discurso que no es absolutamente verdadero pero tampoco un mito, sino –como indicamos[32]– un relato verosímil.

Vayamos de lo establecido con seguridad a lo más problemático. Platón nos habla de un Demiurgo creador del cosmos, entendiendo la acción demiúrgica como un proceso expuesto a través de distintas fases desarrollado desde un desorden preexistente. La afirmación de que el cosmos se ha originado pertenece a los principios fundamentales formulados antes de comenzar la historia probable.

Los caminos que el texto de Platón abre en su interpretación son bien distintos: Calcidio y Boecio comprendieron que el cosmos fue siempre, mientras que Aristóteles y Agustín, lo interpretaron asignándole un origen.[33] Y así como no ha existido ningún consenso en la antigüedad sobre la enseñanza de Platón en punto al tema tampoco la hay hoy entre los comentadores contemporáneos.

Vlastos considera indudable que el cosmos platónico no ha existido siempre, sino que es generado o creado a partir de una *arché,* que se caracteriza por un movimiento desordenado, que no puede fraccionarse en segmentos proporcionales o semejantes; y precisamente por ello no puede ser numerado. En otras palabras, el movimiento de la materia no acontece según un ritmo regular; por ello propone concebir un estado de cosas donde los eventos exhiban el irreversible orden de pasado y futuro pero donde los períodos uniformes de movimiento sean inexistentes y el tiempo no pueda ser medido (si A, B, C son instantes sucesivos, nada dice que el intervalo AB sea igual al BC, más largo o más corto). Esto es precisamente el caos primitivo de Platón, movimientos no regulares, tiempo no medible, pero sin embargo caracterizado por una *irreversible sucesión temporal.*

1.4. *Evaluación y observaciones*

La concepción platónica hace depender no sólo el mundo físico del mundo de las ideas sino que, coherentemente con esto, hace depender el tiempo de la eternidad.

El tiempo del devenir de lo sensible viene a ser el despliegue de la eternidad que caracteriza al mundo de las ideas. La eternidad deja de ser la mera negación de la temporalidad para convertirse en su fundamento.

---

32 PLATON, *Timeo,* 29 d
33 Cfr. R. DALES, *Medieval discussions on the eternity of the World,* Brill, Leiden, N.Y., Kobenhavn, Köln, 1990, 9.

La complejidad del tema que analizamos en Platón resulta de los diferentes elementos que tenemos antes de la creación del cosmos. Por un lado las Ideas que son eternas; por otro, este caos que servirá de material, que no debería ser eterno, pues no es perfecto y no es ordenado y, finalmente el mundo sensible que es temporal, siendo el tiempo una imagen de lo eterno.

Las oscuridades del tema del tiempo y su origen se expresaron en las interpretaciones que se sucedieron inmediatamente. La discusión se inicia con los seguidores de Platón, en particular, con Aristóteles de quien nos ocuparemos de manera inmediata.

En Platón la noción de eternidad está fundamentalmente vinculada al mundo noético de lo inteligible del cual el mundo sensible no es más que una imagen.

La incorporación de lo numérico y de la matemática en su definición también lo conduce a cierta estabilidad que se sustrae a las mutaciones. Pero la matemática además, traduce la perfecta regularidad del mundo astral: el tiempo y el movimiento dependen, por tanto de los números y están ligados a una razón numerante.

El tiempo originario, es el ritmo antes-después de los movimientos de la esfera celeste, que rota sobre sí misma, que se constituye en "imagen móvil de la eternidad" (*Timeo*, 37d), que procede según el número. Los días, las noches, los años, son "formas del tiempo que imita a la eternidad y gira según el número" (*Timeo* 38a). Todos los tiempos astrales están coordinados y regulados por el tiempo del Gran Año, ciclo universal en el que todos los cuerpos celestes retornan exactamente a sus primitivas posiciones de partida:[34] "el número perfecto del tiempo cumple el año perfecto" (*Timeo*, 39d).

Para Platón el tiempo es una idea derivada: fue hecho con el cielo para que, engendrados conjuntamente, para que "también juntos se disolvieran" (*Timeo* 38b); si el caso se constituyera.

2. Aristóteles

Los antiguos iranios creyeron que había dos clases de tiempo.[35] Uno el tiempo indefinido o infinito, el *zrvan akarâna*, que los griegos tradujeron por *chrónos âpeiros*; es infinito, porque no tiene ni comienzo ni fin. Pero en él se inscribe un tiempo perfectamente acotado, el tiempo

---

[34] La concepción del Gran Año calculado como comprendido entre los 10.000 y 15.000 años solares, frecuente en los antiguos y especialmente en los pitagóricos y estoicos es la materialización astronómica de la idea del eterno retorno.

[35] X. ZUBIRI, *Espacio. Tiempo. Materia*, 1996, ed. Alianza, p. 220

cósmico de doce mil años de duración, el *zrvan darego xvadatâ*. La idea de un tiempo cósmico ha inspirado a muchas mitologías: aparece en el mundo griego con el *chrónos* que devora a sus hijos, o en el tiempo que todo lo engendra y todo lo consume.

Sólo excepcionalmente la filosofía griega ha concebido los dos tiempos. En particular y como hemos indicado, Platón, y después las religiones helenísticas, llamaron al tiempo infinito *eón* (*aiôn*), que a veces se tradujo por eternidad; y designaron con el nombre de *chrónos* un determinado tiempo cósmico.

Pero no fue éste el concepto usual entre los griegos; de hecho Aristóteles retorna a un concepto tradicional, distinto del iranio, conforme al cual el tiempo, es esencialmente infinito o indefinido: el tiempo está envuelto por el Mundo (*períejei*) y el mundo es eterno; por tanto también lo es su tiempo que es indefinido (*De Caelo* 283b 26). Y llamó *eón* al tiempo propio de cada cosa, al tiempo de cada ser vivo, a su edad y a la duración de su vida (*De Caelo* 279a 23).

Al igual que en el caso de Platón, y dado que se trata de los textos seminales del problema, nos detendremos, en primer lugar, en el planteamiento aristotélico de la noción de tiempo para luego centrarnos en sus argumentaciones en torno a la eternidad del mundo.

2.1 Una teoría del tiempo que no depende de la eternidad

Es muy conocida la definición de tiempo elaborada por Aristóteles y la fórmula que la expresa: el tiempo se caracteriza como el elemento cuantitativo que se encuentra en todo movimiento, o en todo cambio de orden material y que se distingue del elemento cuantitativo puramente espacial que comporta el movimiento local. El tiempo se relaciona propiamente con la sucesión en un orden según el cual las partes de un movimiento se enlazan en el seno del movimiento que constituyen.

En sintonía con la totalidad de su programa filosófico, Aristóteles suprime la distinción entre la realidad y la apariencia del tiempo: no tiene sentido explicar la *physis* a través de algo que está más allá de ella. De ahí que la eternidad de la que habla Platón pase a corresponderse con el suceder de un tiempo que es susceptible de percepción. Y lo que da lugar a la percepción del tiempo es el movimiento, de modo que el tiempo no puede concebirse sino como algo consustancial con él.

Con Aristóteles el tiempo deja de ser un efecto del ser eterno para convertirse en uno de los elementos –junto al lugar- que permite una primera descripción de los entes materiales. El tiempo nace del cambio y le es inherente, es por tanto una entidad derivada, no absoluta o independiente.[36] Expone su doctrina sobre el tiempo en la *Física* (IV, 10-14)[37] donde es posible distinguir cuatro secciones fundamentales:

1. La primera ocupa la quasi-totalidad del capítulo 10 (217b 29-218b 9). Es posible reconocer aquí dos procedimientos que Aristóteles utiliza bastante corrientemente cuando trata de delimitar un problema y de introducir su propia solución: se trata, primero, de analizar la cuestión de la existencia de ese objeto y luego, de detenerse en la consideración de su naturaleza o esencia.

Aristóteles formula la cuestión de la existencia del tiempo con la ayuda de algunas aporías: la de la continuidad y divisibilidad, la del flujo y la anterioridad, y sobre todo la del instante (227b 32-218a 30), aspecto que cobrará especial importancia en orden a la justificación racional de la eternidad del tiempo. Enseguida circunscribe el dominio de su propia investigación sobre la naturaleza del tiempo a través de un breve recuento de las opiniones de algunos de sus predecesores realizando un balance previo a la exposición de su pensamiento (218a 30-b-9).

Después de una rápida discusión dialéctica se detiene en una opinión que le parece satisfactoria en tanto atiende más certeramente a la experiencia: el tiempo parece ser un movimiento, y, en cierto sentido, un cambio (218b 9-10).

2. La segunda parte está dedicada a la elaboración de la definición de tiempo (capítulo 11). El punto de partida de su reflexión radica en la experiencia del movimiento. Comparando por una parte tiempo y movimiento; y recurriendo por otra al rol jugado por el alma en la percepción y determinación del tiempo, Aristóteles adquiere una primera certeza: el tiempo no es movimiento (218b 21-219a 1). Pero, entonces ¿qué es el tiempo respecto del movimiento? Todo el esfuerzo de Aristóteles radica en mostrar que el tiempo es el elemento que, por la determinación del antes y del después, introduce el número y la medida en el flujo de lo sucesivo. Para justificar esta visión, Aristóteles recurre a tres datos que revelan, cada uno en su orden, una intuición primitiva:

---

36 Se contrapone a la visión de tiempo sustentada, por ejemplo, por Newton quien postula un tiempo absoluto o sustantivo, asumido como noción primitiva y pensado como realidad independiente. Cfr. M CASTAGNINO, J. SANGUINETI, *Tiempo y Universo. Una visión filosófica y científica*, Catálos, Bs. As., 2006, 17.

37 Aristotle's Physics W. D. ROSS: Aristotle's Physics. A revised text with introduction and commentary, pp. xii, 750. Oxford: Clarendon Press, 1936. Como versión en español para el libro IV se utilizará: ARISTÓTELES. *Física*, Libros III-IV traducción Alejandro G. Vigo. v. 2. Buenos Aires: Editorial Biblos, 1995. Para los restantes libros: ARISTÓTELES. *Física*. Madrid, Gredos, 1995.

a) la experiencia de la sucesión formulada en términos de anterioridad y posterioridad.
b) la analogía del tiempo, del movimiento y de la extensión.
c) el rol propio del instante en la determinación de lo anterior-posterior de la duración.

Analizando y organizando estos tres elementos, Aristóteles formula la célebre definición de tiempo: "es el número del movimiento según lo anterior-posterior" (219b 1-2).

La segunda parte del capítulo 11 se presenta, a la vez, como una explicación y una confirmación del resultado adquirido. Aristóteles retoma para examinar más atentamente, y justificar su valor, los elementos más difíciles que anteceden a su definición: la noción de número primeramente (219b 2-9); enseguida, y sobre todo, la estructura del instante, su rol tanto en la medida como en la división y la continuidad del tiempo (219b 9-220a 2-6).

3. Habiendo establecido y confirmado la definición de tiempo, Aristóteles vuelve sobre algunos tópicos, a los cuales, la definición obtenida debe contribuir a esclarecer. Esta tercera parte comprende los capítulos 12 y 13 (220a 27-222b 29).

Aquí examina, primeramente, las condiciones de aplicación del tiempo como número de los diversos seres que existen en el tiempo explicando la reciprocidad paradojal del tiempo y del movimiento desde el punto de vista de la medida (220a 27-b 32). Establece enseguida una clasificación de las realidades según estén o no sometidas al tiempo (220b 32-222a 10).

Por último, Aristóteles analiza de qué modo las cosas existen en el tiempo con relación al instante. Y esto lo hace conforme al análisis de los modos del lenguaje utilizados en el tratamiento del tiempo y de la medida. Es así como después de reconsiderar la naturaleza y función del instante (222a 10-20), propone en el capítulo 13 una suerte de léxico de las expresiones a través de las cuales nuestro espíritu sitúa el instante en el curso del tiempo (222a 20-b 15).

4. Del mismo modo que la tercera parte constituye un retorno hacia las realidades temporales; la cuarta y última sección (capítulo 14) reconsidera las aporías preliminares y las intuiciones iniciales de la exposición. De este modo, luego de haber insistido sobre el carácter destructor del tiempo (222a 16-26), Aristóteles retoma la relación tiempo-movimiento, y revé la naturaleza propia de lo anterior-posterior en el orden temporal (222b 30-223a 15).

Establece cómo la definición propuesta le permite responder a cuestiones suscitadas sobre la naturaleza del tiempo. Por un lado, el tiempo está presente en cualquier parte del universo, porque todo en él está sometido al movimiento (223a 16-21); por otro, el tiempo en cuanto número depende en su existencia, del acto del alma (223a 21-9). Por último, admitiendo la intuición que define el tiempo como el movimiento del todo, Aristóteles concluye la necesidad de recurrir a un tiempo único, medida de todos los otros, el tiempo primero que es número del movimiento de la esfera celeste (223b 12-223a 1).

Como es dable advertir, el conjunto de la exposición se presenta —como a menudo ocurre con Aristóteles— a la manera de una marcha inductiva que comporta dos vertientes: invención y verificación.

La vertiente ascendente corresponde a la encuesta que parte de las aporías y de las teorías de los maestros para concluir en la definición de tiempo. Las dos últimas partes forman la vertiente descendente, es decir, la marcha que consiste en verificar la intuición y en manifestar sus puntos de aplicación.

2.1.1 La doxografía aristotélica en torno al problema del tiempo

Habiendo formulado las dificultades relativas a la existencia del tiempo, Aristóteles analiza la cuestión de la esencia (*tì estín*) o naturaleza (*physis*) desde 218a 31. Esta consideración se lleva a cabo por la vía de un tratamiento crítico de las concepciones de sus predecesores. El resumen que expone es breve e incompleto pero constituye el primer intento doxográfico en torno al tema que será imitado y completado por autores de diversas épocas.[38]

Aristóteles refiere dos doctrinas acerca de la naturaleza del tiempo y, a diferencia de su proceder en otros casos, lo hace sin mencionar el nombre de quienes las elaboraron o suscribieron. El elemento común a ambas reside en que intentan explicar la naturaleza del tiempo a partir de una conexión entre éste y la esfera celeste.

La primera doctrina (218a 34-b 1) es la más refinada, establece que el tiempo es o se identifica con el movimiento de la esfera celeste. La segunda doctrina, en cambio, identifica el tiempo con la esfera celeste misma (218b 1). Aristóteles rechaza ambas posiciones por considerar que no explican de modo satisfactorio la relación de hecho existente entre el tiempo y la esfera celeste. En cuanto a la identificación de los defensores de las posiciones discutidas, la actitud consolidada ha con-

---

38 Véase a modo de ejemplo: PLOTINO, *En.* III, 7 y 8.

sistido en adscribir la primera doctrina a Platón[39] y la segunda a los pitagóricos.[40] Ambas doctrinas son presentadas de un modo impreciso y simplificado.[41]

Aristóteles rechaza la identificación del tiempo con el movimiento de la esfera celeste en 218b 1-5. Contra esta tesis dirige dos argumentos:

(i) La identificación de tiempo y movimiento de la esfera supone la identificación del tiempo con un tipo particular de movimiento, aquel de circunvolución. Si la identificación fuera válida, para hablar de tiempo se requeriría la verificación de dos condiciones: que se dé un movimiento, y que ese movimiento sea una circunvolución. Sin embargo, podemos hablar de tiempo en presencia de movimientos que no satisfacen la segunda condición. Para oponerse al argumento platónico, Aristóteles apela al ejemplo de una sección de circunvolución: el movimiento del sol desde el alba al mediodía, implica tiempo sin incluir una circunvolución completa.

(ii) El segundo argumento considera que ciertas características esenciales para nuestra representación del tiempo no son, a su vez, requisitos de la representación del movimiento: nada impide percibir movimientos simultáneos, por el contrario tiempos simultáneos, no pueden ser diferentes.

Y dirige luego su atención al rechazo de la identificación tiempo-esfera celeste (218b 5-9), tesis de portada pitagórica. Contra esta doctrina Aristóteles no cree necesario ofrecer ningún argumento específico, por considerarla excesivamente ingenua. Para refutarla, basta con poner al descubierto el desconocimiento de los distintos significados que asume para Aristóteles el "ser en" que lleva a una identificación de los sentidos locativo y temporal.

2.1.2 La experiencia del tiempo: su vinculación con el movimiento

Aristóteles ha centrado su análisis sobre el tiempo en la experiencia que revela su interrelación con el movimiento. Desde esta perspectiva

---

39 Respecto de la adscripción a Platón, SIMPLICIO (700, 16-19) refiere que ya en Eudemo y Teofrasto y luego Alejandro de Afrodisia se hallaba tal parecer. El texto fundamental para esta adscripción es *Timeo* 36 b-d, pero véase también 38 c.

40 Cfr. 58 B 33 DK, aunque SIMPLICIO (700, 20-21) piensa que la referencia a los pitagóricos se origina en una mala interpretación de un dicho atribuido por Jámblico a Arquitas según el cual el tiempo es la dimensión o extensión de la naturaleza del todo. Cfr. los comentarios de A. VIGO en: ARISTÓTELES, *Física*, Biblos, 1995, 239.

41 Cfr. el análisis de H. CHERNISS, *Aristotle's Criticism of Plato and the Academy*, New York, 1972, 417 y 451.

la primera certeza que obtiene es de orden negativo: muestra que el tiempo no es movimiento, valiéndose para ello de dos argumentaciones centrales y retomando su presentación doxográfica, pero ahora sólo centrada en Platón.[42]

Utiliza la tesis que identifica tiempo y movimiento como punto de partida en la elaboración de su propia doctrina, por cuanto tiene la ventaja de situarnos en el terreno en el que debe moverse toda elucidación de la naturaleza del tiempo dentro del marco de la teoría física. Este terreno es el de la relación entre tiempo y movimiento, pero no el de su identificación. Por ello desarrolla dos argumentos destinados a mostrar que si bien ambos tienen propiedades en común, no se identifican:

1. primeramente, es necesario observar que el movimiento y el cambio son en el móvil o en la realidad que cambia, mientras que el tiempo es el mismo en todas partes y en todas las cosas (218b 10-13);[43]
2. por otra parte, el cambio puede ser más rápido o más lento, pero no el tiempo; por consiguiente ambas realidades se distinguen (218b 13-18). Aristóteles afirma que, aun cuando se hable de que ha transcurrido mucho o poco tiempo, es evidente que no se pretende afirmar la velocidad o lentitud del tiempo (220b 1). Se trata aquí, evidentemente, del tiempo objetivo y no de la impresión experimentada por el sujeto.[44]

Como ha hecho notar E. Hussey[45] cada uno de estos argumentos se basa en un axioma relativo al tiempo que, aunque está aquí presentado de manera intuitiva, es posteriormente explicitado por Aristóteles. Estos axiomas son: para el primer argumento "el tiempo es el mismo en todas partes" (220b 5-14; 223a 29-b 12) y para el segundo argumento "el tiempo no es rápido ni lento" (220a 32-b 5).

El primer argumento admite que el tiempo no se dispersa con el espacio ni se multiplica con los objetos, sino que está presente (218b 13) indiferentemente (*homoíos*) en todas partes (*pantachoû*) y junto a todas las cosas (*parà pâssin*).

---

42 Contra la interpretación tradicional inaugurada por Simplicio (705, 1-4) y seguida entre otros por Ross entendemos que no hay que ver en esta tesis una tercera opinión sino un retomar las conclusiones de la respuesta a Platón, reforzando su línea argumentativa.
43 El problema de la ubicuidad del tiempo es retomado en el capítulo 14, particularmente en 223 a 18-21.
44 El argumento es retomado en el capítulo 14, 222 b 30- 223 a 15.
45 E. HUSSEY, *Aristotle s',Physics*, Books III and IV, Oxford, 1983, 141.

El segundo argumento es más complejo. Contra lo que opina Simplicio[46], la evidencia de esta afirmación no puede fundamentarse en el uso corriente del lenguaje ya que de hecho se dice habitualmente cosas tales como que el tiempo pasa rápido o lentamente.[47] La afirmación debe entenderse en el sentido de que –estrictamente– no puede atribuirse al tiempo predicados que expresan velocidad como "rápido" o "lento" pues estas nociones o predicados son definidos por recurso al tiempo y lo presuponen.

2.1.3 La referencia al sujeto: un elemento obligado en la noción de tiempo aristotélica

Mientras que el capítulo 10 ha mostrado que es insostenible la identidad tiempo-movimiento, el capítulo 11 procura establecer la esencial vinculación entre ambas nociones. La argumentación se lleva a cabo en dos etapas. En la primera se muestra que el tiempo no existe sin movimiento o cambio (218b 21-219a 2) por lo cual el movimiento aparece como condición necesaria de la existencia del tiempo; y en la segunda, se agrega un elemento complementario: basta que se dé movimiento para que, concomitantemente, se dé tiempo (219a 2-8). Sobre esta base, Aristóteles concluye que el tiempo es "algo del movimiento" (*tês kineseós ti,* 219a 8-10).

La marcha hacia la definición se cumple en cuatro pasos fundamentales.

En un primer momento, Aristóteles señala que cuando determinamos el movimiento por medio de "lo anterior y posterior", en ese mismo acto se nos ofrece también el tiempo:

> "Así, pues, tenemos conocimiento también del tiempo cuando determinamos el movimiento, empleando como determinación lo anterior y posterior. Y es en tales circunstancias cuando afirmamos que ha pasado tiempo, a saber, cuando tenemos percepción de lo anterior y posterior en el movimiento" (219a 22-25).

En un segundo paso 219a 25-30, Aristóteles aclara el significado de la noción de "determinar" (*horízein*), que es la noción en torno de la cual gira todo el argumento. Establece que determinar el movimiento es considerar lo anterior y lo posterior como distintos el uno del otro

---

46 SIMPLICIO, 706, 6-8.
47 Estas apreciaciones se mantienen en el ámbito del tiempo subjetivo, mientras que el argumento aristotélico formula el problema desde el tiempo objetivo o físico.

(*tôi állo kaì állo hypolabeîn autá*) y, conjuntamente, algo intermedio (*metaxý ti*) como distinto de ambos (*héteron autôn*):

"Y llevamos a cabo tal determinación en cuanto consideramos estos [términos] como diferentes, y algo intermedio distinto de ellos. En efecto, cuando nos representamos los extremos como distintos del medio, y el alma dice que son dos los 'ahora', el uno anterior y el otro posterior, entonces decimos que esto constituye tiempo" (219a 22-25).

Un tercer momento tiene por fin mostrar, por la vía negativa, que la distinción entre −por lo menos− dos "ahora" es una condición necesaria para la elaboración de la noción de tiempo y para toda experiencia de la sucesión temporal. Aristóteles expresa que al considerar el "ahora" como único, y sin referencia a lo anterior-posterior, no nos parece que haya pasado tiempo, tal como sucede en el caso del sueño profundo:[48]

"En suma, cuando percibimos el 'ahora' como único −y no como anterior y posterior en el movimiento, o bien como el mismo pero en correspondencia con algo anterior y posterior−, entonces no parece que haya pasado tiempo alguno, porque tampoco [ha habido] movimiento" (219a 30-34).

Por último, Aristóteles insiste que sólo cuando nos situamos en el horizonte de lo anterior y posterior, y determinamos desde éste el movimiento, podemos hablar de tiempo (219a 34-219b 1). Y esto es así, concluye, por cuanto el tiempo mismo es "número (*arithmós*) del movimiento según lo anterior y posterior" (219b 1-2). No basta con determinar o limitar una sección de movimiento para encontrarnos ya con el tiempo; se requiere además y fundamentalmente que el "alma" determine dos o más ahoras y los numere.

El texto del capítulo 14 introduce la necesidad del alma para posibilitar el número que es el tiempo:

"podría plantearse la cuestión de si en caso de no existir el alma habría o no tiempo. Pues si es imposible que exista aquello que ha de llevar a cabo la numeración, también será imposible que haya algo numerable, de modo que tampoco habrá número, pues número es o bien lo numerado o bien lo numerable. Y si ninguna otra cosa es por naturaleza capaz de numerar sino el alma y el intelecto del alma, [entonces] es imposible que haya tiempo en caso de no haber alma". (223a 21-27).

---

48 Aristóteles ejemplifica con el mito que describe el sueño de quienes duermen en Cerdeña junto a los héroes 218 b 22-25.

Aristóteles formula la relación tiempo-alma en forma escueta sintetizando los pasos fundamentales por los cuales ha discurrido su pensamiento: el tiempo depende del movimiento y es algo del movimiento (218b 9-10), concretamente, es el número del movimiento según lo anterior y lo posterior (219b 1-2). Distingue, además, entre número numerante o número "por medio del cual" numeramos (*hôi arithmoûmen*); y número numerado (*tò arithmoúmenon*) o numerable (*tò arithmetón*) (b 5-9): el tiempo, aclara Aristóteles, no es número del movimiento en el sentido de "aquello por medio del cual numeramos" sino de "aquello que es numerado o numerable" en el movimiento. Siguiendo a D. Ross[49] y V. Goldschmidt[50] entendemos que la distinción apunta a la oposición entre número abstracto o matemático y número concreto. Y, finalmente reconoce que el número es lo numerable y lo numerado (219b 6-7); por lo que, si no hay quien numere es imposible que haya algo numerable, y por tanto, tampoco habrá número.[51]

La relación entre el tiempo y el alma es uno de los puntos más discutidos de la teoría aristotélica del tiempo. El pasaje ha dado lugar, desde la antigüedad, a las más diversas interpretaciones, que han sido comprendidas –desde la óptica de la modernidad– a partir de los polos opuestos de dos lecturas posibles: una realista y otra idealista.[52]

A la referida argumentación hay que añadir otros pasajes (218b 21-219a 10 y 219a 22 b1 especialmente) en los que Aristóteles hace explícita la necesaria intervención del alma en la determinación del concepto de tiempo.[53] La cuestión puede haber sido una dificultad conocida al auditorio, posiblemente surgida en conexión con la concepción platónica del alma del mundo; sin embargo, Aristóteles la traduce a

---

49 D. ROSS, *Aristotle's Physics,* Oxford, 1936, 64 y 598.
50 V. GOLDSCHMIDT, *Temps physique et temps tragique chez Aristote,* Paris, 1982, 39.
51 Contra esta opinión se expresa Wieland para quien el tiempo es número en su carácter operativo y métrico, desconsiderando los niveles gnoseológico y ontológico, claramente expresados en los textos de Aristóteles. A ellos nos referimos en el proceso de constitución de la definición del tiempo en la que se expone la relación entre lo anterior y posterior en el movimiento y su conocimiento (219 a 18-219 b 2). Véase asimismo . los comentarios de A. VIGO en: ARISTÓTELES, *Física,* Biblos, 1995, 239 y ss.
52 F. VOLPI, "Chronos und Psyche. Die aristotelische Aporie von Physik IV 14, 223 a 16-29", E. RUDOLPH (ed), *Zeit, Bewegung, Handlung, Studien zur Zeit-abhandlung des Aristoteles,* Stuttgart, 1988, 26-62.
53 Consideramos que no puede seguir afirmándose que Aristóteles fundamentó una teoría del tiempo al margen de la noción de alma. Cfr. W. WIELAND, *Die aristotelische Physik,* Göttingen, Vandenhoeck u. Ruprecht., 1970, 334.

sus propias categorías formulándola desde la noción de número y relacionándola con el movimiento.[54]

Contrariamente a lo que venimos de expresar, W. Wieland[55] sostiene que todo el capítulo 14 donde Aristóteles se refiere al problema de la relación del tiempo y el alma, ha de ser considerado de un modo separado del tratado del tiempo desde un punto de vista argumentativo y terminológico. Y esto porque:

(1) La investigación temática del tiempo –sostiene– acaba propiamente con el capítulo 13, tal como lo prueban las palabras finales de ese capítulo (222b 27-29).

(2) Además, Aristóteles realiza un análisis de la concepción corriente del tiempo y de sus propiedades en los capítulos 10-13, donde muestra que la experiencia del tiempo sólo es posible si se numera el movimiento. Por lo cual la inclusión del alma en el desarrollo de la doctrina no pertenece al ámbito de la concepción corriente del tiempo, sino que es el resultado de una reflexión sobre las condiciones de su posibilidad.

El propósito de excluir el capítulo 14 del tratado aristotélico sobre el tiempo y de ignorar la fundamentación antropológica del tiempo no nos parece concordante con el texto aristotélico.

En primer término, entendemos que las palabras finales del capítulo 13 no prueban que la investigación temática haya acabado, ya que no es ésa la única recapitulación que encontramos en el tratado. Podemos citar: (224a 15-17) y (220a 24-26); y una más que se agrega en el capítulo 14, hacia el final: "Así, pues, se ha tratado acerca del tiempo, tanto de éste mismo como de las cosas que son propias de la investigación a él referida" (224a 15-17). Si adoptamos el criterio de W. Wieland, aquellos pasajes del capítulo 14 sobre materias distintas a la relación tiempo-sujeto también tendrían que ser excluidos, como la ubicuidad del tiempo (223a 18-21); o el problema del tiempo y su relación con el movimiento circular (223a 29-223b 11), a modo de ejemplos.

Por lo demás, al separar –como sugiere W. Wieland– la exposición aristotélica en dos secciones: una fenomenología de la concepción corriente del tiempo y una reflexión sobre las condiciones de posibilidad de tal experiencia entendemos que se procede de un modo extraño a la filosofía aristotélica. En nuestra opinión el objetivo que persigue

---

54 Cfr. ARISTÓTELES, *Física*, III-IV, trad. A. Vigo, 280.
55 W. WIELAND, *Die aristotelische Physik*, Göttingen, Vandenhoeck u. Ruprecht., 1970, 334.

Aristóteles es el mismo en todo el tratado: una caracterización del tiempo y de sus propiedades (224a 15-17); y junto con esta continuidad temática aparece una unívoca explicitación terminológica que se mantiene a lo largo del tratado.

Es por ello que la aclaración de que el número designa lo numerado o lo numerable no debemos pasarla por alto (219b 5-9). Pero la posición de Aristóteles tampoco es, simplemente, la de que sólo hay tiempo cuando el alma realiza la actual numeración; su posición tiene matices en los que conviene detenerse. Para poder hablar de tiempo no basta la mera existencia de determinados procesos continuos, en sí mismos indiferentes a una determinación cuantitativa, que son puestos en conexión con alguien capaz de llevar a cabo el acto de determinación a través de la concreta acción de medir.[56] Es en el ámbito mismo de la relación movimiento-alma donde radica la posibilidad de existencia del tiempo en tanto medida o número de los procesos, y no en la mera esfera física de los procesos en cuanto tales.

P. Conen[57] comparte ampliamente este criterio y es uno de los intérpretes que procuraron equilibrar los dos polos que definen en Aristóteles el fenómeno temporal: lo anterior y posterior en el movimiento y la actividad del alma.

Entre los autores que –desde una perspectiva contraria– fundamentan la existencia del tiempo con independencia del alma, podemos citar a Festugière[58] quien, basándose en la interpretación de Boecio y de Simplicio, considera que el tiempo existe en acto primero, esto es: en cuanto a su ser, más allá del alma, pero no en acto segundo. Sin el alma, indica, no existiría el tiempo percibido, pero habría, sin embargo, un tiempo objetivo. Como contrapartida L. Ruggiu[59] defiende que la conciencia es *ratio cognoscendi y ratio essendi* del tiempo. Sólo la conciencia es el sujeto de la identidad y diversidad, por lo cual es ella la que posibilita la existencia del tiempo. L. Ruggiu, a partir del *De Anima* concebido como una teoría de la autoconciencia pura, establece que el alma es el *hypokeímenon* fundamental y determinante del tiempo. Es ésta una interpretación fenomenológica en la cual el *ego* trascendental,

---

56   Cfr. ARISTÓTELES, *Física,* III-IV, trad. A. Vigo, 280 y P. Conen, *Die Zeittheorie des Aristoteles,* München, 1964, 166 y ss.

57   P. CONEN, *Die Zeittheorie des Aristoteles*, München, 1964, 166 y ss.

58   A. J. FESTUGIÈRE, "Le temps et l'ame", en: *Études de Philosophie Grecque*, Paris, Vrin, 1971, 197-220.

59   L. RUGGIU, *Tempo, Coscienza e Essere nella filosofia di Aristotele. Saggio sulle origini del nichilismo,* Paideia, Brescia, 1970, 40 y ss.

la presencia pura formal de la autoconciencia, ha devorado lo objetivo asumiéndolo como un dato de la actividad del sujeto.

Sin embargo, la conexión aristotélica entre tiempo y alma no permite afirmar que el tiempo simplemente radica en el alma, ni tampoco que el tiempo sea algo en virtud de lo cual el alma confiere un esquema de orden a los movimientos. El alma es más bien, sólo una condición necesaria pero no suficiente, para que haya tiempo porque el tiempo no es *por* el alma o sólo *en* el alma; sino que el tiempo no es *sin* la actividad del alma[60] que ordena y cuantifica lo anterior-posterior presupuesto en la continuidad de los procesos. De modo que para dar cuenta adecuadamente del pensamiento del Estagirita es necesario situar ambos elementos: el movimiento y el acto del alma, sin concederle a uno de los términos mayor importancia que al otro.

2.2 *Planteamiento del problema de la eternidad del movimiento y del mundo en el* corpus aristotelicum

En los *Tópicos* Aristóteles pone como ejemplo de problema dialéctico de difícil resolución la cuestión relativa a la eternidad del mundo:

"son también problemáticas aquellas cuestiones de las que hay argumentaciones contrarias (...) y aquellas otras acerca de las cuales, por ser muy amplias, no tenemos argumentos, juzgando que es difícil dar el porqué de ellas, por ejemplo, la de si el mundo es eterno o no".[61]

Y en la *Metafísica*, al concluir en la realidad del primer motor afirma, asimismo que, *si hay un movimiento eterno*, no existe en potencia.[62]

Hemos optado por circunscribir nuestra indagación del problema, al análisis de las dos fuentes aristotélicas centrales:[63] el libro VIII de la *Física* y el tratado *De Caelo*. En la *Física* Aristóteles pretende demostrar la eternidad del movimiento, mientras que en el tratado *De Caelo* se conforma, a pesar de la amplitud de su exposición –o precisamente por ello– con mostrar que el mundo es eterno basándose en la perfección del cuerpo celeste y en su movimiento circular. El mundo supralunar

---

60 W. WIELAND, *Die aristotelische Physik*, Göttingen, Vandenhoeck u. Ruprecht., 1970, 331 y ss.
61 ARISTÓTELES, *Tópicos*, I, cap. 11, 104 b 12-17 (Ed. Gredos, Madrid, 1996. Trad. M. Candel).
62 ARISTÓTELES, *Metafísica*, 1050 b 20-22.
63 Hay referencias periféricas sobre el problema: ARISTÓTELES, *De Generatione et Corruptione*, II, 10, 336 a 15-1; como también. el texto atribuido a Aristóteles, *De Plantis*, I, 2, 817 b.

está constituido por un elemento radicalmente distinto a los elementos sublunares conocido como "quinto elemento", dotado de movimiento circular, y de naturaleza divina y diferente de la sublunar, en cuanto no se haya sometido a la generación y la corrupción.

2.2.1 La eternidad del mundo en la Física

Se puede situar el punto de partida de la reflexión aristotélica en el inicio del libro VIII de la *Física* cuando el Estagirita pregunta si el movimiento ha de ser o no eterno:

> "¿alguna vez fue engendrado el movimiento, no habiendo existido antes, y ha de ser destruido alguna vez, de manera que ya nada estará en movimiento? ¿O no fue engendrado ni será destruido, sino que siempre existió y siempre existirá, y lo inmortal e incesante pertenece a las cosas, como si fuese una vida difundida en todo lo constituido por naturaleza? (*Fís.* 250b 11-15).

La respuesta que justifica la eternidad del mundo queda expuesta en los dos primeros capítulos de este libro VIII. El tema ha despertado discrepancias entre los físicos predecesores de Aristóteles. Para los atomistas es eterno porque hay génesis y destrucción de innumerables mundos. En efecto, Demócrito creía en la sucesiva generación y corrupción de infinitos mundos, casuales, conglomerado de átomos eternamente existentes y eternamente en movimiento.

Si se admite, en cambio, que hay un único mundo, su movimiento pudo ser engendrado o eterno. Sea el caso de Anaxágoras quien admitía que las cosas existen *ab eterno,* y permanecieron "por un tiempo infinito" en reposo antes del inicio del movimiento; y de Empédocles quien, por el contrario, sostuvo que, desde toda la eternidad, hubo alternancias de movimiento y de reposo. La primera doctrina es fácilmente rechazable ya que la generación es un cambio, y éste, entonces, sería un devenir previo a todo posible devenir. De modo que si no fuese eterno se presupondría otro ente como causa de su devenir, y éste, otro; y así se tendría un proceso al infinito. En efecto:

> "si cada una de las cosas movibles ha sido generada, entonces, con anterioridad a este movimiento tendría que haber habido otro cambio o movimiento, aquel por el cual fue generado lo que puede ser movido o mover" (*Fís.* 251a 18-20).

Si presuponemos esta alternativa, la objeción que se ha de rechazar es que estos entes estuvieron en reposo durante algún tiempo, y que a partir de un instante preciso se inició el movimiento. Pues en ese caso, también sería un movimiento el sacar del estado de reposo a estos entes, con lo que siempre habría un devenir antecedente a aquel que considerásemos primero.

De allí que la hipótesis de un período de completo reposo antes del primer movimiento sería imposible de sostener (*Fís.* 251a 22-28). Por otra parte, suponer que haya un espacio de tiempo anterior al movimiento, es decir tiempo sin movimiento, se contradice especialmente con la definición del tiempo como la medida del movimiento según el antes y el después (*Fís.* 219b 2-3); por lo cual esta hipótesis no podría en modo alguno sostenerse (*Fís.* 252b 11-28).

En virtud de una argumentación similar, Aristóteles establece que el movimiento no puede cesar, en cuanto los seres sometidos a movimiento están compuestos de acto y potencia; por lo cual, podrían moverse, por ellos mismos o bajo la acción de otros. Por lo cual su cambio o movimiento no tendría fin. Así, si el devenir no tiene comienzo definido ni final determinado en el tiempo, es claro que será eterno "pues no puede haber existido en un tiempo y no en otro, por lo que esta concepción parece más bien una mera ficción" (*Fís.* 252a 4-5), nos indica Aristóteles con clara alusión a Empédocles.

Los dos pilares en los que se apoya esta difícil argumentación aristotélica son el hecho de que el devenir se realiza siempre en los entes concretos, o sea, no hay ninguna substancialización del proceso en cuanto tal; y en segundo lugar, presupone la estructura metafísica de acto y potencia que constituye a todos los entes materiales. El movimiento se da siempre en un ente, por tanto, si este ente no es eterno tendría que ser engendrado, y su generación constituiría en sí misma un movimiento, que para producirse requeriría otro ente en acto que opere como causa inicial del proceso. Se tendría, así, un proceso al infinito que resulta insostenible en el sistema aristotélico.

Para asignar un término al movimiento, el último motor tendría que agotar su potencialidad. Pero en el mundo material la composición de acto y de potencia es básica y permite establecer la eternidad del movimiento, así como la necesidad de que el devenir lo sea de un ser concreto y determinado y no un proceso sustantivo como tal.

Finalmente, el último argumento que concluye la eternidad del tiempo, se funda en la naturaleza misma del tiempo:

> "si el tiempo no puede existir ni se puede pensar sin el "ahora", y si el "ahora" es un cierto medio, que es a la vez principio y fin: el principio del tiempo futuro y el fin del tiempo pasado; entonces el tiempo tiene que existir siempre" (*Fís.* 251b 19-22).

Confirma internamente este argumento la relación del tiempo como medida del movimiento, con el movimento mismo, tema ya expuesto en el contexto del libro IV de la *Física*, al que nos hemos referido en los puntos precedentes.[64] Entendido como "medio" y como "límite" es imposible suponer un "ahora" privilegiado que sea un fin y no un comienzo; o, contrariamente, un comienzo que no sea igualmente un fin, por lo que es absurdo hablar de una génesis del tiempo. Al definir el tiempo por el ahora y el ahora por el límite (*péras*), hasta la mínima porción de tiempo implica lo anterior y lo posterior y por tanto un eterno transcurrir. Hay, entonces, una equivalencia entre el tiempo infinito y el movimiento eterno.

La conclusión de que no hay tiempo sin movimiento ni a la inversa cierra esta argumentación:

> "Baste con lo dicho para mostrar que nunca hubo un tiempo en el que no hubiera movimiento y que nunca habrá un tiempo en el que no haya movimiento" (*Fís.* 252b 5-6).

El capítulo segundo formula tres objeciones a la tesis sustentada de la eternidad del movimiento.

La primera señala que si el cambio es entre opuestos no podría extenderse indefinida y permanentemente. Aristóteles responde admitiendo que, un movimiento idéntico y numéricamente uno, no puede producirse de modo permanente de un opuesto a otro, pues si un opuesto se alcanza efectivamente –y se lo ha de alcanzar si hay movimiento–, entonces cesaría ese movimiento. Pero, añade, esto no impide que se pueda pensar en el movimiento de un móvil que fuera continuamente idéntico a sí mismo, y que no se mueva de un opuesto a otro. Obviamente Aristóteles está pensando en la rotación de una esfera sobre sí misma, que va a ser precisamente el tipo de movimiento de los orbes celestes y que será tratado en el capítulo 8, remitiendo por tanto la objeción a ese momento (*Física* VIII, 8). Como puede apreciarse el tema del universo como un todo está presente desde el inicio del libro VIII, y presupone la problemática de la eternidad del movimiento y del tiempo como simple medio para llegar a la tesis del primer motor.

La segunda objeción deriva del hecho de que se pueden constatar en los seres inanimados o sin vida un claro comienzo del movimiento, cuando después de estar en reposo se comprueba el inicio del mismo, lo cual resulta evidente a la observación más simple; sin embargo esta objeción –destaca Aristóteles– resulta improcedente dado que no hay

---

64 Cfr.lo expuesto en los apartados: 2.1.1 al 2.1.3 del presente capítulo.

nada especialmente extraño en que tales cosas sean movidas por un agente externo que antes no incidía en el estado inicial de reposo, y ahora produce el comienzo del movimiento (*Fís.* 253a 2-4).

La última objeción se trata de una extensión de la segunda a los seres vivos, pues éstos, pareciendo estar en pleno reposo, repentinamente comienzan un movimiento por sí mismos como puede comprobarse también experimentalmente, y entonces habría un claro punto inicial del movimiento; aceptado esto, por qué no pensar que lo mismo ocurría en el universo como un todo, con lo cual tenemos otra vez la referencia precisa por parte de Aristóteles al tema del cosmos como totalidad (*Fís.* 252b 17-28).

A esta objeción Aristóteles responde que en los animales siempre hay algún movimiento interno de sus órganos determinado por el entorno. Esto significa que siempre hay una causa precisa de este movimiento que aparentemente no se detecta. Y por otro lado, tales cambios, o algunos de ellos al menos, producen movimientos que afectan al animal completo, con lo que entonces quedaría explicado ese aparente movimiento que tiene un punto inicial absoluto. No obstante lo cual se remite a capítulos posteriores el tratamiento más exhaustivo de la cuestión de los vivientes (*Fís.* 253a 8-21).

En realidad estas reflexiones sirven como un camino introductorio a temas generales que van a incidir directamente sobre la problemática del libro VIII. Este segundo capítulo plantea una serie de objeciones a las tesis desarrolladas en el primero: concretamente la segunda objeción introduce el capítulo tercero. Ante la cuestión de por qué hay cosas que unas veces están en reposo y otras en movimiento, siendo ésta una tesis aceptada por el Estagirita, se examinan las otras posibles alternativas que podrían negarla, esto es, que todas las cosas estén siempre en reposo o que estén siempre en movimiento. Ambas posibilidades son rechazadas. La primera de ellas es refutada basándose en que el presupuesto de toda la *Física* descansa en el movimiento; y lo que es principio de una ciencia no se discute:

"Ahora bien, pretender que todas las cosas están en reposo y apoyarse para ello en la razón rechazando el testimonio de los sentidos es debilidad intelectual, y es poner en duda todas las cosas, no sólo una parte. Y no sólo es oponerse a los físicos, sino a todas las ciencias y las opiniones recibidas, ya que todas hacen uso del movimiento" (*Fís.* 253a 33-b 2).

Como vemos, el Estagirita desarrolla el mismo argumento que introdujo en el libro I (184b 25-185a 21), con relación a la doctrina de Parménides.

Con el fin de confirmar su tesis, el discurso se articula en tres partes: primero: no puede haber cosas que siempre estén en movimiento y otras siempre en reposo (*Fís*. 254a 4-15). Segundo: las cosas están algunas veces en movimiento y otras en reposo; y tercero, que más allá de las cosas que están unas veces en movimiento y otras en reposo, existen algunas realidades afectadas por un movimiento eterno y otras por un reposo eterno.

Así, para afirmar el principio de que todo movimiento requiere un agente productor distinto del ente que sufre el movimiento como tal, se establecerá indirectamente la segunda afirmación; y la tercera, o sea que hay cosas con movimiento ininterrumpido –las esferas y los orbes celestes–, y que hay algo siempre inmóvil –el primer motor–, se desarrollará progresivamente a lo largo de este libro VIII.

Es de destacar que el proceso seguido hasta el momento responde a un planteamiento interno cuidadosamente meditado. En primer lugar, se demuestra la tesis de que el movimiento ha de ser eterno, sin principio ni fin en el tiempo, instrumento necesario para llegar a la realidad del primer motor; y, seguidamente, se analiza cómo se realiza esta eternidad en las cosas sensibles afectadas por el movimiento. Pues estas cosas no están siempre en movimiento, ni siempre en reposo.

Tenemos desplegados todos los elementos necesarios para entender el siguiente paso de la argumentación aristotélica. Pues la primera aseveración le sirve para explicar los procesos del mundo sublunar; la segunda remitirá a la primera causa absoluta del movimiento, y la tercera, se referirá a la estructura del mundo celeste. Toda la investigación subsiguiente deriva hacia la demostración de la existencia del primer motor inmóvil, del que demuestra su eternidad. Efectivamente, el primer motor inmóvil tiene que ser eterno pues si el movimiento lo es, tal como se estableció en el primer capítulo, su primera causa absoluta ha de serlo también de un modo necesario (*Fís*. 258b 10-12). Por lo demás, si el movimiento es necesariamente eterno, ha de ser continuo dado que lo que es permanente es continuo, mientras que lo sucesivo es discontinuo y sólo el movimiento circular es continuo y corresponde al mundo supralunar.

Aristóteles justifica de este modo la existencia de un movimiento continuo y eterno: el movimiento de las esferas celestes que dependen del movimiento del primer motor. Es también una de las consecuencias de su tesis de la eternidad del movimiento la afirmación de un único primer motor eterno e inmóvil. El eternalismo de Aristóteles es solidario de su teología: de su prueba de la existencia de Dios y de su análisis de la naturaleza divina que escapa de lo cuantitativo, lo corpóreo y lo dimensionado.

Aristóteles nos procura, así, una consideración unitaria del universo afectado por el movimiento y el cambio en sus diferentes clases y en los distintos niveles del cosmos; esto lo expresa particularmente al finalizar el capítulo donde establece una clasificación de los seres naturales según el tipo de movimiento que poseen y la cualidad de sus respectivos agentes productores, descendiendo desde el primer motor inmóvil hasta los seres del mundo sublunar (*Fís.* 259b 31-260a 19). Y esta estructura, establecida aquí en cuanto a sus bases físicas, se corresponde con otras clasificaciones jerárquicas que se llevan a cabo, no sólo en la *Metafísica* (*Metaf.* 1073a 12 y ss.), sino también en tratados biológicos (*Gen. Anim.*, 731b 25-732a 12).

2.2.2 La eternidad en De Caelo

Tal como venimos de exponer, en la *Física* (libros VII y VIII) Aristóteles ha tratado el problema de la eternidad del movimiento de un modo general, si bien se tiene como trasfondo la cuestión de las relaciones del mundo sublunar y celeste y la necesidad de una unidad entre ambos, dadas las influencias de los cielos en los fenómenos físico-naturales del mundo terrestre. Esta unidad se examinará de modo más concreto en el *De Caelo*.

En el inicio del *De Caelo*, Aristóteles afirma que la ciencia de la naturaleza se ha de referir a las substancias y cuerpos materiales así como a sus cambios y movimientos y, consecuentemente, a los principios de esas propiedades y substancias (*De Caelo*, 268a 1-6). La afirmación implica la necesidad de que el filósofo natural extienda sus investigaciones no sólo a los fenómenos y seres del mundo sublunar sino también a los cuerpos del mundo celeste. Ahora bien, los principios obtenidos en la *Física*, puesto que son universales y necesarios, deben informar y aplicarse a la investigación de los seres del mundo celeste, en cuanto ellos son también parte del objeto general de la ciencia de la naturaleza. Ello permitirá una visión unitaria y cohesionada del universo como un todo.

En el inicio del libro I del *De Caelo*, Aristóteles prueba que la eternidad del cielo a partir de la ausencia de contrarios y de la imposibilidad de una generación o de una corrupción de la naturaleza supraceleste. El movimiento circular es el único que permite una vuelta sobre el mismo lugar sin invertir la dirección. La materia celeste, el éter que conforma los astros y las esferas, es un elemento distinto de los sublunares.

La afirmación formal por parte de Aristóteles de que el mundo es eterno se halla en el capítulo 3 del libro I del tratado *De Caelo* donde sostiene que el mundo es ingenerado porque es incorruptible por su misma naturaleza, y por tanto, eterno. La necesidad de explicar el movimiento giratorio del cielo obligó a Aristóteles a desarrollar un largo excurso sobre el quinto elemento, antes de considerar esta cuestión de central interés cosmológico.

Mientras que el movimiento rotatorio del cielo no tiene principio ni fin, sí lo tienen los movimientos de los elementos sublunares. Para que ello sea así, dos requisitos se plantean de manera bastante obvia:

- que el mundo sea ingenerado e incorruptible, pues sólo así puede sostenerse que el movimiento circular no tenga, ni temporal ni espacialmente, un punto inicial y final que sí podrían determinarse si la rotación hubiera empezado o cesara en algún momento dado;
- que el mundo sea limitado en tamaño pues sólo si su radio es finito, puede decirse que los movimientos ascendentes y descendentes de los cuatro elementos convencionales, que se producen a lo largo de trayectorias radiales, tienen un límite preciso, espacial y temporalmente.

Al finalizar el capítulo 4 del libro I Aristóteles abandona el estudio de la correlación entre movimientos simples y elementos así como la caracterización del elemento celeste, para pasar a considerar el mundo en un marco espacio-temporal (cap. 5-12).

Desde el punto de vista espacial, expresa que el mundo es finito en tamaño y único en número; y desde el punto de vista temporal, que es ingenerado e imperecedero, es decir, eterno.

Un universo único y finito garantiza puntos de referencia absolutos, tanto para los movimientos de generación y corrupción de los cuerpos sublunares, como para el movimiento inalterable y constante del cuerpo celeste. Y a su vez, la ingenerabilidad e incorruptibilidad de este último elemento, connatural con su carácter divino, exigen la eternidad del cosmos.

No se trata propiamente de una argumentación de filosofía natural como la que encontramos en el libro VIII de la *Física* sino de la extrapolación de una mirada pre científica.

i) La última esfera de las estrellas fijas, ofrece un aspecto de rotación perfecta y de absoluta incorruptibilidad. Hay una "congruencia" espontánea entre eternidad y perfección. Para que haya cambio sustancial y por tanto corrupción, tiene que haber un contrario, y *el todo* (*tò pan*) no tiene contrario. El mundo no es ni esto ni aquello sino *todo*. ¿Y qué es lo contrario de *todo*? No puede ser una forma determinada. El movimiento circular uniforme permite hablar de perfección y carece de contrario porque en la circularidad no hay oposición relativa.

ii) Otro argumento que aparece con frecuencia se funda en la creencia de que el firmamento tiene una materia diferente, el éter, que carece de contrario:

"Esto se desprende también con bastante claridad de la sensación, por más que se remita a una creencia humana; pues en todo el tiempo transcurrido, de acuerdo con los recuerdos transmitidos de unos [hombres] a otros, nada parece haber cambiado, ni en el conjunto del último cielo, ni en ninguna de las partes que le son propias" (*De Caelo* III, 270b 12-16).

Cuando escribe este argumento, Aristóteles supone cierta afinidad entre el cielo eterno –el firmamento físico como envolvente extremo de todo el cosmos– y un Dios eterno que es su causa eficiente. E indica que tal es la opinión común de todos los hombres:

"Y parece que la razón testimonia a favor de la opinión común, y a su vez ésta a favor de la razón. Todos los hombres tienen, en efecto, una cierta concepción de los dioses y todos asignan al ser divino el lugar más elevado, tanto los bárbaros como los griegos, al menos aquellos que creen en la existencia de los dioses; es evidente que en su pensamiento lo inmortal está ligado a lo inmortal, porque ello no podría ser de otra manera. Así, pues, si existe un ser divino, como es el caso, también es correcto lo que se acaba de exponer acerca de la primera de las entidades corporales" (*De Caelo* I, 2, 270b 5-11).

Y añade todavía de modo más explícito:

"y es esta una cuestión que tiene suma importancia para robustecer la creencia en la inmortalidad y en la eternidad. De manera que es bueno que cada uno de nosotros se persuada de que las antiguas sentencias, especialmente las de nuestros mayores, son verdaderas: las opiniones que afirman que, entre las cosas que están sujetas a un movimiento, existe un ser inmortal divino, de tal categoría que no hay en él ningún límite, antes es él más bien el límite y el fin de todas las demás cosas" (*De Caelo* II, 1, 284a y ss.).

Resulta paradójico, pues, que para Aristóteles la eternidad del mundo adquiera un significado en cierta manera opuesto al del pensamiento cristiano: si el mundo es eterno, pensaba el filósofo griego, con mayor razón lo es el Dios que lo mueve. Y es esto, precisamente, lo que le importaba demostrar.

La mecánica celeste a diferencia de la sublunar, se rige, según Aristóteles en virtud de una única ley: la del movimiento circular constante y perpetuo del éter, cuerpo exento por igual de gravedad y levedad e incapaz de ser apartado de su lugar natural por fuerza alguna. El movimiento circular, al ser cerrado sobre sí mismo, carece de principio y fin, es ilimitado temporalmente aunque finito espacialmente. Mientras todos los cuerpos sublunares se hallan en reposo en su lugar natural, el cuerpo celeste y sólo él, se mueve sin salirse del lugar que le es propio.

En el capítulo 9 expresa que no hay lugar, vacío ni tiempo fuera del cielo:

> "pues en todo lugar puede llegar a haber algún cuerpo; el vacío, por otro lado, dicen que es aquello en lo que no hay ningún cuerpo pero puede llegar a haberlo; y el tiempo es el número del movimiento; y no hay movimiento sin cuerpo natural. Ahora bien, se acaba de demostrar que fuera del cielo no existe ni puede generarse cuerpo alguno. Luego es evidente que fuera [del universo] no hay lugar ni vacío ni tiempo" (*De Caelo*, 279a 13-17).

Luego de precisar este aspecto se detiene en la consideración del mundo como todo: ¿es generado o ingenerado, es corruptible o incorruptible? Aristóteles expresa aquí el argumento más elaborado en favor de la eternidad del mundo:

> "todos dicen que [el universo] ha sido engendrado, pero unos dicen que, una vez engendrado, es eterno, otros que es corruptible, como cualquier otra de las realidades compuestas; y finalmente, otros dicen que es alternativamente de un modo y del otro y que este [proceso] perdura siempre como Empédocles de Agrigento y Heráclito de Éfeso" (*De Caelo*, 279b 13-16).

La posición de Aristóteles confirma el itinerario ya transitado: "afirmar que algo ha sido engendrado y que sin embargo es eterno, pertenece a las cosas imposibles" (*De Caelo*, 279b 17).

Aristóteles se opone a la comprensión del *Timeo* que presenta un mundo engendrado pero incorruptible y eterno *a parte post* (I, 10, 280a 30).

Utiliza el denominado principio *"de plenitud"* según el cual toda posibilidad, potencia, se realiza en un punto del tiempo para mostrar que lo que existe siempre es incorruptible, sin lo cual su corruptibilidad se actualizaría un día y dejaría de existir. Se obtiene así una serie de equivalencias entre ingenerable e incorruptible, engendrado y corruptible, inengendrado e incorruptible.

El capítulo 12 desarrolla la argumentación de un universo ingenerable e incorruptible.

Parte indicando que imposible y falso no significan lo mismo:

"decir que el citarista canta cuando en realidad no está cantando es falso, pero no imposible. En cambio estar a la vez de pie y sentado, o que la diagonal sea conmensurable, no sólo es falso sino también imposible. No es lo mismo suponer algo falso que suponer algo imposible" (*De Caelo*, 281b 11-16).

Si algo que existe durante un tiempo infinito es corruptible:

"tendrá la potencia de no existir. Y por ser durante un tiempo infinito, supóngase realizado lo que puede [llegar a ser]. En consecuencia, existirá y no existirá simultáneamente en acto. Se concluirá, pues, en una falsedad, dado que se ha establecido algo falso. Pero si no fuera algo imposible, tampoco la conclusión sería imposible. Por consiguiente, todo lo que existe siempre, es incorruptible, sin más" (*De Caelo*, 281b 20-25).

El razonamiento que implementa es el siguiente: si una cosa existe siempre y tiene la potencia de existir o no existir, entonces, se superpondrán los tiempos en que se haga realidad cada una de las referidas potencias, pues cada una de ellas tiene un tiempo igualmente infinito para realizarse. Y en ese caso, la realidad mencionada podrá existir y no existir al mismo tiempo, lo cual es imposible. Y por ello, pensar que algo que existe siempre tiene la potencia de destruirse, no es simplemente falso sino necesariamente falso, es decir, imposible.

La idea presente en toda la argumentación desarrollada en el capítulo 12 es la siguiente. Aunque en principio ser generable pudiera entenderse al modo platónico expresado en el *Timeo,* como tener comienzo, pero no necesariamente tener final, y recíprocamente con respecto a ser corruptible, lo cierto sin embargo es que tanto uno como otro concepto se pueden reducir, comparados con una supuesta duración temporal infinita, al común denominador de existir durante una porción de tiempo y no existir durante otra, independientemente de que el período de inexistencia se sitúe *a parte ante* (para lo generable) o *a parte post* (para lo corruptible).

Los símbolos que Aristóteles expone son: A= siempre existente; B=siempre inexistente, E= generable y corruptible; C= no siempre existente; D= no siempre inexistente.

1) La relación entre A y B es la que Aristóteles llama contrariedad o incompatibilidad consistente en la negación mutua del contenido de la variable, la existencia.
2) La relación entre A y C; y entre B y D es de contradicción consistente en la mutua negación del cuantificador, "siempre" en este caso.

3) La relación entre C y D es la negación de la relación entre A y B, la de compatibilidad. De allí se desprende que C y D, a diferencia de A y B pueden ser verdaderas al mismo tiempo.

Pues bien, su conjunción, lo no siempre existente y no siempre inexistente, es precisamente E: lo generable (no siempre inexistente) y corruptible (no siempre existente). Queda claro, pues, que las nociones de generación y corrupción son ambas lo opuesto de la eternidad.

Sobre esa base, generable y corruptible se convierten y –como dice literalmente Aristóteles– se "acompañan" mutuamente (*De Caelo* 282a 32). Lo propio sucede con sus opuestos por negación o contradictorios: ingenerable e incorruptible. Pero pese a las aparentes similitudes lógico-formales aplicables a estos conceptos, las relaciones establecidas no son las mismas que Aristóteles explicita en su lógica. En efecto, la particular afirmativa y negativa son posiblemente verdaderas y nunca falsas a la vez, pero no necesariamente verdaderas a un tiempo, como ocurre en este caso con corruptible-generable. Y las contrarias: universal afirmativa y negativa son siempre incompatibles, nunca verdaderas a la vez, aunque sí posiblemente falsas; mientras que sus análogos, incorruptible-ingenerable se coimplican y por tanto, identifican.

Para que esto último resulte admisible hay que suponer un sujeto común a ambos atributos que sea:

i) o bien siempre existente, en cuyo caso no puede haber existido en un tiempo determinado ni dejar de existir en otro;
ii) o bien siempre inexistente en cuyo caso no puede empezar a existir ni dejar de hacerlo.

Por lo cual los conceptos de incorruptible e ingenerable se identifican con: siempre existente y siempre inexistente, y se aplican a un mismo sujeto: el universo como totalidad.[65]

2.3 Observaciones a modo de síntesis

Aristóteles en sintonía con la globalidad de su programa filosófico, suprime la distinción entre la realidad y la apariencia del tiempo: no tiene sentido explicar la *physis* a través de algo que está más allá de ella. Ahora bien, lo que da lugar a la percepción del tiempo es el movimiento, de modo que el tiempo no puede concebirse sino como algo

---

65   Seguimos el texto aristotélico 282 a 14 – 283 b 18. Puede consultarse la secuencia argumentativa expresada por M. Candel en la nota 153 de: Aristóteles, *Acerca del Cielo*, Madrid, Gredos, 102-3.

consustancial al mismo; y si bien el tiempo no es el movimiento, no existiría sin él ya que solamente existe cuando el movimiento comporta un número. Queda, asimismo, incluida en la definición de tiempo aristotélica, la necesaria correlación entre el movimiento y la actividad de una conciencia capaz de numerar.

Con relación al problema de la eternidad del mundo, Aristóteles expone en la *Física* tres argumentos que podríamos presentar resumidamente bajo la siguiente consideración:

1. El primero está basado en el movimiento en sí mismo considerado: la índole del movimiento como entelequia de una potencia en tanto que tal potencia, exige que algo en acto preceda a lo que está en potencia para actualizarla.
2. El segundo se basa en la relación entre el movimiento del motor y el del móvil: si algo empieza a moverse es porque algo otro, el motor, se ha movido y se pone en condiciones de mover al móvil. Por consiguiente, a todo movimiento le precede otro; y esto es válido en todo tipo de movimientos que comienzan; luego o los movimientos son en sí mismos eternos o comienzan por el movimiento precedente de sus motores; en ambos casos el movimiento no puede tener un comienzo absoluto, y ha de ser eterno.
3. Y finalmente, el tercero se funda en la naturaleza misma del tiempo: el instante, que es lo actual del tiempo, es el término común de lo anterior y lo posterior y por tanto todo instante tiene necesariamente algo anterior que él termina. No existe, pues, un comienzo absoluto del movimiento ni del tiempo (*Fís.*, VIII, 1, 251a 8-b 27).

En el *De Caelo,* Aristóteles rechaza contra el pensamiento precedente que el cosmos sea engendrado y destruido periódicamente. El cosmos y el tiempo son sempiternos (*De Caelo*, 270b 1; 270b 20-25). La concepción del tiempo es perfectamente cíclica: "el mismo tiempo parece ser de algún modo un círculo" (*Fís.* 223b 29), círculo eternamente causado pues el "primer motor mueve según un eterno movimiento y en un tiempo infinito" (*Fís.* 267b 25).

A diferencia de Platón, Aristóteles no puede admitir un estado de caos primitivo prolongado eternamente para atrás y un Dios que, ignoramos por qué causa, se decide a imprimirle un orden.

Tampoco le satisface a Aristóteles la idea de que el mundo tuviera que ser conservado por la sola benevolencia de Dios: si era indestructible debía serlo por virtud propia, aunque se mantuviera siempre dependiendo de la eternidad divina (*De Caelo*, 284a 20-25).

La eternidad para Aristóteles supone un tiempo infinito, sin inicio ni fin. Este significado se diferencia de aquel desarrollado por Platón, donde lo eterno también puede designar lo atemporal, lo que existe fuera de toda distinción de pasado, presente o futuro, significado que conoce una muy larga fortuna pues representó el instrumento conceptual que le permitió al pensamiento cristiano resaltar la originalidad del modo de ser propio de Dios.[66]

Fuentes

BURNET J.: *Platonis opera*, Oxonii, Typographeo Clarendoniano, 1957, tomo VI. Texto griego.

ARCHER-HIND, R. D., *The Timaeus of Plato* edited with introduction and notes. Londres, 1888.

Traducciones

PLATÓN: *Timée / Critias,* Paris, Flammarion, 1992. Traducción de Luc Brisson.

PLATÓN: *Diálogos, Filebo, Timeo, Critias,* Madrid, Gredos, 1992. Tomo VI, traducción e introducción del *Timeo* Francisco Lisi.

PLATÓN; *Timeo*, Buenos Aires, 2005. Trad. C. Eggers Lan.

PLATÓN, *Timeo*, Ed. Univ. Católica de Chile, 2004, trad y notas Oscar Velázquez.

Bibliografía:

ANGLAS J., *De Euclides a Newton. Relatividad y conocimiento*. Hernando, Madrid, 1927. (Colección La cultura moderna).

ARANA MARCOS J. R., *Hacia un nuevo Platón*. S. Antonio, Baracaldo, 2001.

ARANA MARCOS J. R., *Platón. Doctrinas no escritas. Antología*. EHU, 1998.

M. CLAGGETT, M., *Greek science in Antiquity*. Nueva York, 1956.

W. DUNHAM, *Viaje a través de los genios*. Ed. Pirámide, Madrid, 1992.

CORNFORD M., *Plato's Cosmology,* London, Routledge & Kegan Paul Ltd, 1956.

CORNFORD M., *Plato's cosmology. The Timaeus of Plato translated with a running commentary*. London, 1937.

COOK-WILSON J., *On the interpretation of Plato's Timaeus. Critical studies with special reference to a recent edition*. Londres, 1888.

CHERNISS H, "The relation of the Timaeus to Plato's later dialogues", *American Journal of Philology* (1957), 78, 225-266.

CHERNISS H., "Timaeus 38 a 8-b 5", *The Journal of Hellenic Studies*, (1957), 77, 18-23.

DROSS G.: *Los mitos platónicos*, Barcelona, Labor, 1993.

EGGERS C., *El nacimiento de la matemática en Grecia*. EUDEBA, Buenos Aires, 1995.

FARRINGTON B., *Ciencia y filosofía en la Antigüedad,* Ariel, Barcelona, 1974.

FESTUGIÈRE A., *Commentaire sur le Timée*, 5 vol. París, 1966-1968.

FINKELBERG A., "Plato's Method in Timaeus", AJPh (1996), 117, 391-409.

GUTHRIE W., *Historia de la Filosofía griega*, 6 vols. Gredos, Madrid, 1984 –1999.

---

66 "Antes que Abraham naciera, era yo" Jn, 8, 58.

KRÄMER H., *Platón y los fundamentos de la metafísica. Ensayo sobre la teoría de los principios y sobre las doctrinas no escritas de Platón*, con una recopilación de los documentos fundamentales, en edición bilingüe y bibliografía.Trad. Á. J. Cappelletti. Prólogo de Giovanni Reale. Monte Ávila eds. Latinoamérica, Caracas, 1996.

F. LISI, "La creación en el Timeo", *Hypnos*, año 6, nº 7, (2001) Sao Paulo, 11-24.

T. H. MARTIN, *Études sur "Le Timée" de Platón*. París, 1841.

G. MILHAUD, *Les philosophes-géomètres de la Grèce*. Arno Press, Nueva York, 1976.

MARCOS G., "Sobre la naturaleza dialéctica del relato verosímil del *Timeo*", *Revista Venezolana de Filosofía*, 35, Venezuela, 1997.

NIKULIN D., *Matter, imagination and geometry. Ontology, natural philosophy and mathematics in Plotinus, Proclus and Descartes*, Ashgate, Hants, 2001.

PIEPPER J., *Sobre los mitos platónicos*, Barcelona, Herder, 1984.

ROBIN L., "Études sur la signification et la place de la physique dans la philosophie de Platon", *Revue Philophique de la France et de l' Étranger*, (1918), 43, 177-220 y 370-415.

RODRÍGUEZ, P., "Acerca del platonismo y de Platón mismo. Hermenéutica en la interpretación esotérica de Reale", en: *Anuario Filosófico*, n. 33, 2000, pp. 271-278.

ROSS D.: *Teoría de las Ideas de Platón*, Madrid, Cátedra, 1993.

SAMBURSKY S., *The physical world of the Greeks*. Nueva York y Londres, 1956.

VLASTOS G., "Creation in the Timaeus", *Studies in Greek Philosophy, Socrates, Plato and their tradition*, vol. II. Princeton University Press, 1995.

VLASTOS G., "Disorderly motion in Plato's Timaeus" en *Studies in Greek Philosophy, Socrates, Plato and their tradition*, vol. II. Princeton University Press, 1995.

VLASTOS G., "Creation in the Timaeus: is it a fiction?", *Studies in Plato's Metaphysics*. Londres, (1967), 401-419.

VLASTOS G.., *Plato's universe*. Oxford, 1975.

Fuentes

ARISTOTELIS OPERA, ed. I. Bekker, Academia de Ciencias de Berlín, Berolini, 1831-1870, 5 vols., reed., 1874-1879, reimp., 1968.

W. D. ROSS, *Aristotle's Physics*. A revised text with introduction and commentary. Pp. xii, 750. Oxford: Clarendon Press, 1936.

Traducciones

ARISTÓTELES. *Física*. Madrid, Gredos, 1995.

ARISTÓTELES. *Física*, Libros I-II: traducción y notas Marcelo D. Boeri; Buenos Aires: Editorial Biblos, 1993

ARISTÓTELES. *Física*, Libros III-IV traducción Alejandro G. Vigo. v. 2. Buenos Aires: Editorial Biblos, 1995.

ARISTÓTELES, *Acerca del cielo*. Madrid: Gredos, 1996. Trad. M. Candel

STOCKS, J. L., *On the Heavens* Oxford: Clarendon Press, 1922

En línea:
http://www.alejandriadigital.com/2015/12/04/obras-completas-de-aristoteles-en-pdf-obras-de-dominio-publico-descarga-gratuita/

Bibliografía

ALARCÓN E, "El principio de no contradicción y la estructura del ente en Aristóteles", Acta Philosophica, 8, (1999), 273-277.

BERTI, E., *Estructura y significado de la Metafísica de Aristóteles*; Oinos, Bs.As., 2011

BERTI, E. *Ser y Tiempo en Aristóteles*; Biblos, Bs.As., 2011

BRADING, K. y CASTELLANI, E. *Symmetries in Physics*. Cambridge: Cambridge University Press, 2003.

R. BRAGUE, *Du Temps chez Platon et Aristote*, Paris, PUF, 1982.

CONEN P. F., *Die Zeittheorie des Aristoteles*, München, Beck, 1964.

CONRAD-MARTIUS H., El Tiempo. Trad. de Antonio Rodríguez – Huésca, Revista de Occidente, Madrid, 1958, 359 p.

COOPE U., "Why does Aristotle say that there is no time without change? Proceedings of the Aristotelian Society, New Series, Vol. CI, 2001.

GOLDSCHMIDT V., *Temps physique et temps tragique chez Aristote*, Paris, Vrin, 1983.

GAMOW, G.. Biografía de la física. Editorial Barcelona, Salvat Editores, 1987. K

LOMBARDI O., "Comparación entre la Física aristotélica y la Mecánica clásica", (1997),
Educación en Ciencias (Revista de la Universidad Nacional de San Martín, Argentina).1 (3), 62-70.

MARQUARDT U., *Die Einheit der Zeit bei Aristoteles*, Würzburg, Königshausen & Neuman, 1993,

MOREAU J., Aristóteles y su escuela; EUDEBA, Bs.As., 1972

MOREAU, J. *L'Espace et le Temps selon Aristote*, Padova, Antenore, 1965,

REALE, G.; Introducción a Aristóteles; Herder, Barcelona, 1992

SAMBURSKY S. El mundo físico a finales de la antigüedad. Editorial: Madrid: Alianza Editorial, 1990.

SORABJI R., *Time, Creation and the Continuum theories in antiquity and the early middle ages*, London, Duckworth, 1983, pág. 72.

SORABJI, R., *Philoponus and the Rejection of Aristotelian Science*. London: Duckworth, 1987.

TATON R. *Historia general de las ciencias*. Editorial Barcelona, Ediciones Destino, v.1 *La ciencia antigua y medieval* (de los orígenes a 1450). 1972.

ZUBIRÍA, M., *Aristóteles y el Cosmos*; Ed.Quadrata, Bs.As., 2005

Capítulo 2
El platonismo latino y la gravitación de las primeras traducciones

al como expresamos el *Timeo* supuso en su momento la más completa recopilación del saber realizada por Platón y su escuela en ámbitos muy diversos como la cosmología, la antropología, la metafísica sin olvidarnos de disciplinas más propiamente "científicas", como la meteorología y las matemáticas.

Pero a pesar del interés despertado por el diálogo en el mundo latino, las dificultades y oscuridades inherentes a la obra redujeron notablemente el número de traducciones y comentarios. No obstante ello el *Timeo* fue junto a los *Fenómenos* de Arato un instrumento escolar utilizado por los romanos para el estudio de la cosmología.

La primera traducción latina que analiza el problema de la eternidad del mundo en el *Timeo* fue la de Cicerón, del 45 a. c.; para aguardar la siguiente habrá que esperar más de cuatro siglos, hasta el siglo IV d.C., que corresponde a Calcidio, autor de una traducción y comentario de la obra.

1. La traducción de Cicerón (106 a.C.-43 a.C.)

En la actualidad la crítica sitúa la traducción ciceroniana del *Timeo* entre mayo y julio del año 45, es decir, después de la redacción de los *Academica* y antes del tratado *De natura deorum*. Se trata por tanto de una obra de madurez, escrita cuando Cicerón tenía 61 años, con la que el autor latino retomaba, al cabo de muchos años, una labor que había iniciado durante su juventud: la traducción de una serie de obras griegas que consideraba de interés para sus contemporáneos, y en particular de un uso marcadamente escolar. En efecto, sus primeras traducciones conocidas del griego, de autores como Arato, Jenofonte (*Oeconomicus*), Esquines (*Contra Ctesiphontem*), Demóstenes (*De Ctesiphonte*) y Platón (*Protágoras*), entre otros, se concentran hacia el año 85.

La traducción ciceroniana del *Timeo* sólo comprende los parágrafos que van desde el 27 d hasta el 47 b del original platónico; es una parte con autonomía dentro del diálogo, pues es el discurso pronunciado por *Timeo* donde se describen, fundamentalmente, las obras de la razón que corresponden a la creación del mundo sublunar y supra lunar.

En su estado actual el texto que conservamos presenta dos importantes lagunas, una, correspondiente a los parágrafos 37c-38c, y la otra, de 43b-46a, que debieron producirse con posterioridad a los siglos V-VI, a juzgar por la cronología de las fuentes que nos han transmitido los fragmentos conservados.

Según la crítica, el texto que nos ha llegado, salvo estas partes perdidas, corresponden a la sección del *Timeo* platónico que Cicerón tuvo voluntad de traducir. Es decir, no fue la suya una traducción completa conservada sólo fragmentariamente. Es más, se cree que la parte traducida estaba destinada a ser incorporada a un diálogo que mantendrían Nigidio Fígulo (c. 98-45), el gran filósofo neopitagórico latino, Cratipo de Pérgamo, filósofo peripatético, y el propio Cicerón, como representante de la Academia, diálogo ambientado en Éfeso, en julio del 51, cuando el Arpinate iba en camino a Cilicia.

Su argumentación es física, y la parte que tradujo, que corresponde a la intervención de *Timeo* en el original, es expresada por Nigidio Fígulo como componente de su propia argumentación sobre el tema cosmológico. Nigidio Fígulo fue una personalidad destacada en su época, tanto por su dedicación política –fue partidario de Pompeyo– como por su trabajo erudito; y ha sido un buen conocedor de las ciencias naturales, del pitagorismo y de la astrología.

El interés de Cicerón por el *Timeo* no puede sorprendernos, pues Platón gozaba por entonces de un amplio reconocimiento entre los eruditos romanos. Este interés demuestra la importancia que adquirió la obra en el siglo I a.C., con la vuelta al Platón más dogmático. Es posible que también pudiera servirle de trabajo propedéutico, pues muchos de los temas aquí tratados reaparecen, con términos casi idénticos, en otros escritos filosóficos ciceronianos de la misma época, como el *De natura deorum*.

La estructura de la versión ciceroniana del *Timeo* comprende el siguiente esquema:[1]

I. Presentación

1-2. Se exponen las circunstancias en que tiene lugar el diálogo entre Nigidio Fígulo, Cratipo y el propio Cicerón.

II. Configuración del mundo sublunar

3-10 (27d-30b). Comienza la exposición de Timeo (puesta en boca de Nigidio Fígulo) acerca del ser eterno, el ser sometido a cambio y el Demiurgo. El universo es construido por el Demiurgo, quien lo concibe como un ser vivo y dotado de razón.

11-20 (30c-34b). El universo se construye a imagen del ser inteligible. Es único y está constituido por los cuatro elementos; es esférico y gira sobre sí mismo.

21-25 (34c-36d). El espíritu del mundo se elabora a partir de lo mismo, de lo otro y de la mezcla de ambos elementos. La estructura del mundo se divide en dos partes: el círculo de lo mismo (ámbito de las estrellas fijas) y el de lo otro (dividido en siete círculos concéntricos, desiguales y que ofrecen un movimiento ordenado).

26-28 (36d-37c). Unión del cuerpo y del espíritu del mundo, al extenderse éste desde el centro hasta los extremos.

(...) laguna (correspondiente al original griego 37c-38c).

III. Configuración del mundo supra lunar

29-37 (38c-40d). Formación de los cuerpos celestes.

38-39 (40d-41a). Los dioses de la mitología.

IV. El hombre

40-41 (41a-41d). Formación del hombre, como ser mortal, por parte de los dioses, de acuerdo con el mandato expreso del Demiurgo.

42-45 (41d-42d). Formación del espíritu humano, a partir de los restos de la sustancia que sirvió para formar el espíritu del mundo. Se instruye acerca de las leyes del destino y de la trasmigración.

---

1 Cfr. la sinopsis ofrecida por A. Escobar en la introducción a la traducción española de la obra editada por Gredos.

46-48 (42d-43b). Distribución de los espíritus humanos entre los planetas. La formación del cuerpo humano y la encarnación del espíritu.
(...) laguna (correspondiente al original griego 43b-46a).
49-52 (46a-47b). La visión de imágenes reflejadas. Diferencia entre los tipos de causa y elogio de la filosofía.

Como lo admite el propio Cicerón,[2] el diálogo cuya traducción acomete está caracterizado por la oscuridad de la realidad a la que se refiere más que por la de su expresión (*rerum obscuritas, non verborum*).

De hecho, una parte importante de los estudios realizados sobre la versión ciceroniana del *Timeo* han tratado de profundizar en las dotes de traductor de su autor. Así, se ha insistido no sólo en las carencias que mostraba la lengua latina en el siglo I a.C. para expresar los ricos matices de la lengua filosófica griega. En punto a ello es obligado reconocer el notable conocimiento del griego del autor y el empeño que puso por enriquecer la lengua latina para permitirle expresar los conceptos filosóficos griegos.

En este sentido, los recursos empleados por Cicerón fueron muy diversos: perífrasis, omisiones, amplificaciones. El ejemplar griego que manejó no se aleja mucho del que manejamos hoy. Éste debió ser el que ya por entonces había divulgado su amigo Ático, como parte de su edición de Platón.

A pesar de sus esfuerzos, el resultado de la traducción ciceroniana fue, para la Antigüedad, bastante discreto: nada nos indica que su versión fuera utilizada por Calcidio, o bien porque no la conoció, o bien porque por su carácter parcial y por insertarse en una obra que quedó en mero esbozo, no la tuvo en cuenta. En opinión de San Jerónimo,[3] su traducción tampoco contribuyó a hacer el texto platónico más claro: *obscurissimus Platonis Timaeus liber est, qui ne Ciceronis quidem aureo ore fit planior*. En cambio, sí se la empleó a menudo, y complementada por la de Calcidio, a partir del siglo XII, en las escuelas de Chartres y París. Y, por cierto, en el Renacimiento fue un texto de referencia, particularmente, en los ámbitos interesados por el platonismo. Nos detendremos en detalle en la formulación argumentativa del problema de la eternidad en el texto del Arpinate.

---

2   CICERÓN *Fin.* II, 15.
3   SAN JERÓNIMO. *In Amos* II, 5, 3.

1.1 Formulación del argumento sobre la eternidad del mundo

La dicotomía se plantea entre lo que existe plenamente (*esse vere*) y lo que por su continuo devenir es objeto de la ciencia natural y es siempre provisional:

"¿Qué es lo que existe por siempre y no tiene origen alguno, y qué lo que experimenta un cambio y no llega a existir jamás? Mediante la inteligencia y la razón se llega a comprender lo primero, que siempre es uno y lo mismo; lo otro, se alcanza a través de la opinión y la sensación –la cual no participa de la razón–; es sobre lo opinable, lo sometido a cambio, lo que perece y jamás puede llegar a existir verdaderamente." (*Timeo*, 3).

En el texto platónico se alude a la diferencia entre *ónta* y *gignómena* conceptos traducidos mediante los verbos *sum* y *gigno* en la versión ciceroniana. El dominio del ser sólo aprehensible mediante el *lógos* incluye las formas, así como los números y las figuras que estudian los matemáticos; el dominio del devenir está constituido por el mundo físico, por lo sensible, mutable y temporal que puede alcanzarse a través de la *dóxa*.

"Por ello, si el que se esfuerza en realizar una tarea se fija en aquello que aparece siempre igual a sí mismo, proponiéndoselo como modelo, necesariamente realizará una obra digna; pero, si se propone como modelo lo que aparece como resultado de un cambio, nunca conseguirá aquella hermosura que pretendía. Pues bien, nosotros vamos a denominar a todo esto "cielo", "mundo", o mediante cualquier otra palabra que parezca satisfactoria".[4] (*Timeo*, 4)

Y respecto de esta totalidad, de este "mundo", la primera pregunta que surge es determinar: "si ha existido siempre, sin haber llegado a generarse a partir de origen alguno, o si más bien tiene su origen en un principio de carácter temporal" (*Timeo*, 5).

La cuestión del origen temporal del mundo fue ampliamente debatida en el marco de la Academia. La pregunta que aquí Cicerón expresa es: el universo es eterno o tiene principio, identificando esta segunda opción con el inicio temporal. Parece sugerirse que tiempo y cosmos se identifican con movimiento ordenado, llegando ambos a existir realmente en el momento en que el orden se impuso sobre el desorden preexistente.

---

4   En latín *caelum, mundus* que se corresponden con *ouranòs* y *cosmos*, es decir el universo físico en su conjunto.

La respuesta que ofrece es que todo ser físico, por ser material tiene un origen: "tales cosas tienen un origen y son el resultado de un cambio" (*Timeo* 5) y todo cambio exige una causa.

Cicerón alude al "padre del universo" y a diferencia de Platón que sólo refiere la dificultad de manifestar su realidad a todos los hombres, Cicerón expresa que "resulta ilícito mostrárselo al vulgo" (*Timeo* 6). Al emplear el término *nefas*, Cicerón probablemente esté pensando en el término griego *thémis*, que aparece en 29 a, y que traduce por *fas*.

Pero ¿cuál es el modelo que se ha utilizado? El demiurgo o bien, "ha imitado aquel que siempre es uno, el mismo y similar a sí, o más bien el que decimos que ha sido generado y tiene un origen" (*Timeo* 6).

La conclusión se impone: si el mundo es hermoso y su artífice es excelente, seguramente "prefirió imitar la apariencia de la eternidad[5] y no un modelo engendrado" (*Timeo* 6). De modo que:

> "prefirió tratar de reproducir la eternidad, ya que, desde luego, no hay nada más hermoso que el mundo, ni más sobresaliente que su constructor. Luego, si es así como se generó, hubo de realizarse de acuerdo con aquello que se comprende gracias a la razón y a la sabiduría, y que se funda en una eternidad de carácter inmutable. De ahí se desprende que este mundo que vemos ha de ser, necesariamente, la representación eterna de aquel modelo eterno" (*Timeo* 7).

La traducción *simulacrum aeternum (…) alicuius aeterni* es una perífrasis de la expresión *eikóna tinòs eînai* del 29b del texto griego y parece atribuir la condición de eterno al mundo sensible.

Finalmente se refiere al carácter que asume el discurso referido a las realidades físicas:

> "cuando el discurso versa acerca de una cosa firme e inmutable, se hace como ella: ni puede refutarse, ni ser vencido; pero, cuando aborda representaciones que son resultado de la imitación y de la copia, el discurso (…) se desarrolla correctamente si logra alcanzar la verosimilitud, porque el mismo valor que tiene la eternidad respecto a lo provisto de origen es el que tiene la verdad respecto a la réplica fiel" (*Timeo* 8).

En este pasaje Cicerón traduce por *aeternitas* el concepto platónico de *ousía*, destacando una connotación eminentemente temporal frente a la connotación ontológica. Si el mundo visible es similar al real, su descripción sólo puede llegar a ser verosímil; por tanto no cabe ciencia

---

5   Cicerón mediante *species aeternitatis* traduce aquí el *tò aídion* del texto griego.

natural exacta de un mundo que se encuentra en cambio permanente, y hay que conformarse con que se pueda elaborar un discurso probable.

El demiurgo acordó colmar al mundo de todos los bienes "sin añadir mal alguno, en tanto la naturaleza lo permitiese" (*Timeo* 9); por tanto, ve su acción limitada por el grado de imperfección que determina la materia sobre la que trabaja, "que fluctúa sin medida conduciéndola del desorden al orden, ya que este último era, a su juicio, más sobresaliente" (*Timeo* 9). En cualquier caso no parece defender la existencia de un "caos" previo a la formación del mundo, sino más bien la idea de que el mundo sería absolutamente ininteligible sin la ordenación que le imprime su hacedor[6].

Este hacedor todo lo hizo de la manera más hermosa, no pudiendo existir cosa alguna que estuviera privada de inteligencia: "Por eso introdujo la inteligencia en el espíritu, y el espíritu en el cuerpo, considerando que así era como aquella obra se realizaba de la manera más hermosa" (*Timeo* 10).

Las conclusiones extraídas sobre la naturaleza del mundo que pertenecen al orden de las conjeturas, establecen que el mundo es un ser vivo[7], inteligente, que llegó a constituirse a través de una providencia divina y, que, además, es eterno.

El mundo depende de un demiurgo que actúa en la medida de sus posibilidades sobre una materia que no ha creado y que no permite recrear la perfección anhelada, pero que ha de propiciar una réplica fiel del modelo utilizado. El mundo es el resultado de la razón y de la necesidad y el demiurgo que lo modela, próximo a la idea de bien, es de carácter divino al igual que los astros fijos, los planetas y los dioses.

Y en cuanto a ellos Cicerón explica:

"el dios preexistente,[8] al meditar acerca del dios que había de existir más adelante, lo hizo pulido y regular en todas las direcciones, idéntico del medio hasta la cima, así como perfecto y absoluto, a partir de lo absoluto y perfecto. Por otra parte, colocó el espíritu en su centro, difundiéndolo así por el todo" (*Timeo* 20).

Se trata de una imagen literaria; el espíritu informa la totalidad del universo material, que acaba siendo entendido como un accidente del espíritu. Fue de este modo como:

---

6   Cfr. A. E. TAYLOR, 79-80.
7   El *mundum animal esse,* mediante el adjetivo animal Cicerón traduce tanto "ser vivo" *(zôion)* como "ser dotado de espíritu" *(émpsykhon).*
8   El que es por siempre *(óntos aeì [...] theoû),* frente al que era resultado de una creación, al que se alude como *perfecte beatus* un poco después (*Timeo*, 21).

"aquel dios de carácter eterno logró procrear a este otro dios, de carácter perfectamente apacible. Pero no es que diera un comienzo al espíritu como acabamos de decir —en el momento, en fin, en que le hubo hecho un cuerpo–, porque tampoco era correcto que el mayor en edad dependiera del menor.[9]

Lo cierto es que el dios engendró un espíritu dotado de mayor antigüedad "tanto en cuanto a origen como en cuanto a virtud *(genései kaì aretêi protéran aì presbytéran)*". Y dado que ambos prolongan su existencia de un modo indefinido, cabe entender a esta prioridad a la que se hace referencia en el orden de la naturaleza.

Desde el parágrafo 29, Cicerón se refiere a la creación del tiempo: "a partir de la creación de los astros, de acuerdo con la razón y con la mente de la divinidad, se originaron las trayectorias del sol y de la luna" (*Timeo* 29).

Fue así como "cada uno de estos astros —a partir de los cuales había de consignarse el discurrir del tiempo— adoptó su curso apropiado" (*Timeo* 31).

La noche y el día son el resultado de la rotación diaria del universo -movimiento del círculo de lo mismo- en torno a la tierra y conforman un circuito orbital de carácter sapientísimo e insuperable. En cambio el mes, como medida, resulta constituido a partir del movimiento de la luna y el año, a partir del movimiento del sol cuando ha recorrido por entero la órbita de su propia trayectoria. Por lo demás, y dado que:

"los hombres -con la sola excepción de unos pocos- ignoran cuáles son los recorridos de los demás astros, no los designan mediante un nombre, ni confrontan sus cálculos entre sí, de modo que no saben que ese itinerario de los astros —caracterizado por su infinita multitud y su admirable variedad— son, precisamente, lo que por convención se llama 'tiempo'" (*Timeo* 33).

Les asignó a los astros, seres divinos, dos tipos de movimiento: un movimiento circular de rotación en torno al propio eje, y otro de revolución diurna. Y quiso que la tierra "que nos alimenta y que se mantiene sobre un eje transversal, hacedora y a la vez garante del día y de la noche— fuera el más antiguo de todos aquellos dioses que se habían criado en el cielo" (*Timeo* 37).

---

9   N. Lambardi sugiere que Cicerón podría referirse aquí al *prostykhóntos* del original platónico, con cierta vinculación estoica. N. LAMBARDI, "Appunti critici sulla problemática del Timaeus ciceroniano", en L. BALDINI (et al.), *Cultura e ideologia da Cicerone a Seneca*, Florencia, 1981, p. 11-36.

Con estas palabras Cicerón cierra su explicación cosmológica del mundo supra lunar: "bástenos con decir esto, y tenga este término cuanto hemos hablado hasta ahora sobre la naturaleza de los dioses que son visibles y que tienen un origen" (*Timeo* 37).

El tiempo métrico e individual al que se ha referido, reglado por el movimiento de los astros, Cicerón lo integra en un tiempo histórico, un tiempo colectivo que mide el paso de la humanidad toda.

El hombre tiene un destino concreto que descubrir y realizar, y si no lo alcanza habría desperdiciado "su tiempo", su posibilidad histórica de dejar un legado para el porvenir donde lo individual se completa con las realizaciones colectivas evidenciando el común compromiso del mundo romano de reunir culturas, religiones, idiomas, intereses, bajo el ideal de un proyecto histórico.

2. La traducción y comentario al *Timeo* de Calcidio (aprox. 350)

2.1 Ubicación cronológica y fuentes

Calcidio fue durante el medioevo y parte de la modernidad el principal instrumento con que contó la intelectualidad de Occidente para penetrar en las oscuras doctrinas del admirado diálogo platónico. Sabemos poco sobre su vida y lo poco conocido proviene de su misma obra, pues no lo cita ningún escritor antiguo. La obra de Calcidio fue durante muchos siglos casi la única vía para conocer el *Timeo* platónico. En este sentido, una circunstancia ajena a la obra misma, el desconocimiento del griego por parte de Occidente durante siglos, permitió que su comentario, que no parece haber tenido una gran repercusión en la época en que se escribió, se convirtiera en una obra muy leída y admirada. Eso ha ocurrido con otras producciones de la literatura latina, que ganaron en valor al no conservarse los originales griegos cuyas doctrinas transmiten o, simplemente, por el ocasional desconocimiento de la lengua griega.

Refiriéndose a Calcidio, S. Gersh[10] afirma que la influencia del traductor y comentarista "más importante del Timeo" aún no ha sido investigada en todo su detalle.

Entre los elementos que tenemos para situar a nuestro autor, el más importante es la carta introductoria, dedicada a *Osio*, personaje al cual

---

10 GERSH S., *Middle Platonism and Neoplatonism and Neoplatonism. The Latin tradition*, South Bend (IN), University of Notre Dame, 1986, 425, nota 2.

se refiere alguna que otra vez en su comentario, con mucha discreción. En ella menciona el encargo que le hizo su amigo para acometer una tarea tan ardua como la traducción y comentario del *Timeo*, algo no intentado hasta entonces, según expresamente nos refiere el autor.

En algunos manuscritos se ha encontrado una *subscriptio* que añade un detalle que, de ser cierto, sería clarificador: *Osio episcopo Calcidius archidiaconus*. Es decir Osio sería el obispo y Calcidio, su archidiácono. Se conoce un Osio, obispo de Córdoba (257-357 aproximadamente) que llegó a ser una figura de relieve en el cristianismo occidental durante la primera mitad del siglo IV. Desempeñó un papel destacado en la defensa de la ortodoxia durante los concilios de Nicea (325) y Sárdica (343), dedicados a combatir el arrianismo. Si esta identificación es correcta, Calcidio habría compuesto su obra en torno a los años 325-350 a.C.

Esta hipótesis, digamos tradicional, fue rechazada por J. H. Waszink,[11] editor del texto de Calcidio. Waszink, a partir del estudio del léxico de su obra, pensó que había que situarlo a finales del siglo IV o incluso a principios del siglo V. Su particular estilo estaría preanunciando el de escritores del V, como Claudiano, Mamerto y Sidonio Apolinar. El ambiente en que habría surgido este tratado neoplatónico y cristiano sería el de Milán de finales, y no el de comienzos del siglo IV,[12] época en que la ciudad italiana era un centro de neoplatonismo pagano y cristiano, donde vivieron Manlio Teodoro, Simpliciano y Agustín. En esta hipótesis Osio ya no sería un obispo, sino un alto funcionario imperial, activo en Milán en torno al 395.[13]

Como apoyo a las tesis de J. H. Waszink, R. Klibansky[14] ya había observado que Isidoro, quien solía resaltar la procedencia hispana de los escritores del pasado, no menciona a Calcidio.

---

11 WASZINK J. H., *Studien zum Timaioskommentar des Calcidius, I. Die erste Hälfte des Kommentars* (mit Ausnahme der Capitel ubre die Weltseele), Leiden, Brill, 1964, XV.
12 Cfr. WASZINK J. H., *Studien zum Timaioskommentar des Calcidius*, XV.
13 Cfr. también el estudio realizado por: MACÍAS VILLALOBOS C., "Versiones Latinas del Timeo Platónico", *Thamyris. Cuadernos de Filología Clásica*, Universidad de Málaga, (2005) número especial, p. 151-175. Versión on line: htp//www.anmal.uma.es/Versiones_Latinas.pdf
14 Cfr. el clásico trabajo de KLIBANSKY R., *The continuity of the Platonic tradition during Middle Ages*, Londres, 1939 donde establece un programa de trabajo en torno al Timeo de Calcidio del que, aún al presente, poco se ha llevado a cabo. Este autor inició la edición del *Corpus Platonicum Medii Aevi*, dentro del cual se publicó en 1962, la edición de la Traducción y el Comentario del Timeo de Calcidio editado por J. H. Waszink, texto que tendremos en consideración al formular el punto 2.3 de este capítulo. El texto central de la argumentación de Calcidio (latín-inglés) también ha sido recogido por DALES R., *Medieval Discussions of the eternity of the world*, Brill, 1990, p. 10.

Muy a pesar de estos argumentos, J. Dillon,[15] vuelve a la antigua hipótesis sustentada en la *subscriptio*. Para este investigador, el que San Isidoro no mencione a Calcidio sólo indicaría que no lo conocía, algo que no nos debe extrañar pues la obra de Calcidio apenas tuvo influencia en la tardo-antigüedad, y sólo se la volvió a leer en el siglo XII. Además, el cristianismo, en su obra, desempeña un papel casi insignificante, incluso se diría que Calcidio teme que se sepa cuál es su fe; de hecho un estudio de E. P. Meijering[16] discute específicamente el punto. Por las razones invocadas parece lógico que Isidoro no lo mencione. Además, añade J. Dillon, no parece que un hombre de cultura, declaradamente cristiano, pudiese escribir un comentario a un texto pagano como el *Timeo* mucho después del 350. Finalmente, las observaciones de carácter léxico realizadas por J. H. Waszink tampoco le parecen a Dillon que sean determinantes.

C. Moreschini,[17] quien ha realizado la traducción italiana de la obra de Calcidio, rechaza tanto la hipótesis tradicional como la de J. H. Waszink. En primer lugar, para él no hay razones suficientes para sostener que Osio fuese el supuesto obispo de Córdoba y Calcidio su archidiácono, dado que la *subscriptio* resulta totalmente incierta. Bien podríamos suponer que se trata de la referencia de algún editor docto que vivió en la época de la recuperación de Calcidio en el siglo XII, y que creyó descubrir en el Osio de la carta dedicatoria al obispo de Córdoba. Este tipo de identificaciones erróneas no son raras en la literatura antigua: tengamos presente a modo de ejemplo, la confusión ocasionada al identificar al Orígenes cristiano con el neoplatónico del mismo nombre.

La discusión tal como se halla al presente continúa aún abierta, los avances sólo se pueden intentar a partir de un análisis del contenido filosófico de la obra, y en punto a ello debemos reconocer que se trata de un texto típico del siglo cuarto en Occidente.

Aunque no vamos a entrar en la descripción de las posiciones cosmológicas generales de Calcidio, es obligado referir siquiera unas palabras sobre sus posibles fuentes y, por ende, sobre su talento como filósofo, algo que Wrobel, el editor del texto en la Teubner (1876), parecía poner en duda.

---

15 DILLON J., *The Middle Platonists. A Study of Platonism 80 b c to 220 a d*, Ithaca (NY), Cornell University. 1977, 402.
16 MEIJERING E. P., "Mosheim on the Difference between Christianity and Platonism, *Vigiliae Christianae,* (1977), 31, 68-73.
17 MORESCHINI CL., *Commentario al Timeo di Platone*, Milan, Bompiani, 2003.

Siguiendo a Gersch[18] y C. Macías[19] podemos indicar las siguientes fuentes que surgen del comentario:

Entre los filósofos griegos que Calcidio cita o parafrasea se encuentran: Platón, con referencias al *Teeteto, Parménides, Fedro, República* y *Leyes*, entre otros; Aristóteles, con referencias a la *Física, Meteorológicos, De Anima, De Somno y De partibus animalium*. Y entre los autores cristianos, figuran Orígenes y su *Comentario al Génesis*.

Parece que conoció el texto *De opificio mundi* de Filón de Alejandría; y se considera a Numenio como una de las fuentes principales de la doctrina calcidiana sobre Dios.

Para las cuestiones astronómicas se menciona a Teón de Esmirna y al peripatético Adrasto de Afrodisia; y en el tema del destino hay grandes coincidencias entre Calcidio y el *Perì Heimarménes* del Pseudo-Plutarco, así como entre estos dos tratados y el de Nemesio sobre la naturaleza humana. Posiblemente, los tres tendrían como fuente común un platónico de comienzos del siglo II de la escuela de Gayo.

Calcidio ha sido una figura sumamente original, capaz de combinar tradición e innovación a partir de los presupuestos del medioplatonismo,[20] procurando conjugar, en un difícil equilibrio, esta tradición con su fe cristiana.

2.2 Estructura de la obra

Más allá de esta dificultad de ubicación cronológica como problema aún abierto para la investigación contemporánea, nos detendremos en el análisis del contenido del texto de Calcidio. La traducción propiamente dicha es parcial, como la de Cicerón, sólo que ahora abarca desde el comienzo de la obra griega hasta el parágrafo 53c. El comentario, por tanto, sólo se refiere a una parte del texto griego, la comprendida entre los parágrafos 31c y 53c.

En el parágrafo 4, luego de recordar las dificultades de una empresa como la que acomete, expone las razones que le han llevado a escoger la referida selección del *Timeo* en cuanto le parece la sección más oscura: habría sido señal de presunción y de escasa estima hacia la inteligencia

---

18 GERSH S, *Middle Platonism and Neoplatonism and Neoplatonism. The Latin tradition*, South Bend (IN), University of Notre Dame, 1986, 425 y ss.
19 MACÍAS VILLALOBOS C., "Versiones Latinas del Timeo Platónico", Universidad de Málaga, htp//www.anmal.uma.es/Versiones_Latinas.pdf
20 MIR SABATÉ F., "La teoría de la visión en el comentario al Timeo de Calcidio", AnMal Electrónica 27 (2009) ISSN 1697-4239 <www. anmal.uma.es/numero27/Calcidio.pdf>. Fecha de consulta: Febrero 2011.

de los lectores, si hubiese examinado aquellos elementos que están al alcance de la capacidad intelectual de todos.

Por lo que expresa, se diría que el encargo inicial de Osio se refería sólo a la traducción, no al comentario (*sola translatione contentus non fui ratus obscuri minimeque illustris exempli simulacrum sine interpretatione translatum in eiusdem aut etiam maioris obscuritatis vitio futurum*).

Y en el parágrafo 7 alude a los –según él– veintisiete temas que componen el *Timeo*, de los cuales sólo llegó a tratar trece, a saber:

De genitura mundi;
De ortu animae;
De modulatione sive armonia;
De numeris;
De stellis ratis et errantibus;
De caelo;
De quattuor generibus animalium;
De ortu generis humani;
Causae cur hominum plerique sint sapientes, alii insipientes;
De visu;
De imaginibus;
Laus videndi;
De silva.

Calcidio no sigue la costumbre, tan habitual en la antigüedad, de reproducir de modo casi servil una fuente principal, actuando más como compilador que como autor original, sino que manejó un buen número de fuentes primarias y comentarios, la mayoría pertenecientes al ámbito del medioplatonismo.

Su obra refleja un buen nivel cultural y la podemos considerar como uno de los textos más significativos de la literatura tardo-antigua. Su traducción es artística, a riesgo de perder a veces exactitud y precisión. En esto actúa como solían hacer los filósofos latinos cuando traducían del griego y no trataban tanto de reproducir con exactitud el original, sino de hacer una reelaboración retórica, una especie de paráfrasis literaria de los tratados filosóficos para presentarla a su público.

Los criticos suelen coincidir en afirmar el cristianismo de Calcidio, aunque todos puntualizan ciertas heterodoxias del autor: "sostiene débilmente su fe";[21] "conviene observar que Calcidio cita casi exclusiva-

---

21   DILLON J., *The Middle Platonists. A Study of Platonism 80 b c to 220 a d*, Ithaca (NY), Cornell University. 1977, 403.

mente textos del Antiguo Testamento y nunca los textos cristianos";[22] "Calcidio en su comentario revela estar más próximo de la enseñanza de Filón que de aquella otra de los maestros cristianos".[23]

La cuestión del medioplatonismo o neoplatonismo de Calcidio es más controvertida. S. Gersch sostiene que la hipótesis del alma superior e inferior es de portada neoplatónica, aun cuando el punto no sea demostrable con total certeza;[24] en opinión de C. Moreschini, si bien la obra ha sido compuesta en el siglo IV d.C, sus doctrinas parecen moverse en un platonismo anticuado para su tiempo;[25] esta opinión es asumida por C. Macías Villalobos, quien también admite que Calcidio en vez de partir del neoplatonismo, que era la versión de la filosofía platónica dominante en su tiempo, prefiere tomar como referente una filosofía ya anticuada, el medioplatonismo, que se desarrolló entre los siglos I a.C. y comienzos del II d.C.[26]

En particular, cuando surge el conflicto entre un universo eterno o con inicio temporal, parece preferir la interpretación platónica y no aquella otra respetuosa de la ortodoxia cristiana. El motivo no lo conocemos, aunque bien pudo ser la dificultad de acometer una asimilación entre las secciones comentadas del *Timeo* que integran la astronomía, la aritmología, el problema del origen del alma del mundo y el tema de la materia, entre otros.

Además, en el ambiente intelectual en que se movió parecen haber convivido en armonía platónicos paganos y cristianos; por ello no se imponía como prioridad esta tarea de adaptación e integración: tal vez en un ambiente de diálogo fluido entre platónicos de las dos religiones, el trabajo de Calcidio se planteó como un mero ejercicio exegético, en la línea de los que ya habían hecho tantos autores griegos del pasado, pero esta vez en latín. A eso puede llegar a referirse Calcidio cuando en la carta introductoria a Osio habla de que emprende una tarea no intentada hasta entonces (*operis intemptati ad hoc tempus*); y ese carácter meramente exegético es el que motivaría el comentario de tal o cual parte del original. Si esto fuera así, se entendería que Calcidio, ante la oscuridad del texto, sólo le preocupara desvelar su contenido man-

---

22 MORESCHINI C., *Commentario al Timeo di Platone*, Milan, Bompiani, 2003, XXXI
23 . STAHL W. H, "Dominant traditions in Early Medieval Latin Science", *Isis*, 1959, 50, 2, 121.
24 GERSH S, *Middle Platonism and Neoplatonism and Neoplatonism. The Latin tradition*, South Bend (IN), University of Notre Dame, 1986, 492.
25 MORESCHINI C., *Commentario al Timeo di Platone*, Milan, Bompiani, 2003, XVII.
26 MACÍAS VILLALOBOS C., "Versiones Latinas del Timeo Platónico", *Thamyris. Cuadernos de Filología Clásica*, Universidad de Málaga, (2005) número especial, p. 167.

teniéndose dentro de la ortodoxia platónica, no cristiana. Quizás fuera esa misma motivación la que le llevó a decantarse por el más antiguo medioplatonismo y no por el neoplatonismo contemporáneo, que sin duda debía conocer. De modo que podríamos inferir que entendió que las claves interpretativas que descubrió en la obra de los medioplatónicos eran más adecuadas para exponer las oscuridades del *Timeo* que las ofrecidas por una filosofía como la de Plotino.

Al igual que en el caso de Cicerón, la obra no se encuentra incompleta, sino que lo que conservamos es lo que realmente Calcidio quiso traducir y comentar.

Respecto a la estructura del comentario, queremos ofrecer la síntesis sugerida tanto por J. Van Winden,[27] autor de un extenso comentario sobre el tratado acerca de la materia, el más extenso de todos los que componen la obra, como por C. Moreschini que, en lo esencial, vienen a coincidir.

Según Moreschini[28] la estructura que propone la obra es la siguiente:

Introducción (1-7)

I. Las obras de la Providencia divina (8-267), con dos partes. La primera está referida a la creación de los elementos constitutivos del mundo, y la relación entre ellos (8-118), que termina comentando 39 e 3, con los siguientes sub apartados:
1. Creación del mundo (8-25).
2. Formación del alma cósmica (26-55).
3. Armonía entre el alma cósmica y el cuerpo del mundo (56-97).
4. Relación entre el cuerpo del mundo y el alma cósmica (98-118).

Y la segunda está dedicada al estado y el orden del mundo existente (119-267), que termina en 47e, con los siguientes sub apartados:

1. Los seres inmortales (las estrellas, los dioses invisibles, los démones) (120-136).
2. La creación de los seres mortales (137-141).
3. El conflicto entre el destino y el libre albedrío (142-190).
4. Las almas y su trasmigración (191-199).
5. El género humano (201-267), con temas muy diversos, como la unión entre alma y cuerpo (201-207); las diferencias entre las almas singulares (208-211); disertación sobre varias partes del cuerpo humano, como la cabeza (213-235), donde reside la

---

27 VAN WINDEN J. C. M., *Calciduos on matter, his doctrine and sources*, Leiden, Brill, 1959.
28 MORESCHINI C., *Commentario al Timeo di Platone*, Milan, Bompiani, 2003.

parte dominante del alma; los sentidos del cuerpo (236-267); y el estudio de la vista (236-248) que da lugar a hablar de un tipo particular de visión, los sueños (250-256).

II. La materia, es decir, las obras de la necesidad (268-355), que corresponde a los parágrafos 49a-53c, con los siguientes sub apartados:
1. La naturaleza y el origen de la materia (268-274).
2. Opiniones de los filósofos al respecto (275-301).
3. La opinión de Calcidio sobre el tema (302-355).

Si resulta problemático delimitar el supuesto carácter cristiano de nuestro autor, más difícil es definir los posibles destinatarios de su texto. Algunos críticos suponen que serían los cristianos, como Osio, a quienes trataba de demostrar que los paganos enseñaban lo mismo que los cristianos, y por eso Platón podía ser estudiado por ellos. Para otro sector de la crítica, los destinatarios serían los paganos a quienes trataba de animar para convertirlos al cristianismo.[29]

2.3 Calcidio y el problema en torno a la eternidad del mundo

En la sección de *Timeo* citada, Calcidio puntualiza un comentario[30] que ha ejercido gran influencia sobre el sentido con que el pasaje fue comprendido en el siglo XII. En primer término, divide los seres en: obras de Dios, obras de la naturaleza y obras del hombre o artefactos:

"Todas las cosas que son, son obras de Dios, [obras] de la naturaleza o bien productos del hombre que imitan la naturaleza".[31]

Y nos pasa a indicar cuál es el origen de los entes físicos o naturales:

"El origen e inicio de las obras naturales son las semillas, que habiendo sido generadas se hallan contenidas en las entrañas de la tierra para generar árboles y proveer el alimento; o en la fecundidad de los órganos reproductores para garantizar la continuidad de los animales".[32]

De modo que el nacimiento de todos los seres físicos se produce en el tiempo, y allí agrega Calcidio un elemento relevante para nuestro análisis, al indicarnos que la naturaleza y el tiempo son coevos, ambos con

---

29 Cfr. MACÍAS VILLALOBOS, C., p. 9
30 CALCIDIUS, *In Timaeum Comm.*, 23, ed. Waszink, p. 73-74.
31 CALCIDIUS, *In Timaeum Comm.*, 23, p. 74.
32 CALCIDIUS, *In Timaeum Comm.*, 23, íb.

idéntica duración (*par enim et aequaevum natale naturae ac temporis*)".[33]
Con ello viene a señalar que en los seres materiales, la temporalidad surge con el surgimiento mismo de esos seres materiales:

"Así las obras de la naturaleza nacen de algo cuyo ser comienza en el tiempo, y tienen un fin y un ocaso interior a la serie y la continuidad de la cual ha surgido".[34]

Pero en cambio:

"el origen e inicio de la obra de Dios es incomprensible (*incomprehensibile*) pues no se conoce nada con certeza, ni tampoco hay un indicio del tiempo en el cual comenzó".[35]

Si bien no se puede conocer con certeza el origen, comprendemos, en cambio, con certeza que nada hecho por Dios, es sin causa, aun cuando ese conocimiento de la causa es alcanzado por el hombre con cierta dificultad *"(causa) vix intelligitur"*.[36]

Por lo cual en el ámbito propio de la naturaleza: "las realidades que son procreadas en virtud de las leyes naturales tienen su fundamento en las semillas que son manifestaciones de la divina providencia".[37]

Y la divina providencia es su causa, dado que:

"Dios es anterior a la institución del tiempo y es desde toda la eternidad (*aevum*) –pues el tiempo es imitación de la eternidad– por lo tanto las causas de todas las obras de Dios son más antiguas que el tiempo, y así como Dios es eterno, así también las causas son eternas".[38]

De allí que concluya que todo cuanto es hecho por Dios:

"no es temporal puesto que no pertenece al tiempo, y ninguna ley corresponde al tiempo, pues el tiempo cambia según las estaciones, según la enfermedad, la vejez y la muerte. Pero todo cuanto es instituido por Dios es inmutable y su origen es causal y no temporal".[39]

De este modo, el mundo material y temporal es también eterno:

---

33 CALCIDIUS, *In Timaeum Comm.*, 23, íb.
34 CALCIDIUS, *In Timaeum Comm.*, 23, íb.
35 CALCIDIUS, *In Timaeum Comm.*, 23, íb.
36 CALCIDIUS, *In Timaeum Comm.*, 23, íb
37 CALCIDIUS, *In Timaeum Comm.*, 23, íb.
38 CALCIDIUS, *In Timaeum Comm.*, 23, íb.
39 CALCIDIUS, *In Timaeum Comm.*, 23, íb.

"Así el mundo sensible es la obra de Dios, por lo tanto su origen es causal, no temporal. Y por ello el mundo sensible, aunque corpóreo, en cuanto es hecho e instituido por Dios, es eterno".[40]

Expresión contundente que ha de generar una amplia proyección histórica. Aunque es verdad que, al menos en apariencia, son pocos los ecos del *Comentario* de Calcidio en los dos últimos siglos de la antigüedad, sin embargo en la *Disputatio de somnio Scipionis* de Favonio Eulogio, se presenta como comúnmente aceptado que la traducción del *Timeo* de Calcidio constituyó uno de los instrumentos para conocer algo del platonismo en el medievo, aunque esta cuestión sólo en las últimas décadas parece haber despertado el interés de los críticos.

Así sabemos que se le utilizó especialmente en la escuela de Chartres en el siglo XII y, más en particular, en la *Cosmographia* de Bernardo Silvestre. Calcidio llegó a ser ensalzado por encima de Aristóteles, y en una fecha tan tardía como 1507 Jacobus Antiquarius lo compara con Prometeo. Pero sin duda la prueba más evidente de la importancia de este autor es el gran número de manuscritos conservados de su obra. En efecto, en la edición de J. H. Waszink el *elenchus codicum* ocupa prácticamente unas veinticinco páginas.

En el Renacimiento esta influencia se siguió manteniendo, a la par que se conocía y valoraba la obra de Platón a través del original griego. Rafael mismo en *La Escuela de Atenas*, representa la figura de Platón con el *Timeo* en sus manos, y de hecho, al parecer, ya lo representaban así los artistas bizantinos e incluso los iluminadores de los manuscritos.

Fue a partir del siglo XVII cuando de un modo más pronunciado empezó a decaer la influencia de Calcidio y del propio *Timeo*. A partir del momento en el que se comenzó a conocer y derivar el interés hacia otros diálogos platónicos conocidos en su fuente original; la atención de los estudiosos se volvió entonces hacia los diálogos del llamado periodo medio, como el *Fedón*, el *Banquete* y *La República*.

Fuentes

CALCIDIUS, *In Timaeum Commentarium 23*, ed. J. H. Waszink, *Platonis Timaeus a Calcidio translatus commentarioque instructus*, London, 1962.

CALCIDIO, *Commentario al "Timeo" di Platone* (testo latino a fronte), Claudio Moreschini, con la colaboración de Marco Bertolini, Lara Nicolini, Ilaria Ramelli, Bompiani, Il Pensiero Occidentale, Milán, 2003.

M. TULLI CICERONIS 106-43 (a.c.) Scripta quae manserunt omnia: *De divinatione; De fato; Timaeus*. Lipsiae: in aedibus B. G. Teubneri, fasc. 46, 1969.

---

40 CALCIDIUS, *In Timaeum Comm.*, 23, íb.

Traducciones

CICERÓN, *Sobre la adivinación, Sobre el destino, Timeo*, introd., trad. y notas de Ángel Escobar, Biblioteca Clásica Gredos, nro. 271, Madrid, 1999.

Bibliografía

BAKHOUCHE B., "La théorie de la vision dans Timée (45 b 2-d 2) et son Commentaire par Calcidius (IVe S. de Nôtre Ere)", *Journal of the International Plato Society*, 2005, 5, 14 pp.

BOEFT J. D., *Calcidius on fate. His doctrine and sources*, Leiden, 1970.

BOEFT J. D., *Calcidius on demons (Commentarius ch. 127-136)*, Leiden, 1977.

CROUSE, R. D., "*Hic sensibilis mundus:* Calcidius and Eriugena in Honorius Augustudunensis" en WESTRA, H. J. (ed.) *From Athens to Chartres. Neoplatonism and Medieval Thought* (Studies in Honour of Édouard Jeauneau). Leiden, Brill, 2003 (pp. 283-288).

DRISCOLL, J., "The Platonic Ancestry of Primary Substance", *Phronesis* vol. 24, (1979), 3, 253-269.

DUTTON, P. E., "Mediaeval approaches to Chalcidius" en Reydams-Schields, Gretchen J. (ed.) *Plato´s Timaeus as Cultural Icon*. Notre Dame: University of Notre Dame Press. 2003, pp. 183-205.

EASTERLING P. E - KNOX B. M. W, (eds.), *Historia de la literatura clásica I*, Literatura Griega, Madrid, Gredos, 1990.

FLOISTAD G. y KLIBANSKY R., (eds) *Philosophy and Science in the Middle Ages*, Kluwer Academic, Dordrecht, 1990.

GERSH S., *Middle Platonism and Neoplatonism. The Latin tradition*, South Bend, University of Notre Dame, 1986.

VAN WINDEN J., *Calcidius on matter. His doctrine and sources. A chapter in the history of platonism*, Leiden, Brill, 1959.

WASZINK J. H., *Studien zum Timaioskommentar des Calcidius*, I. *Die erste Hälfte des Kommentars (mit Ausnahme der Kapitel über die Weltseele)*, Leiden, Brill, 1964.

Capítulo 3
Filón de Alejandría

La reflexión sobre el origen del mundo resultó próxima a los intereses especulativos de Filón de Alejandría. Este pensador asume, como representante de una comunidad versada en las distintas disciplinas que venían cultivándose en la tradición del Museo y la Biblioteca, los datos propiamente científicos provenientes de la astronomía, considerada como la reina de las ciencias. Sin embargo, entiende que esta disciplina sólo constituye un paso: los estudios astronómicos se asemejan a la etapa que Abraham deja atrás cuando abandona su tierra caldea en camino hacia el conocimiento del dios Uno que está más allá del tiempo.

En un orden especulativo, se pueden establecer conexiones iniciales entre el pensamiento estoico y el filónico cuando propone que: "el tiempo es un intervalo determinado por el movimiento del mundo",[1] sin embargo las

---

[1] PHILON D'ALEXANDRIE. *De Opificio Mundi*. Introduction générale, traduction et notes. Arnaldez, R., 1961, Paris, Cerf, 26; PHILON D'ALEXANDRIE. *De Aeternitate Mundi,* trad. J. Pouilloux, introd. y notas R. Arnaldez, 1969, Paris, Cerf, 4, 52 y 54. En adelante nos referimos a estas ediciones.

diferencias entre ambas posiciones son profundas. Mientras que los hebreos conciben lo temporal de manera lineal, los griegos admiten una temporalidad cíclica. Por ello Filón desestima la idea estoica de períodos cósmicos de conflagraciones y renacimientos. Sí adhiere, en cambio, a la tradición del *Timeo* platónico que le permitió interpretar el comienzo absoluto del tiempo ligado a los efectos de la creación divina narrada por Moisés. Filón utilizó los conocimientos astronómicos para reflexionar sobre las bases de la fuente platónica y aristotélica superando las denominaciones mitológicas de los cuerpos celestes utilizadas en el *Timeo*.[2]

Nos proponemos en este capítulo indagar las estrategias argumentativas en función de las cuales Filón acoge la reflexión precedente sobre el origen del mundo procurando acordar las fuentes propiamente filosóficas con la verdad revelada, tomando como fuente de análisis el *Tratado sobre la eternidad del mundo*.

1. El tratado *Sobre la eternidad del mundo*

El texto en el que basaremos nuestra indagación es el *Tratado sobre la eternidad del mundo,* y dado que su autenticidad ha sido cuestionada en los últimos años, abordaremos, en primer término, el problema de la pertinencia de nuestra indagación en el contexto de esta obra.

Un trabajo introductorio al sistema filosófico de Filón, el de S. Sandmel,[3] afirma que si bien el texto fue editado como una obra perteneciente a Filón, son varios los autores que, al presente, no lo consideran un tratado auténtico. Con lo cual el autor reedita una vieja discusión que ha sido ampliamente evaluada por D. Runia[4] y cuyos tramos centrales nos permitimos resumir.

Las dificultades de interpretación del referido tratado proceden de una doble perspectiva: una que alude a los rasgos formales y la otra, a los rasgos estructurales.

1. En cuanto a la forma: El tratado ha sido incluido en el grupo de los denominados tratados filosóficos de Filón cuya peculiaridad radica

---

[2] Para ampliar, podrá consultarse: M. ALESSO, "La génesis del tiempo en Filón de Alejandría", *Circe Clás. Mod.* [on line]. Jan/dez. 2004, nro. 9 [citado 4 de agosto 2008], p. 17-32. Disponible en: <http://www.scielo.org.ar/scielo.php?script=sci_arttetxt&pid=S18 5117242004000100002&lng=pt&nrm=iso>. Consultado: abril/2016.

[3] S. SANDMEL, *Philo of Alexandria. An introduction,* Oxford, 1979.

[4] Nos referimos al trabajo de D. RUNIA: "Philo's De Aeternitate Mundi: The Problem of its Interpretation", *Vigiliae Christianae* (1981), 35, 105-51.

en el uso casi exclusivo de la literatura griega, con una mínima referencia a las Sagradas Escrituras.

Los argumentos presentados sostienen un punto de vista problemático con relación a la doctrina expuesta en otros textos del autor; en él se argumenta no sólo que el cosmos es incorruptible sino que también es increado. La primera proposición puede ser considerada filónica; la segunda está, sin duda, en contradicción con la inquebrantable convicción de que Dios ha creado el cosmos.

Basándose en ello el trabajo de J. Bernays[5] indica que el texto ha sido falsamente atribuido a Filón. En la primera parte su autor se compromete personalmente y de una manera decidida en favor de la eternidad del mundo. Por ello propone que el autor del texto pertenecería a una escuela aristotélica neopitagórica que estaría en oposición con el platonismo radical que admite un mundo con comienzo en el tiempo. J. Bernays indica que en este período, la doctrina aristotélica había convencido a los filósofos más destacados, de modo que de Calvisio Tauro a Proclo se sucedían ensayos que violentaban los textos platónicos para justificar la ausencia de un comienzo del mundo. Aun cuando el mundo sea inengendrado, Platón le asigna un origen para volver más sencilla su explicación tal como un geómetra describe la construcción de un triángulo aun cuando su concepto, como tal, sea eterno.[6]

Esta tesis de J. Bernays fue refutada por distintos autores. Una ya lejana tradición crítica inaugurada por fue F. Cumont[7] mostró que la portada lingüística y estilística del tratado *Sobre la eternidad del mundo* es inequívocamente filónica, puntualizando que sus contenidos están en armonía con las tesis centrales de su filosofía. Admite diferencias conceptuales entre este tratado y otras composiciones filónicas en tanto que en él se dirige hacia "los hombres de todas las sectas y se esfuerza por demostrar su propósito por medio de la razón. Sin duda menciona al Antiguo Testamento, pero no lo invoca como oráculo seguro de la divinidad; sino que, después de haber enumerado las tesis de Epicuro, de los estoicos, de Aristóteles, de Platón, y más aún de Ocellus de Lucania y de Hesíodo, agrega hacia el final, como para abundar, la opinión de Moisés, el Legislador de los judíos".[8]

---

5 J. BERNAYS, "Die unter Philon´s Weken stehende Schrift Über die Unzerstörbarkeit des Weltalls nach ihrer ursprünglichen Anordung wiederhergesteññt und ins Deutsche übertragen", *Abh. Der Berl. Akad. phil.-hist.* Kl. 1876, 209-276.
6 PHILON D'ALEXANDRIE, *De Aeternitate Mundi*, cfr. introducción de R. Arnaldez, 21.
7 F. CUMONT, *Philonis De aeternitati mundi*, Berlín, 1891.i, ix-xii.
8 Cfr. F. CUMONT, *Philonis de Aeternitate mundi*, Prolegomena, Berlin, 1891, x.

El mismo criterio que defiende la autenticidad del tratado lo sostuvo también W. Bousset[9] con algunos matices de diferenciación, en cuanto piensa que Filón no expone en él su propio pensamiento; es en el estricto sentido del término, un tratado escolar.

De un modo más reciente, R. Arnaldez ha expuesto la teoría del "escrito juvenil". El tratado *Sobre la eternidad del mundo* presenta tesis valoradas como preparatorias de su trabajo posterior expuesto centralmente en el *Comentario de Moisés* y tiene el mérito de mostrarnos cómo formó su pensamiento a partir de una vasta gama de doctrinas filosóficas,[10] tesis que también comparte V. Nikiprowetzky.[11]

Contraponiéndose a este criterio H. Leisegang[12] sostiene que el autor del tratado *Sobre la eternidad del mundo* no se presenta como un alumno sino como un maestro: su pensamiento nace de las experiencias que ha recogido en su medio más próximo, el de su familia, donde su sobrino Alejandro representaba las tendencias modernas de la juventud judía de la diáspora. Por ello Filón refuta al joven no a través de la doctrina bíblica sino de las enseñanzas estoicas.

En punto a ello, H. Leisegang está convencido que Filón defiende como propia la tesis estoica,[13] tesis esta discutida y, en nuestra opinión, con razonable fundamentación por R. Arnaldez.[14]

2. En cuanto a la doctrina: En el orden de los rasgos estructurales y de contenido, D. Runia rechaza la tesis de que "Filón suscriba la doctrina aristotélica de la *creatio aeterna*".[15]

Para fundamentar su afirmación propone tener en cuenta el género de la obra, una *tesis*[16] que es una *quaestio* que comporta el tratamiento

---

9   W. BOUSSET, *Jüdisch-christlicher Schulbetrieb in Alexandria und Rom*, Göttingen, 1915, 134-152, esp. 135-6.

10 PHILON D'ALEXANDRIE, *De Aeternitate Mundi*, cfr. introducción de R. Arnaldez, 33-34.

11 V. NIKIPROWETZKY, *Le commentaire de l'Écriture chez Philon d'Alexandrie*, ALGHJ XI, Leiden, 1977, 215.

12 H. LEISEGANG, "Philons Srift über die Ewigkeit der Welt", Philologus, (1937), 92, 156-76. Retomado y discutido por D. Runia, "Philo's *De aeternitate mundi*: The Problem of Its Interpretation", 110-111.

13 CF. D. RUNIA, "Philo's *De aeternitate mundi*: The Problem of Its Interpretation", *Vigiliae Christianae*, 1981, 35, 2, p. 10-111.

14 PHILON D'ALEXANDRIE, *De Aeternitate Mundi*, cfr. introducción de R. Arnaldez, 36-37 y más recientemente D. RUNIA, "Philo's *De aeternitate mundi*: The Problem of Its Interpretation", 111.

15 D. RUNIA, "Philo's *De aeternitate mundi*: The Problem of Its Interpretation", 110.

16 D. RUNIA, "Philo's *De aeternitate mundi*: The Problem of Its Interpretation", 116.

de una proposición general, en un nivel filosófico-popular, a través del método de *in utramque partem*.

La proposición que la tesis enfoca debe pertenecer a la *endoxa*, es decir, ha de ser una proposición no necesariamente verdadera sino que exprese una opinión. No ha de referirse a personas o acontecimientos; es tan sólo una hipótesis que tiene carácter disputativo, y donde se argumenta *pro y contra* la proposición. Y la disputa necesariamente implica un elemento declamatorio que, por ejemplo, permite el uso de la primera persona en la presentación de los argumentos analizados, lo que justifica la exposición personal que Filón realiza de las tesis estoicas.

Los antecedentes lejanos del género se encuentran en la práctica de argumentos *pro et contra* iniciados por los sofistas Protágoras y Gorgias. Pero el género como tal en cuanto practicado en el período helenístico tuvo su origen, en la teoría y praxis de Aristóteles y del Peripato.[17]

Teniendo en cuenta estos elementos, D. Runia sugiere que al evaluar el contenido del tratado *Sobre la Eternidad del Mundo* se tenga en cuenta su base formal en el género de la tesis según se practicaba, por entonces, en las escuelas filosóficas y retóricas. Por lo demás, si el texto es oscuro, lo es, particularmente, porque hay una sección que se ha perdido.[18]

No obstante ello, la estructura del tratado y la enigmática sentencia en la que, centralmente aparece cuestionada su autoría, corresponde al parágrafo 20 donde establece la realidad de un mundo increado e incorruptible. Runia señala que la interpretación del texto "permanece abierta a la discusión contemporánea y nos parece que todavía no ha desvelado todos sus secretos. Pero estamos ciertos que no se puede discutir particularmente ese texto, aislado de lo que Filón quiso expresar en la totalidad del tratado".[19]

Por lo cual, concluye Arnáldez, forma y contenido, estructura gramatical y pensamiento son elementos que sólo pueden ser separados artificialmente. La enigmática referencia sólo debe ser analizada en función del contexto. Y aun cuando los problemas de interpretación del tratado *Sobre la eternidad del mundo* son considerables, podrían ser resueltos si se tiene en cuenta que Filón realizó una adaptación del género literario de la tesis a su propio interés; y si se pondera ade-

---

17   D. RUNIA, "Philo's *De aeternitate mundi*: The Problem of Its Interpretation", 116.
18   Véase en particular el número 150 del Tratado *De Aeternitate Mundi,* donde se anuncia una sección de análisis que no tenemos al presente.
19   D. RUNIA, "Philo's *De aeternitate mundi*: The Problem of Its Interpretation", 121

cuadamente el rol organizador del material doxográfico que se expone entre los parágrafos 7-19.

De manera que, los elementos puntualizados nos permiten dar por válido el recurso y utilización de esta fuente filónica para nuestro estudio.

2. El exordio: sus características distintivas

La sección introductoria del tratado *Sobre la eternidad del mundo* comienza con un exordio (1-2) breve, escrito de una manera extremadamente comprimida. Su función es introductoria, protréptica y metodológica. En efecto, introduce el tema del tratado, exhorta al lector puntualizando la importancia y el valor del tema estudiado; y, finalmente, expone y analiza los argumentos presentados.

El hecho que el exordio se construya sobre la base de dos pasajes del *Timeo* juega un rol importante. El método de Filón es hacer explícito lo que está implícito en las palabras de Platón.

1) Dada la índole propia de la naturaleza humana nos debemos contentar con un relato probable tal como lo expresa Platón en *Tim.* 29c.

   En efecto, la investigación filosófica es una ciencia de naturaleza intermedia: está por encima de la ignorancia y por debajo de la Sabiduría, conocimiento perfecto que se puede alcanzar por mediación divina a través de sueños, oráculos y signos. Y por ello sólo está reservado a quienes se hayan purificado de todas las pasiones y enfermedades del alma.

2) Se podría incluso afirmar que en este exordio Filón retoma la distinción platónica entre lo que es siempre y permanece inmutable; y lo que siempre deviene y nunca es (*Timeo*, 27d 28). Sin embargo, expone esta tesis bajo un nuevo sentido. En Filón la causa de la imposibilidad de un conocimiento humano adecuado no radica en la naturaleza del objeto conocido sino en el hombre que ha perdido las cualidades morales que le permiten a su inteligencia tener una visión clara de la realidad. Es novedosa, por tanto, esta conciencia de la culpabilidad, con la consiguiente necesidad de purificarse para acceder a las revelaciones de los más altos problemas metafísicos. Está presente en esta reflexión la doctrina neoplatónica y neopitagórica de la escala de las virtudes que se alcanza cuando "la especulación griega comenzaba a querer oscurecer la luz de la razón por la iluminación sobrenatural".[20]

---

20 PHILON D´ALEXANDRIE, *De Aeternitate Mundi*, cfr. introducción de R. Arnaldez, 13-14.

Filón no habla de opinión (*dóxa*) sino de una imitación (*mímesis*) de la verdad que se procura hallar. Pues el mundo es para él una bella imitación de un bello arquetipo.[21]

La invocación a Dios en Platón es un simple rito piadoso. Para Filón, en cambio, Dios es el Creador y es el único ser a quien se puede interrogar respecto de lo creado. Pero para interrogar a Dios, como lo hizo Moisés cuando le preguntó su nombre, es necesario estar purificado y vuelto plenamente hacia Él.

3. El significado del cosmos filónico y los sentidos posibles de la corrupción

Filón distingue en su tratado varios significados posibles del término mundo (*kósmos*) y analiza, paralelamente, qué se ha de entender por su corruptibilidad.

Con relación al primer tema, hay tres sentidos posibles del concepto de mundo:

- el cielo y la tierra con sus plantas y animales.
- sólo el cielo
- la sustancia, organizada o no, que se conserva hasta su conflagración.

La primera definición se encuentra en los filósofos del Pórtico, en particular en la fórmula de Posidonio renovada por Crisipo.[22] Para ellos el cosmos es "el sistema del cielo y de la tierra y de todas las naturalezas que en él se encuentran: animales y plantas".[23] Filón utiliza esta fórmula estoica de un universo poblado por divinidades segundas y fuerzas de la naturaleza divinizadas; pero también indica que fuera de este universo existe un Dios único y trascendente. De modo que al utilizar la doctrina estoica, le asigna un sentido totalmente distinto.

Conforme a un segundo sentido, el cosmos es la substancia celeste incorruptible e inengendrada. Este cosmos que es indestructible en su orden y perfecto, parece oponerse al mundo sublunar, lugar de la generación y de la corrupción. Filón cita a Anaxágoras a través de la *Ética a Eudemo* de Aristóteles: "Se dice que Anaxágoras cuando se le preguntaba por qué elegiría el ser más que el no ser, respondía: para contem-

---

21 Esta idea se la podrá encontrar expuesta en: PHILON D'ALEXANDRIE, *De Opif. Mundi.*, 16.
22 DIÓGENES LAERCIO, VII, 137-138. Cfr. Philon d'Alexandrie, *De Aeternitate Mundi*, introducción de R. Arnaldez, 42.
23 PHILON D'ALEXANDRIE *De Aeternitate Mundi*, 4.

plar el cielo y el orden del universo".[24] Se trata entonces de un enunciado que expresa el fin propio de la vida humana. El hombre es un ser que si bien es corruptible aspira a la eternidad y a la permanencia propias del mundo supra lunar.

Conforme a esta segunda concepción, Dios no está fuera del mundo: es coextensivo con el mundo y se encuentra en la región superior e inmutable.

Según una tercera posibilidad el cosmos es la substancia, organizada o no, que a través del intervalo de su movimiento, genera el tiempo.[25] Comprende el conjunto de los hombres, de los dioses y de lo que es engendrado por ellos. En este sentido también Dios es inmanente al mundo, a cada una de sus partes y a su conjunto. Es éste, nos dice Filón, el modo estoico de comprender el cosmos.

El segundo paso habilitado es establecer qué se entiende por corrupción.

Conforme a un primer significado comportaría la destrucción total del ser; y esto es imposible, objeta Filón, con los mismos términos de Anaxágoras: dado que el ser no se deriva del no ser, entonces tampoco se puede corromper. En efecto, no tiene sentido entender la corrupción del mundo como su aniquilación.

En un segundo sentido, puede entenderse como un pasaje de la organización actual a una situación caótica, de mezcla o confusión, tesis propia del epicureísmo.[26] En efecto, Demócrito, Epicuro y muchos estoicos sostienen que el mundo en cuanto ha sido engendrado, también se corromperá.[27] En cambio Platón y aún antes Hesíodo, tal como lo hace Moisés en las *Sagradas Escrituras*, sostienen que el mundo ha sido creado pero es incorruptible.

El problema de la destrucción del mundo, por tanto, ha dado lugar a tres opiniones. Y aquí nos encontramos con un punto central del texto en el que Filón organiza todo el material doxográfico:

a) algunos dicen que el mundo es increado e imperecedero,[28]
b) otros que es creado y corruptible,[29]
c) y, finalmente, hay quienes sostienen que es creado e incorruptible.

---

24 ARISTÓTELES, *Ética a Eudemo*, I, 5, 1216 a 11.
25 PHILON D'ALEXANDRIE, *De Aeternitate Mundi*, 4.
26 PHILON D'ALEXANDRIE, *De Aeternitate Mundi*, 6.
27 PHILON D'ALEXANDRIE, *De Aeternitate Mundi*, 8.
28 PHILON D'ALEXANDRIE, *De Aeternitate Mundi*, 7. Cohn señala que el conjunto: increado e imperecedero corresponde a Parménides, frag. 8, 3 Diels, y al *Timeo*, 52 a. La doctrina aquí expuesta como primera posición corresponde a Aristóteles.
29 PHILON D'ALEXANDRIE, *De Aeternitate Mundi*, 7. Filón menciona como representantes de esta doctrina a Demócrito, Epicuro y los estoicos.

Coincidimos con D. Runia cuando afirma que Filón parece haber adaptado a sus propios intereses la estructura de la tesis: en vez de tener dos posiciones donde la segunda derrota la primera, abre tres posiciones, usando la segunda para rechazar la primera y la tercera para triunfar sobre la segunda; de este modo la estructura básica de la tesis permanece todavía intacta.[30]

Filón parte del conocimiento de la discusión entre Aristóteles y Platón en torno al problema de la eternidad del mundo. Aristóteles afirma que todos sus predecesores han sostenido que el tiempo no tuvo un origen, con la sola excepción de Platón.[31]

Los atomistas, en cambio, afirman que es perecedero y finalmente, Empédocles y Heráclito, que es sujeto de una eterna secuencia de génesis y destrucciones cíclicas.[32] Veamos en detalle la exposición de las distintas posiciones doctrinales.

4. Las doctrinas en torno al problema de la eternidad del mundo

4.1 El mundo como realidad eterna

En su tratado, Filón recoge y defiende diversas pruebas en favor de la tesis aristotélica.

La aplicación de las categorías filosóficas al texto bíblico ha suscitado no poca novedad en el modo de expresar la realidad divina y la dignidad humana.

En Filón emerge una visión compleja y sugestiva de la metafísica. Los conceptos fundamentales, dada su novedad ontológica fluctúan y se enlazan con la alegoría. La misma tesis de la eternidad del mundo, siendo de origen aristotélica, no se contrapone, en su formulación, con las doctrinas procedentes de los textos bíblicos.

Aristóteles, en cuanto estaba animado de una viva sensibilidad religiosa, indica Filón, se opone a la tesis de la corruptibilidad del mundo, y habla de los astros como dioses en el sentido ya expresado muchos siglos antes por Anaximandro. No se puede negar, observa Filón compartiendo el pensamiento de Aristóteles y reformulándolo en términos platónicos, que el mundo con el sol, la luna y los astros que están en su entorno como un panteón, tienen la belleza de un Dios visible. Quienes

---

30 D. RUNIA, "Philo's De Aeternitate Mundi: The Problem of its Interpretation", 138.
31 ARISTÓTELES, *Physica*, 251 b.
32 Según la misma síntesis presentada por Aristóteles en *De Caelo*, 1, 10.

no asignan a este espectáculo la eternidad, demuestran una terrible insensibilidad respecto del valor de Dios.

Señala asimismo que Aristóteles había tomado la tesis de la eternidad del mundo de algunos pitagóricos, filósofos imbuidos de profundos sentimientos religiosos. Uno de ellos, Ocello un itálico originario de Lucania, escribió una obra sobre la naturaleza del universo que sostenía que el mundo es ingenerado e incorruptible, aportando distintas pruebas para demostrarlo.[33]

Filón no presenta ninguna de las pruebas de Ocello sino que expresa una doctrina comúnmente difundida en su tiempo, de origen medio-pitagórica; pero, en cambio, recoge los argumentos de Teofrastro y de los pensadores post-aristotélicos.

Por ejemplo, Critolao de Faselide, cabeza de la escuela peripatética en el siglo II a C. sostiene con vivacidad contra los estoicos la tesis aristotélica de la eternidad del mundo. Para Critolao lo que es causa por sí de salud está libre de enfermedad, y lo que es causa del insomnio está libre del sueño. Por ello infiere que lo que es causa del comienzo mismo del existir, ha de ser eterno.

En efecto, el cosmos es causa de por sí del inicio de la existencia, es más, lo es de todas las cosas, por lo tanto, conviene considerar que el cosmos es eterno.

Además, todo cuanto deviene, en su origen carece de perfección. Si el cosmos fuese generado, tendría varias eras, equiparables a las fases de la vida humana. Se advertiría en él un crecimiento, un progreso en el intelecto cósmico, dado que los estoicos –quienes sostuvieron la corruptibilidad del mundo– lo consideraban un ser racional. Haciendo entonces una analogía con el crecimiento del hombre, consideraban que en el inicio el mundo estaba privado de una racionalidad que sólo adquiere con el crecimiento. Pero Filón entiende que es impío sostener un razonamiento de este género y pensarlo como válido.

En suma: no es posible que el cosmos en cuanto contiene la totalidad de los seres particulares, no tenga una perfección superior a la de todas las criaturas que están limitadas en el tiempo.

A diferencia de los seres vivientes mortales cuyas causas de corrupción son la vejez, la enfermedad y la indigencia; el cosmos no está sujeto a ninguna de estas circunstancias. Está formado por la unión de todos los elementos, no le falta nada y no puede padecer violencia alguna,

---

33   PHILON D'ALEXANDRIE, *De Aeternitate Mundi*, 10-12.

todo le pertenece, sus partes están en estrecha conexión unas con las otras, y nada hay que esté por encima de ese todo.[34]

4.2 El mundo como creado y corruptible

Demócrito, Epicuro y numerosos filósofos del Pórtico establecen el nacimiento y la corrupción del universo: "los primeros [atomistas] admiten una pluralidad de mundos y atribuyen su nacimiento a la interacción y conjunciones de átomos".[35] En cambio, para los estoicos, el mundo es único y Dios es la causa de su nacimiento, "pero Dios no es causa de su destrucción, sólo lo es la potencia infatigable del fuego".[36] Y así el mundo es corruptible en tanto se ordena a un fin y es, a la vez, eterno en tanto renace en ciclos que no cesan jamás.[37]

Si el cosmos ha tenido un principio, ha de tener un fin;[38] si no, no sería *chrónos* sino eternidad, que es un atributo de Dios y del mundo de las ideas.

Los argumentos de Crisipo, en favor de la conflagración cósmica, para Filón, no son correctos. El filósofo estoico equipara el origen del mundo con el nacimiento de un ser viviente a partir del semen, y su disolución, como un retorno a este semen originario. Reconoce, por tanto, que la naturaleza del mundo no es sólo un dinamismo de elementos que emergen del caos a través de fuerzas mecánicas, como sostienen los atomistas, sino una realidad racional.

Y si el cosmos es un ser viviente dotado de inteligencia y de capacidad de dirigirse hacia lo mejor, no debería implicar su propia autodestrucción. En el caso del universo, dado que incluye a toda realidad y no existe ningún ser fuera de él, es evidente que tiene dotes más que suficientes para impedir su propia corrupción.[39]

Si comparamos el mundo con una planta, expone Filón contra la tesis de Crisipo, se advierte que no es el fuego el que produce la semilla de la cual nace una nueva planta sino los frutos. Y si lo comparamos con un animal, también en este caso el semen deriva de una criatura que está en el vigor de su madurez. Pero además, tampoco es suficiente el semen para obtener una nueva planta o un nuevo animal, sino que,

---

34 PHILON D'ALEXANDRIE, *De Aeternitate Mundi,* 70-74.
35 PHILON D'ALEXANDRIE, *De Aeternitate Mundi, 8.*
36 PHILON D'ALEXANDRIE, *De Aeternitate Mundi, 8.*
37 PHILON D'ALEXANDRIE, *De Aeternitate Mundi,* 9
38 PHILON D'ALEXANDRIE, *De Aeternitate Mundi,* 53
39 PHILON D'ALEXANDRIE, *De Aeternitate Mundi,* 94.

en el caso de la planta, concurre también el calor del sol y la humedad del suelo; y en el caso del animal, el embrión tiene necesidad de una matriz que lo acoja y lo nutra.[40]

La concepción del fuego como semilla suscita otro problema: conocemos por experiencia que una semilla es pequeña y luego crece y se desarrolla a través de la nutrición, en cambio el fuego es más grande que su producto, por lo cual en lugar de un crecimiento se produciría una disminución. En efecto, vemos que un cuerpo cuando se quema emite llamas más grandes que él, pero cuando la combustión cesa, queda consumido en una pequeña masa reducida.[41]

Por ello, los estoicos, piensan que el mundo en la conflagración deviene más grande para luego disminuir su tamaño. Y algunos afirman que el mundo está rodeado por un vacío para albergar la dispersión infinita que se produciría en el momento de la conflagración.[42]

De manera que cuando el fuego consuma al mundo y ocupe ese vacío, tendrá una naturaleza más leve y habrá perdido el vigor característico de la semilla. Pues se comportará de un modo opuesto, y en vez de aumentar, disminuirá: el fuego se reducirá al aire, el aire al agua y el agua a la tierra que es el elemento más denso. Y así mientras que las semillas de todas las plantas y el semen de todos los animales se desarrollan por crecimiento, en el caso del cosmos se producirá el desarrollo por la vía de la disminución.[43]

Del mismo modo, el devenir de cualquier realidad sensible está sujeto a la obra de los contrarios pero en la conflagración ya no habrá contrarios, por lo cual no parece que desde ese estado de fuego primordial, ligero, cálido, sin densidad, se pueda derivar lo pesado, lo denso y lo frío que son las cualidades que caracterizan a los restantes elementos.[44]

Y no tiene sentido afirmar que el mundo acabará consumido por el fuego de la impiedad, identificado con el mismo Dios. Pues Dios, por el contrario, es principio del orden, de la armonía cósmica y de la vida[45].

La propia posición de Filón se repite una y otra vez en su tratado: el cosmos ha sido creado y debería tener un fin, pero es preservado de la destrucción por la voluntad y la providencia de su Creador.[46] En punto

---

40 PHILON D´ALEXANDRIE, *De Aeternitate Mundi*, 95-98.
41 PHILON D´ALEXANDRIE, *De Aeternitate Mundi*, 101.
42 PHILON D´ALEXANDRIE, *De Aeternitate Mundi*, 102
43 PHILON D´ALEXANDRIE, *De Aeternitate Mundi*, 101-103.
44 PHILON D´ALEXANDRIE, *De Aeternitate Mundi*, 104-105.
45 PHILON D´ALEXANDRIE, *De Aeternitate Mundi*, 104-106.
46 D. RUNIA, "Philo´s De Aeternitate Mundi: The Problem of its Interpretation", p. 132.

al tema hay un claro movimiento desde las doctrinas de la Estoa y de Aristóteles hacia aquellas de Platón y del mismo Moisés. Si el tiempo se genera con el cosmos,[47] entonces Dios es también claramente su autor.

Teofrastro precisa que quienes sostienen la generación y la corrupción del mundo se ven inducidos al error por cuatro motivos centrales: la irregularidad de los relieves de la tierra, el avance y el retroceso del mar, la disolución de algunas partes del todo, y la corrupción de los animales terrestres en sus distintas especies.[48] Filón utiliza a Teofrastro, y expone ampliamente sus cuatro argumentos.[49]

Hay consenso en admitir la tesis de H. von Arnim[50] quien sostiene que la totalidad del pasaje citado por Filón corresponde a un tratado estoico contemporáneo referido a la corrupción y generación del mundo. Es bien conocido que algunas doctrinas estoicas fueron afirmaciones refutadas por Aristóteles y Teofrasto. Y en ese caso sería totalmente natural para un miembro del Liceo referir esas doctrinas estoicas a través de la selección realizada por el mismo Teofrasto y usar las propias refutaciones del ilustre predecesor.

La fuente del texto es Aristóteles quien comienza el último capítulo del Libro I de los *Metereológicos* afirmando que "las mismas partes de la tierra no son siempre húmedas o secas sino que se modifican. Y así como los ríos llegan a ser y luego se secan, así también cambia la relación de la tierra y el mar; y un mismo lugar no permanece siempre como tierra o como mar, sino que cuando se seca la tierra se engendra el mar y donde hay mar un día será engendrada la tierra".[51]

La prueba del origen del mundo se establece del siguiente modo: si la tierra fuera eterna, todas las montañas estarían desgastadas por los ríos y por las lluvias que las habrían erosionado, provocando la disminución de su tamaño. En consecuencia, las irregularidades de la superficie de la tierra están mostrando hoy, que la tierra ha sido engendrada.[52]

---

47 Cfr. PHILON D'ALEXANDRIE, *Opif.* 26, 60.
48 PHILON D'ALEXANDRIE, *De Aeternitate Mundi*, 117.
49 En general se considera que este pasaje del *De Aeternitate Mundi* es un fragmento de Teofrastro, pero es más discutido a quiénes corresponden los argumentos que se utilizan. Cfr. J. BRODIE MCDIARMID, "Theophrastus on the eternity of de World", *Transactions and Proceedings of the American Philological Association*, vol. 71, (1940), 239.
50 H. VON ARNIM, "Quellenstudien zu Philo von Alexandria", *Philologische Untersuchungen* XI, 41-52.
51 ARISTÓTELES, *Metereológica*, 351 a 19-25.
52 PHILON D'ALEXANDRIE, *De Aeternitate Mundi*, 118-119.

Como segunda prueba nombra algunas islas: la de Rodas y Delos que en algún momento estuvieron cubiertas por el mar, y comenzaron a existir cuando retrocedieron las aguas. Menciona también a golfos y bahías que se transformaron en partes del continente, al ser rellenados por guijarros, conchillas y otros residuos del mar.[53]

A partir de esto, los estoicos argumentan: si el mar disminuye, también lo harán la tierra y el aire,[54] hasta que los tres elementos sean consumidos por el fuego, tesis que conduce a la admisión de una conflagración universal.[55] Con esta tesis estoica de la conflagración, Filón cierra la presentación de los argumentos en favor de la generación del cosmos.

El filósofo alejandrino inicia luego, una refutación de estas tesis, argumentando que si bien las partes del mar se han convertido en tierra, también es cierto que las de la tierra se han convertido en mar. Por lo tanto el retiro del mar en una región se compensa con el crecimiento de la tierra en otra. De modo que no se puede utilizar este argumento en favor de la corrupción del cosmos.[56]

En efecto, una montaña, por ejemplo, no sólo se desgasta y se corrompe, por lo cual la tierra en un tiempo infinito debería ser toda plana, sino que también crece. El crecimiento de los montes es más lento que el de los árboles por lo cual escapa no sólo a la percepción humana sino también a los recuerdos de varias generaciones de hombres. Es verdad que los montes se desgastan a través de los agentes naturales y por ello en algunas zonas disminuyen, pero también es cierto que en otras se acrecientan. La misma respuesta vale para la relación entre los mares y la tierra a partir de la corrupción de las partes singulares del mundo.

No caben dudas que la prueba y la refutación de Filón reconocen como fuente a los *Metereológicos*.[57] El paralelismo es completo salvo dos diferencias menores: la afirmación final de que todos los elementos se convertirán en fuego denota claramente una asimilación estoica de la doctrina de Heráclito; y el argumento paleontológico, que no es respondido en el fragmento, ha de ser genuinamente teofrastiano.[58]

---

53 PHILON D'ALEXANDRIE, *De Aeternitate Mundi*, 120-122.
54 PHILON D'ALEXANDRIE, *De Aeternitate Mundi, 123*.
55 PHILON D'ALEXANDRIE, *De Aeternitate Mundi*, cfr. Arnaldez, Introducción, pág. 158, nota 2.
56 PHILON D'ALEXANDRIE, *De Aeternitate Mundi*, 115-116.
57 ARISTÓTELES, *Meteorologica* 351 a 19-25.
58 MC DIARMID, pág. 242.

El tercer argumento establece que una realidad cuyas partes perecen, es ella misma también perecedera.[59]

La respuesta a este argumento es que la destrucción de las partes no implica necesariamente la destrucción de la totalidad, a menos que todas las partes perezcan simultáneamente. Sólo en ese caso, el mundo encontraría su fin, pero si en cambio, cada elemento cambia en otro próximo, el mundo sería eterno.[60] Este argumento tiene un origen indubitablemente estoico o epicúreo.

En verdad, la tercera prueba es una generalización de lo que la primera y la segunda argumentación prueban como instancias particulares. Y la refutación es, en esencia, la misma que Aristóteles emplea: un cambio en las partes no necesariamente produce un cambio en el todo.

Finalmente, la cuarta prueba es una particularización de la tercera. Si el mundo fuera eterno, los animales y especialmente el hombre también deberían ser eternos. Pero aparece un límite, porque todas las artes −que son coevas con el hombre− tienen un origen reciente. De modo que a partir de la relativa juventud de las artes y las invenciones se infiere la juventud de la humanidad y de la presente condición del mundo.

Si bien la noción de una conflagración periódica está fundada en Platón,[61] a Filón le resulta "una absoluta necedad examinar el género humano en función de las artes".[62]

4.3 El cosmos como engendrado e incorruptible

El punto de vista platónico, según lo sostiene Aristóteles, es imposible.[63] Sin embargo Filón ya era consciente que algunos platónicos habían interpretado de un modo diferente el texto del *Timeo*, valiéndose para ello de la misma exposición aristotélica: "ellos han hablado de la generación, no como si [el mundo] hubiese sido engendrado alguna vez, sino con fines didácticos, de modo que [así] se entendiese mejor, al igual que cuando se contempla la construcción de una figura geométrica".[64]

Según esta interpretación, el mundo no fue engendrado pero por razones pedagógicas, puede ser caracterizado como engendrado y

---

59 PHILON D'ALEXANDRIE, *De Aeternitate Mundi*, 129.
60 PHILON D'ALEXANDRIE, *De Aeternitate Mundi*, 110-112.
61 PLATÓN, *Timeo* 22c 23; *Leyes* 677 a-c.
62 PHILON D'ALEXANDRIE, *De Aeternitate Mundi*, 145.
63 Remitimos al capítulo 1, ítem 2 del presente trabajo que corresponde a Aristóteles.
64 ARISTÓTELES, *De Caelo*, I, 10, 279 b 34-280 a 1.

derivado de principios más altos como por ejemplo: el Uno y la Díada Indefinida. De este modo, Crantor y sus seguidores sostienen la tesis de un universo platónico engendrado, aun cuando esta generación no pueda ser comprendida en un sentido temporal; tesis que también es compartida por Proclo.[65]

Con excepción de Plutarco y de Antico fue ésta la interpretación del *Timeo* generalmente admitida en tiempos de Plotino. Para Antico la exégesis descansa en la falta de habilidad de los comentadores platónicos para refutar el argumento aristotélico sobre la eternidad del universo, al tiempo que su devoción a Platón les impide adscribirle al maestro una doctrina considerada falsa por Aristóteles.[66]

Filón refiere la posibilidad de que sea el poeta Hesíodo la fuente de inspiración de esta doctrina platónica[67] cuando en su *Teogonía* habla del origen de la tierra a partir del caos, asignándole así un origen ilustre en la historia de la filosofía y suponiendo que la más antigua de las doctrinas resultaría también la más respetable.

Y si bien el poeta Hesíodo refiere que el mundo es engendrado, no habla en ningún momento de su posible destrucción. También en Moisés, legislador de los hebreos, Filón encuentra una concepción análoga a la de Hesíodo y la de Platón: el mundo ha sido creado como podemos leer en el inicio del Génesis, pero es incorruptible –siempre según Filón– como se puede leer en algunos versículos donde se enuncia que Dios ha colocado los astros en el cielo para medir el tiempo, garantizando su extensión infinita.[68]

En este mismo sentido Filón se refiere a Moisés como antecedente de la doctrina de un cosmos engendrado e incorruptible (*aftartós*).

Pero también una lectura atenta del *Timeo* –dice Filón– supone esta intelección porque el mundo es incorruptible, no lo alcanza ninguna enfermedad ni tampoco tiene una causa de corrupción.[69]

La belleza del mundo podría también argumentar su incorruptibilidad y este argumento también ha seducido a las mentes humanas porque el cosmos es bello en modo superior al hombre. Y así estoicos como Boeto de Sidón y Panecio, y quizá por inspiración divina, sugiere

---

65 Cfr. D. WINSTON, "Philo's Theory of Eternal creation: *De Prov.* 1.6-9", Proceedings of the American Academy for Jewish Research, Vol. 46, [part 2], (1979-80), p. 593-606.
66 EUSEBIO DE CESAREA, *Preparation Evangelique*. 15.6. Ver en línea: <http://remacle.org/bloodwolf/historiens/eusebe/preparation15.htm#VI>. Consultado: marzo 2017.
67 PHILON D'ALEXANDRIE, *De Aeternitate Mundi*, 17
68 PHILON D'ALEXANDRIE, *De Aeternitate Mundi*, 18-19.
69 PHILON D'ALEXANDRIE, *De Aeternitate Mundi*, 25-27.

Filón, refutan las doctrinas estoicas de la conflagración por aquella otra más elevada de la incorruptibilidad.[70]

El cosmos no tiene en sí la causa de su propia subsistencia en cuanto depende de una causa trascendente: Dios creador y providente. Y no puede decirse que el cosmos ha de ser sometido a destrucción porque no hay ninguna causa para ello.

Con lo cual, Filón vuelve al tema introducido en el *exordium*: Dios ha revelado la verdad a través de las *Sagradas Escrituras*. Pese a la laguna que presenta el texto sobre una tercera opinión, juzgamos que esta hipótesis representa el punto de vista personal de Filón en torno al tema.[71]

Platon cuenta en el *Timeo* de un modo simbólico el origen del mundo y pone en boca del demiurgo en cuanto creador y padre, la afirmación que no quiere que su obra se disuelva.

Se dirige a los dioses, o sea a los astros y recuerda que no son en sí mismos inmortales sino más bien indestructibles, pues es la voluntad divina que permanezcan siempre. Filón explica el pasaje precisando que Platón habla del origen del mundo no para deducir que será destruido ni tampoco lo hace de un modo didáctico considerando las partes singulares y no la totalidad del cosmos. Sin embargo, entre las dos interpretaciones Filón prefiere la fórmula didáctica porque le parece que se ajusta más con la elevada concepción que Platón tiene de Dios como padre, productor y ordenador de una obra divina.

El mundo es la imitación sensible del modelo inteligible por tanto, es la impronta exacta en lo sensible de la perfección de lo inteligible consumada por obra del intelecto divino. Filón admite que Aristóteles mismo es el garante de esta interpretación platónica[72] expresión que muestra el modo en que resultan amalgamadas estas dos teorías griegas en la filosofía del alejandrino.

5. El tiempo como criatura de Dios

La idea de que los seres supra lunares revelan el tiempo o la *physis* del tiempo constituye una doctrina que se adjudica al platonismo

---

70 PHILON D'ALEXANDRIE, *De Aeternitate Mundi*, 76.
71 Compartimos las conclusiones ofrecidas por D. Runia: cfr. sus comentarios expuestos en nota 93.
72 PHILON D'ALEXANDRIE, *De Aeternitate Mundi*, 13-16.

medio.[73] Filón la retoma y expone en su tratado[74] donde concluye: "el tiempo son los intervalos (*diástema*) del movimiento del mundo".[75] En esta misma obra, adjudicó este razonamiento a los estoicos cuando definen el cosmos como "una sustancia, ordenada o no, que permanece hasta la conflagración y cuyo movimiento, dicen, son intervalos que constituyen el tiempo".[76]

Si seguimos a Diógenes Laercio[77] la definición corresponde a Zenón, pero Filón la hará suya en tanto refleja la tradición hebrea que concibe el tiempo como intervalos o latidos (*reghá*) y no como movimientos que puedan culminar en una conflagración universal.[78]

Dios no permite que algo pueda escapar de su control y lo hace mediante la previsión y la providencia. Un padre nada ignora respecto de aquellos a quienes engendró, ni un fabricante de lo que ha fabricado, ni un administrador de lo que administra. Y Dios es padre, artífice y administrador de cuanto existe en el cielo y en el mundo. Y sobre todo es demiurgo del tiempo. Por lo tanto, la relación del tiempo respecto de Dios es la de un padre respecto de su hijo; pues así como el universo físico es el hijo menor de Dios, el universo noético es su hijo mayor, digno de la primogenitura.[79]

Es por ello que el versículo del Génesis "en el principio hizo Dios el cielo y la tierra" (*Gén*, 1,1) no indica un orden cronológico sino lógico o aritmológico. La creación del mundo para Filón es atemporal y por tanto la expresión "en el principio", no tiene un sentido cronológico pues el tiempo no existía antes de existir el cosmos. Si el tiempo es un intervalo determinado por el movimiento del cosmos, este movimiento no puede existir antes de que exista lo que se mueve. De esto se infiere que el tiempo es coetáneo o coevo respecto del mundo.

El Hacedor hizo todas las cosas simultáneamente, pero esto no significa menoscabo para el orden que acompaña a cuanto llega a la existencia. El orden es la sucesión y encadenamiento que está ya presente en los designios del Creador.

---

73   D. RUNIA, *Philo of Alexandria and the Timaeus of Plato*, Leiden, Brill, 1986, 217. Podrá consultarse asimismo: M. ALESSO, "La génesis del tiempo en Filón de Alejandría", Circe Clás. Mod., nro. 9, 2004, versión en línea: <http://w.w.w.scielo.org.ar/scielo.php?pid51851-17242004000100002&script=sciarttext&tlng>. Consulta: Junio/2015.
74   PHILON D'ALEXANDRIE, *De Aeternitate Mundi*, 52.
75   PHILON D'ALEXANDRIE, *De Aeternitate Mundi*, 52.
76   PHILON D'ALEXANDRIE, *De Aeternitate Mundi*, 54.
77   DIÓGENES LAERCIO, 7, 141.
78   PHILON D'ALEXANDRIE, *De Aeternitate Mundi*, 4.
79   PHILON D'ALEXANDRIE, *De Aeternitate Mundi*, 29-31.

6. El enigma de la eternidad del mundo: el tratamiento alegórico

En el cuerpo del tratado Filón presenta una y otra vez, la que entendemos es su propia opinión. El sujeto de una corrupción perece por una causa externa o por una causa interna. El mundo no puede ser destruido por una causa externa porque el cosmos es el conjunto de todo cuanto es; ni tampoco por una causa interna porque ninguna parte puede ser más importante que el todo.[80] De modo que, por su naturaleza, el mundo necesariamente exige su permanencia.

Dios ha creado el mundo conduciéndolo del desorden al orden, y no puede querer destruirlo porque el pasaje del orden al desorden es extraño a su naturaleza. Si quisiese destruir el mundo actual para crear uno mejor significaría que es capaz de mejorar el cosmos actual, pero los productos de la técnica de Dios están al abrigo de toda crítica, son obras perfectas.[81]

En consecuencia, la corrupción no es compatible con la convicción sobre el rol de la providencia divina.[82]

No se pueden tener dudas sobre la convicción de Filón en favor de la eternidad del mundo. Filón no sólo ha expuesto las argumentaciones que sostienen esta tesis sino que también las ha reforzado e incluso ha refutado la tesis opuesta.

Las páginas iniciales del tratado colocan su discurso filosófico sobre un plano de rigor metodológico y conceptual y presentan las tres opiniones más acreditadas sobre un plano de neutralidad.

Filón reseña escrupulosamente los argumentos en favor de un mundo increado e incorruptible; pero expone la tesis opuesta de un modo apasionado indicando, así lo creemos, que la comparte de un modo pleno. Filón no sólo señala varios autores, en particular a Teofrastro para refutar las objeciones más fuertes, sino que también agrega sus propias consideraciones.

Pero la conclusión parece ponerlo todo en discusión y anuncia la prosecución del escrito, de modo que lo que tendríamos por conclusión sería un pasaje a una segunda parte, hoy perdida de la obra.

La primera frase afirma la conclusión de la tesis analizada: "Los argumentos que hemos recogido sobre la incorruptibilidad del cosmos han sido expuestos del mejor modo posible". Y agrega algo que parece

---

80   PHILON D'ALEXANDRIE, *De Aeternitate Mundi*, 19.
81   PHILON D'ALEXANDRIE, *De Aeternitate Mundi*, 40-41.
82   PHILON D'ALEXANDRIE, *De Aeternitate Mundi*, 47.

conducir a una perspectiva distinta: "En cuanto a los desacuerdos relativos a cada punto, los hemos de exponer en lo que sigue[83]". ¿Se trata entonces de una conclusión de la primera parte del escrito al cual seguía una segunda parte de confrontación de los argumentos hasta el momento presentados?

Pero también se podría entender este texto de un modo diverso, no en el sentido de un inmediato después sino de un tiempo futuro.[84] Las argumentaciones expuestas en el texto son lo suficientemente próximas a su sensibilidad religiosa como para ser desmentidas en un escrito inmediatamente sucesivo, o refutados en una hipotética segunda parte del mismo escrito.

Filón acoge la tesis de la eternidad del mundo con una fundamentación platónica. Y no lo hace porque esté plenamente convencido de la falsedad de la cosmología aristotélica, sino porque la tesis está en consonancia con su sensibilidad religiosa. Filón admira a Platón y su modo de hablar de la bondad de Dios y de la providencia divina, pero reconoce también la rigurosidad de Aristóteles al describirlo como Intelecto y Ser plenamente en acto. Las *Sagradas Escrituras* constituyen el tercer aporte que le permite desarrollar una interpretación alegórica del texto sagrado.

En los escritos filonianos al comentario del Pentateuco emerge una concepción del mundo que no reniega de la filosofía griega sino que la interpreta como un aspecto parcial, que debe ser leído a la luz de principios más elevados que los de la realidad física. Filón dice seguir el ejemplo de Moisés, quien antes de dar las leyes al pueblo, también se preocupó por educarlo.

Podríamos sintetizar que el relato de Moisés sobre el origen del mundo y de la humanidad es retomado por Filón en cinco puntos fundamentales:

- Dios existe,
- Dios es uno,
- el mundo ha sido engendrado,
- el mundo es uno,
- Dios es providente respecto del mundo.[85]

---

83 PHILON D´ALEXANDRIE, *De Aeternitate Mundi*, 150.

84 Una opinión opuesta sostiene Arnaldez, Introducción, 62-69. También Runia sostiene que la segunda parte incluso nunca ha sido escrita: D. RUNIA, Philo´s *De aeternitate mundi...*, *Vigiliae Christianae*, 35, 2, 1981, 134-139.

85 Cfr. M. MARIN, "La forza di persuasione della logica aristotelica", *Salesianum*, (2005), 67, 230. Para un examen de los vínculos entre Filón, Platón y Moisés: G. REALE, *Historia del Pensamiento Filosófico y científico*, vol I: Antigüedad y Edad Media, Herder, 1988, p.

En particular, el tercero de estos aspectos mencionados fue reconocido por Filón como característico del relato de Moisés. La interpretación alegórica de Filón exalta el rol de un Dios creador y asume la distinción entre el mundo sensible e inteligible. Precisamente, Filón le atribuye a Moisés la distinción entre la realidad sensible, generada, y la inteligible, asequible sólo al intelecto, y eterna.[86]

El Creador ha prefigurado el mundo inteligible como un gran arquitecto que proyecta una ciudad. Filón dice que el mundo inteligible es la misma Palabra de Dios que crea el mundo sensible; y en términos humanos distingue todo cuanto en realidad es simultáneo. Primero ha considerado los prototipos ideales, luego, los vincula en un proyecto unitario que constituye el mundo inteligible; y, por último, se ha servido de ese proyecto como paradigma para la formación del mundo visible. Además, ese mundo inteligible es la misma palabra de Dios que crea el mundo sensible.

El mundo inteligible, con relación a las criaturas, es eterno en cuanto es una manifestación de la realidad divina; y desde el punto de vista del Creador es su primera y mejor criatura, aquella que incluye en su unidad y simplicidad toda la multiplicidad de los principios y realidades que ha creado.

Podríamos decir que Filón lee el primer capítulo del *Génesis* sobre el trasfondo del *Timeo* platónico. Así el día uno describe a través de imágenes sensibles el orden interno en el mundo inteligible.[87]

Pero los griegos no alcanzaron la noción de creación; esto claramente se expone en el escrito *Sobre la Providencia*, donde la posición de Filón es más neta y rompe todo vínculo con la tesis aristotélica de la eternidad del mundo, llegando a definirla como superficial. Critica también la explicación de los platónicos que hablan de una actividad creadora eterna de parte de Dios,[88] y también a los estoicos.[89]

Pero en esta obra, a diferencia del tratado *Sobre la Eternidad del mundo* lo que Filón quiere resaltar es que ninguna de las cosmologías griegas, elabora el concepto de creación en sentido bíblico.

---

351 y ss. Del mismo autor, *Storia della filosofia greca e romana*, vol. 7, Bompiani, Milano, 2004, 16-20.
86 PHILON D'ALEXANDRIE, *De Opif. Mundi*, 12.
87 PHILON D'ALEXANDRIE, *De Opif. Mundi*, 35.
88 PHILON D'ALEXANDRIE, *De providentia*, I y II, introducción, traducción y notas de M. Hadas-Lebel, Cerf, Paris, 1973, I, 6.
89 PHILON D'ALEXANDRIE, *De providentia*, II, 48.

7. Balance y conclusiones

Hemos podido seguir cómo en el pensamiento filosófico de Filón confluyen la concepción de la temporalidad como ilimitada, tesis propia del pensamiento filosófico griego, y la doctrina de la revelación hebrea.

En principio, la eternidad es concebida como una duración perpetua *a parte post*, el tiempo es inextinguible en su rotación circular cuyo orden y armonía estaba presente, desde siempre, en la mente de Dios.

El mundo es creado e incorruptible y esto lo reveló el legislador de los judíos en los libros sagrados.[90] En efecto, ya Moisés había comprendido que lo inengendrado (*tò ageneton*) es de una naturaleza distinta a lo perceptible por los sentidos en cuanto sujeto al nacimiento y al movimiento. Por ello Moisés atribuyó la eternidad a lo invisible y noético y asignó la génesis a todo lo que es perceptible por los sentidos. Y como el cosmos es perceptible, es también creado.[91] Este pensamiento de Platón es atribuido por Filón a Moisés.

En el devenir que pertenece al orden de los seres creados, no encontraremos nunca una verdad estable. Por consiguiente, las cuestiones relativas al nacimiento del cosmos y del tiempo serán verdaderas en la medida en que los hombres que las enuncien compartan algo de la sabiduría de la fuente divina que contiene en sí el paradigma de todas las cosas.

Pero también Filón enseñó la doctrina de la eterna creación. ¿De qué manera se concilia con la enseñanza bíblica? Considera que el mundo fue engendrado en cuanto es el producto de una real creatividad demiúrgica a la vez que rechaza una comprensión temporal de esta generación.

La creación es eterna en cuanto Dios está siempre pensando las formas inteligibles, y creando eternamente el mundo inteligible o logos y causando, indirectamente, su sombra refleja: el mundo sensible que se conforma constantemente desde su contrapartida inteligible.[92]

Quizá deba buscarse la corroboración de esta interpretación en el principio teológico reiterado por Filón que establece que Dios es inmutable. Una creación temporal supone un cambio en la naturaleza divina lo que está en abierta contradicción con la asunción fundamental del pensamiento de Filón.

---

90   PHILON D'ALEXANDRIE, *De Aeternitate Mundi*, 19.
91   PHILON D'ALEXANDRIE, *De Opif. Mundi*, 12.
92   Cfr. D. WINSTON, "Philo's Theory of Eternal creation: *De Prov.* 1.6-9", Proceedings of the American Academy for Jewish Research, Vol. 46, [part 2], (1979-80), p. 599.

A la luz de estas expresiones se debería concluir que los pasajes en los que Filón habla de la creación en términos temporales no deben ser interpretados literalmente sino ajustados al lenguaje bíblico.[93]

Platón dice claramente en el *Timeo* que el tiempo ha tenido un origen con el mundo; Filón lo relee a la luz de la reflexión aristotélica: el tiempo expresa la extensión del movimiento del mundo, no sólo no puede existir el tiempo sin el mundo sino que tampoco el mundo puede ser sin el tiempo. El tiempo, por su naturaleza, no tiene ni principio ni fin porque ambos: el principio y el fin son aspectos del tiempo.[94]

El argumento que reitera más veces en su escrito es la eternidad por la vía de la voluntad divina: el mundo ha sido creado por Dios que es absolutamente perfecto, entonces ¿por qué debería destruirlo? Si un artesano sabio construye obras que se prolongan largamente en el tiempo; un artesano inmortal construirá obras inmortales: no tiene la capacidad ni hay un motivo por el cual pueda querer cosas diversas. El mundo es inmortal porque la providencia divina así lo ha querido.[95] La eternidad del mundo, como decía Aristóteles aun cuando no sea utilizado en esta ocasión, se debe a la actividad eterna de Dios, dado que, como sostienen propiamente los estoicos, Dios es el alma del mundo.[96]

Fuentes

PHILON D'ALEXANDRIE. *De Opificio Mundi.* Introduction générale, traduction et notes. Arnaldez, R., 1961, Paris, Cerf.

PHILON D'ALEXANDRIE. *De Aeternitate Mundi,* trad. J. Pouilloux, introd. y notas R. Arnaldez, 1969, Paris, Cerf.

Bibliografía

AYÁN CALVO, J.J. *Clemente de Roma. Carta a Los Corintios.* Fuentes patrísticas 4. Madrid, Ciudad Nueva, 1994.

BORGEN, P. "Philo of Alexandria: an Exegete for his Time" en *NovTSup* 86. Leiden, Brill, 1997.

BRÉHIER, E. "Les idées philosophiques et religieuses de Philon d'Alexandrie" en *Études de philosophie médiévale* 8. Paris, 1950.

KRAFT, R.. *Philo's Treatment of the Number Seven in 'On Creation'.* SBL Philo Group. New Orleans, 1996, version electrónica.

LAUER, S. "Philo's Concept of Time" en *The Journal of Jewish Studies,* 1958, 9, 39-46.

MARTÍN, J.P. *Filón de Alejandría y la génesis de la cultura occidental.* Buenos Aires: Depalma, 1986.

MARTÍN, J.P. *Teófilo de Antioquía. A Autólico.* Fuentes patrísticas 16. Madrid, Ciudad Nueva, 2004.

---

93 Cfr. D. WINSTON, "Philo´s Theory of Eternal creation...", p. 600.
94 PHILON D´ALEXANDRIE, *De Aeternitate Mundi,* 52-53
95 PHILON D´ALEXANDRIE, *De Aeternitate Mundi,* 42-47.
96 PHILON D´ALEXANDRIE, *De Aeternitate Mundi,* 83-84.

MERCIER, C. Introduction, traduction et notes à 'Quaestiones et solutiones en *Genesim* I et II' en *Les Oeuvres de Philon d'Alexandrie* (1961-1992), Paris, 1979.

MOHERING, H.R. "Arithmology as an Exegetical Tool in the Writings of Philo" en J.P. Kenney (ed.) *The School of Moses. Studies in Philo and Helenistic Religion.* Brown Judaic Studies 304. Studia Philonica Monograph I, Atlanta, 1995, 141-176.

RADICE, R. *Allegoria e paradigmi etici in Filone di Alessandria. Commentario al* Legum Allegoriae. Milano: Rusconi, 2000.

RADICE, R. Y REALE, G. *La genesi e la natura della 'Filosofia Mosaica'. Struttura, metodo e fondamenti del pensiero filosofico e teologico de Filone de Alessandria.* Milano: Rusconi, 1987.

RADICE, R. Y REALE, G. *Allegoria e paradigmi etici in Filone di Alessandria. Commentario al* Legum Allegoriae. Milano, 2000.

RUNIA, D.T. *Philo of Alexandria and the Timaeus of Plato.* Leiden, Brill, 1986.

RUNIA, D.T. *Philo of Alexandria. On the Creation of the Cosmos According Moses.* Leiden-Boston-Köln, Brill, 2001.

WINSTON DAVID, "Philo´s Theory of Eternal creation: *De Prov.* 1.6-9", Proceedings of the American Academy for Jewish Research, Vol. 46, [part 2], (1979-80), p. 593-606.

Capítulo 4
Plotino y el tiempo como afán del alma

En el 255, a sus 50 años y encontrándose casi ciego, Plotino comenzó a dictar su doctrina en lecciones, las *Enéadas,* ordenadas y publicadas en el año 300 por su discípulo, Porfirio. La obra no constituye un tratado sistemático, sino un conjunto de conferencias sobre temas diversos.

Una parte importante de su enseñanza académica en la Roma del año escolar 267-268, poco tiempo antes de morir, fue consagrada por este pensador al problema de la eternidad y del tiempo (*Enéada* III, 7). Si bien su fuente inmediata se remite al *Timeo*, también se sirve de Aristóteles;[1] del estoicismo,[2] e incluso de otras corrientes filosóficas.[3]

---

[1] Téngase en cuenta, por ejemplo, su descripción de Dios como una vida intelectiva siempre en acto, permanente y feliz (*Phys.* 221 b 3-7 y *Metaphys.* 1072 b 13-30).

[2] PLOTINO, *Enéada* III. Utilizaremos la edición de E. Brehier: PLOTIN, *Ennéades* III, Paris, Belles Lettres, 1925. Cfr. Notice de E. Bréhier p. 3-5. Podrá consultarse asimismo: W. BEIERWALTES, *Eternità e tempo. Plotino, Enneade III 7,* saggio introduttivo, testo con traduzione e commentario, introduzione di Giovanni Reale; traduzione di Alessandro Trotta de Über Ewigkeit und Zeit Enneades. Enneade III. 7, Milano, Vita e pensiero, 1995

[3] "Estas doctrinas (que exponemos) no son nuevas ni de hoy, sino que han sido enunciadas desde hace mucho tiempo implícitamente y nuestras

La investigación contemporánea le ha dedicado al tema un número importante de estudios, algunos que ya han devenido clásicos: W. Beierwaltes,[4] A.-J. Festugière,[5] J. Guitton,[6] H. Jonas,[7] R. Sorabji[8] a los que se añaden, en las últimas décadas: K. Gloy,[9] A. Smith,[10] S. Strange,[11] D. Nikulin[12] y F. García Bazán.[13]

Plotino se considera a sí mismo un "exégeta de Platón" (*En.* V, 1), de modo que durante sus casi treinta años de maestro de filosofía platónica intentó exponer los puntos centrales de su filosofía. La especulación de Platón en torno al tema del tiempo en el *Timeo* aparece relacionada con las formas inmutables del ser, de modo que resulta un reflejo de lo inteligible; existe por mediación del Demiurgo y pertenece al segundo género del ser, que es semejante o imitación del ser primero, garantía de su perfección.

Para Aristóteles, en cambio, el tiempo no es un movimiento particular sino el número numerado, inmanente al movimiento, que se explicita cuando un alma discierne sus fases.

---

explicaciones actuales son desarrollos de aquéllas" PLOTINO, *Enéada* V, 1, 10, 8. Asimismo escribe Porfirio: «En clase se leían los *Comentarios* de Severo, de Cronio, de Numenio, de Gayo o de Ático» –todos platónicos de diversas corrientes– «y, de entre los peripatéticos, los de Aspasio, Alejandro, Adrasto y de los que cayeran en sus manos. Pero no tomaba nada de ellos porque sí, sino que en sus reflexiones era original e independiente, aportando además en sus explicaciones el espíritu de Amonio» J. IGAL, *Porfirio, Vida de Plotino*, XIV, 14-16. Podrá consultarse sobre el tema: F. GARCÍA BAZÁN. "Plotino y la fenomenología de la belleza", *Anales del Seminario de Historia de la Filosofía*, (2005) vol. 22, 7-28.

4   W. BEIERWALTES, *Plotin uber Ewigkeit und Zeit*, Frankfurt am Main, 1967.
5   A. J. FESTUGIÈRE, "Le sens philosophique du mot AION", *Études de pilosophie grecque*, Paris, 1971.
6   J. GUITTON, *Le temps et l'éternité chez Plotin et Saint Augustin*, Paris, 1959.
7   H. JONAS, "Plotin über Ewigkeit und Zeit: Interpretation von Enn. III, 7" en A. Dempf –H. Arendt, eds. *Politische Ordnung und menschliche Existenz: Festgabe für E. Voegelin*, München, 1962, 295-319.
8   R. SORABJI, *Time, Creation and the Continuum: Theories in Antiquity and the Early Middle Ages*, London 1983, 112-114.
9   K. GLOY, "Die Struktur der Zeit in Plotins Zeit-theorie", *Archiv für Geschichte der Philosophie*, 1989, 71, 303-326.
10 A. SMITH, "Eternity and Time" en: *The Cambridge Companion to Plotinus*, Cambridge, 1996, 196-216.
11 S. STRANGE, "Plotinus on the Nature of Eternity and Time" en: L. P. Schrenk, ed., *Aristotle in Late* Antiquity, Washington, 1994, 22-53.
12 D. NIKULIN, "Plotinus on eternity", en: *Le Timée de Platon, Contributions à l'histoire de sa réception*, Ed. par A. Neschke-Hentschke, Louvain-La-Neuve, Louvain, Paris, Peeters, 2000, p. 15-38.
13 F. GARCÍA BAZÁN, "El tiempo y la historia en el neoplatonismo y San Agustín", *Revista del Museo Mitre*, 10, 1997, 73

Como tendremos oportunidad de analizar, en opinión de Plotino, la definición de Aristóteles es imprecisa pues todo movimiento tiene períodos, reposos, fases, interrupciones y una velocidad o ritmo propios. Es posible, incluso, realizar en un mismo instante movimientos separados y diferentes mientras que el tiempo permanece siendo el mismo. Para Aristóteles sólo un tiempo podrá servir de unidad de medida: el movimiento de la esfera de las estrellas fijas, con lo cual su análisis –entiende– se desplaza desde la filosofía natural hacia la astronomía.

Y así, mientras que Aristóteles se refiere a un tiempo terrestre vinculado al movimiento que corrompe, pues el paso del tiempo es inercia que envejece –"el tiempo desgasta"–;[14] la doctrina de Plotino asume un tiempo biológico, el tiempo del viviente que evoluciona hacia un perpetuo después: "moviéndonos hacia lo que es siempre futuro hemos producido el tiempo como imagen de la eternidad".[15]

La doctrina de Plotino supone, por tanto, un diálogo y corrección de Aristóteles: el tiempo es la misma vida del alma de la naturaleza y no una mera "consecuencia" del movimiento. El tiempo constituye la estructura teleológica de una naturaleza que se orienta hacia un futuro cósmico.

Para Plotino el gran defecto del método de Aristóteles fue exigir al movimiento –que para él sólo es un signo del tiempo–, que nos permita conocer algo sobre la naturaleza misma del tiempo. Por ello propone un nuevo modo de acercamiento al tema de carácter interior y genético.[16]

1. El tiempo como imagen "necesaria" de la eternidad

El desarrollo sobre la doctrina de la eternidad constituye uno de los más claros ejemplos de aplicación del método plotiniano. El texto de la *Enéada* nos propone abordar, primeramente, el concepto de eternidad.

Se pueden distinguir cuatro momentos: primero el examen crítico de las interpretaciones rechazadas. Plotino no admite ninguna de las tentativas hechas por los platónicos anteriores que pretendieron identificar la eternidad con una de las realidades inteligibles, sea la substancia inteligible del *Timeo* (27e-28a); o bien el reposo, uno de los cinco géneros primitivos del ser, en el *Sofista*.[17]

---

14 ARISTOTELES, *Phys.*, 221 a 32
15 PLOTINO, *En.* III, 7, 11, 17.
16 Cfr. J. GUITTON, *Le temps et l'éternité chez Plotin et Saint Augustin*, 56.
17 PLOTINO, *En.* III, 7, 2.

Rechaza, así, que "la eternidad sea algo distinto de la naturaleza inteligible", pues "la eternidad no se divide sino que pertenece como todo a cada una de las cosas que se denomina eterna".[18]

Cuál es, se pregunta, ese carácter según el cual el mundo inteligible, todo entero, es denominado eterno (*aión*) y perpetuo (*aidion*).[19]

En segundo lugar, describiendo el dinamismo interno de la inteligencia, procura tomar a la eternidad como uno de los momentos de este dinamismo en el doble movimiento de expansión y de concentración, que caracteriza a la inteligencia. La eternidad es el producto común de los inteligibles reunidos en un mismo punto y afirmado en su estabilidad absoluta.[20] De ella no se puede predicar que ha sido o que será, sino solamente que es; es "vida presente toda entera a la vez, plena e indivisible".[21]

Y ha sido definida por Plotino en términos asumidos más tarde por Boecio y el medioevo cristiano como: "vida que se actúa en el ser y está en el ser, vida que es a la vez entera y completa y del todo inextensa".[22]

En tercer lugar, y partiendo de esta primitiva intuición, Plotino desarrolla una demostración fundada sobre la esencia. Y así muestra a través de una deducción, cómo la eternidad se deriva necesariamente de la naturaleza de la esencia, en tanto es un todo al cual nada le falta, un ser sin no ser.[23] Por ello la eternidad "es Dios mismo mostrándose y manifestándose tal como es".[24] El Uno que está por encima del ser, sobrepasa también la duración y al determinar todas las cosas, no puede él mismo ser determinado. Plotino parece asignar al Uno una suerte de pensamiento del que surge la eternidad y la vida.

Pero no tarda en afirmar que el Uno no está en movimiento ni en reposo, ni en el lugar ni en el tiempo. Mientras que el primer motor de Aristóteles trasciende la duración por la simplicidad de su operación eterna; para Plotino, la duración del Uno es nula. El Uno y la materia son límites extremos; y la eternidad y el tiempo acontecen entre ellos.

Siguiendo a Platón, Plotino discierne entre dos especies de eternidad que corresponden al *aión:* eternidad, y al *aidion:* sempiternidad.[25]

---

18   PLOTINO, *En*. III, 7, 2, 17-19.
19   PLOTINO, *En*. III, 7, 3, 1-3.
20   PLOTINO, *En*. III, 7, 3, 5-7.
21   PLOTINO, *En*. III, 7, 3, 16-18
22   PLOTINO, *En*. III, 7, 3, 36-38
23   PLOTINO, *En*. III, 7, 4 y 5.
24   PLOTINO, *En*., III, 7, 5, 18-19.
25   PLOTINO, *En*. III, 7, 2, 25-29; *En*, III, 7, 3, 1-4.

Contra los pitagóricos, Plotino hizo participar a la eternidad de lo inteligible revelando la actividad inmanente del *nous* que no se identifica con ella. Pues la eternidad no es tautológicamente lo mismo que el ser, sino que es la vida del intelecto, la eternidad representa al ser en su más adecuado sentido y se ordena al ser en la identidad de lo uno presente en lo diverso, en constante y eterna comunicación con lo mismo en cuanto otro. La eternidad es contemplada en lo inteligible, en donde existe y de donde procede.[26] La eternidad como la vida del intelecto no es la última fuente o principio de ser, éste sólo radica en el Uno. El Uno no puede decirse que es eterno sino, mejor, que es anterior a todo ser, vida y eternidad.[27]

La naturaleza eterna es bella y próxima al Uno, "viene de él y va hacia él, no se aleja sino que permanece siempre cerca de él y en él, y conforma su vida con el Uno. Es esto, creo, lo que expresó Platón[28] con bellos términos y profundidad de pensamiento [al indicar que]: 'la eternidad permanece en el Uno'".[29]

En cuarto lugar, Plotino explica muchas fórmulas del *Timeo*, la expresión "permanecer en el Uno" que Platón emplea a propósito de la eternidad;[30] la equivalencia de las expresiones "lo que es"[31] y "lo que es siempre"; en fin, la significación de los tiempos pasados que Platón utiliza con relación a los seres eternos.[32]

Como la eternidad se relaciona con una marcha de la vida íntima de la inteligencia, el tiempo surge como un aspecto de esa marcha del alma.[33] Y se produce cuando el alma se oculta de la inteligencia, por lo cual si el alma se uniese a lo inteligible, el tiempo, como tal, se destruiría dando lugar a la eternidad.

Es éste el motivo por el cual ha resultado más simple comenzar la indagación por el tema de la eternidad pues "una vez conocida la eternidad inmóvil del modelo, podremos tener una idea más clara de su imagen ya que se dice que el tiempo es una imagen de la eternidad".[34]

---

26 PLOTINO, *En*, III, 7, 4, 3-5.
27 Cfr. análisis desarrollado por D. NIKULIN, "Plotinus on eternity", p. 38.
28 PLATÓN, *Timeo*, 37e. En particular, Plotino señala una interpretación teológica del texto de Platón.
29 PLOTINO, *En.*, III, 7, 6, 4-6.
30 PLATÓN, *Tim.* 37 e
31 PLATÓN, *Tim.* 28 a
32 PLATÓN, *Tim.*, 29 e; PLOTINO, *En.* III, 7, 6.
33 PLOTINO, *En.* III, 7, 11.
34 PLOTINO, *En.*, VII, 1, 17-20

2. Desde el tiempo como *kínesis* hacia el tiempo de la conciencia

Plotino parte de la definición platónica de tiempo[35] distanciándose de Aristóteles quien pretende definirlo asociándolo a la realidad física del movimiento.

Así establece por un lado, que el tiempo es la imagen de la eternidad, y por otra, que no se puede acceder al modelo sino por medio de la imagen. Coincide con los neoplatónicos en descartar todas aquellas teorías del tiempo fundadas sobre la sola consideración del universo material que presentan al tiempo independientemente de su relación con el alma y con la eternidad.

El tiempo es un esbozo de la eternidad: la vida del alma no puede detenerse porque no es un acto inmanente sino una generación, una producción continua. Cuando el alma se separa de lo múltiple y se consume en la unidad, el tiempo deja de ser y no hay nada más que la eternidad. Por ello el tiempo es engendrado por ese afán o inquietud del alma hacia los objetos y por la vida que ella expresa.[36]

Al relacionar el tiempo con la vida del alma, Plotino inaugura un método que se ha revelado fecundo en la filosofía posterior. La noción de un tiempo interior diferenciado del tiempo como métrica parecen adquisiciones aquilatadas a partir de él, para todo el pensamiento posterior.

La subordinación del tiempo a la eternidad expresada por Plotino cuenta con el respaldo de la concepción del ser de Parménides y de Platón. Lo eterno no es el ser, lo que es, sino una de las disposiciones pertenecientes al ser, que está en él, dimana de él y subsiste conjuntamente con él, al igual que la verdad en cuanto mostración de su mismidad (*alétheia*), y la belleza (*kallón*) como manifestación de su esplendor.[37]

Al igual que Aristóteles, Plotino ve en el tiempo una dimensión de lo sucesivo; pero para él esta sucesión no se produce primeramente en el espacio. Y tampoco es una representación matemática. Es necesario desprenderse de las proyecciones exteriores o abstractas para volver a la fuente del tiempo por lo cual la sucesión temporal no se puede definir en su especificidad, y ha de ser liberada de la contaminación espacial a través del recurso a la experiencia del alma.

---

35 PLATÓN, *Timeo*, 37 a
36 PLOTINO, *En.*, III, 7 y 12
37 PLOTINO, *En.*, III, 7, 4, 1-12.

Esto nos conduce a un punto particular de distinción entre el sistema aristotélico y el plotiniano en torno a la noción de *kínesis* (movimiento) y la de *eikôn* (imagen) que forman parte de su definición de tiempo.

Las teorías precedentes sobre el movimiento son examinadas en los capítulos 7 a 10 de la *Enéada* III, y constituyen un estudio particular en el conjunto del tratado.

Como en el caso de la eternidad, también aquí Plotino procede según un orden que debería ser tradicionalmente admitido en la exposición de las tesis que confronta, y que es habitual en los manuales de los doxógrafos.[38]

En este análisis de las doctrinas de sus predecesores reconoce tres grupos diferentes:

"el tiempo es o bien un movimiento, o un móvil, o bien algo que pertenece al movimiento (…) Quienes hacen [del tiempo] un movimiento dicen que es o bien, cualquier movimiento, o bien el movimiento del universo. En cambio, quienes afirman que es un móvil, dicen que es la esfera del universo. Finalmente, hay [filósofos] que suponen que el tiempo es algo del movimiento, unos sostienen que es un intervalo de movimiento; otros, que es su medida, y, por último, están quienes sostienen que es algo que acompaña al movimiento. Y además, se dice que pertenece a todos los movimientos o bien, sólo al movimiento regular".[39]

Cuando un filósofo griego habla del tiempo, piensa en la sucesión regular y periódica de los días y noches, de los meses y de los años. Este tiempo es el objeto de la crítica de Plotino. El tiempo está tan íntimamente ligado con el movimiento diurno que se confunde con el movimiento de la esfera y con la esfera misma, tanto que se lo ve como la dimensión o el intervalo de estos movimientos. Los doxógrafos atribuyeron estas teorías también a Platón.

La teoría de Aristóteles según la cual el tiempo es el número del movimiento, procedía del mismo espíritu, aun cuando Aristóteles hablara del movimiento en general y no del movimiento regular del cielo.

La *kínesis* es para Aristóteles un concepto físico; y este movimiento físico tiene su paradigma en el movimiento del primer cielo que imita el movimiento circular a través de la perpetuidad de sus vueltas.

---

38   Cfr. H. DIELS, *Doxographi Graeci*, Berlin, 1879, 318.
39   PLOTINO, *En.*, III, 7, 7, 17-26.

Con clara intención polémica, Plotino muestra por dos veces[40] que la tesis de los peripatéticos resulta muy difícil de comprender.

La primera parte del capítulo 9 contiene un dilema: el número del movimiento no está ligado con el movimiento mismo, pues tampoco el número diez se relaciona de un modo directo con los caballos o con los perros a los cuales numera. En consecuencia, el número, por sí mismo, no tiene ninguna capacidad de devenir tiempo.

La segunda alternativa considerada, indica que el tiempo es inseparable del movimiento al cual mide. Si ése es el caso, se pregunta Plotino, ¿cómo distinguir el tiempo del movimiento mismo? Pues si esta distinción es posible, entonces la medida es exterior al movimiento; y en ese caso, el número que la expresa es un número aritmético que no tiene nada que ver con el tiempo mismo. Cuando se habla de tres días, el número tres no dice nada sobre el intervalo de tiempo designado por la palabra día. La medida sólo alude a números, o a lo sumo, al espacio.

La segunda noción que es necesario esclarecer es la de *eikôn* (imagen), que Plotino explica en III, 9. La eternidad no es una identidad estéril. Más que un pensamiento de pensamiento es una contemplación activa y viviente. Pero la contemplación puede debilitarse y multiplicarse; de este modo la contemplación es "naturalmente productora": su acto es al mismo tiempo su efecto que se despliega en una imagen. Es en este sentido totalmente interior que el tiempo puede decirse "imagen de la eternidad".

Más allá de la noción de movimiento y de imagen, surge una nueva pregunta: ¿cuál es el rol del alma o del sujeto en esta aproximación?

Específicamente, en un segundo momento,[41] Plotino, yendo al fondo de la cuestión, se pregunta si el tiempo tiene necesidad de ser medido para existir. Es una dificultad que Aristóteles ya había formulado en su *Física*,[42] en orden a determinar la necesidad de la existencia de un sujeto para que exista tiempo.

La intención de Plotino deviene cada vez más clara en el curso del capítulo; trata de suprimir toda subordinación del tiempo al movimiento natural, viendo la verdadera fuente de su existencia no en el orden físico, sino en la naturaleza misma del alma.

Pero este acto del alma, para Aristóteles, es el pensamiento, que no se define desde el movimiento sino desde el reposo; es más, es un

---

40 PLOTINO, *En.*, III, 9, 5 y 9, 31
41 PLOTINO, *En.*, III, 7, 9, 71 y ss.
42 ARISTOTELES, *Phys.*, IV, 14, 223 a 15 y ss.

eterno reposo.[43] Plotino se separa de esta idea aristotélica, y admite que el acto del pensamiento implica movimiento, ya que el movimiento es la condición misma del pensar,[44] que manifiesta su perfección.[45]

El tipo particular de movimiento al que alude es el deseo,[46] movimiento de la inteligencia que busca encontrar, al contemplarse, la unidad simple de la que ha surgido. De este modo Plotino vincula el alma con la naturaleza,[47] y el movimiento sobre todo, con lo psíquico.

Y de este modo, tanto la conciencia como la memoria, son aspectos fundamentales en orden a su definición de tiempo, y, más aún, podríamos afirmar que la conciencia no es algo distinto de la memoria.[48]

Lo que pretende hacer Plotino cuando define el tiempo como una imagen necesaria de la eternidad es establecer una relación que para él no es una pura semejanza objetiva entre el absoluto y las cosas, sino que exige la necesaria mediación de un sujeto espiritual.

Es, por tanto, una relación que el hombre experimenta y que pertenece a su propia condición de existencia limitada. Es esta condición la que Plotino expresa a través de la idea de intervalo o de distancia (*diastema*) entre potencia y acto, entre proyecto y realización; y en este intervalo se produce el cambio.

Es por ello que "tiempo y eternidad son diferentes":[49] lo eterno se predica de la sustancia real o inteligible, porque la sustancia verdadera es eterna, y no porque sustancia y eternidad sean lo mismo. Como venimos de señalar, eterno es "lo que es siempre", "lo que no fue ni será, sino que sólo es".[50]

El ser como Uno o totalidad simultánea, bien sea en la completitud del todo inteligible o en sus aspectos particulares característicos, es ser pleno y sin deficiencia, carece de no ser, y no puede esperar que algo le sobrevenga, ni que haya comenzado a ser en algún momento.[51] En este sentido, la totalidad simultánea, toda al mismo tiempo, que es la sustancia verdadera será tanto inespacial como intemporal, porque supera y es ontológicamente anterior al espacio y al tiempo.

---

43   ARISTOTELES, *De Anima*, 406 a 17
44   PLOTINO, *En.*, V, 3, 10
45   PLOTINO, *En.*, V, 1, 4
46   PLOTINO, *En.*, VI, 2, 7
47   PLOTINO, *En.*, II, 2, 1
48   PLOTINO, *En.*, IV, 4, 3
49   PLOTINO, *En.*, III, 7, 1, 1-2
50   PLOTINO, *En.* III, 6, 34
51   PLOTINO, *En.* III, 7, 3, 34

Sólo la sustancia inteligible es verdadera y de este modo en cuanto es un todo completo en la unidad que le otorga su inmediatez con el Uno, es eterna; la sustancia cósmica, sin embargo, no es verdadera, cambia, es deficiente: "para los seres que llegan a ser y cuya sustancia consiste en un existir (*to éinai*) que va desde el comienzo de su generación hasta la conclusión de un tiempo en que ya no son".[52] Y por eso, está continuamente abierta al ser inmutable, como para absorberlo.

La eternidad, entonces, no es el ser, sino lo que le corresponde como atributo (*diáthesis, katástasis*) al ser; está en él, dimana y subsiste en él. El ser como todo simultáneo, en cuanto inteligible o en sus aspectos particulares característicos, es ser pleno, sin deficiencia, y no puede esperar que algo le sobrevenga, ni que haya comenzado a ser en algún momento.

De modo que si bien en el orden del conocimiento las nociones de tiempo y eternidad parecen ser iguales, desde un punto de vista ontológico se diferencian. El esquema de la distinción imagen-paradigma es admitido por Plotino y su intelección del tema no se debe comprender sólo desde el *Timeo* sino también desde el *Parménides* y el *Sofista*.[53]

La sustancia inteligible es vida eterna, pero la actividad propia del alma como su reflejo constituye una "imagen de la eternidad" y así es vida temporal. Pero lo temporal en el caso de la vida del alma es algo más de lo que habitualmente se entiende por temporal en el plano cósmico pues como potencia germinal de tiempo sucesivo implica, primordialmente, que es un principio temporalizante que se temporaliza a sí mismo en su despliegue universal: el alma es tiempo mientras que el cosmos está en el tiempo.[54] El tiempo según se lo considere en el alma o en el universo es "imagen de la eternidad" o "imagen móvil de la eternidad".

La razón última de la existencia del tiempo, descansa en la actividad misma del alma: pues es el alma universal la que capta en una visión sintética y puntual la plenitud del Uno o ser inteligible por eso gira inmóvil sobre sí misma. Este es el estado de la actividad o vida del alma y que es principio también de la vida cósmica, porque como el alma no es el Uno inteligible, sino el uno y lo intelectivo, para lograr su propia autonomía de hipóstasis tercera, debe reflexionar con un discurso (*logos*) sobre los contenidos de la visión de lo inteligible en ella. Esta tarea a realizar necesariamente va precedida de la intención de

---

52 PLOTINO, *En.*, III, 7, 4, 24-28
53 D. NIKULIN, "Plotinus on Eternity", 15-38.
54 Cf. el análisis de G. BAZÁN, o.c., 148.

su cumplimiento, intención o deseo que revela su doble constitución. Se trata de un deseo remotamente alcanzable e indefinido de conocerlo todo, pero que se acompaña de otro deseo coincidente, más próximo, de conocer analíticamente cada aspecto particular del todo.

De este modo, el tiempo tiene un carácter transitivo: "es vida del alma que transita de un modo de vida a otro".[55] El deseo del alma de existir perpetuamente produce la rotación infatigable del cielo: "Y también el universo debe tener a dónde dirigirse para que de ese modo, siga existiendo. Por eso se apresura hacia lo venidero y no quiere detenerse, ingiriendo su ración de ser a medida que va haciendo una cosa tras otra y va moviéndose circularmente llevado de un anhelo de existencia. Así hemos averiguado la causa de aquel movimiento que se afana por existir perdurablemente gracias a lo venidero".[56]

Este mismo deseo de conservarse en el ser es el que induce a los seres particulares a anticipar en el ahora lo que ha de venir, integrándolo en la sucesión continua de la propia vida que no puede ser un acto simultáneo, porque no es eterna, pero tampoco perfectamente circular, porque no es la vida de los astros: "porque lo que está en el tiempo, aunque aparentemente sea perfecto (...) ha menester, además, del 'después' porque es deficiente en el tiempo, del cual necesita, porque coexiste con él".[57]

Por eso aunque el tiempo no es la eternidad, el anhelo del alma por ser una vida eterna, la lleva a expandirse temporalizándose ordenadamente y a lograr así su aspiración sólo como una imagen de la eternidad en la duración.

Y si el modelo es la eternidad, que es supratemporal, el tiempo siempre ha existido y existirá como reflejo perenne, en la continua e inagotable búsqueda de lo eterno.

La eternidad, así concebida no se puede confundir con el tiempo. El tiempo no es un atributo de "lo que es siempre", sino de lo que llega a ser, lo engendrado, que tiene su origen en la eternidad y que una vez engendrado constantemente espera ser.

Sólo la sustancia inteligible es y como un todo completo en la unidad que le otorga su inmediatez con el Uno, es eterna; la sustancia cósmica, en cambio, es deficiente, carece del ser que posee y por eso está continuamente abierta al ser inmutable, como para absorberlo, porque "los

---

55 PLOTINO, *En.*, III, 7, 11, 43-45.
56 PLOTINO, *En.* III, 7, 4, 30-34.
57 PLOTINO, *En.* III, 7, 6, 38-42.

seres engendrados cuya sustancia consiste en este ser y, en cuanto se los recorta, se les acorta la vida y también el ser".[58]

La sustancia inteligible es vida eterna, como sabemos, pero la actividad propia del alma, como su reflejo, es imagen de la eternidad y también lo es la vida temporal. Pero temporal en el caso de la vida del alma es algo más de lo que habitualmente se entiende por temporal en nuestro plano cósmico, pues como potencia que origina el tiempo sucesivo, es un principio que origina el tiempo, y que se temporaliza a sí mismo en su despliegue universal. El alma se va temporalizando en la medida que despliega su actividad, por eso ella estrictamente hablando es tiempo, mientras que el universo que siempre procede de ella, está en el tiempo. El tiempo según se lo considere en el alma o en el universo que anima, es respectivamente, imagen de la eternidad o imagen móvil de la eternidad.

El tiempo es ontológicamente anterior a la sucesión consecutiva de lo anterior y lo posterior vinculada al movimiento, que supone el espacio.

El alma universal, capta en una visión sintética la plenitud del Uno o ser inteligible, por eso gira inmóvil sobre sí misma. Este es el estado de la actividad o vida del alma y que es principio también de la vida cósmica y esclarecimiento racional del todo.

Se trata de una tendencia remotamente alcanzable, un afán indefinido y general de conocerlo todo; pero por otra parte un afán que va acompañado de un aspecto realizable, que se concreta de un modo sucesivo, gradualmente, permitiendo conocer de un modo analítico cada aspecto particular del todo. Esta intención justificará el conocimiento científico, el matemático y la deducción lógica; la intención opaca, empobrecida, dará cabida a la técnica, reino de la opinión que en virtud de la generalización se aproxima a la opinión verdadera.

Es este afán del alma el que define el tiempo. La temporalidad es algo intrínseco al universo: todo el mundo sensible desde las estrellas fijas y los astros hasta las formas sublunares menos perfectas son temporales.[59]

Es el deseo o afán del alma del mundo de existir perpetuamente, el origen de la rotación infatigable del cielo. Y es este mismo deseo de conservarse en el ser el que induce a los diversos seres particulares a anticipar en el ahora lo que ha de venir, integrándolo en la sucesiva continuidad de la propia vida, que no puede ser un acto simultáneo,

---

58 PLOTINO, *En.* III, 7, 4, 28-29.
59 PLOTINO, *En.*, III, 7, 4, 30-34.

porque no es eterna, pero que tampoco es perfectamente circular porque no es tampoco la vida de los astros.[60]

Por eso el tiempo, aunque no es la eternidad en cuanto es un anhelo del alma por ser una vida eterna, la lleva a expandirse fuera de sí, dando origen al tiempo imagen de una sucesión que siempre ha existido y existirá como reflejo permanente en una continua e inagotable búsqueda de lo eterno.

Plotino se caracteriza por tener una comprensión de la eternidad y del tiempo en la que el futuro no se reduce a un posible humano indefinido sino que el tiempo se configura y sostiene desde un principio eterno.[61]

3. Un universo eterno: los argumentos centrales de la *Enéada* III, 7

En la sección consagrada al estudio del tiempo y de la eternidad, hay dos momentos en los que está particularmente presente el tema del origen del tiempo: uno que vincula el tiempo con la actividad del alma como principio u origen de la temporalidad y el otro que examina el carácter del tiempo cósmico y su dependencia de la eternidad. Exponemos esta doble vía argumentativa.

(a) El tiempo como imagen de la eternidad: El alma del mundo, deseando la eternidad, se difunde en la naturaleza y la temporaliza: "(El alma) primeramente se ha temporalizado a sí misma, creando el tiempo en sustitución de la eternidad".[62]

La sustancia inteligible es vida eterna, como sabemos, pero la actividad propia del alma, como su reflejo es sólo una imagen de la eternidad, y por tanto, "vida temporal". Debemos advertir que lo temporal aplicado a la vida del alma es algo superior respecto de lo temporal en nuestro plano cósmico en cuanto es entendida como una potencia germinal del tiempo sucesivo. El alma, por tanto, se temporaliza a sí misma en su despliegue universal. De este modo, mientras que el alma "es" tiempo, el universo "está en el tiempo".

Por ello cuando se dice que el tiempo es engendrado junto con el cielo se entiende que es una imagen cuyo modelo es la eternidad y

---

60 PLOTINO, *En*. III, 7, 6, 38-42.
61 H. PLESSNER, "Sobre la relación del tiempo con la muerte" en A. Portmannn et alii, *El hombre ante el tiempo*, Caracas, 1970, 55-97. el autor expone la relación entre el modo de pensar plotiniano con el pensamiento moderno y contemporáneo.
62 PLOTINO, *En*., III, 7, 11, 28-30.

procede del alma en cuanto a su origen. El alma del universo capta en una visión puntual la plenitud del Uno, pero como el alma no es el Uno, para lograr su propia autonomía de hipóstasis tercera, debe reflexionar a través de un *logos* sobre los contenidos de la visión de lo inteligible en ella. Es este deseo, este afán del alma de obtener una totalidad que no posee, lo que define al tiempo como una extensión de la vida, una expansión permanente que nace y se desarrolla buscando la eternidad: "el tiempo es la vida del alma (...) a través del cual el alma pasa de un estado a otro".[63]

El tiempo se constituye, entonces, a partir del movimiento mismo del alma. En lugar de ser una totalidad, como la eternidad, el tiempo es un progreso incesante al infinito.[64]

Hacia el final del capítulo 11 nos encontramos con una expresión plotiniana que define con fuerza la analogía que ha servido para este desarrollo: así como la eternidad no puede ser comprendida fuera del ser, el tiempo tampoco podrá comprenderse fuera del alma.[65]

En este sentido el tiempo es inagotable, carece de fin al igual que el anhelo del alma de alcanzar el Uno al que sólo puede captar por partes, sucesivamente, y en conformidad con su propia naturaleza.

Y dado que el modelo del tiempo es la eternidad, debemos inferir que el tiempo siempre ha existido y existirá como su reflejo perenne y asociado a la continua e inagotable búsqueda de lo eterno por parte del alma del mundo. Y así como la estabilidad es lo que caracteriza a la eternidad;[66] la sucesión continua y perpetua, define en cambio, a la temporalidad.

De allí que la eternidad está vinculada con lo que es "siempre", con lo que es "incorruptible".[67] Por eso la eternidad se identifica con Dios, es Dios mismo manifestándose tal como es.[68]

Tiempo y eternidad se enlazan al punto que simultáneamente se está en el tiempo y en la eternidad: "de qué modo hablaríamos de la eternidad si no tuviésemos ningún contacto con ella";[69] pero sin embargo, es necesario descender de la eternidad para hallar la naturaleza del tiempo.[70]

---

63 PLOTINO, *En.*, III, 7, 11, 43-45.
64 PLOTINO, *En.*, III, 7, 11, 56-57.
65 PLOTINO, *En.*, III, 7, 11, 61-62.
66 PLOTINO, *En.*, III, 7, 11, 35-38.
67 PLOTINO, *En.*, III, 7, 6, 23-24.
68 PLOTINO, *En.*, III, 7, 5, 18-19.
69 PLOTINO, *En.*, III, 7, 7, 3-5.
70 PLOTINO, *En.*, III, 7, 7, 8-10.

El tiempo no es algo producido por un Demiurgo a semejanza de un modelo al modo de una realidad "engendrada" que podría, por consiguiente, desaparecer. Para Plotino es un efecto natural, necesario y equivalente a la eternidad; he aquí la razón última aducida para afirmar que el tiempo no puede tener, ni comienzo ni fin.[71]

Bien cabe entonces la pregunta: ¿por qué Platón dice que el tiempo ha nacido con el universo (*Timeo*, 38 b)? El alma, sostiene Plotino, engendra el tiempo al engendrar el universo pero a su vez, "el universo es producido en un acto que es el tiempo mismo y que a su vez, está en el tiempo".[72]

El alma engendra al tiempo con sus propios actos y si nos preguntamos "por qué el tiempo está en todas partes, responderemos: porque ninguna parte del mundo está ausente del alma".[73] Pero el tiempo está también en nosotros porque todas las almas no constituyen sino una.[74] La unidad de las duraciones de cada una de las almas, es solidaria de la unidad substancial de las almas y es tal, para Plotino, que no absorbe ni contradice su individualidad, tema sobre el que volverá particularmente en la Enéada IV.[75]

(b) Tiempo como imagen móvil de la eternidad. En una segunda perspectiva, el tiempo también puede considerarse no ya desde su principio originante, sino desde el universo en cuanto tal, y en tal sentido ha de ser entendido como una "imagen móvil de la eternidad".[76]

Conforme a este criterio, el tiempo es ontológicamente anterior –en cuanto a su causa– respecto de la sucesión consecutiva de lo anterior-posterior en el alma; y anterior, también, a la sucesión continua del movimiento que se verifica en el espacio.

La temporalidad es, así, intrínseca al universo, y califica a cada uno de sus entes desde la última esfera de las estrellas fijas hasta la mínima realidad sublunar. Es ésta la causa del eterno movimiento del universo que tiende a una existencia siempre renovada.

De modo que la misma rotación del cielo, descansa sobre la base de este afán del alma por alcanzar una existencia total y plena. De

---

71 PLOTINO, *En.*, III, 7, 4.
72 PLOTINO, *En.*, III, 7, 12, 24-25.
73 PLOTINO, *En.*, III, 7, 13, 49-52.
74 PLOTINO, *En.*, III, 7, 13, 65-70.
75 PLOTINO, *En.*, IV, 3, 2-7.
76 PLOTINO, *En.*, III, 7, 13, 25

hecho el tiempo vinculado a la medida, que conviene a la expresión aristotélica, es sólo una dimensión puramente accidental del tiempo.[77]

En efecto, el tiempo cósmico es eterno y sin inicio, en cuanto su verdadero "inicio", tomando el cosmos en todo su despliegue, es la misma eternidad, de la que el tiempo no es más que una suerte de "descenso ontológico". Dado que "el cosmos trascendente no se inicia en ningún tiempo: por eso tampoco el cosmos sensible tiene un inicio temporal".[78]

4. Observaciones en torno a la posibilidad de un mundo eterno

El tiempo es cíclico y en consecuencia es ilusoria la idea de un comienzo absoluto; en el sistema plotiniano todo recomienza y nada, en sentido propio, comienza en un sentido absoluto. Plotino no está de acuerdo con Aristóteles en afirmar un movimiento eterno, pues esto "sería lo mismo que decir que [el movimiento] es estable",[79] dado que la eternidad es sinónimo de estabilidad y permanencia.

Por lo cual Plotino, sólo en conformidad con el criterio expresado, sostiene la eternidad del universo y utiliza como instrumento de su explicitación racional la causalidad formal y circular que une a la naturaleza con el Uno.

La relación fundamental del "origen entendido como descenso" es, de este modo, atemporal, aun cuando su resultado sea temporal; por ello –como indicamos, y esto es relevante en su interpretación del texto platónico– la intervención del Demiurgo en el *Timeo* no puede ser considerada histórica o temporalmente.[80]

Y de este modo –interpreta Plotino– cuando en el *Timeo* Platón indica que el Demiurgo "era bueno"; el imperfecto utilizado tiene relación con la existencia del universo sensible "y gracias a que el Demiurgo existe por encima de él, el universo no existe a partir de un cierto momento; y así el mundo no puede haber tenido un comienzo en el tiempo".[81] En verdad, para Plotino, sólo la causa implica una anterioridad o precedencia.[82]

---

77 PLOTINO, *En.*, III, 7, 12, 40-43
78 PLOTINO, *En.* III, 7, 6, 53-55.
79 PLOTINO, *En.*, III, 7, 2, 26-27.
80 Podrá consultarse un exhaustivo tratamiento en: A. TROTTA. *Il problema del tempo in Plotino*, Vita e Pensiero, Milán, 1997.
81 PLOTINO, *En.*, III, 7, 6, 52-55.
82 PLOTINO, *En.*, III, 7, 6, 53.

Esta relación vertical entre el tiempo y la eternidad es un punto decisivo en Plotino que será fecunda para el pensamiento cristiano posterior: el tiempo nace de la eternidad y debe retornar a través del hombre a la eternidad.

Con su enseñanza Plotino no sólo asume y desarrolla la tradición de la ontología griega sobre la eternidad y el tiempo, sino que también explica filosóficamente los sentidos de la eternidad (*aión*)[83] que las religiones y el saber popular difundían en esa época:

el *aión* entendido como la duración de una vida individual[84] y sublunar sometida a la generación y la corrupción;

el *aión* como la duración de los ciclos cósmicos que se generan y corrompen indefinidamente, en el sentido descrito de un tiempo cósmico sin principio y sin final.

Y finalmente, el *aión* como la duración eterna e inmutable que contiene a las anteriores[85] y de la que dependen las otras formas de duración.[86]

Esta enseñanza plotiniana sobre la eternidad y la temporalidad tendrá un eco inmediato en el pensamiento posterior.

Fuentes

PLOTIN, *Ennéades* III, Paris, 1925 (texte établi par Emile Bréhier)

Traducciones

PLOTINO, *Enéadas: libros III y IV.* Madrid: Editorial Gredos, 1985.

Bibliografía

ARMSTRONG A. H. (ed.), *Neoplatonism and early Christian thought,* Londres, 1981.

ARNOU R.., "La contemplation chez Plotin", en *Dictionnaire de spiritualité, ascétique et mystique,* vol. II, Paris, 1950, cols. 1727-1738.

---

83 Se podrá consultar sobre el tema: A. J. FESTUGIÈRE, "Le sens philosophique du mot AION", *Etudes de philosophie grecque,* Paris, 1971, 254 ss.

84 "El límite que abarca el tiempo de la vida de cada uno, fuera del cual no hay por naturaleza nada más, ha sido llamado duración (aión) individual" ARISTÓTELES, De Caelo, L. I, 9, 279 a 24-26.

85 "El límite de todo el cielo y el que abarca todo el tiempo y toda [su] infinitud es su duración (aión) que ha tomado dicha denominación del hecho de existir siempre" ARISTÓTELES, *De Caelo,* L. I, 9, 279 a 26-29. Aristóteles establece aquí un parentesco léxico entre *aión* y *aieí.*

86 F. GARCÍA BAZÁN, "El tiempo y la historia en el neoplatonismo y San Agustín", *Revista del Museo Mitre,* (1997), 10, 73.

BEIERWALTES W., *Plotin uber Ewigkeit und Zeit*, Frankfurt am Main, 1967.

BAINE HARRIS R., "El misticismo racional de Plotino", en *Epimeleia*, 1995, 4, 7, 109-120.

CILENTO V., "Mito e poesia nelle *Enneadi*", en *Les sources de Plotin. Entretiens sur l'antiquité classique*, vol. V, Vandoeuvres-Ginebra 1960, 243-323.

FESTUGIÈRE A. J., "Le sens philosophique du mot AION", *Études de pilosophie grecque*, Paris, 1971.

GATTI M., *Plotino e la metafisica della contemplazione*, Milán, Vita & Pensiero, 1996, 2ª ed.

GUITTON J., Le temps et l'éternité chez Plotin et Saint Augustin, Paris, 1959.

GARCÍA R. M, "Muerte y temporalidad en San Agustin. El aporte de Plotino a su idea del tiempo", Revista Agustiniana (43, 130) 2002, 5-22.

GARCÍA BAZÁN F., "El tiempo y la historia en el neoplatonismo y San Agustín", *Revista del Museo Mitre*, (1997), 10.

GLOY K., "Die Struktur der Zeit in Plotins Zeit-theorie", Archiv für Geschichte der Philosophie, 1989, 71, 303-326.

HADOT P., "Ouranos, Kronos, and Zeus in Plotinus' treatise against the Gnostics", en A. H. Armstrong (ed.), *Neoplatonism and early Christian thought*, Londres 1981, 124-137.

JONAS H., "Plotin über Ewigkeit und Zeit: Interpretation von Enn. III, 7" en A. Dempf –H. Arendt, eds. Politische Ordnung und menschliche Existenz: Festgabe für E. Voegelin, München, 1962, 295-319

LUPI J. P., GOLLNICK S., "A teoria emanacionista de Plotino ", *Scintilla: Revista de filosofia e mística medieval*, 5, 1, 2008, pp. 13-30.

MOREAU J., *Plotin ou la gloire de la philosophie antique*, París, Vrin, 1970.

NIKULIN D., "Plotinus on Eternity", en: Le Timée de Platon, Contributions à l'histoire de sa réception, ed. par A. Neschke-Hentschke, Louvain-La-Neuve, Louvain, Paris, Peeters, 2000, p. 15-38.

OTTAVIANI M., "L'eternità in Plotino: stasis adiastatos? Qualche riflessione lessicale e filosofica sull'utilizzo dell'aggetivo adiastaton en En. III, 7 [45]", Acme (51, 3), 1998, 213-229.

O´MEARA J. D., *Structures hiérarchiques dans la pensée de Plotin*, Leiden, Brill, 1978.

PEPIN J., "Plotin et les mythes", *Rev.Philos. Louvain*, (1955), 53, 5-27.

PERGER M., « Zeit in Plotins Mystik: Zeit für das Eine, Zeit für uns », *Rhizai: A Journal for Ancient Philosophy and Science*, 6, 1, 2009, pp. 43-65.

PRINI P., *Plotino e la genesi dell'umanesimo interiore*, Roma 1968.

PIGLER A., "La théorie aristotélicienne du temps, nombre du mouvement, et sa critique plotinienne", Revue Philosophique de Louvain (101, 2), 2003, 282-305.

RIST J. M., *Plotinus. The road to reality*, Cambridge, Univ. Press, 1977.

ROY L., " Neither within nor outside time: Plotinus' approach to eternity", *Science et esprit* (53, 3), 2001, p. 419 - 426.

RUS V., "Plotino: metafisica della luce e l'ideale dell'impero universale eterno", Orma (Revista de studii etnologice si istorico-religioase), 9, 2008, p. 7-12.

SANTA CRUZ M I., "Plotino y el neoplatonismo", en C. García Gual (ed.), *Historia de la filosofía antigua*, Madrid, Trotta, 1997, 339-361.

SORABJI R., Time, Creation and the Continuum: Theories in Antiquity and the Early Middle Ages, London 1983.

SMITH A., "Eternity and Time" en: The Cambridge Companion to Plotinus, Cambridge, 1996, 196-216.

SWEENEY, L. "Basic principles in Plotinus' philosophy", *Gregorianum*, 1961, 42, 506-516.

Capítulo 5
Argumentos patrísticos contra la eternidad del mundo

La idea expresada por Aristóteles en su *Física*[1] admitiendo que todos los filósofos que le precedieron –exceptuado Platón– habían admitido que el mundo es eterno,[2] fue conocida por los Padres de la Iglesia.

Así, Lactancio (250-325) le atribuye explícitamente a Aristóteles la creencia en la eternidad del mundo. Y en las obras de los Padres Justino Mártir (100-114/162-168), Orígenes (185-254), Arnobio (aprox. 260-327), Basilio (330-379), san Agustín (354-430) y Diodoro de Tarso[3] se replican también referencias similares.

Con relación a los filósofos presocráticos, sólo dos son mencionados por los Padres como exponentes de la creencia en la eternidad del mundo: Jenófanes

---
1 ARISTÓTELES, *Physica*, VIII, 1, 251b 17-18 en relación con *Timeo* 28 b y 38 b.
2 ARISTÓTELES, *De Caelo* I, 10, 279b, 12-13.
3 Cfr. H. A. WOLFSON, "Patristic Arguments Against The Eternity of the Word", *The Harvard Theological Review*, (1966), vol 59, Nro. 4, 351.

citado por Hipólito[4] y Eusebio[5]; y Pitágoras en la alusión de Tertuliano.[6]

El Prof. Harry Wolfson[7] reconoce seis vías argumentativas de transmisión del pensamiento antiguo asimiladas en el ámbito cristiano. Admitiendo su propuesta, exponemos los argumentos centrales de cada una de estas vías.

1. San Justino Mártir: primer argumento de transmisión platónica

En el *Timeo* de Platón hay un argumento en favor de la creación del mundo, que ha sido asumido en este período: si el mundo es una realidad que "puede ser vista, tocada y tiene un cuerpo"[8] entonces, ha de ser generado.

Un argumento similar es utilizado por Justino Mártir cuando, en respuesta a quienes dicen que el mundo "no ha sido engendrado", exclama: "¿cuál es la razón para suponer que un cuerpo sólido, que posee resistencia, es compuesto, cambia, y que se renueva cada día, no haya surgido de alguna fuente?".[9]

Aun cuando el uso de expresiones que aluden al cambio, parecen sugerir una fuente aristotélica,[10] el término "cuerpo" como el principal elemento del desarrollo argumentativo, lo vincula, sin dudar a Platón.

Podríamos decir que el autor utiliza la fuente platónica como inspiración de su argumento en torno al problema del origen. Sin embargo en cuanto cristiano creía en la incorruptibilidad del mundo; y esto a pesar de lo que el mismo Platón expresara también en el *Timeo*: "todo lo atado puede ser desatado";[11] o aún de lo indicado por el mismo Aristóteles: "todo lo que es engendrado puede corromperse".[12]

---

4   HIPÓLITO DE ROMA, *Refutatio Omnium Haeresium*, I, 14. Puede consultarse la versión: <http://www.newadvent.org/fathers/050101.htm>.

5   EUSEBIO DE CESAREA, *Praeparatio Evangelica*, I, 8, 23 a. Hay edición en español *Preparación evangélica. I: Libros I-VI*, Volume 1, Biblioteca Autores Cristianos, 2011 - 338 p.

6   TERTULIANO, *Apologeticus* II (P1 I, 333 B). Se podrá consultar en línea: <http://www.intratext.com/IXT/LAT0246/>.

7   H. A. WOLFSON, "Patristic Arguments ...", p. 352-367.

8   PLATÓN, *Timeo*, 28 b

9   JUSTINO Mártir, *Dialogus*, 2.

10 Cfr. el segundo argumento ofrecido a continuación.

11 PLATÓN, *Timeo*, 41 a

12 ARISTÓTELES, *De Caelo*; I, 12, 282 b 3.

2. Diodoro de Tarso (?-392), Juan Damasceno (675-749) y San Basilio (330-379): segundo argumento de transmisión aristotélica

La segunda vía de argumentación se basa en una cita de Aristóteles en la que el pensador griego formula una objeción a su propia doctrina sobre la eternidad del mundo.

La objeción aristotélica expresa lo siguiente: "Se puede decir que ningún cambio es eterno, pues la naturaleza de todo cambio es tal que procede desde algo hacia algo, de modo que cada cambio debe estar limitado por contrarios entre los cuales se genera; y por lo tanto nada puede moverse al infinito".[13]

Además, y también en la *Física*, Aristóteles había referido que: "ninguna substancia puede ser infinita, ni tampoco una cualidad ni una afección".[14]

Por tanto, en la medida en que no puede haber un movimiento infinito, el mundo, que consiste en el conjunto de las cosas que se mueven, no puede ser eterno.

Aristóteles responde a esta objeción, pero su respuesta es omitida en el ámbito cristiano. Esto ocurre con Diodoro de Tarso, quien después de haber demostrado que el mundo es generado y sus elementos constituyentes están sujetos a cambio, expresa: "Si alguien argumenta que el cambio no es generado, puede responderse que esto es absolutamente imposible, pues el cambio es una afección y tiene un comienzo".[15]

La misma argumentación también está presente en Juan Damasceno, quien luego de expresar que "todas las cosas que existen son creadas o increadas", se pregunta, "¿Quiénes, entonces, se niegan a conceder que todas las cosas existentes (...) están sujetas a cambio, alteración y a movimientos de diversos tipos?". Y con el doble presupuesto de una respuesta negativa por un lado, y el reconocimiento de que todo cambio es generado, concluye: "Las cosas cambiantes son creadas".[16]

El camino de Basilio fue distinto pues no ignoró la respuesta de Aristóteles. La tiene en cuenta y la refuta transformando la objeción en su propio argumento contra la eternidad del mundo.

---

13 ARISTÓTELES, *Phys.*, VIII, 2, 252b, 9-12.
14 ARISTÓTELES, *Phys.*, 185 a 34- 185 b 1.
15 PHOTIUS, *Biblioteca* 223 (ed. Bekker, 1824, 209 b, l. 11-14). Cfr. ARISTÓTELES, *Metaphys.*, 1069 b 12 .
16 JUAN DAMASCENO, *De Fide Orthodoxa* I, 3 (PG 94, 796 A-C).

Aristóteles afirma que todos los movimientos en el mundo tienen límites y por lo tanto deben ser finitos; pero en el movimiento circular, cualquier punto que se considere es igualmente un principio, medio, o final: "de tal manera que lo que está en movimiento circular en cierto sentido está siempre en un punto de partida y en un punto final; y en cierto sentido no lo está jamás".[17] Y así se puede afirmar que una esfera en rotación está en cierto sentido en reposo porque tomada como un todo se conserva en el mismo lugar primario, en cuanto su centro está en reposo, pero considerada en cuanto al lugar de sus partes está en movimiento. Además, dado que cualquier parte suya se mueve alrededor de un centro inmóvil y no hacia él, su movimiento no tiene límites y es continuo. Es a partir de estos presupuestos que Aristóteles concluye que el movimiento circular de los cielos puede ser infinito y eterno.

La refutación de Basilio de esta respuesta es la siguiente: "No imagines, hombre, que las cosas visibles tienen comienzo; y, que los [cuerpos] que se mueven en el cielo, por el hecho que se mueven circularmente, no. No creo que la naturaleza del movimiento de los cuerpos [celestes] sea circular y sin comienzo".[18] Y, usando la analogía de un círculo trazado por un dibujante, muestra que el movimiento circular de los cuerpos celestes, al igual que un círculo dibujado, también tiene un comienzo temporal. En efecto, si bien en ese círculo, dice, "nos es imposible determinar dónde comienza y dónde termina, no debemos creer que no tenga un comienzo. Pues realmente comienza en algún momento cuando el dibujante señala un radio determinado y un centro".[19] Esta es la vía por la cual Basilio justifica que también el movimiento circular debe tener un comienzo temporal; y si esto es así, también lo ha de tener el mundo.

3. Orígenes: un tercer argumento de transmisión aristotélica

Orígenes utilizó otro argumento en contra de la eternidad del mundo, que está basado en dos principios aristotélicos. El argumento se formula en un pasaje en el que, después de exponer la enseñanza bíblica de la creación, dice lo siguiente: "Ahora, si hay alguno que se oponga a la autoridad y credibilidad de nuestra Escritura, le preguntamos si Dios puede, o no puede, comprender todas las cosas. Afirmar que Él

---

17 ARISTÓTELES, *Phys.*, 264 a 34 -265 b 2.
18 BASILIO, *Hexaemeron*, I, 3 (PG 29, 9 AB).
19 BASILIO, *Hexaemeron*, I, 3 (íb.)

no puede, sería manifiestamente un acto de impiedad. Si se responde, como se debe, que Dios abarca todas las cosas, se desprende de ello la posibilidad de su comprensión, y también que [todas las cosas] tienen un principio y un fin. Si en cambio, no tuviesen ningún comienzo, no podrían ser comprendidas".[20]

El argumento se basa en una combinación de tres proposiciones,[21] de las cuales dos son explícitas y una implícita. En primer lugar, este argumento implica la proposición:

a) Un mundo eterno implica una sucesión infinita. Esto lo señala Aristóteles cuando afirma que el infinito se expresa "en el tiempo y en las generaciones de los hombres",[22] es decir en la infinita sucesión de los días y meses; y en la continuidad permanente de la generación humana.
b) En segundo lugar, como dice Orígenes "lo que es en sentido absoluto, sin ningún tipo de comienzo no puede ser comprendido por todos". Esto también lo refleja Aristóteles cuando indica que "el infinito en cuanto infinito es incognoscible".[23]
c) En tercer lugar, Orígenes expresa que "Dios comprende todas las cosas", y esto se explica en cuanto el objeto del conocimiento divino es tanto Dios mismo como las cosas que están fuera de Él".[24] En este punto particularísimo, Orígenes se opone a Aristóteles, para quien el objeto del conocimiento de Dios sólo puede ser Dios mismo.[25]

En la base de este argumento patrístico se está presuponiendo que el conocimiento divino es semejante al conocimiento del hombre que no puede comprender el infinito.

Como veremos luego[26] pensadores como Maimónides y Tomás de Aquino[27] también atribuyen conocimiento a Dios y no dudan en afirmar que Dios conoce infinitas cosas; pero a diferencia de los conocimientos humanos, hablan del conocimiento divino en un sentido equívoco, como sucede con Maimónides; o bien, en un sentido eminente y analógico, como resulta en el caso de Aquino.

---

20 ORÍGENES, *De Principiis*, III, 5, 2.
21 Seguimos aquí el análisis sugerido por HARRY WOLFSON, "Patristic Arguments against the Eternity...", 354-356.
22 ARISTÓTELES, *Phys.*, III, 6, 206 a 25-26
23 ARISTÓTELES, *Phys.*, I, 4, 187 b 7.
24 ORÍGENES, *De Principiis*, IV, 4, 10 (37).
25 ARISTÓTELES, *Metaphys.* XII, 7, 1072 b 19-21.
26 Cfr. Capítulo 10 del presente trabajo.
27 TOMÁS DE AQUINO, *Summa Theol.*, I, 14, 12.

4. Lactancio (245?-325): primer argumento de base estoica

Lactancio presenta dos argumentos en contra de la eternidad del mundo que son versiones modificadas de dos de los cuatro argumentos –tercero y cuarto–, que Teofrasto, citado por Filón, atribuye a "quienes sostienen la generación y corrupción del mundo"[28] con clara alusión al estoicismo.

Expondremos estos dos argumentos estoicos –los referidos como tercero y cuarto por Teofrasto–, junto con su refutación:

a) El tercer argumento comienza con un silogismo: "Cualquier cosa cuyas partes son perecederas, necesariamente perece. Todas las partes del mundo son perecederas. Por lo tanto, el mundo es perecedero".[29]
La conclusión se sigue si se considera que las distintas partes del mundo, tales como la tierra, las piedras, el agua y el fuego se modifican y perecen según diversos sentidos.[30]

En refutación de este argumento, Teofrasto afirma: "La verdad seguramente no es que una cosa es corruptible si todas sus partes son corruptibles; sino que esto sólo es cierto si todas sus partes se destruyen juntas y simultáneamente".[31]

b) El cuarto argumento comienza proponiendo que las distintas artes se generan y son coetáneas con el linaje humano. Y como el género humano ha tenido un comienzo, de ello se infiere que también el mundo ha sido engendrado.

Y a su vez, desde la tesis de que el mundo ha sido engendrado, se sigue su corrupción; pues para Aristóteles todo lo que ha sido engendrado debe ser corruptible.

En particular, en refutación de este argumento estoico, Teofrasto trata de mostrar que "es un desatino estimar la edad de la raza humana a través de las artes".[32]

La versión de Lactancio de estos dos argumentos estoicos están expresados en su *Divinae Institutiones* en un orden inverso. Este cambio

---

28 PHILON D'ALEXANDRIE, *De Aeternitate Mundi*, trad. J. Pouilloux, introd. y notas R. Arnaldez, 1969, Paris, Cerf, 23, 117.
29 PHILON D'ALEXANDRIE., *De Aeternitate Mundi*, 24, 121.
30 PHILON D'ALEXANDRIE., *De Aeternitate Mundi*, 24, 125-127.
31 PHILON D'ALEXANDRIE., *De Aeternitate Mundi*, 27, 143.
32 PHILON D'ALEXANDRIE., *De Aeternitate Mundi*, 27, 145.

de orden de Lactancio es absolutamente intencional, ya que, como veremos, su presentación del tercer argumento presupone, y depende, de su versión del cuarto argumento estoico.

Por ello vamos a exponer el tema en Lactancio, respetando el mismo orden seguido por el autor.

El cuarto argumento estoico, comienza con un estudio de los diversos relatos sobre el origen del hombre según se encuentran en las *Sagradas Escrituras*, en Platón, y en la mitología griega. A partir de ello Lactancio afirma: "Aristóteles, se liberó de trabajo y problemas diciendo que el mundo siempre existió. Por lo tanto la raza humana, y todas las cosas que están él, no tuvieron principio, pues siempre han sido y siempre serán".[33]

La afirmación de la eternidad del mundo a partir de la eternidad de la raza humana no se basa en una declaración expresa del propio Aristóteles aunque se pueda inferir de su afirmación de las generaciones sucesivas como ejemplo de la posibilidad de una sucesión infinita.

Con anterioridad a Lactancio, Ocellus Lucanus[34] y Diodoro Sículo[35] sostuvieron la eternidad del mundo a partir de la eternidad de la raza humana.

De hecho, hay seguidores de Aristóteles que consideraron que la eternidad del mundo y la eternidad de la raza humana se implicaban mutuamente. Así el peripatético Critolao, citado por Filón, admite que "si el hombre [es decir, la raza humana], en cuanto es una pequeña parte del Universo, es eterno; el mundo no puede ser engendrado, y por tanto es también indestructible".[36]

Como indicamos, los estoicos en su cuarto argumento trataron de demostrar que la raza humana no es eterna y lo hacen a partir del carácter temporal de las artes. Lactancio, no utiliza esta prueba, sino que argumenta desde la misma refutación de Teofrasto.

Y así nos dice: "todos vemos que cada ser vivo, que no existía pero comienza a existir, deja también de existir; es necesario, entonces, que toda la raza humana que en algún momento ha comenzado a existir, también en algún momento deje de existir".[37] De hecho "no puede ser inmortal el conjunto formado por todos los seres mortales".[38]

---

33 LACTANTIUS, *Divinae Institutiones*, II, 11 (PL 6, 315 A).
34 OCELLUS LUCANUS, *De Universi Natura* III, 1.
35 Citado en EUSEBIUS, *Praeparatio Evangelica*, I, 7, 192. Puede consultarse asimismo: Biblioteca Histórica I, 6, 3
36 PHILON D'ALEXANDRIE., *De Aeternitate Mundi*, II, 55 y 13, 69.
37 LACTANTIUS *Divinae Institutiones* II, 11 (315 A).
38 LACTANTIUS *Divinae Institutiones* II, 11 (315 B).

Lactancio sabe que esta prueba estoica fue rechazada por Teofrasto. Prevé esta posibilidad de refutación; y su respuesta figura en el siguiente pasaje:

"todos mueren por separado, pero es posible que, por alguna calamidad todos perezcan simultáneamente, ya sea a través de la improductividad de la tierra (...), por la propagación general de una peste (...), por la conflagración del mundo (...) o por un diluvio".[39]

De modo que desde la posibilidad misma de una catástrofe, infiere la necesidad de un comienzo. Por lo cual, si lo argumentado es cierto, Aristóteles no pudo sostener con verdad que el mundo es eterno.[40]

En la argumentación se incluye el principio aristotélico según el cual todo lo que es posible lógicamente, debe ser considerado como realmente realizable en un tiempo infinito:[41]

"todos ustedes tienen que reconocer que no hay ninguna imposibilidad lógica en el supuesto de que alguna calamidad pueda destruir a todos los seres humanos, simultáneamente. En consecuencia, se tendrá que admitir que la destrucción de toda la raza humana por alguna calamidad es lógicamente posible. Y dado que es lógicamente posible, es realizable en un tiempo infinito. Ahora bien, de acuerdo a lo que crees, el futuro es infinito; por lo tanto, en ese infinito futuro toda la raza humana es corruptible".[42]

De este modo Lactancio concluye: "Si todo esto es cierto, el argumento de Aristóteles [es decir, de los seguidores de Aristóteles, como Critolao, que parten de la incorruptibilidad e ingenerabilidad de la raza humana] no permite sostener que el mundo sea eterno".[43]

Lactancio transforma, así, el cuarto argumento estoico en una refutación de la prueba aristotélica sobre la eternidad del mundo.

4.1. El segundo argumento de Lactancio de base estoica

El tercer argumento estoico, que en su forma original, se dirige a demostrar la corruptibilidad del mundo, Lactancio, lo reformula sobre la base del principio aristotélico según el cual todo lo que es corruptible

---

39 LACTANTIUS, *Divinae Institutiones*, (316 A).
40 LACTANTIUS, *Dvinae Institutiones*, (316 A)
41 ARISTÓTELES, *Metaphys.*, IX, 4, 1047 b 4-5.
42 LACTANTIUS, *Divinae Institutiones*, (316 A)
43 LACTANTIUS, *Divinae Institutiones*, (316 A)

necesariamente ha de ser engendrado.[44] Este principio aristotélico, en su opinión, refuta la doctrina del mismo Aristóteles cuando sostiene que el mundo "siempre ha existido y siempre existirá".[45]

El argumento de Lactancio dice así: "cuando vemos que la tierra y el agua y el fuego, que son claramente partes del mundo, perecen, se consumen, y se apagan, debemos concluir [que el mundo es mortal]. Pues si sus partes son mortales, el conjunto como tal es mortal. Y por lo tanto, se sigue [que el mundo no ha existido siempre], pues lo que es corruptible debe haber sido engendrado".[46]

El argumento de Lactancio es evidentemente una versión del argumento estoico de Teofrasto citado por Filón, según el cual "una realidad cuyas partes son perecederas, necesariamente perece en cuanto a su totalidad".[47]

Y aunque Teofrasto responde a esta objeción, Lactancio la desconoce. Seguramente consideró que la explicación dada sobre la mortalidad de todos los hombres podría aplicarse a la corruptibilidad de las partes y constituir una refutación del argumento de Teofrasto; y es así como lo expresó a sus lectores.

Por su parte, Basilio expone un argumento paralelo basado en el principio según el cual "una realidad cuyas partes son todas necesariamente corruptibles, perece" al refutar la doctrina de aquellos que "imaginan que todas las cosas visibles del mundo son coeternas con su Creador".[48] Y esto lo sostienen en cuanto consideran que "el cielo coexiste con Dios desde toda la eternidad".[49]

También Lactancio sostiene que si las partes del mundo son corruptibles, el mundo en su conjunto también lo es; y, si esto es así se puede presuponer que el mundo ha sido creado.[50]

4.2. Tercer argumento de Lactancio

Además de estos dos argumentos, Lactancio evoca un tercero, destinado, como él dice, a "quienes afirman que el mundo ha existido siempre".[51]

---

44 ARISTÓTELES, *De Caelo*, I, 12, 282 b 3
45 LACTANTIUS, *Divinae Institutiones* VII, 1 (PL VI, 735 A-736 B).
46 LACTANTIUS, *Divinae Institutiones*, VII, 1, (736 B).
47 PHILON D'ALEXANDRIE., *De Aeternitate Mundi*, 129.
48 BASILIO, *Hexaemeron*, I, 3 (PG 29, 9 C).
49 BASILIO, *Hexaemeron*, I, 3 (PG 29, 12 A).
50 LACTANTIUS, *Divinae Institutiones*, VII, 3, (745 A)
51 LACTANCIO, *Divinae Institutiones*, VII, 3 (745 A)

Enuncia un silogismo hipotético incompleto, cuya premisa mayor expresa: "Si el mundo ha existido siempre, no ha tenido ninguna razón (*ratio*)" El razonamiento esperado que completa el silogismo es: "Pero el mundo tiene una razón (*ratio*); por lo tanto, el mundo no siempre existió".

En el curso de su exposición Lactancio explica cómo el gobierno de las cosas, su permanencia y su disposición hablan de una razón (*ratio*) que expresa la providencia de Dios. Esta providencia se hace evidente al hombre a través de factores muy concretos como el "clima templado" (*caeli temperatio*); el movimiento de las estrellas y de los cuerpos celestes que es uniforme aún en la diversidad (*aequalis in ipsa varietate*); o por último, a través de la constante y maravillosa armonía de las estaciones, y de la variedad y fecundidad de los suelos.

También Cicerón utiliza algunos de estos argumentos en contra de la eternidad del mundo: "las ventajas derivadas del clima templado (*caeli temperatio*); la fertilidad de los suelos;[52] la uniformidad (*aequibilitas*) de los movimientos y de las revoluciones del cielo,[53] y la sucesión de las estaciones.[54]

Cicerón en distintos pasajes de su *De Natura Deorum* reproduce argumentos estoicos en prueba de lo que él describe como la creencia de que "el mundo entero está gobernado y regido por la mente, y la razón de los dioses";[55] o bien cuando afirma que "los dioses existen"[56] y que "el mundo y todas sus piezas se dispusieron con orden en el principio y es regido a través del tiempo mediante la providencia de la dioses".[57]

Dado que los mismos argumentos los utilizan tanto los estoicos como Lactancio para tratar de establecer la existencia de una relación de orden en el mundo, se puede inferir que el término *razón* (*ratio*) es utilizado por Lactancio, con todos los matices de significado que tiene entre los estoicos, a saber: razón, plan, orden, sistema; y que, a su vez, el concepto de *providencia* es utilizado en el sentido de previsión y de fin.

Inmediatamente después de la utilización del argumento de la existencia de una *ratio* en el mundo en contra de la teoría aristotélica de la eternidad del mundo, Lactancio usa el mismo argumento en contra

---

52 CICERÓN, *De Natura Deorum*, II, 5, 13.
53 CICERÓN, *De Natura Deorum*, II, 5, 15.
54 CICERON, *De Natura Deorum*, I, 2, 4.
55 CICERÓN, *De Natura Deorum*, I, 2, 4.
56 CICERÓN, *De Natura Deorum*, II, 1, 3.
57 CICERÓN, *De Natura Deorum*, II, 30, 75.

de Epicuro y de Demócrito[58] quienes admiten que el mundo "se produjo espontáneamente (*sponte*)".[59]

Pero aquí surge una dificultad: Aristóteles había formulado una crítica contra la teoría del azar al sostener que la naturaleza actúa teleológicamente. Así, Aristóteles argumenta contra Empédocles, a quien cita cuando afirma que la mayoría de las partes de los animales llegaron a ser por azar;[60] y contra el universo de Demócrito que ha llegado a ser por azar,[61] al sostener que la regular y ordenada repetición de los acontecimientos en el mundo es eterna debido a que la naturaleza siempre actúa en vistas de un fin que es un bien.

Por ello puede parecer extraño que Lactancio critique a Aristóteles cuando afirma que un mundo eterno no puede tener ninguna razón (*ratio*). Hay un momento de su argumentación donde se expone una refutación de la opinión de Aristóteles sobre la naturaleza de un mundo eterno que actúa con un fin:

"En verdad, ¿qué razón (*ratio*) puede tener algo que nunca tuvo un comienzo? Cuando algo es hecho o construido, hay necesidad de una deliberación (*consilium*), para determinar cómo debe hacerse; (…) por tanto, la razón (*ratio*) precede a cada obra. De modo que lo que no se ha hecho no tiene ninguna razón. Pero el mundo tiene una razón (*ratio*) por la que existe y se rige. Por lo tanto, también, fue hecho".[62]

Los puntos principales de la demostración de Lactancio son dos, y cada uno de ellos refleja alguna afirmación de Aristóteles:

a) En primer lugar, la deliberación (*consilium*) precede a la acción. Esto expone la doctrina de Aristóteles sobre el acto humano: "nosotros deliberamos sobre cosas que están en nuestra potestad y pueden alcanzarse mediante la acción".[63] Y así "el objeto de la elección es algo que está en nuestra potestad y que se desea luego de una deliberación".[64]

---

58 CICERÓN, *De Natura Deorum*, I, 43, 120.
59 El término es una traducción del término griego *automatós* en el sentido de *tujés*. Cicerón mismo utiliza en su *Natura Deorum* los términos *fortuita* y *casus* como descripción del azar epicúreo.
60 ARISTÓTELES, *Phys.*, II, 4, 196 a 23-24; 8, 198 b 23-32.
61 ARISTÓTELES, *Phys.*, II, 4, 196 a 24-28.
62 LACTANCIO, *Divinae Institutiones*, VII, 3, (PL 6, 745 A)
63 ARISTÓTELES, *Etica Nicomaquea*, III, 3, 1112 a 30-31.
64 ARISTÓTELES, *Etica Nicomaquea*, III, 1113 a 9-11.

b) En segundo lugar, toda acción está precedida por la razón que es "la causa (eficiente, no final) de la acción, y la causa de la elección es el deseo y la razón dirigida a un determinado fin".[65]

También Lactancio define el *consilium* como una "deliberación sobre cosas (...) alcanzables mediante la acción", admitiendo que la "elección", precede y es causa de la acción. De este modo aparece en Lactancio un reflejo de la *ratio* aristotélica al considerar que siempre la razón actúa en vistas de un determinado fin.

La opinión de Aristóteles de que la naturaleza actúa con un propósito se basa en una analogía establecida por él entre los actos producidos por elección, es decir, a través de una "voluntad que delibera", y los actos producidos en virtud de la naturaleza que, admite, no son el resultado de la elección. No obstante ello, los actos de la naturaleza también tienen una finalidad, a pesar de que no proceden de "una voluntad que delibera".[66]

El efecto de estas declaraciones aristotélicas es que si bien los actos de la naturaleza, son intencionales, la finalidad no tiene por qué ser precedida por una deliberación, como lo demuestra el modo conforme al cual se procede en determinadas artes, que, si bien no son deliberadas, sin embargo son finalistas. Su explicación expresa: "Es absurdo suponer que no hay finalidad presente cuando no se observa una deliberación en el agente".[67] De modo que el arte y la naturaleza siguen caminos semejantes: "si el propósito está presente en el arte [aun cuando no sea bajo una acción deliberada], también está presente en la naturaleza".[68]

En efecto, hay artes –indica Aristóteles– en las que no hay una deliberación exponiendo como ejemplos al caso, la elaboración de cartas y la escritura de las palabras.[69]

En oposición directa a esto, Lactancio argumenta de la siguiente manera: No es cierto que en algunas artes no haya deliberación. Pues nada se hace ni se construye sin estar precedido de una deliberación; en consecuencia, en el mundo eterno de Aristóteles, la naturaleza en cuanto no delibera, actúa sin ningún propósito.

Aristóteles describe al arte de confeccionar cartas o de construir palabras como artes exactas e independientes de las demás en cuanto se rigen por normas sencillas, fáciles de dominar y después de un poco

---

65 ARISTÓTELES, *Etica Nicomaquea*, VI, 2, 1139 a 31-32.
66 ARISTÓTELES, *Phys.*, II, 5, 196 b 17-19.
67 ARISTÓTELES, *Phys.*, II, 8, 199 b 26-28.
68 ARISTÓTELES, *Phys.*, II, 8, 199 b 29-30.
69 ARISTÓTELES, *Etica Nicomaquea*, III, 3, 1112 a 34-1112 b 2.

de práctica pueden ser fácilmente repetidas sin la vacilación propia de una deliberación. Pero, si bien es cierto que este tipo de artes no implican una deliberación antecedente, no es verdad que carecen de toda deliberación.

De modo que si el principal argumento de Aristóteles para la no deliberación en la naturaleza es una analogía con el arte; la misma analogía, en opinión de Lactancio, debería haberlo conducido a afirmar que la naturaleza fue precedida por una deliberación; y en ese caso ya no sería eterna. Pues no hay arte que no esté precedido por una deliberación.

Las proyecciones de esta línea de razonamiento son importantes: el argumento del orden, utilizado por Lactancio es también manejado por Agustín -como veremos en el capítulo 6, inmediatamente subsiguiente- contra quienes dicen que el mundo es eterno: "el mundo mismo, por sus ordenados cambios y movimientos, y por la apariencia visible de todas las cosas proclama en silencio que ha sido creado".[70] Agustín recrea la argumentación de Lactancio al afirmar que el mundo tiene una finalidad contra quienes sostienen que el mundo es eterno.

Fuentes

LACTANTIUS, *Divinae Institutiones*, VII Consultado en línea: mayo 2015

http://www.documentacatholicaomnia.eu/04z/z_0240-0320__Lactantius__Divinarum_Institutionum_Liber_VII__MLT.pdf.html

CICERÓN, *De Natura Deorum*, II. Versión en línea latín-inglés: Consultado en línea: mayo 2015

https://archive.org/details/denaturadeorumac00ciceuoft

BASILIO, *Hexaemeron*, I, 3 (PG 29, 9 A,B,C).

http://www.projethomere.com/TEXTES_ANCIENS_EGLISE/cesaree1.htm

JUAN DAMASCENO, *De Fide Orthodoxa* I, 3 (PG 94, 796 A-C).

Traducciones

LACTANCIO, *Institutions divines*, París, Ed. Éditions du Cerf, 1987.

BASILE DE CÉSARÉE, *Homélies sur l'Hexaemeron*, Paris, Cerf, éd. S. Giet, Coll. *Sources chrétiennes*, 1968

OCELLO LUCANO, *Sulla natura dell'Universo*, trad. ital. http://lamelagrana.net/wp-content/uploads/downloads/2014/10/Ocello-Lucano-Sulla-natura-dellUniverso.pdf

JUSTINO, *Dialogue of Justin with Tryffo*, trad. Ph. Shaff

http://www.documentacatholicaomnia.eu/03d/0100-0160,_Iustinus,_Dialogus_cum_Tryphone_[Schaff],_EN.pdf

---

70 AGUSTÍN DE HIPONA, *De Civ. Dei* XI, 4, 2 (BAC, p. 594).

ORIGENES, *Sobre los principios*. Introducción, texto crítico, traducción y notas de S. Fernández (Fuentes Patrísticas 27), Madrid 2015.

ORIGENES, *De principiis*, trad. al inglés de Ph. Schaff http://www.documentacatholicaomnia.eu/03d/0185-0254,_Origenes,_De_principiis_[Schaff],_EN.pdf

Bibliografia

CUMONT F., *Fin du monde selon les mages occidentaux*, Rev. Hist. Rel., 103, 1931, p. 29-96

DE ANDÍA, Ysabel. *Homo vivens. Incorruptibilité et divinisation de l'homme selon Irénée de Lyon*. Paris, Études Augustiniennes, 1986.

GRENET F., "Religiones del mundo antiguo iraní", Anuario de la Escuela práctica de los elevados estudios (EPHE), Sección de Ciencias Religiosas , 115 | 2008, 103-109.

KRPAN Domingo, "Homilías de San Basilio Magno sobre los Seis Días de la Creación", TEOLOGIA Revista De La Facultad de Teologia, Universidad Catolica Argentina, TOMO XXXI – Nro. 64, 1994, p. 129-135.

LAGOS VALDIVIA, A., "Lactancio y la Historia: Algunos aspectos de la historiografía romana presentes en el De Mortibus Persecutorum", Revista Historias del Orbis Terrarum, Anejos de Estudios Clásicos, Medievales y Renacentistas, vol. 7, Santiago, 2014, pp.77-101

SOBY-CHRISTENSEN A.. *Lactantius the historian. An analysis of the De mortibus persecutorum*, Museum Tusculanum, Copenhage, 1980.

WINKELMANN F., *Greek and Roman Historiography in Late Antiquity, Fourth to Sixth Century*, A.D, Gabriele Marasco, (ed.) Koninklijke, Leiden, The Netherlands, 2003, p.31

WOLFSON HARRY A., Patristic Arguments Against The Eternity Of The World, *The Harvard Theological Review*, Vol. 59, No. 4. (Oct., 1966), pp. 351-367.

ZAÑARTU Sergio, s.j. "La Creación según el Hexaemeron de Basilio de Cesarea" Teología y Vida 22(1981)109-124. Consultado en línea: mayo 2015

http://www.jesuitas.cl/files/documentos/szanartu/Articulos/BasilioCreacArt.pdf

Capítulo 6
La eternidad del mundo en Agustín de Hipona

Con la consolidación del cristianismo, la noción de tiempo experimenta un importante cambio; aparece como fundamentalmente lineal y orientado hacia el futuro en cuanto tiene su origen en la creación *ex nihilo* y culminará con el advenimiento del "cielo nuevo y la tierra nueva" (*Apocalipsis* 21, 1).

La concepción cristiana del tiempo en la medida en que está vinculada a la noción de creación es deudora de la concepción judía, pero a su vez y en la medida en que el pensamiento cristiano se edificó sobre la filosofía griega expresa su dependencia respecto de la interpretación neoplatónica al sostener que el tiempo de los hombres -que es un tiempo histórico- está subordinado a la eternidad divina.

Sin ignorar la doctrina de Aristóteles, y utilizando las aporías de los escépticos, san Agustín asume las reflexiones sobre la eternidad y el tiempo de Platón y de Plotino, conjugando así las críticas escépticas con las tesis dogmáticas del platonismo.

Mientras que la filosofía griega admite la eternidad del mundo, y de la materia cósmica, la Revelación enseña que el mundo tuvo un origen en el tiempo. Son muchas las ocasiones en las que la *Sagrada Escritura* da testimonio de que el mundo no existía: "Ahora tú Padre, glorifícame cerca de ti mismo con la gloria que tuve cerca de ti, antes de que el mundo existiese"(Jn. 17, 5); "Nos eligió en Él [en Cristo] antes de la constitución del mundo" (Ef. 1, 4); "Desde el principio fundaste tú la tierra" (S. 101, 26), "Al principio" (Gén. 1, 1).

Por lo demás, ha sido una posición común entre los Santos Padres, en su lucha contra la consideración de una materia cósmica eterna, defender el carácter temporal del mundo.[1]

1. San Agustín y el pensamiento precedente

Dios para los judíos es un ser libre y omnipotente: *el cielo y la tierra* dependen totalmente de Él, de modo que se establece una relación absoluta, unilateral y no recíproca entre las cosas y Dios; y nada existe fuera de Dios para limitar su potencia.

Si se examina el texto que abre el *Génesis* se percibe que implica tres nociones diferentes de tiempo, todas primitivas.

Así en su *De Genesi contra Manicheos*[2] san Agustín presenta un tiempo general y social: el que corresponde a la semana. Es el tiempo en el cual *Elohim* distribuye su obra. Crea en seis días litúrgicos que comienzan por la tarde y concluyen por la mañana; y termina el séptimo día, presentando un Dios que trabaja o reposa a la manera de un piadoso israelita.

En el interior de este tiempo semanal se pueden discernir dos tiempos distintos. Las grandes luminarias destinadas a marcar los días y las noches no son creadas hasta el tercer día. Por ello, el tiempo de los tres últimos días de la semana, es asimilable al tiempo astronómico, mientras que los otros días de creación no se asimilan a los días normales. De allí que si se toma literalmente el relato del *Génesis* pareciera imponerse la noción de un tiempo nacido antes del tiempo mismo, de un tiempo puramente cualitativo.

Mientras que para los griegos el tiempo no se concibe sin el movimiento, que es la ley de la secuencia de las cosas, el relato del *Génesis*

---

1 TACIANO, *Or. Ad Graecos* 5; SAN IRENEO, *Adv. Haer.* II 34, 2; SAN BASILIO, *In Hexaem. Hom.* 1, 7. La única excepción es Orígenes quien por influjo platónico supone la existencia de una serie de mundos el primero de los cuales fue creado por Dios desde toda la eternidad.
2 AGUSTÍN, *De Gen. contra Mani.*, I, cap. 2-4.

supone en la alternancia de sus creaciones primordiales, que existe una especie de tiempo anterior al regido por el movimiento de los astros.

A los ojos de los maniqueos el primero de esos tiempos es la eternidad misma: ha habido, desde siempre, dos principios: uno de luz, el otro de tinieblas[3] y la tierra de la que habla el versículo 2 es coeterna a Dios. En ese tiempo indefinido los discípulos de Mani situaban la lucha contra Dios que habría precedido la creación.[4]

Del primer relato de la creación se desprende la idea de un Dios creador y libre, que hace el mundo sin materia preexistente. El exégeta cristiano de los primeros siglos está ávido de enseñanzas divinas: quiere que cada palabra se corresponda con una enseñanza y cada imagen con un concepto definido. Pretende además que esos diversos elementos compongan un sistema: el relato de Moisés es un texto filosófico escrito por un Platón verdaderamente inspirado que cubre bajo una expresión popular verdades ocultas a los sabios. Es la perspectiva alegórica que transitan -como hemos visto- Filón y Orígenes.[5]

Pero san Agustín no es discípulo de ellos: entre la exégesis y la alegoría, busca un término medio. La esencia del método alegórico es suprimir toda resistencia y remover toda dificultad; por eso corre el riesgo de convertirse en un mero movimiento del espíritu sobre todo cuando es utilizada para abrigar bajo antiguos patronazgos, pensamientos verdaderamente nuevos.

San Agustín está atento a este inconveniente y reconoce que el método alegórico no puede ser utilizado en la controversia con los herejes y cismáticos.[6]

Con esta convicción introduce su primera pregunta fundamental en torno a la cuestión: ¿es necesario admitir una creación simultánea o una creación sucesiva? Una creación simultánea difícilmente pueda conciliarse con el relato de los seis días. Esta preocupación no lo abandona y no cesó de corregirse.

En el *De Genesi liber imperfectus*,[7] expresa que los días que han existido antes de los astros, no son días ordinarios, un universo sin sol no implica días y noches; la sucesión sólo existe en el espíritu del narrador. Moisés ha contemplado la obra de Dios en Dios mismo, como un poema se presenta en el pensamiento del poeta.

---

3 AGUSTÍN, *Contra Feli.*, I, 17-18; San Agustín, *De Gen. contra Mani.*, I, 5.
4 Cfr. J. GUITTON, *Le temps et l'éternité chez Plotin et Saint Augustin*, Vrin, 1971, (4ème ed.) 178-9.
5 Cfr. capítulo 3 de nuestro trabajo sobre Filón de Alejandría.
6 AGUSTÍN DE HIPONA, *De Unit. Ecclesiae*, 8-9.
7 AGUSTÍN DE HIPONA, *De Gen. Imperf.*, I, 3, 8.

Un elemento en favor de esta doctrina lo constituye el texto del *Eclesiástico* donde se afirma: "El que vive eternamente creó juntamente todas las cosas" (*Ecl.* 18, 1), expresando una creación simultánea que no dejará de estar presente en el discurso filosófico de san Agustín. Remarca, además, que el autor sagrado no presenta en el mismo orden las fases de la acción divina ya sea que Dios apruebe su obra antes de nombrarla o bien que la nombre antes de aprobarla, y se pregunta si esto no es signo de que el orden no es relevante, y que las operaciones de Dios no están sometidas al tiempo. El tiempo no ha sido creado sino para ser el signo y la figura de la eternidad.[8]

En cuanto a los tres últimos días no se los podría considerar días normales: en un sólo día los animales pululan sobre la tierra; tal velocidad excede la potencia normal de la naturaleza y difícilmente pueda aplicarse al mundo orgánico.

Entre los años 397-400 Agustín estuvo lo suficientemente tranquilo como para aproximarse nuevamente al problema de la creación desde otro aspecto: aquel correspondiente al de la materia informe. Fijando su atención sobre los seres que dejan de ser lo que son, para pasar a ser otra cosa, admite una informidad que no se puede expresar a través de ningún término positivo. Es una realidad capaz de recibir todas las formas, una nada que es ciertamente algo (*nihil aliquid*), una casi nada (*est non est*).[9]

¿Qué duración le corresponde a esta materia? No se le puede acordar tiempo porque el tiempo no existe sino por el movimiento corporal o espiritual.[10] Pero tampoco es posible pretender, con los maniqueos que esta materia tenga una existencia eterna en cuanto resultaría una réplica de la existencia divina.

Para escapar a esta alternativa, san Agustín se ve conducido a admitir una duración anterior e inferior al tiempo, que no es perpetua o eterna. Motivado por la necesidad de una simetría que salve la verdad contenida en el error del dualismo, admite que Dios sustrajo del cambio, dos órdenes de criaturas. Una está por encima del tiempo; es la creación espiritual que no es sino forma y contemplación; la otra está por debajo, y es la informidad de la materia pura.

La criatura angélica no es coeterna con Dios pues es criatura mudable, al menos en potencia. La materia es una criatura informe que no tiene

---

8   AGUSTÍN DE HIPONA, *De Gen. Imperf*, cap. 9,31; cap. 13, 38.
9   AGUSTÍN DE HIPONA, *Conf.* XII, 6. Cfr. J. Guitton, *Le temps et l'éternité chez Plotin et Saint Augustin*, p. 182 nota 3
10 AGUSTÍN DE HIPONA, *Conf.* XII, 9.

nada que le permita, en el movimiento o en el tiempo, pasar de una forma a otra y dar así lugar al tiempo. Privada de toda variedad ella permanece por debajo del tiempo mismo.[11]

De modo que si bien habla de una prioridad de la materia, no se la puede concebir como una prioridad temporal pues el tiempo no nace sino con la forma. Teniendo esto en cuenta, expone que la materia posee sobre el tiempo una prioridad de origen, como el sonido sobre el canto; y Dios tiene sobre ella una prioridad en el orden de la eternidad. Desde este punto de vista el tiempo ocuparía una zona intermedia entre la duración celeste donde la sucesión es abolida por la contemplación, y la duración material.

Así se puede explicar a la vez la simultaneidad de los primeros días y su anterioridad sobre la creación propiamente temporal. Los primeros días son el teatro de esta creación primera que es la condición misma de la creación. Pues el acto creador comprende dos momentos en su unidad indivisible. En el primero Dios proyecta algo que es posible: tal es el sentido de esos días originales, pero al imprimir una forma, surge el tiempo en sentido propio.

Hay un segundo aspecto del acto divino donde la dificultad analizada, reaparece bajo una forma solidaria: cómo conciliar la simultaneidad y lo sucesivo. El tiempo que san Agustín había eliminado por su ambigüedad, en el orden de una materia sin forma, se vuelve aquí necesario, pues el relato bíblico nos presenta una serie de creaciones vivientes que se suceden una tras otra.

San Agustín debía considerar aún este problema entre 401 y 415, época de las grandes síntesis. Escribe al mismo tiempo el *De Trinitate* que es una exposición sobre las realidades divinas y el *De Genesi ad litteram* que será una lista de los grandes misterios humanos. Este programa exige un comentario completo sobre la creación del universo y del hombre, donde Agustín pretende encontrar "bajo la letra", más que "en la letra" una filosofía sobre los orígenes.

La simultaneidad representa el tiempo de los primeros días; la sucesión aparece luego, con la creación de los astros y de las especies vivientes. Y el séptimo día le proporciona la idea de un nuevo modo del tiempo. Si oponemos este día a los días precedentes percibimos entre ellos una gran diferencia de naturaleza. El número seis nos indica que se trata de un período completo: se sabe que este número debe su perfección al hecho que es igual a la suma de los factores que lo dividen. Al

---

11 AGUSTÍN DE HIPONA, *Conf.* XII, 14.

concluir el sexto día, la creación era un conjunto acabado. La Escritura misma establece que Dios lo dispuso todo con peso, número y medida.[12]

El séptimo día se extiende hasta nosotros: es el tiempo normal, que nos alcanza. Los días anteriores son muy diferentes: las palabras de tarde y mañana, luces y tinieblas tienen un sentido especial. Han de ser interpretadas, y en este caso, es el sentido figurado el más importante. Designan momentos substanciales que se corresponden con actos creadores distintos, supuestos en la creación de los seres.[13]

Pero cada uno de esos actos divinos puede ser conocido de dos maneras distintas por la criatura espiritual. El efecto del acto creador está primero presente a los ángeles como en un cuadro, toman así una idea confusa que es el conocimiento vespertino. Este conocimiento crepuscular da lugar a un conocimiento matutino y luminoso cuando ven la obra de Dios en el seno del Verbo.[14].

Si el relato del *Génesis* nos expone diversos momentos de un conocimiento angélico y místico, ¿se podría hablar de sucesión? ¿Los ángeles no podrían contemplar en un solo y mismo acto primero los principios eternos e invariables, luego los seres, y, finalmente los seres en Dios, es decir, adoptando la expresión bíblica asistir a la vez al día, a la tarde y a la mañana? Se puede responder -sostiene san Agustín- que para hablar de la creación se puede tomar el lenguaje de la sucesión y el lenguaje intemporal pero lo que es anterior y posterior en la serie de las criaturas deviene simultáneo en la potencia creadora.[15]

La creación es oscura en sí pero nosotros podemos penetrar de alguna manera en el acto creador si renunciamos a ver en los primeros días momentos absolutos y vemos en cambio, diferentes modos de la acción divina.

Las cosas pueden existir de tres maneras diferentes:

a) eternamente en el Verbo de Dios y en su misteriosa presciencia.[16]
b) Dios hace pasar al acto en un momento elegido por él, lo que guardaba en un secreto eterno: la existencia temporal es la única que nos es conocida por la vía de los sentidos.[17]
c) San Agustín admite un tercer modo de la acción divina. Las cosas, pueden existir de una manera eterna, y de una manera temporal.

---

12 AGUSTÍN DE HIPONA, *De Gen. ad lit.* IV, cap. 18-21 y 31-38.
13 AGUSTÍN DE HIPONA, *De Gen. ad lit.* IV, cap.1, 1.
14 AGUSTÍN DE HIPONA, *De Gen. ad lit.* IV, cap. 35.
15 AGUSTÍN DE HIPONA, *De Gen. ad lit.* IV, cap. 34, 53-55, cap. 35, 56.
16 AGUSTÍN DE HIPONA, *De Gen. ad lit.* V, cap. 12, 28.
17 AGUSTÍN DE HIPONA, *De Gen. ad lit.* V, cap. 12, 28.

Pueden existir potencialmente en sus razones causales o seminales. En un primer instante, Dios ha creado el universo viviente de una manera invisible, causal y potencial.

Así la creación es a la vez completa e inacabada. Es completa porque el desarrollo de los tiempos no producirá nada verdaderamente nuevo; y es inacabada, porque no contiene en su principio sino los gérmenes.

Esta teoría se ilustra a los ojos de san Agustín a través de múltiples aplicaciones: permite, por ejemplo, explicar la contradicción de los dos primeros capítulos del *Génesis*: en el primero el hombre y la mujer son creados por un mismo acto, pero en el segundo la mujer aparece de una costilla del hombre.

2. La teoría agustiniana del tiempo. Su relación con la eternidad

Toda la clave interpretativa de la teoría agustiniana del tiempo está centrada en el *credo ut intelligam* y se alcanza cuando al oír la voz de la Escritura que "es la misma que resuena en el Verbo interior cuando con el esfuerzo intelectual me despojo de soluciones falsas y hago silencio en mi mente, permitiendo que me enseñe el Maestro que en mí se oculta".[18]

Agustín dirá que se puede encontrar la presencia de Dios en el alma y que por tanto, la realidad del tiempo puede llegar a captarse por el razonamiento, aunque en última instancia es la iluminación la que revela el mundo trascendente. El planteamiento agustiniano se separa de la reflexión física del tiempo para centrarse en un análisis y argumentación que tiene su sede en el alma.

En efecto, Agustín se distancia de la noción de tiempo puramente físico y cósmico. Este tiempo afecta a las cosas en cuanto cambian; es una propiedad del movimiento pero difiere del movimiento mismo:

"'¿Qué es, pues, el tiempo?' Si nadie me lo pregunta lo sé, pero si quiero explicárselo al que me lo pregunta, no lo sé. Lo que sí digo sin vacilación es que sé que si nada pasara no habría tiempo pretérito; y si nada sucediera, no habría tiempo por venir; y si nada existiera, no habría tiempo presente. Pero aquellos dos tiempos, pretérito y futuro, ¿cómo pueden ser, si el pasado ya no es y el futuro todavía no es? Y en cuanto al presente, si fuera siempre presente y no pasara a ser pretérito, ya no sería tiempo, sino eternidad. Si, pues, el presente, para

---

18 AGUSTÍN DE HIPONA, *Confes.*, XI, 3 y 8-9.

ser tiempo es necesario que pase a ser pretérito, ¿cómo decimos que exista el tiempo, cuya causa o razón de ser están en dejar de ser, de manera que no podemos verdaderamente decir que éste exista sino en cuanto tiende a no ser?".[19]

Por su unidad antropológica de mente y cuerpo, el hombre vive la mudanza del mundo creado y en este sentido percibe su misma existencia infiltrada por el devenir. Experimenta la propia vida como una tensión entre el antes y el después, en el que la espera del futuro y el decaimiento de la expectativa se impone al presente y al pasado. Se trata de la experiencia de la vida individual y de todo el universo a la manera de un envejecimiento paulatino y gradual.

Pero en segundo lugar, si se examina la experiencia integral que se desprende de la unidad del hombre, entonces la experiencia real que se tiene, aparece como tiempo humanamente vivido, tiempo consciente, subjetivo e interior. Tiempo que tiene la característica propia de la duración anímica que san Agustín ha analizado incomparablemente.

En el tiempo propiamente físico, el ahora en el que un cuerpo está, deja de existir para estar en el ahora siguiente y en un punto distinto del espacio. En la duración, en cambio, no tenemos una multiplicidad numérica de ahoras. El ahora de la duración se va haciendo más rico en el sentido que se experimenta como una cierta dilatación.

Con la presentación de la problemática que se termina de ofrecer, Agustín incita a entender, que el núcleo de la captación de la naturaleza del tiempo como realidad creada, pasa primordialmente por la experiencia personal.

Sumergido en la experiencia del tiempo o sentir de la duración y la medida posible de esta experiencia, advierte al igual que Plotino, que el tiempo es una alteración, un afán del alma. Pero san Agustín se refiere a la psique humana obra de la creación y no a un Alma universal. El tiempo es una *distentio*, una tensión del alma que se extiende hacia lo venidero y que a través del presente lo conserva como pasado gracias a la memoria. Pero una vez que se somete al análisis racional, se advierte también que lo que ha de venir –el futuro– se muestra como lo que todavía no es; y que lo que se hace presente como pretérito, es algo que ya no es.

La vivencia del tiempo, es, por lo tanto, sustancialmente *distentio*, una tensión, un estiramiento de la actividad psíquica interna que se alarga o tensa entre dos polos, futuro y pasado, que no son, y que la extienden, estiran y relajan hasta tal punto que, dilatado el presente,

---

19 AGUSTÍN DE HIPONA, *Confes.*, XI, 14, 17.

se manifiesta como lo que no puede ser, una sucesión de instantes, una prolongación por cada uno de sus extremos, que lo dispersan y lo hacen ingresar en el no ser.

Si el futuro y pasado no son en cuanto el futuro aparece entendido como espera y el pasado como memoria; el presente no tiene otra salida lógica que ésta:

a) O no es, presentándose así como una tensión entre dos vacíos: el pasado y el futuro.
b) O bien se reconcentra una vez que la *distentio* se convierte en *attentio*.

Los términos futuro y pasado figuran en el análisis de san Agustín bajo la modalidad adjetiva: *futura* y *praeterita*.[20] Este imperceptible deslizamiento abre el camino hacia la intelección del ser del tiempo.

En efecto, todo cuanto se recuerda es una imagen-huella que dejan los acontecimientos y que permanece marcada en el espíritu. En cuanto a las cosas futuras, tenemos de ellos una pre-percepción (*praesensio*) que nos permite anunciarlas con antelación: *praenuntio*. La espera, entonces, es análoga a la memoria.

Un presente ensanchado asume, así, lo que no es ni pasado ni futuro, ni tampoco un presente puntual, ni siquiera aún el "paso" o movimiento de ese presente:

"habría que decir que los tiempos son tres: presente de las cosas pasadas, presente de las cosas presentes y presente de las cosas futuras. Las tres existen en cierto modo en (*in*) el espíritu y fuera de él (*alibi*) no creo que existan".[21]

La *distentio animi,* clave hermenéutica de la interpretación agustiniana, es alcanzada a través de varias argumentaciones, contrapuestas a las expresiones de "cierto hombre docto".[22]

a) Si el movimiento de los astros es el tiempo, ¿por qué no puede serlo cualquier otro movimiento? Con ello, san Agustín reduce los astros a la misma categoría de cualquier otro movimiento sublunar.
b) Tomando el milagro de Josué en la batalla contra los gabaonitas como motivo de reflexión, señala que si las luminarias del firma-

---

20 Cfr. P. RICOEUR, *Temps et recit*, Tome II, Seuil, 1984. Hay trad. al español: *Tiempo y Narración*, Méjico, siglo XXI, trad. de A. Neira. Primera Parte: El círculo entre narración y temporalidad, cap. I, p. 48 (en adelante citamos por la presente edición).
21 AGUSTÍN DE HIPONA, *Confes.*, XI, 20, 26.
22 Se refiere a Platón y seguiremos el análisis del capítulo 23 del libro XI de las *Confes.* 29, 30.

mento se parasen y la rueda del alfarero siguiese dando vueltas, habría que medir el tiempo por un movimiento distinto, convirtiéndose esa rotación particular en "reloj" del tiempo.

c) Una primera conclusión se impone: si los astros son rebajados de categoría y no son más que luminarias destinadas a señalar el paso del tiempo, no constituyen en sentido propio "el tiempo".

d) Si preguntamos por el constituyente de la medida que llamamos "día", espontáneamente pensamos que sus veinticuatro horas se miden por el circuito total del sol.[23] E. P. Meijering[24] subraya cuánto se aleja Agustín de toda la tradición a partir de la formulación de una hipótesis que supone la aceleración del movimiento del sol. Este argumento es independiente del argumento del milagro de Josué, admitiendo que se puede hablar de un espacio de tiempo –un día, una hora– sin referencia físico-cronológica.

Agustín aborda así la aporética de un tiempo que es "un fue que ya no es, un ahora que no es y un será que aún no es", lo que lo pone en contacto con el planteamiento aristotélico, pero desde una perspectiva totalmente diferente. Para san Agustín esta aporética desaparece cuando en lugar de querer entender el tiempo como algo externo, algo del mundo, lo situamos en el alma concibiéndolo como una *distentio-intentio animi*.

Esta noción clave de *distentio animi* servirá, precisamente, de sustituto de la noción físico-cosmológica vinculada con el movimiento, pues la extensión del tiempo ha de ser entendida como una distensión del espíritu, noción admitida por Plotino pero en el marco del espíritu del mundo, y no del espíritu humano.

Esta vivencia profunda del tiempo que ansía reposar en su afán, es afín a la experiencia que se vive cuando se canta una canción de antiguo conocida.

Antes de comenzar, la espera se extiende a todo el canto presentidamente. Pero una vez que comienza, la atención extendida hacia el futuro disminuye al avanzar el canto, y la memoria de lo cantado se extiende en igual medida, de manera que el agostamiento del futuro produce un alargamiento de la memoria. Finalmente, una vez concluida

---

23 AGUSTÍN DE HIPONA, *Confes.*, XI, 23, 30.
24 E.P. MEIJERING, *Augustin über Schöpfung, Ewigkeit und Zeit. Das elfte Buch der Bekenntnisse*. Leiden: E. J. Brill, 1979. Véase asimismo P. RICOEUR, *Temps et recit*, Tome II, p. 41, nota 1.

la canción, toda la espera se hace memoria transformada por la atención, que tiene el poder de congregar lo disperso.[25]

En este ejemplo Agustín expresa la dimensión dinámica del tiempo: en el acto de cantar, el presente cambia de sentido, ya no es un punto, ni siquiera es un paso, es una "intención presente"[26] (*praesens intentio*). La atención se llama intención en la medida en que el tránsito por el presente se ha hecho transición activa; y el presente no es sólo atravesado sino que la intención presente traslada (*traicit*) el futuro al pasado, mermando el futuro y aumentando el pasado, hasta que, consumido el futuro, todo se convierte en pasado.[27] Agustín procura así, superar la representación del futuro y pasado como dos "lugares", uno de los cuales se llena a medida que el otro se vacía, dinamizando la representación a través de la acción y la pasión que en ella se oculta.[28] De modo que no habría futuro que disminuye ni pasado que aumenta sin el "espíritu que es quien lo realiza" (*animus qui illud agit*).[29]

Las tres acciones temporales tienen sede en el espíritu que espera (*exspectat*); atiende (*attendit*) trayendo a la mente la *intentio praesens;* y recuerda (*meminit*).[30] La *distentio animi* a partir del ejemplo que estamos analizando del canto evocado, aparece así como un verdadero contraste entre tensiones:

> "cuando deseo cantar una canción conocida, antes de comenzar, mi expectación abarca (*tenditur*) su totalidad, pero apenas comienzo, todo lo que voy recordando en relación con el pasado se amplía en mi memoria. Y la vitalidad de esta acción (*actionis*) mía se dilata (*distenditur*) en ella por lo que ya he recitado, y en expectación por lo que aún recitaré. Pero mi atención (*attentio*) sigue estando presente, y por ella pasará (*transitur*) lo que era futuro para convertirse en pasado. Y a medida que esto se va realizando (*agitur et agitur*), disminuye la expectación y se prolonga la memoria. Al fin disminuye la expectación, al acabarse toda acción y pasar enteramente a la memoria".[31]

---

25 AGUSTÍN DE HIPONA, *Confes.* XI, 28, 37.
26 AGUSTÍN DE HIPONA, *Confes.* XI, 27, 36.
27 AGUSTÍN DE HIPONA, *Confes.* XI, 27, 36.
28 Podrá consultarse P. RICOEUR, *Tiempo y Narración*, p. 62.
29 AGUSTÍN DE HIPONA, *Conf.* XI, 28, 37.
30 Sobre el análisis histórico-metafísico de esta tríada: cfr. el trabajo de S. MAGNAVACCA, "El tiempo histórico como ámbito de construcción metafísica en Agustín", en *Tempo e Eternidade na Idade Media*, ed. G. Reegen, L. De Boni, Marcos Costa, Brasil, Ed. Est, 2007, p. 15-20.
31 AGUSTÍN DE HIPONA, *Conf.* XI, 28, 38.

La reflexión agustiniana nos sitúa en la dialéctica de la espera, de la memoria y de la atención consideradas no aisladamente, sino de un modo conjunto. Los términos *actio* y *agitur* repetidos intencionalmente traducen el impulso que rige el conjunto. Se dice que la expectación y la memoria mismas se extienden: la primera hacia todo el poema antes del comienzo de la canción; la segunda, hacia la parte pasada. Toda la tensión consiste en el tránsito activo de lo que era futuro hacia lo que se convierte en pasado. Esta acción combinada de la expectación, la memoria y la atención es la que avanza sucesivamente.

El gran hallazgo de Agustín ha sido reducir la extensión del tiempo desde su dimensión físico-cronológica hacia la nueva dimensión de la distensión del espíritu.

En suma: presente, pasado y futuro están en el alma como visión o atención, memoria y expectación o espera. El tiempo es una *distentio animi* en el pasado, el presente y el futuro, y una *intentio* hacia la eternidad, entendida como una presencia simultánea y completamente heterogénea al tiempo.

El pasado existe ahora como imagen presente de hechos ya acontecidos, y el futuro existe como anticipación de hechos por venir. Así solamente existe un tiempo pasado en el presente, y un tiempo presente de cosas futuras. El tiempo se asocia a la vida que transcurre; es más, es la vida misma del alma.

Es posible destacar el peculiar aprovechamiento que realiza Agustín de un tema típicamente elaborado por la filosofía griega. Y resulta claro que esta explicación ha sido profundamente adaptada por su concepción escatológica del tiempo.

3. El eterno retorno

La concepción cíclica del tiempo ha sido dominante en la cultura del paganismo. Así, los neoplatónicos no cristianos de la tardo-antigüedad, aún admitiendo la relación del tiempo con el alma, tal como lo hace Plotino con relación al alma del mundo, lo reducían a una estructura circular eterna. Simplicio, a modo de ejemplo, sostiene como habitual el pensar que "todas las cosas humanas (...) son circularmente, y que también el tiempo es un cierto círculo".[32]

Para explicar la naturaleza del tiempo que no retorna, sino que se desplaza hacia la conclusión escatológica, san Agustín toma como motivo de inspiración la *Enéada* III de Plotino, pero signada por profundas

---

32 SIMPLICIO, *Commentaire sur les Catégories d'Aristote*, Leiden, Brill, 1975, 472.

modificaciones. Para Plotino el tiempo es "la imagen de la eternidad" expresión que refiere la relación del alma universal con el intelecto, pero no es "imagen móvil de la eternidad" formulación que, en cambio se refiere al cosmos y que llevaría a confundir dos puntos de vista diferentes, uno físico y otro vinculado al quehacer de la conciencia. Este es un punto de profunda coincidencia para ambos pensadores.

En efecto, el alma se extiende hacia el futuro no para absorber el ser, sino para consumir el no ser y alimentar lo que todavía no es presente. Así el alma puede captar la sustancia del futuro como sus signos o causas desde el presente a través de la predicción profética.[33]

Refiriéndose al eterno retorno, Agustín sostiene una sentencia de terminante rechazo: "Viremos la senda de la fe y de la mente en dirección contraria a ese circuito vano y necio de los impíos".[34]

En *La ciudad de Dios* es un elemento constante su crítica a la teoría del eterno retorno: "si sufrimos aquí los males presentes y tememos allí los futuros, es más verdadero decir que podemos ser siempre miserables que creer que algún día seremos felices".[35]

De modo que rechaza los ciclos eternos por su incompatibilidad con el dogma cristiano del estatuto definitivo de felicidad de los bienaventurados; y lo hace por motivos antropológicos y teológicos, y no por razones físicas o cosmológicas.

El eterno retorno y la tesis de la transmigración de las almas en diversos ciclos cósmicos conllevan la infelicidad del alma, y si se reconociera que al final de muchos ciclos, el alma podría adquirir un estado definitivo de felicidad, entonces la teoría del eterno retorno se habría vaciado de significado.[36]

Pero hay un argumento todavía más fuerte utilizado por san Agustín: el carácter irrepetible de la Encarnación del Verbo y la linealidad de la historia de la salvación.

Finalmente, el rechazo agustiniano del eterno retorno está también motivado por la dimensión histórica del mal moral; una injusticia humana o angélica cometida desde un pasado eterno conduciría al maniqueísmo porque el mal sería natural y no producto de una elección voluntaria concreta.[37]

---

33   AGUSTÍN DE HIPONA, *Conf.*, XI, cap. 18, 24.
34   AGUSTÍN DE HIPONA, *De Civ. Dei*, XII, 20, 3.
35   AGUSTÍN DE HIPONA, *De Civ. Dei*, XII, 20, 2.
36   AGUSTÍN DE HIPONA, *De Civ. Dei*, XI, 4, 2; XII, 4; XII, 18; XII, 21.
37   AGUSTÍN DE HIPONA, *De Civ. Dei*, XII, 6.

En este sentido Agustín, como otros teólogos cristianos, reconoció la existencia de una sucesión de actos en las criaturas espirituales –los ángeles–, tanto en relación con el paso a su estado definitivo después de su elección del fin último, como respecto a una sucesión no corruptiva –no física– de sus pensamientos y actos de amor: "El espíritu creado se mueve solamente en el tiempo",[38] así como el ser corpóreo se mueve en un espacio-tiempo.[39]

La visión divina no excluye la sucesión propia de la eviternidad que es una participación de la creatura en la eternidad de Dios, por tanto una criatura espiritual no es completamente idéntica con la absoluta eternidad divina.[40]

Para Agustín un tiempo cíclico es sinónimo de desesperación, solamente un modelo lineal y progresivo del tiempo puede fundamentar la esperanza, ya que tanto ésta como la fe se remiten a un futuro y éste no existiría si los tiempos pasados y venideros fuesen meras etapas de un ciclo que se sostiene de modo permanente.

4. ¿Mundo eterno o con inicio temporal?

En el siglo IV el problema de la eternidad del mundo no era una cuestión puramente especulativa sino que rozaba casi todos los otros problemas: la beatitud del alma y la realidad del mal, la solidez del mundo físico y la significación de la historia, los atributos y la ciencia de Dios, y aún la racionalidad propia de la religión.

La verdad de la creación para Agustín no es el fruto de un razonamiento sino la expresión de una certeza alcanzada a través de las *Sagradas Escrituras*.

Para la cultura hebrea el mundo físico no es sino un soporte y un teatro: ha sido hecho para que el hombre lo domine; y fue creado poco antes de su propia aparición. Su presente es provisorio y cuando la humanidad desaparezca será destinado a padecer también él transformaciones radicales surgiendo así una nueva creación más perfecta, pues Dios no aniquila aquello que ha creado.[41]

En el *Génesis* todo sucede como si Dios comenzara a crear. El acto creador mismo parece ocupar un tiempo: comienza, se distribuye a lo largo de siete días y finaliza. El cielo y la tierra son debidos a una ini-

---

38 AGUSTÍN DE HIPONA, *De Gen. ad lit.*, 8, 20, 39
39 AGUSTÍN DE HIPONA, *De Civ. Dei*, XII, 16, 1.
40 AGUSTÍN DE HIPONA, *De Gen. ad lit.*, 8, 20, 39.
41 Cfr. *Mt.* 24, 29; II *Pedro* 3, 10; *Apoc.*, 21, 1.

ciativa de Dios que los ha hecho en un comienzo. Y habiéndolo hecho, ha cesado su trabajo: así el *sabbat* cierra el relato señalando este acto de independencia suprema por el cual Dios suspende libremente la creación que también libérrimamente había emprendido.

Los filósofos contra quienes Agustín argumenta en la *Ciudad de Dios* son los exégetas del *Timeo* que tienden a atribuir a Platón el dogma de la eternidad del mundo. El problema del comienzo del universo implica para ellos dos cuestiones centrales: cómo presentar lo que es anterior a la creación y cómo concebir en Dios la aparición de una voluntad nueva.

Para todos ellos, el dogma de la creación temporal resulta impensable. Si el mundo ha sido creado en el tiempo, sería necesario admitir un tiempo indefinido que preceda a su creación, tal como la materia primera precede a la materia; un tiempo vacío, o mejor aún, un vacío de tiempo en el cual el tiempo todavía no ha sido hecho. En una palabra, un tiempo en el cual no hay ningún tiempo.

La dificultad que encuentra el espíritu frente a una creación temporal proviene de aproximar la creación divina con el modo de crear humano. Y esto conduce a pensar que debe existir algo delante de ella, una suerte de anterioridad pura.

No es en el tiempo que Dios precede a los tiempos: los precede desde la altura de su eternidad siempre presente. Nuestros años pasan y se suceden y su número será cumplido en el momento mismo donde ellos dejan de ser. Los años de Dios, en cambio, son como un solo día siempre presente.[42] De modo que este problema de la duración anterior al mundo es un pseudo-problema que se vincula con una falsa imaginación.

En cambio es un verdadero problema aquel de la iniciativa divina. La resolución del punto constituye un aspecto central que lo conduce a Agustín a oponerse a la filosofía común del helenismo. ¿Cómo Dios ha podido comenzar a crear el mundo? ¿Cómo puede tener una voluntad nueva?

Esta segunda objeción neoplatónica considera la posibilidad de un cambio en la decisión divina que se deriva de admitir un inicio temporal de la creación: "¿Qué hacía Dios antes (*antequan*) de crear el cielo y la tierra?".[43] En efecto, así lo resume Agustín:

"Si estaba inactivo, dicen, y sin hacer nada, ¿por qué no continuó siempre en ese ocio, como hasta entonces había estado? (...). Pero si

---

42 AGUSTÍN DE HIPONA, *Conf.*, 11, 13, 16
43 AGUSTÍN DE HIPONA, *Conf.*, XI, 10, 12.

la voluntad de Dios de que existiese la criatura era eterna, ¿por qué no es eterna también la criatura?".[44]

Antes de presentar su respuesta, expone su noción de eternidad presentándola como lo que es "siempre estable" (*semper stans*). Por lo cual toda su indagación sobre el inicio del tiempo se enmarca en una meditación sobre la eternidad, como idea límite que obliga a pensar a la vez el tiempo y lo otro del tiempo. El trabajo de la inteligencia no se refiere a la cuestión de saber si la eternidad existe; la anterioridad de la eternidad respecto del tiempo se da en el contraste entre "todo lo que no ha sido creado y sin embargo, existe" y "lo que cambia y varía.[45]

Al rechazar un eterno pasado cósmico, contrario a la fe cristiana, objeta a los neoplatónicos que sería absurdo un Dios eterno que de pronto comience a crear arbitrariamente. Por lo cual, frente a la pregunta formulada: ¿Qué hacía Dios antes que hiciese el cielo y la tierra?, ofrece varias respuestas; la primera, con discreta ironía: "Preparaba los castigos para los que escudriñan las cosas altas";[46] la segunda, es contundente: "No lo sé".[47] Y finalmente, frente al: ¿por qué no antes? de los neoplatónicos: señala de modo terminante que un "antes" sólo tiene sentido cuando hay tiempo, y el tiempo nace con el mundo creado: "Antes del principio del tiempo, no existía el tiempo (...). Y si el tiempo comenzó a existir en el mismo momento que el cielo y la tierra, no podemos en modo alguno encontrar el tiempo antes de que hiciera el cielo y la tierra".[48]

La predilección de los filósofos paganos por un tiempo cósmico infinito se debía a que para ellos de la eternidad de Dios sólo es posible derivar la infinitud.

Además no aprueban la posibilidad de una existencia que haya tenido comienzo pero no fin. Pues cuando una realidad tiene principio y fin se infiere que no puede existir por sí misma, es contingente. Por tanto, no puede depender de un principio eterno: hacer temporal al mundo implicaría también someter a las leyes del tiempo, a la causa que sostiene al mundo.

Agustín refiere también el argumento neoplatónico de que un universo perpetuo podría depender eternamente de Dios, así como una huella en la arena eternamente depende del pie que la produce:

---

44 AGUSTÍN DE HIPONA, *Conf.*, XI, 10, 12
45 AGUSTÍN DE HIPONA, *Confes.*, XI, 4, 6.
46 AGUSTÍN DE HIPONA, *Confes.*, XI, 12, 14.
47 AGUSTÍN DE HIPONA, *Confes.*, XI, 12, 14
48 AGUSTÍN DE HIPONA, *De Gen. contra Man.*, 1, 2, 3

"Supongamos, dicen, que el pie de un hombre se imprime desde toda la eternidad en la arena, no se podría concluir que esa huella existía antes pero es imposible negar que la huella tenga el pie por causa. Sucede lo mismo en el orden de las relaciones del mundo y de Dios. El mundo siempre ha sido porque quien lo ha hecho siempre ha sido".[49]

Este argumento le parece criticable a Agustín pues convierte a la criatura en coeterna con Dios. La luz revelada y la luz natural nos impiden admitirlo: *fides ratioque sana*.[50] Si el mundo es un efecto necesario, necesariamente sería coeterno con Dios.

La razón del inicio –presuponiendo la dependencia respecto del Creador–, sólo podía encontrarse en un principio que fuese voluntad libre de crear. Un universo que empieza temporalmente no es necesario pero esto no significa que sea un efecto arbitrario o irracional.

El meollo de la cuestión es que un cosmos con un pasado eterno al cual el modelo cíclico le resultaba muy adecuado, es consistente con una forma de creacionismo necesario y naturalista, en el que el descenso desde el Uno –como sucedía en Plotino–, aparece como algo necesario, así como una fuente de energía se va difundiendo con creciente disipación desde el centro hacia todas las direcciones. El bien –afirmaban los neoplatónicos– se difunde por naturaleza, sin alcanzar todavía la comunicación como don que sigue a una elección voluntaria y personal. Esta metáfora naturalista de los cristianos neoplatónicos va a ser acogida incluso por Tomás de Aquino asignándole una interpretación que evita la emanación natural.[51]

De modo que un inicio temporal absoluto no previsto ni determinado, si no es casual, tiene que ver más bien con una causa voluntaria, que se comunica sin la necesidad propia de una ley natural, sino porque esa causa decide hacerlo por amor y con toda gratuidad.

Por otra parte el inicio del tiempo, entiende Agustín, es coherente con la dimensión histórica de la creación en el sentido cristiano: una creación extendida en el tiempo como una sinfonía y destinada a un cumplimiento final en el que entrará en su estatuto eterno. Agustín relaciona este punto con el despliegue temporal del hacerse mismo de lo creado, según la teoría de las razones seminales, que le permite abrirse hacia una visión evolutiva del universo.

---

49 AGUSTÍN DE HIPONA, *De Civ. Dei*, X, 31.
50 AGUSTÍN DE HIPONA, *De Civ. Dei*, 12, 15.
51 Cfr. nuestro capítulo 13 sobre Tomás de Aquino.

De modo que Dios crea una materia informe atemporal,[52] que es el presupuesto de la mutabilidad y por tanto, de toda forma de temporalidad.[53] En esta materia Dios crea también el orden universal que corresponde a la primera constitución (*prima conditio*) del mundo, de la que se sigue su desarrollo temporal posterior. Y así, en la realidad del cosmos primitivo, "como en las raíces de los tiempos, si puedo decirlo así, eran creadas las cosas que habían de existir durante los tiempos".[54]

Viene a concluir de este modo que la noción de un tiempo "antes" de la creación no tiene sentido ya que sin la creación no puede haber ningún antes, pues el tiempo sólo puede surgir junto con el cosmos.

Y así "comenzaron a correr los tiempos con los movimientos de los seres".[55] Todo el desarrollo del tiempo procede de Dios, que "extiende los siglos que estaban como replegados en aquel primer día que hizo".[56] Todo fue creado al inicio, pues, de modo virtual: "invisible, potencial, causalmente, como son hechos los futuros todavía no hechos".[57] La evolución del cosmos desde un estado primitivo imperfecto hacia estados más perfectos no se opone a la creación. Dios impulsa con un poder oculto a todo el universo, y por este impulso se mueve el universo por lo que puede decirse también que Dios sigue creando en todo momento o que la creación todavía no ha terminado:

> "¿quién otro también ahora crea todas estas cosas, sino El que hasta el presente trabaja? Mas ahora las crea sacándolas de aquellas que ya existen".[58]

En este texto, se afirma, que la continuidad de la creación se vale de las causas segundas ya creadas.

Dios es el ser inmutable y eterno. Ni cambia ni ha llegado a ser, ni dejará de ser. En este sentido no es "intemporal" sino supratemporal. Está más allá y por encima del tiempo y esto es así porque el tiempo depende de Él en cuanto ha sido producido con la creación. En efecto, de no haberse creado la condición de posibilidad de la sucesión del antes

---

52 AGUSTÍN DE HIPONA, *Confes.*, Libro XII. Agustín la utiliza para la exégesis de *Génesis* 1, 2 y también para interpretar *Sabiduría* 1, 18. Cfr. asimismo AGUSTÍN DE HIPONA, *De Gen. ad lit.*, 1, 14, 28).

53 San Agustín niega que lo informe haya existido antes sin ningún orden. Cfr. En este sentido *Confes.*, XII, 29, 40. El antes no tiene un sentido temporal; el tiempo sólo puede nacer con el orden (*Confes.*, XII, 12, 15).

54 AGUSTÍN DE HIPONA, *De Gen. ad lit.*, 5, 4, 11.

55 AGUSTÍN DE HIPONA, *De Gen. ad lit.*, 5, 5, 12.

56 AGUSTÍN DE HIPONA, *De Gen. ad lit.*, 5, 20, 41.

57 AGUSTÍN DE HIPONA, *De Gen. ad lit.*, 6, 6, 10

58 AGUSTÍN DE HIPONA, *De Gen. ad lit.*, 5, 4, 11, texto clásico de la teología invocado para formular la teoría de la creación continua.

y el después, no existiría la posibilidad de la mudanza y de los seres cambiantes, característica intrínseca de toda criatura: de los ángeles, de los hombres, de los vivientes en general, y del propio universo material. El tiempo cósmico, el tiempo de la transitoriedad del mundo, el tiempo interior a la fluencia de los seres es, por tanto, indisociable del mundo creado.

Los ciclos temporales infinitos han podido ser sustituidos por el tiempo histórico y transhistórico que son, ambos, irreversibles. Se ingresa así en un tiempo centrado en el Cristo quien al adoptar la naturaleza humana y resucitar por la voluntad del Padre, ha transformado lo efímero en eterno y lo mudable y corruptible en inmutable.

De este modo, el "vestigio de la eternidad", en su *kairós*, en su tiempo conveniente, llega a reflejar lo que es siempre, permitiendo la presencia de lo eterno en el tiempo.

El cristiano vive un anticipo que supera a la historia, definiendo un surco temporal hacia lo eterno, es esta esperanza, la que se abre ante cada hombre. La ciudad peregrinante, colabora con la generación de la *Ciudad de Dios*, amenazada ya en los albores de la creación por la rebeldía de los ángeles que instauraron la *Ciudad terrestre*, que se afianza y crece con la complicidad de las decisiones humanas que faltan en su amor a Dios.

Todo ser que comienza y termina, no comienza y termina sino cuando la razón eterna de Dios conoce que debe comenzar y que debe terminar, y en esta razón nada comienza y nada finaliza.[59] Dios tiene desde toda la eternidad la voluntad de crear el mundo en el tiempo. Si ha hecho al género humano en el tiempo, no es en virtud de un deseo nuevo sino de un deseo eterno. En este marco queda formulado el profundo misterio que circunscribe la relación agustiniana entre tiempo y eternidad.[60]

Fuentes

AGUSTÍN DE HIPONA, *Las Confesiones*, Obras de San Agustín II, Madrid, 1955.

AGUSTÍN DE HIPONA, *La Ciudad de Dios*. Obras de San Agustín XVI-XVII, Madrid, 1977-78.

Bibliografía

ALICI L., "Genesi del problema agostiniano del tempo", *StP* 22 (1975), pp. 43-67.

ALICI L., "La funzione della "distentio" nella dottrina agostiniana del tempo", *Aug* 15 (1975), pp. 325-345.

---

59 AGUSTÍN DE HIPONA, *Conf.* XI, 8, 10.
60 AGUSTÍN DE HIPONA, *Conf.* XI, 15, 17

BUCHER A. J., "Der Ursprung der Zeit aus dem Nichts", *RÉAug* 11 (1976), pp. 35-51.

BOROS L., "Les catégories de la temporalité chez saint Augustin", *ArPh* 35 (1958), pp. 323-85.

CALLAHAN J. F., *Augustine and the Greek Philosophers*, Villanova University Press 1967, pp. 74-93.

CARAMELLA S., "Validità scientifica della concezione agostiniana del tempo", in *S. Agostino e le grandi correnti della filosofia contemporanea*, Tolentino 1956, pp. 335-340.

CHAIX-RUY J., "Existence et temporalité selon s. Augustin", *Augustinus* 3 (1958), pp. 337-349.

CHAIX-RUY J., "La perception du temps chez s. Augustin", in *S. Augustin* [Cahiers de la nouvelle journée 17] Paris 1930, pp. 73-93.

CHAIX-RUY J., "Le problème du temps dans les '*Confessions*' et dans la '*Cité de Dieu*'", *Giornale di Metafisica*, 9, 1954, pp. 464-477.

CHAIX-RUY J., *S. Augustin, Temps et histoire*, Paris 1956.

CORKUM P. R., *Et mirum si non ipsius animi: on Augustine's Confessions, Book XI*, Ann Arbor 1994.

CORRADINI R., *Zeit und Text. Studien zum tempus-Begriff des Augustinus,* München, Wien 1997.

FLASCH K., *Was ist Zeit? Augustinus von Hippo. Das XI Buch der Confessiones*, Frankfurt am Mainz, 1993.

GARCÍA BAZÁN F., "La concepción del tiempo en Plotino y San Agustín" en AAVV, *Epistemología de las ciencias. El tiempo en las ciencias y la filosofía*, Buenos Aires, CIAFIC Ediciones, 1997, 145-176.

GUITTON J., *Le temps et l'éternité chez Plotin et saint Augustin*, Paris, 1971.

GREEN W. B., "S. A. on Time", *The Scottish Journal of Theology* 18 1965, pp. 148-161.

JECK U. R., *Aristoteles contra Augustinum*, Amsterdam 1993.

MAGNAVACCA S., "El tiempo histórico como ámbito de construcción metafísica en Agustín", en *Tempo e Eternidade na Idade Media*, ed. G. Reegen, L. De Boni, Marcos Costa, Brasil, Ed. Est, 2007, p. 15-20.

MARROU H. I., *L'ambivalence du temps de l'histoire chez s. Augustin*, Paris 1950.

MEIJERING E. P., *Augustin über Schöpfung, Ewigkeit und Zeit. Das elfte Buch der Bekenntnisse*, Leiden, 1979.

MOREAU J., „Le temps et la création selon s. Augustin", *Giornale di metafisica* 20 (1965), pp. 276-290.

MAZZEO P., "Il problema agostiniano del tempo nelle "Confession" e nel "De civ. Dei"", *Annali dell'Università di Bari* 15 (1972), pp. 219-313.

O'DALY G. J. P., *Augustine's Philosophy of Mind*, Los Angeles, CA 1987.

PEGUEROLES J., "El ser y el tiempo, la forma y la materia. Sìntesis de la metafìsica de S. Agustìn", *Pensamiento* 28 (1972), pp. 165-191.

QUINN J. M., "Four Faces of Time in St. Augustine", *RechAug* 26 (1992), pp. 181-231.

QUINN J. M., "The Concept of Time in St. Augustine", *Aug* 5(1965), pp. 5-57.

RIGOBELLO A., ""Intentio-extensio-distentio", modello ermeneutico dell'antropologia agostiniana", in *Scritti C. Giacon*, Padova 1972, pp. 135-146.

ROMANO C., *L'événement et le temps*, Parigi 1999.

RAVICZ E., "Time and Eternity", *The Thomist* 22 (1959), pp. 542-554.

SOLIGNAC A., «La conception du temps chez Augustin», *BA* 14, pp. 581-591.

SORABJI R., *Time, Creation, and the Continuum*, Ithaca 1983.

SUTER R., "El concepto del tiempo según S. Agustìn", *Convivium* 19-20 (1965), pp. 97-111.

TESKE R. J., "The World-Soul and Time in St. Augustine", *AugStud* 14 (1983), pp. 75-92.

TESKE R. J., *Paradoxes of Time in Saint Augustine*, Marquette University Press, Milwaukee 1996.

VON JESS W. G., "Augustine: A Consistent and Unitary Theory of Time", *The New Scholasticism* 46 (1972), pp. 337-351.

Capítulo 7
Filopón y Simplicio:
emergentes de la primera confrontación argumentativa en torno al problema de la eternidad del mundo

Hacia el final del período helenístico y de la antigüedad tardía, el interés en la filosofía de Aristóteles conduce a la irrupción de una nueva e importante producción literaria: el comentario filosófico.

En la investigación tradicional los comentarios fueron considerados como fuentes secundarias de la obra de Platón y Aristóteles y en virtud de ello, no se les reconoció un valor propio. Contrariamente, la línea de investigación iniciada por Richard Sorabji (University of London) e Ilsetraut Hadot (CNRS, France) con posterioridad a 1980, apunta a un progresivo reconocimiento de la importancia de estos comentarios como fuentes filosóficas. En tal sentido, es posible destacar el carácter crítico, la originalidad y la innovación que define la obra de los comentadores antiguos, rechazando la dicotomía que suele establecerse entre un *comentador* y un *filósofo*.

Los pensadores que adoptan este género no sólo exponen las obras de Aristóteles sino que lo convierten en vehículo para una expresión filosófica original. Por ello, este primer retorno a las fuentes griegas, no constituye una aceptación acrítica de un conjunto definido de doctrinas sino una reflexión cuidadosa sobre las fuentes. El reconocimiento del carácter de autoridad filosófica sólo implica, en este tiempo, que una doctrina merece ser estudiada con todo cuidado y detalle. La labor de un comentador no se limita a exponer los textos clásicos, sino que intenta responder a preguntas de interés a través de una evaluación de cómo lo han hecho sus predecesores más destacados.

Con relación al tema que nos ocupa, una dificultad inicial que formularon los comentadores griegos de Aristóteles fue desentrañar si implicaba o no contradicción aceptar un mundo eterno, pues la eternidad parece conducirnos a la admisión del infinito actual, tema que, por su parte, el Estagirita se había ocupado largamente de refutar.

En efecto, en su *Física*, Aristóteles sólo admite el infinito potencial, y si bien afirma que el continuo es infinitamente divisible, también señala que nunca resulta actualmente dividido en acto. Se podría decir que para Aristóteles la sola idea de un cuerpo infinito es imposible. En este esquema el tiempo aparece como el mejor modelo físico de un infinito en potencia por adición, semejante en su estructura al conjunto de los números naturales.

De allí que la primera gran confrontación en el mundo griego en torno al tema de la eternidad que se formula a partir de la discusión del texto aristotélico, surge entre el filósofo neoplatónico Juan Filopón y el aristotélico Simplicio.

Filopón fue, ciertamente, uno de los pensadores bizantinos más destacados del siglo VI, conocido como *Juan el Gramático* a partir de Simplicio y sus seguidores.[1] Su pensamiento abarcó una gran cantidad de temáticas: teología, metafísica, filosofía natural, extendiéndose también a ciencias tales como la astronomía, la aritmética y, aún, la geografía. En particular, al eliminar la bifurcación aristotélica del cosmos en dos planos distintos: supra y sublunar, formula un conjunto único de leyes para los fenómenos celestes y terrestres, anticipando una visión homogénea del mundo natural.[2]

---

[1] Cfr. C. MICHON, *Thomas d' Aquin et la controverse sur l' Éternité du monde*, GF Flammarion, Paris, 2004, p. 318.

[2] S. SAMBURSKY, *The Physical World of Late Antiquity*, London, 1962, Cap. VI, especialmente p. 157 y ss. (hay traducción español: S. Sambursky, *El mundo físico a finales de la antigüedad*. Alianza, Madrid, 1990). Hay varias ideas de interés en la teoría cosmológica de Filopón. La primera es la idea de "ímpetus", responsable del mantenimiento del movimiento inercial de los cuerpos arrojado con un movimiento violento, que él elegantemente denomina "fuerza cinética" o "energía cinética". La segunda es la simplificación de la ley de caída de los graves "en el vacío". Y la tercera, la de "quantitas interna" en

Como discípulo de Ammonio Hermias, Filopón comenta a Aristóteles en sus distintos tratados: las *Categorías*, los *Analíticos*, la *Physica*, el *De Generatione et Corruptione* y el *De Anima* por lo cual hay intérpretes que asumen su ingreso en la historia de la filosofía como un "filósofo aristotélico".[3] Sin embargo esta simplificación no tiene en cuenta, por un lado, la profunda asimilación que realizó de muchas ideas platónicas y neoplatónicas; y por otra, la distancia y crítica que, en ocasiones, impuso tanto a las doctrinas de Platón como a las de Aristóteles.

En efecto, se acerca al aristotelismo en temas lógicos y cosmológicos, pero al elevarse a la consideración de cuestiones metafísicas, antropológicas y teológicas es en el platonismo donde encuentra la inspiración para pensar y expresar la verdad revelada. Un hecho que refuerza y testimonia esta preferencia por el platonismo a la hora de abordar estos temas es su afirmación de que Platón fue un discípulo o imitador de Moisés, cosa que jamás dijo de Aristóteles. Y por el contrario, da testimonio de su aristotelismo el hecho de haber caído en la herejía (triteísmo) al aplicar categorías aristotélicas en su interpretación del dogma de la trinidad.[4]

Su independencia y originalidad de pensamiento se expresa en distintos temas. Es conocida su disputa con el obispo Teodoro quien afirmaba que los planetas eran movidos por ángeles. Filopón sostiene, en cambio, que se mueven en virtud de un impulso o *ímpetu* impreso, doctrina retomada y ampliada en el siglo XIV por Juan Buridán (1300-1358), discípulo de Guillermo de Ockham, y máximo representante de la teoría dinámica del medioevo.[5]

Los comentarios de Filopón fueron utilizados en la enseñanza durante siglos;[6] sus argumentos no han podido ser conocidos por los latinos sino a través de diversas mediaciones de la filosofía árabe, particularmente

---

oposición a la "quantitas externa" o volumen, que conducirá al concepto de "cantidad de materia" o "masa".

3   A. DE NEBRIJA, *Edad Media y Renacimiento*, (Actas del Coloquio de Salamanca, 1992) ed. C. Cardoñer, J. González Iglesias, U. Salamanca, 1994, p. 384-5.
4   Cfr. "PHILOPHON", Stanford Encyclopedia of Philosophy, "triteismo". Podrá consultarse: A. BUZZARD- Ch. HUNTING, "La doctrina de la Trinidad. La herida auto inflingida del cristinianismo", p, 5-176 <http://www.focusonthekingdom.org/Spanish.pdf> fecha de consulta: 30/3/13.
5   Nos hemos ocupado largamente del tema en: LARRE, Olga L., *La filosofía natural de Ockham. Una fenomenología del individuo*, Eunsa, 2000, 211-222.
6   La obra de Filopón en griego la encontramos en la colección *Commentaria in Aristotelem Graeca,* Academia de Berlín, ed. Reimer, 1882-1909 en los tomos XIV, XV, XVI y XVII. Ha sido traducida al inglés en la colección *The Ancient Commentators on Aristotle*, King´s College, Richard SORABJI, Duckworth and Cornell University Press, 1987 ss.

a partir de Avicena y Averroes quienes relevaron la fundamentación aristotélica en favor de la eternidad del mundo. Particularmente, Averroes conoció las objeciones formuladas por Filopón y refiere que Al-Farabi toma parte –contra Filopón– en defensa de Aristóteles.[7]

En el ámbito latino, los escritos de Filopón han tenido notable influencia en Guillermo de Moerbecke quien tradujo al latín en 1268, su *Comentario sobre el Conocimiento* siguiendo al *De Anima* de Aristóteles. Dos años después, Tomás de Aquino utiliza este escrito para redactar su propio comentario contra los averroístas, con la inclusión casi literal de los comentarios de Filopón.

Sin dudas Filopón fue más conocido por los estudiantes medievales árabes de filosofía y de ciencia, que por los estudiantes de occidente. Por ejemplo, mientras que su *Comentario a la Física* publicado por la Academia de Berlín incluye fragmentos del comentario de los últimos cuatro libros, sabemos hoy que los escolásticos medievales árabes accedieron al texto íntegro.[8]

De modo que la utilización de las fuentes árabes es de incuestionable valor para extender nuestro conocimiento sobre Filopón. Los árabes conocieron sus comentarios y hay evidencia suficiente para expresar que no sólo tuvieron información sobre ellos sino acceso a los mismos en lengua árabe. El documento más importante que lo corrobora es un breve texto de Al-Farabi, publicado por M. Mahdi[9] en el que Al-Farabi cita y rechaza un pequeño número de pasajes del trabajo de Filopón, algunos de los cuales son citados por Simplicio y otros no, lo que estaría mostrando que hay una traducción árabe del texto de Filopón, independiente de la versión de Simplicio, que fue conocida y utilizada en el mundo musulmán.

Se puede referir otro ejemplo al caso: en el texto griego de Proclo *De aeternitate mundi*, preservado en la citas de Filopón de su *De aeternitate mundi contra Proclum*,[10] está perdido el primer discurso del

---

7 El tema ha sido desarrollado por: H. DAVIDSON, "John Philoponus as a source of Medieval Islamic and Jewish Proofs of Creation", Journal of the American oriental Society, (1969), vol. 89, nro. 2. p. 362.

8 Cfr.la introducción de: PHILOPONUS, *In Aristotelis Physicorum*, ed. H. Vitelli, *Commentaria in Aristotelem Graeca*, XVI, Berlin, 1887, Praefatio, vii.

9 Cfr. H. DAVIDSON, "John Philoponus as a source of Medieval Islamic and Jewish Proofs of Creation", p. 359.

10 PHILOPONUS, *De Aeternitate Mundi Contra Proclum*, ed. H. RABE, Leipzig, 1909, pp. 646. De esta obra se puede consultar la versión en línea y versión en inglés: http://www.archive.org/details/ioannesphiloponu00philuoft (fecha de consulta 2 de marzo 2015); PHILOPONUS, *Against Proclus on Eternity of the World*, Londres, Duckworth and Cornell University Press, Ancient Commentators on Aristotle, 1987, 2004, 2005 y 2006.

manuscrito en el cual se basa la edición de H. Rabe; discurso al que es posible acceder en la traducción medieval árabe del trabajo de Proclo.[11]

1. Presentación de las obras centrales de referencia

Para reproducir el debate en torno al tema contamos con el –ya mencionado– tratado de Filopón *Sobre la eternidad del mundo contra Proclo (Contra Proclo)*. También es posible reconstruir una buena parte del tratado que lleva por título: *Sobre la eternidad del mundo contra Aristóteles (Contra Aristóteles)* por una vía indirecta, a partir de las amplias citas y referencias que da Simplicio en su propio *Comentario a la Física*[12] y al *De Caelo*.[13] A partir de Simplicio sabemos que el comentario filopónico se divide en seis libros de los cuales los primeros cinco toman como base el *De Caelo* I, capítulos 2, 3, 4 y 11; y el sexto considera al libro VIII de la *Física* en su capítulo 1. El original debió ser largo, y según expone Simplicio, tiene una prolija y exhaustiva redacción, contando el libro 2 de 13 capítulos y el 5 de 22.[14]

En particular el *Contra Proclo* y *Contra Aristóteles* conforman un voluminoso *corpus* sobre el tema de la eternidad en el que se expresan y desarrollan las bases de la primera confrontación del monoteísmo contra la cosmología científica del mundo griego.

Visto desde una perspectiva religiosa, la crítica de Filopón al aristotelismo estuvo centrada tanto en la noción de eternidad del universo como en la divinidad de los cielos. Para un cristiano estos elementos esenciales de la perspectiva pagana de la baja antigüedad, acompañada de la adoración de los astros y de una tendencia determinista fundada en la astrología, constituían una amenaza a la omnipotencia y unicidad de Dios.

PHILOPONUS, *Against Aristotle on the eternity of the world*, trad. Wildberg Christian, Bristol Classical Press; Bloomsbury Academic, 1987.

11 J. KRAMER, "A lost passage from Philoponus'Contra Aristotelem in arabic Translation", *Journal Of the American Oriental Society*, (1965), 85, 3, 319.

12 SIMPLICIO, *Simplicii in Aristoelis Physicorum Libros...Commentaria* (Part 2), ed. H. Diels (*Commentaria in Aristoelem Graeca*, Vol. X), Berlín, 1895. Cfr. Index Nominum, s.v. Ioannes Philoponus.

13 SIMPLICIO, *Simplicii in Aristotelis De Caelo Commentaria*, ed. I. L. Heiberg (*Commentaria in Aristoelem Graeca*, Vol. VII), Berlín, 1894. Cfr. *Index Nominum, s.v. Ioannes Philoponus*.

14 H. DAVIDSON, "John Philoponus as a Source of Medieval Islamic and Jewish Proofs of Creation", p. 357-8.

1.1 Las argumentaciones filopónicas contra Aristóteles

Los argumentos de Filopón expuestos en el *Contra Aristóteles* representan la culminación de su crítica a la cosmología aristotélica iniciada ya en el año 529, considerado por algunos críticos como *annus mirabilis*.[15]

Filopón procura probar que la necesidad de una causa primera debería haber conducido a Aristóteles a afirmar que la materia a partir de la cual todas las generaciones han tenido lugar, es ella misma causada. Pero, en cuanto es una realidad primera, no puede ser causada a partir de algo precedente; y por ello el Estagirita debería haber concluido que la materia sólo puede ser causada por Dios, a partir de la nada.[16]

Filopón critica punto por punto la demostración de Aristóteles quien comete, en su opinión, diversas peticiones de principio y en sus argumentaciones ya presupone la imposibilidad de un comienzo absoluto del tiempo.[17] Sobre todo, contradice los mismos principios aristotélicos referidos a la imposibilidad de la existencia del infinito en acto. En este sentido Sorabji ha interpretado la obra de Filopón como una vuelta de Aristóteles contra el mismo Aristóteles.[18]

Por otra parte, Filopón también quiere mostrar que la afirmación de un infinito sucesivo conduce al reconocimiento de un infinito actual. Sin duda, en cada etapa de la sucesión, existe una realidad finita: un determinado movimiento, un número particular de realidades, o de personas. Pero si esas etapas son infinitas, es necesario que ellas sean atravesadas y hayan generado un número infinito que permita numerarlas. De modo que si bien un infinito actual no se puede numerar, un infinito sucesivo es tal que se puede contar unidad por unidad, debiéndose pasar por cada uno de sus elementos constitutivos. En su propia expresión:

---

15 En particular, Sorabji habla de *annus mirabilis* para los cristianos a propósito del año 529 que ve el cierre de la escuela filosófica pagana de Atenas donde enseñaba Simplicio, el adversario de Filopón; la fundación del monasterio de Monte Cassino por San Benito y la irrupción del *Contra Proclum* de Filopón quien enseñaba en Alejandría. Y es allí donde la filosofía continuará ejerciéndose bajo sus auspicios. Cfr. R. SORABJI, *Time, Creation and the Continuum: Theories in Antiquity and the Early Middle Ages*, London 1983, p. 167.

16 SIMPLICIO, *Simplicii in Aristoelis Physicorum Libros...Commentaria*, p. 1326 y ss.

17 Para la discusión sobre el valor y la pertinencia de la argumentación de Filopón cfr. los trabajos de Sorabji y de Davidson los que constituyen una primera aproximación a esta enorme tarea. R. SORABJI, *Time, Creation and the Continuum: Theories in Antiquity and the Early Middle Ages*, London 1983. Cfr. H. DAVIDSON, "John Philoponus as a source of Medieval Islamic and Jewish ...", 357-391.

18 R. SORABJI, *Time, Creation and the Continuum...*, p. 12.

"si el cosmos fuera increado, de ello se seguiría que existe y que se ha dado un número actualmente infinito. Pero no es posible de ningún modo que exista un infinito en acto, ni simultáneo ni sucesivo".[19]

Más aun:

"el infinito no puede existir todo a la vez y simultáneamente, y por la misma razón tampoco puede llegar a existir sucesivamente. Pues si fuese posible que el infinito exista sucesivamente, emerja y alcance de este modo la actualidad, ¿qué razón habría para impedir que exista ahora, simultáneamente, todo a la vez?[20]

Por lo cual, Filopón viene a sostener que afirmar que el infinito llega a ser en la actualidad sucesivamente y contando, por así decir, unidad por unidad, una después de otra, es tan absurdo como decir que existe todo a la vez. Y si existiese todo a la vez, no podría ser recorrido unidad por unidad, y consiguientemente, ser numerado.

Para Aristóteles, la idea de un número infinito se corresponde con una infinidad de divisiones que permanece siempre potencial y las divisiones efectuadas sobre un continuo son siempre en número finito. Filopón se opone a este criterio y entiende que no se aplica al caso de un pasado eterno en cuanto el pasado temporal implica una división efectiva en una infinidad de días, o de años; por lo cual esta división no sería solamente potencial sino actual.

La última objeción aborda a) la imposibilidad de agregar algo a lo infinito y b) la posibilidad de comparar distintos infinitos estableciendo que unos sean más grandes o más pequeños que otros; objeción que sólo es posible contestar desde una concepción moderna del infinito. Los infinitos son numerables con idénticos cardinales, de modo que el agregado o la sustracción de elementos no modifica este cardinal; y se definen como conjuntos en los cuales cada parte componente tiene el mismo cardinal que el conjunto.[21]

Sin embargo, esta idea que permite resolver matemáticamente las paradojas evocadas, es totalmente impensable tanto para Aristóteles como para Filopón. Es posible fijar un primer escenario crítico de la doctrina aristotélica del infinito potencial, recién a fines del siglo XIII,

---

19 PHILOPONUS, *De aeternitate mundi contra Proclum*, éd. Rabe, 9, 14-11, 17. Hay traducción al francés de C. Michon, *Thomas d'Aquin et la controverse...*, Annexe, p. 345.
20 PHILOPONUS, *De aeternitate mundi contra Proclum*, éd. Rabe, 9, 14-11, 17. C. Michon, *Thomas d'Aquin et la controverse...*", Annexe, p. 346.
21 C. MICHON, *La controverse sur l'éternité du monde"*, Appendice, p. 320

en John Peckham, quien funda un tipo de tratamiento con fecundas proyecciones en el pensamiento posterior.

Pero más allá del concepto de infinito que permitiría solucionar matemáticamente la objeción, reparemos en la objeción filopónica formulada a Aristóteles:

a) El argumento de Filopón señala que es imposible *agregar* algo al infinito (Aristóteles, *De Caelo*, I, 12, 283 a 9-10), ya que nada es mayor que el infinito. Si el mundo es eterno, su duración es infinita por lo que no puede añadírsele nada. La debilidad radica en que de hecho sabemos que siempre se añade un día a cada día; con lo cual, el infinito sufriría un incremento.

b) Las revoluciones lunares marcan un número de días que de hecho son mayores en cantidad a las revoluciones del sol. Y si se admite que las revoluciones del sol son infinitas; luego el infinito podría incrementarse, pues las revoluciones de la luna superarían a las revoluciones infinitas del sol, lo cual es imposible.[22]

En su *Comentario a la Física*, Simplicio también refiere con todo detalle las reflexiones de Filopón ante las pruebas aristotélicas formuladas en el libro VI del *Contra Aristóteles*, basadas en la eternidad del movimiento.

En este caso, Filopón procura demostrar que la eternidad del movimiento tiene implicaciones imposibles; y admite la creación del mundo por una reducción al absurdo del argumento aristotélico.

En efecto, Aristóteles sostuvo que es imposible afirmar un primer movimiento en el universo en virtud del principio según el cual todo lo movido es movido por otro por lo cual cada movimiento necesariamente implica la presencia de las realidades capaces de movimiento (*Fís.*, VIII, 251 a, 10-11). La objeción de Filopón señala que considerar al mundo como infinito, implicaría reconocer la existencia de un infinito en acto. Y como esto es imposible, aún para el mismo Aristóteles, la eternidad del mundo es, un absurdo. Por lo demás, interpreta que las argumentaciones aristotélicas sobre la eternidad del cielo, del movimiento y del

---

22 Sobre la proyección de este argumento en el siglo XIII podrá consultarse: BUENAVENTURA, *Commentaria in librum secundum Sententiarum*, d. 1, p.1 a. 1 q. 2 (ed. Quaracchi, vol. 2, p. 21). John Peckham expone este argumento. Cfr. O. L. LARRE, "El problema de la eternidad del mundo en John Peckham" en: *Controversias filosóficas, científicas y teológicas en el pensamiento Tardo - Antiguo y Medieval"* (ed. Silvana Filippi), Editorial: Paideia, Universidad Nacional de Rosario-Instituto Superior Don Bosco, 2011, pág. 291-304. Aparece también en Ockham. Cfr. O. L. LARRE, "La disputa en torno a la eternidad del mundo en el siglo XIV. El giro argumentativo de Guillermo de Ockham", *Studium*, 2011, (XIV), Nro. 27, 117-130.

tiempo, no son verdaderas pruebas, sino sólo argumentos dialécticos. Así entendidas, las argumentaciones aristotélicas, se podrían armonizar con la fe cristiana y con una creación *ab initio temporis*.

Además, y expone aquí un nuevo argumento, siendo el universo un ser corpóreo, tiene un poder finito y no podría haber existido desde toda la eternidad, sino que debió ser engendrado.[23]

1.2. Las argumentaciones con base en el neoplatonismo de Proclo

Al ambiente de Alejandría habían llegado varios argumentos del neoplatónico Proclo (412-485) vinculados con la eternidad del mundo. Estos argumentos además de defender una duración infinita del universo proponían la incorruptibilidad y perfección de las esferas celestes.

Ciertamente para las mitologías de la época, los astros ya eran divinidades, pero esta concepción contrariaba la doctrina cristina de la creación;[24] de allí la intención de Filopón de refutar los distintos argumentos de Proclo.

Proclo basa la incorruptibilidad de los cielos en la tesis aristotélica de su conformación como "éter supra lunar", elemento que no puede transformarse tal como lo hacen los elementos sublunares: tierra, agua, aire y fuego.

Es éste también un punto central de la argumentación de Simplicio quien ataca duramente a Filopón por sus atrevimientos anti-aristotélicos tildándolo de inculto.[25] En esta línea, Simplicio ha sido un defensor del conocimiento científico aristotélico proveniente de la astrología. Había sido enviado al exilio cuando Justiniano cerró la Academia, por lo que su encono y distanciamiento de Filopón tenían no sólo una motivación filosófica sino también personal. Fundándose en el texto aristotélico sostiene la eternidad del mundo basándose en el hecho que no puede ser aniquilado por causas extra mundanas ni intramundanas. Las primeras porque no existen; las segundas porque sería imposible que surgiera una fuerza en el seno mismo del cosmos capaz de destruirlo.

---

23 SIMPLICIO, *Simplicii in Aristotelis Physicorum*, p. 1178, lín. 3-8.
24 Tomás de Aquino se esforzará por mostrar que desde el punto de vista filosófico, no repugna la idea de una creación *ab aeterno*. Cfr. el tema en el Capítulo 13 del presente trabajo.
25 Cfr. confrontación en S. SAMBURSKI, *The Physical Wordl of Late Antiquity*, London, 228-239. Hay versión en español.: *El mundo físico a finales de la Antigüedad*. Versión española de C. Solis. Alianza Editorial, S.A. Madrid, 1990.

Por otra parte, una aniquilación por obra del *théos* se opondría a la inmutabilidad de la divinidad.

Por esta misma razón el mundo no pudo ser configurado en el tiempo por divinidad alguna, pues este ordenamiento se opone a la eternidad y sabiduría divinas.

En su *Contra Proclo*, Filopón le responde que el acto creador de Dios es un acto de la libre voluntad divina que no implica tiempo, ni espacio ni movimiento alguno. A la creación así concebida sólo le corresponde un poder espiritual, que está fuera del tiempo y del movimiento.[26]

Las criaturas no completan al Creador; no hay entre el mundo y Dios una relación análoga a la que hay entre la luz natural y el Sol, pues Dios se basta a sí mismo. Las criaturas están totalmente fuera de la sustancia divina y Dios sería igualmente perfecto aunque no existiera criatura alguna.

Tampoco es verdad que todo lo que es engendrado necesita de la materia para llegar a ser, ni que necesariamente sea hecho de algo, pues puede ser creado de la nada.

En la *Creación del mundo* Filopón presenta una visión teológica de la creación; y al hacerlo, se esfuerza por mostrar la concordancia que entiende hay entre los fenómenos de la naturaleza y el relato del *Génesis*.

1.3. *Argumentaciones de Filopón con proyección en el pensamiento escolástico*

Presentamos una selección de los principales argumentos de Filopón, en orden a mostrar la finitud del universo *a parte ante*, que han tenido mayor repercusión en el pensamiento posterior en cuanto han sido relevados en distintas instancias de la querella en torno a la eternidad del mundo.[27]

a) La prueba de la generación del universo desde la finitud de su poder, extraídas del *Comentario a la Física* de Simplicio:

1. Los cielos están compuestos de materia y de forma. Lo que requiere de materia para su existencia, no es por sí mismo, y lo

---

26   Cfr. C. MICHON, Thomas d'Aquin et la controverse...", p. 319.
27   Además del trabajo ya referido de H. DAVIDSON, "John Philoponus as a Source of Medieval Islamic and Jewish Proofs of Creation"; se ha tenido en cuenta: H. DAVIDSON, *Proofs for Eternity, Creation and the Existence of God in Medieval Islamic and Jewish Philosophy*, Oxford 1987, en particular, cap. I V y V.

que no es por sí, no tiene un poder infinito (Simplicio, *Comentario a la Física,* 1329).
2. La naturaleza de la materia radica en tener la capacidad de recibir cualquier forma. Esta capacidad no puede ser en vano; por tanto, la materia no puede mantener una única forma, indefinidamente. Por lo cual ningún compuesto de materia y de forma puede ser incorruptible (Simplicio, *Comentario a la Física,* 1329).
3. Los seres supra lunares son compuestos. Y todo lo que es compuesto tiene, en virtud de su propia constitución, el fundamento de su disolución. Por tanto no tiene un infinito poder. (Simplicio, *Comentario a la Física,* 1131).
4. El cuarto argumento, sólo tiene una importancia indirecta para nuestro estudio; sostiene que cualquier extensión puede ser dividida en mínimas partículas cada una de las cuales tiene un poder finito. De ello se desprende que también el todo, constituido a partir de dichas partes, tiene un poder finito. (Simplicio, *Comentario a la Física*, 1332).

b) Las pruebas de la generación del universo a partir de la imposibilidad de la existencia de un movimiento eterno.

1. Si el universo fuera eterno, la generación de un objeto del mundo sublunar debería ser precedida por una serie infinita de generaciones. Pero una serie infinita no puede ser recorrida. Luego, si el universo fuera eterno ninguno de los objetos que existen en el mundo sublunar podría haber sido engendrado. (Simplicio, *Comentario a la Física*, 1178-79).
2. La eternidad del universo implica un infinito número de movimientos pasados que es continuamente incrementado. Pero el infinito no puede sufrir incremento (Simplicio, *Comentario a la Física*, 1179).
3. Las revoluciones de los cuerpos celestes son múltiples y la eternidad debería implicar un infinito número de movimientos pasados con múltiples variaciones. Pero el infinito no puede ser multiplicado. Así lo expresa: "si el número de los hombres que han llegado a la existencia es infinito, también lo será el número de los caballos llegados a la existencia. [Y de este modo] tú doblarás el infinito y si agregas el número de los perros, lo triplicarás, y el número se multiplicará cada vez que otra especie se haya agregado". (Simplicio, *Comentario a la Física*, 1179).

Filopón ofrece, asimismo, tres pruebas en favor de la creación en forma de objeciones a la posibilidad de una serie infinita de transformaciones o movimientos. Todas ellas fueron conocidas por el mundo árabe.[28] En particular los siguientes argumentos fueron conocidos y utilizados en el mundo islámico y en la filosofía judía[29] y produjeron interesantes desarrollos.

1. Una primera objeción a la eternidad del movimiento enuncia que el momento presente nunca sería alcanzado si fuera precedido por un tiempo infinito. Este argumento ha sido conocido por Iskafi, Nazzam, Al-Kindi y Saadías, también aparece con algunas variaciones en Algacel[30], y particularmente en Averroes quien lo rechaza[31]. Y resulta conocido en el ámbito del pensamiento cristiano, siendo aceptado por San Buenaventura,[32] y rechazado por Tomás de Aquino.[33]

2. Una segunda argumentación expone que el mundo no puede ser eterno porque un infinito no puede sufrir incremento: Filopón supone que si se tiene en cuenta que los planetas se mueven un número infinito de revoluciones, a velocidades diferentes; se deberá concluir que hay infinitos mayores que otros. Pero: "hay aquí una contradicción. Pues no es posible ser más grande que el infinito y aún menos todavía, serlo muchas veces. Si estas absurdas consecuencias se siguen, y aún otras —como veremos en otro lugar—, al afirmar un cosmos increado, luego se debe concluir que el mundo no puede ser increado o no tener comienzo".[34]

Maimónides[35] desarrolla una versión semejante de este argumento al sostener que la eternidad debe ser rechazada por cuanto implicaría que el número de las infinitas revoluciones propias de un planeta podría ser más grande que el infinito número de revoluciones de otro.

"Ahora bien, si es generado sucesivamente, una unidad luego de otra, un número actual de unidades habrían sido engendradas; y aún si

---

28 H. DAVIDSON, "Medieval Islamic and Jewish...", 375.
29 Cfr. el tema en VAN DEN BERGH, *Averroes'Tahāfut al-Tahāfut*, II, pp. 7-8.
30 ALGACEL, *Al-Gazali's Tract on Dogmatic Theology*, ed. A. Tibawi, London, 1965, p. 17, 35.
31 AVERROES, *Tahāfut al-Tahāfut*, ed. M. Bouygues, Beyrouth, 1930, I, § 29, p. 20.
32 BUENAVENTURA, *Commentaria in librum Secundum Sententiarum*, d. 1, p. 1, a. 1, q. 2 (ed. Quarrachi, vol. 2, p. 13)
33 TOMÁS DE AQUINO, *Summa contra Gentes*, II, c. 38 ad 3; *Summa Theologiae*, I, 46, art. 2, obj. 6.
34 PHILOPONUS, *De aeternitate contra Proclo*, ed. Rabe 9, 14-11, 17. MICHON C., *Thomas D'Aquin et la controverse sur L'Éternité du Monde*, Paris, Éditions Flammarion, 2004, 347.
35 MAIMÓNIDES, *Guía de los Perplejos*, I, 74.

no hubiese existido todo a la vez [porque algunas unidades habrían cesado cuando otras existieron], debería ciertamente haber sido recorrido. Pero es imposible atravesar el infinito, y por así decir, contarlo unidad por unidad, aun cuando aquel que lo contase fuese eterno".[36]

3. Hay un argumento que se vincula con el tema del infinito actual: la eternidad del mundo implicaría también infinitos individuos creados: "Si el tiempo pasado fuese infinito en acto, (...) los individuos engendrados durante ese tiempo infinito, deberían ser actualmente infinitos en número".[37]

De modo que sólo puede admitirse un número finito de individuos existentes:

"si la sucesión de la especie humana fuese hecha individuo por individuo, habiendo llegado a través de esa infinidad de individuos a quienes existen ahora. Y en ese caso el infinito habría sido atravesado, lo cual es imposible. Por consiguiente, el número de los individuos anteriores no es infinito".[38]

Asimismo, y en esta misma línea de pensamiento combinado con el argumento precedente [2], Filopón expresa: "el número de los individuos hasta alcanzar a Sócrates, por ejemplo, no ha sido infinito. Pero [si lo hubiese sido, a ese infinito] le habría sido agregado a continuación los individuos que han llegado a la existencia entre Sócrates y hoy, de manera que habría algo mayor que el infinito, lo cual es imposible".[39]

El argumento ha sido conocido por Maimónides, quien lo rechaza[40] y en el mundo escolástico ha sido aceptado por Buenaventura[41] y, al igual que el primero de los argumentos referidos, rechazado por Tomás de Aquino.[42]

Sin lugar a dudas los trazos argumentativos enunciados se constituyeron en las vías centrales de difusión del pensamiento de Filopón. Y a través de los pensadores árabes que tuvieron acceso a las traducciones

---

36 PHILOPONUS, *De aeternitate contra Proclo*, ed. Rabe 9, 14-11, 17. C. Michon, *Thomas D'Aquin et la controverse sur L'Éternité du Monde*, 346.
37 PHILOPONUS, *De aeternitate contra Proclo*, ed. Rabe 9, 14-11, 17. C. Michon, *Thomas D'Aquin et la controverse sur L'Éternité du Monde*, 345
38 PHILOPONUS, *De aeternitate contra Proclo*, ed. Rabe 9, 14-11, 17. C. Michon, *Thomas D'Aquin et la controverse sur L'Éternité du Monde*, 346
39 PHILOPONUS, *De aeternitate contra Proclo*, ed. Rabe 9, 14-11, 17. C. Michon, 347.
40 MAIMÓNIDES, *Guía de los perplejos*, I, 74 (fin).
41 BUENAVENTURA, *Commentaria in librum Secundum Sententiarum*, d. 1, p. 1, a. 1, q. 2 (ed. Quarrachi, vol. 2, p. 13)
42 TOMÁS DE AQUINO, *Summa contra Gentiles*, II, 38, 4.

de sus obras, su influencia alcanzó al pensamiento escolástico que utilizó sus distintas argumentaciones bajo una variedad de formulaciones.

Fuentes

SIMPLICIUS, *Simplicii In Aristotelis De Caelo Commentaria*, ed. I. L. Heiberg (Commentaria in Aristotelem Graeca. Vol. VII) Berlín, 1894.

SIMPLICIUS, *Simplicii in Aristotelis Physicorum Libros Commentaria* (part. 2), ed. Diels (Commentaria in Aristotelem Graeca, Vol. IX) Berlín, 1895.

PHILOPONUS, *In Aristotelis Physicorum*, ed. H. Vitelli, Commentaria in Aristotelem Graeca, Vol. XVI, Berlín, 1887.

PHILOPONUS, *De Aeternitate Mundi Contra Proclum*, ed. H. Rabe, Lipsiae, In aedibus B.G. Teubneri, 1899, Hildesheim, Georg Olms, 1963

Traducciones

PHILOPONUS. *Against Aristotle, on the Eternity of the World,* The ancient commentators on Aristotle, London, Duckworth, 1987, C. Wildberg, translator, ed. R. Sorabji.

PHILOPONUS. *Against Proclus on the Eternity of the World*, 1-5, London, Duckworth, 2004, Michel Share, translator

PHILOPONUS. *Against Proclus on the Eternity of the World*, 6-8, London, Duckworth, 2005, Michel Share, translator.

PHILOPONUS. *Against Proclus on the Eternity of the World*, 12-18, London, Duckworth, 2006, James Wilberding, translator

Bibliografía

KRAEMER J, "A lost passage from Philoponus´Contra Aristotelem in arabic Translation", *Journal Of the American Oriental Society*, (1965), 85, nro. 3, 318-327.

DAVIDSON H., "John Philoponus as a source of Medieval Islamic and Jewish Proofs of Creation", Journal of the American oriental Society, (1969), vol. 89, nro. 2. 357-391.

DAVIDSON H., *Proofs for Eternity, Creation and the Existence of God in Medieval Islamic and Jewish Philosophy*, Oxford 1987.

EVRARD É., "Les convictions religieuses de Jean Philophon et la date de son Commentaire aux Météorologiques", *Bulletin de l'Académie Royale de Belgique*, (Classe des lettres et des sciences morales et politiques), 5 Series, (1953), XXXIX, 299-357.

GEMELLI MARCIANO, L. *Democrito e l' Accademia: Studi sulla trasmissione dell' atomismo antico da Aristotele a Simplicio*, W. de Gruyter, 2007.

HADOT I., *Simplicius: sa Vie son Oeuvre, sa Survie*, Actes du Colloque International de Paris 28-9/1-10 1985, De Gruyter, Berlin-N.Y, 1987.

LEFEBVRE D., "Simplicius. Commentaire du chapitre XI du traité sur le temps d´Aristote", *Philosophie*, (1990), nro. 26, 3-5.

LERNOUD A., "L´ interprétation de Proclus du *Timée* de Platon: physique et dialectique", *Philosophie*, (1990), nro. 26, 63-93.

MICHON C., *Thomas D'Aquin et la controverse sur L'Éternité du Monde*, Paris, Éditions Flammarion, 2004.

SAFFREY H.D., "Le chrétien Jean Philophon et la survivance de l´École d´Alexandrie au VIe. siècle", *Revue des Études Grecques*, (1954), LXVII, 396-410.

SAMBURSKY S., *The Physical World of Late Antiquity*, London, 1962.

Capítulo 8
La eternidad del mundo en Boecio

Boecio nace hacia 475-477, en el momento de la caída de Rómulo Augusto, el último emperador romano occidental; accedió a una educación helenizante que le permitió asimilar el pensamiento de las escuelas neoplatónicas de Atenas y de Alejandría.

Sus obras de lógica, traducción del *Organon* aristotélico en su totalidad, los comentarios sobre el *Isogoge* de Porfirio y sobre los *Tópicos* de Cicerón; sus monografías sobre los silogismos categóricos e hipotéticos, la inferencia tópica y la división, han servido como base de la enseñanza de la lógica hasta la época de Abelardo.

Sin embargo, Boecio proyectaba algo todavía más ambicioso: traducir al latín todos los diálogos de Platón y todas las obras de Aristóteles, comentándolas con el único objetivo de demostrar el acuerdo y la sincronía entre Platón[1] y Aristóteles.

---

1 BOECIO, *Liber Periermeneias Aristotelis a Boetio De graeco in Latinum Translatus-Amicii Manlii severini boetti in Librum Aristotelis Peri*

1. El tema del tiempo y de la eternidad en *La Consolación de la filosofía*

Abordaremos su especulación en torno al tema de la eternidad del mundo en *La Consolación de la filosofía*. Este diálogo se inicia con un lamento de Boecio frente a su situación actual, de privación de libertad, agravada por el recuerdo de los días plenos que vivió en su juventud.

La Filosofía se le presenta en la imagen alegórica de una mujer madura, pero joven, de estatura normal, pero que se eleva hasta el cielo. Sus vestiduras han sido rasgadas por los intentos de diversas escuelas filosóficas de apoderarse de ella. Boecio se queja de las acusaciones injustas levantadas contra él y del giro de la rueda de la fortuna que lo ha llevado de una posición de poder a la prisión. Sólo espera que la muerte ponga un fin rápido a su sufrimiento.

Si bien la caída le ha hecho olvidar la Sabiduría adquirida en su juventud, todavía conserva el conocimiento de que existe un Dios que rige el universo. Sin embargo ya no sabe cuál es el fin de todas las cosas. Juzga que aunque las obras de la Naturaleza siguen un orden racional, no sucede lo mismo con los asuntos humanos donde los malvados triunfan con toda libertad y someten a los buenos.

La Filosofía comienza su labor de curación a partir de los 'remedios suaves', un conjunto de argumentos para mostrarle que su situación no es tan desgraciada como imagina. En particular, insiste en que no puede culpar a la fortuna, que es por naturaleza cambiante y pasajera, precisamente porque tal es su naturaleza, al igual que la de todos sus bienes: riquezas, dignidad, poder y gloria.

Tras este primer paso, Boecio está preparado para los remedios más fuertes, los argumentos acerca del bien supremo. La Filosofía argumenta que cuando los hombres buscan los diferentes bienes lo hacen motivados por un verdadero deseo de alcanzar el bien; pero, por ignorancia del bien supremo, la felicidad, se desvían hacia bienes particulares. El error, entonces, radica en buscar los bienes particulares uno por uno, en lugar de aspirar a aquel bien del cual todos los otros se derivan.

De modo que el bien supremo —la felicidad— aparece identificado con Dios; y es Dios el bien al que todos aspiran, pero al que la gran mayoría no alcanza, por ignorar su naturaleza indivisa.

Hermeneias Commentarii, Prima et secunda editio Meiser Karl (ed.) Leipzig 1877-1880, p. 79.

Frente a las objeciones de Boecio, la Filosofía expone que, a pesar de todas las apariencias, los malvados no son poderosos, ni los buenos, débiles. Todos quieren la felicidad, pero sólo el bueno, puede alcanzarla. Dios –explica– no ha abandonado a la humanidad a su propia suerte, pues la providencia divina todo lo ordena en la eternidad; el destino sólo es el desarrollo del plan providencial divino concebido en el intelecto puro de Dios.

Para quien lee esta obra, rica en alusiones literarias y filosóficas a la antigüedad grecolatina, escrita por un cristiano que espera la ejecución de su sentencia de muerte, se impone una pregunta clave: ¿por qué en la *Consolación* no hay referencias a la fe cristiana?[2]

La ausencia de estas referencias condujo, incluso, a poner en duda su autoría, pues no podía concebirse que un pensador cristiano pudiese tomar tanta distancia frente a la religión en el momento de su muerte. Pero por razones de crítica externa e interna esta vía resolutoria ha quedado cerrada.

También se ha propuesto una interpretación herética del último Boecio: al perderlo todo, el noble romano retornó a una posición básicamente humanista. Sin duda, parte de las razones que explican la permanencia de la obra radica en la posibilidad que ofrece de ser leída tanto por pensadores cristianos, como por pensadores que quieren abordar estos temas filosóficos sin ningún compromiso explícito.[3]

En este contexto Boecio expone su pensamiento sobre el tiempo y la eternidad en el libro V, prosa 6ta. Allí completa el análisis agustiniano que había subrayado la conciencia de un tiempo, condicionado por la *expectatio*, la *attentio* y la *memoria*.[4] Para san Agustín, el tiempo nació con el mundo, con las cosas que cambian, es creatura; por ello Dios de algún modo es ajeno al tiempo, pues nada tiene que ver con el movimiento de las cosas. En esta misma línea se expresa Boecio; veamos en detalle su argumentación.

---

2   Quizá esta afirmación debiera matizarse pues un par de pasajes recuerdan textos bíblicos: BOECIO, *Consol.*, V, 6, 3, 12, 22, (*Sab.* 8, 1; *Mat.* 11, 28 y ss.) pero de un modo tan ambiguo que resultan sólo accesibles al ojo experto. En este capítulo, utilizaremos: BOETHIUS, *Consolatio Philosophiae,* James J. O'Donnell, ed. Texto latino con índice electrónico Consultado: julio 2016 <http://www.perseus.tufts.edu/hopper/text?doc=Perseus:text:1999.02.0121>. Y versión en español: BOECIO, *La consolación de la Filosofía*, Aguilar, Madrid-Bs. As-México, Traducción Pablo Masa, 1955.

3   Entre los innumerables ejemplos posibles se pueden mencionar las dos tendencias en las personas de DANTE y de CHAUCER. Chaucer, el primer poeta representativo de Inglaterra traduce la *Consolación* y algunos de sus temas aparecen en sus cuentos de Canterbury como, por ejemplo, el de la nobleza del alma.

4   Cfr. AGUSTÍN DE HIPONA, *Conf.* II, 14-31. Véase asimismo: Cap. 6 de n/trabajo.

2. Las bases de la argumentación boeciana sobre la perpetuidad del mundo

Boecio formula el tema a partir del problema de la presciencia divina:

"consideremos qué es la eternidad; así descubriremos también la naturaleza de Dios y el carácter de su ciencia o conocimiento".[5] La Filosofía no duda en considerar la eternidad como aquel atributo divino que le permitirá resolver la cuestión formulada: "si como hemos demostrado anteriormente, el conocimiento de las cosas no depende de la naturaleza de ellas, sino de la naturaleza del ser que las conoce, examinemos cuanto nos sea dable, cómo es la naturaleza divina, para poder conocer también, de qué modo conoce".[6]

Boecio, busca una respuesta al problema del conocimiento divino con la intención de evitar cualquier determinismo temporal. En efecto, basta considerar su presentación y su modo de articular la respuesta para establecer que todo su enfoque gira en torno de la resolución de este tema.

Si se acepta, a modo de ejemplo, que es verdad que hace 80 años Dios conocía –atemporalmente– lo que yo haré mañana, parece inferirse la existencia en el pasado de las verdades referidas a los acontecimientos futuros.

La naturaleza de Dios es eterna, éste es un juicio que comparten todos lo que viven de acuerdo con la razón,[7] pero ¿en qué consiste esta eternidad divina?

La doctrina boeciana sobre la eternidad y la perpetuidad del mundo, ha sufrido cierta evolución y fue precisada en sus distintas obras.

Mientras que en el comentario a la *Isagoge*, perpetuidad y eternidad resultan ser sinónimos,[8] en el Comentario al *De Interpretatione*, Boecio le aplica los adjetivos *sempiternus et inmortalis* a los cuerpos celestes, declarando seguir en esto a los peripatéticos,[9] donde la *sempiternitas* o duración infinita puede aplicarse al cielo y a los demás cuerpos inmortales.

---

5   BOECIO, *Consol.*, V, 6, 3.
6   BOECIO, *Consol.*, V, 6, 1
7   BOECIO, *Consol.*, V, 6, 2
8   BOECIO, *In Isag.* S. Brandt (ed.), Vienna/Leipzig: Tempsky/Freitag, 1906 (Corpus scriptorum ecclesiasticorum latinorum 38), 257, 6.
9   BOECIO, *De Interpret.* C. Meiser (ed.), Leipzig: Teubner, 1887, 1880. p. 412, 6 y 414, 19.

La investigación de J. Marembon ha puntualizado la significación del concepto de eternidad expresado en el *De Trinitate* donde Boecio explica:

"Esto es lo que se dice de Dios: 'es siempre', lo que significa evidentemente una sola cosa, aquello que ha sido en el pasado todo entero, que es en el presente todo entero, y de cualquier manera que sea; y que será en el futuro, todo entero (…). Es siempre porque siempre pertenece al tiempo presente. Y hay una inmensa diferencia entre el presente de nuestros acontecimientos que existen ahora, y aquel de Dios: nuestro ahora que es fluyente y constituye tanto nuestro tiempo como la sempiternidad; mientras que el ahora divino, inmutable, sin cambio y estable, constituye la eternidad".[10]

En este texto Boecio muestra en primer término que no desea sacrificar la idea de eternidad divina –en cuanto existe en todo instante del tiempo– reduciéndola a una simple perpetuidad.

Pero además, aquí Boecio desarrolla uno de los aspectos esenciales de su manera de concebir la eternidad divina: es inmóvil como una dilatación al infinito del instante fugaz de nuestro presente.

En la *Consolación*[11] retoma y desarrolla la distinción entre la duración infinita o *perpetuitas* que es propia del mundo y la *aeternitas* que se reserva a Dios.

El tema lo discute presentando y resumiendo las diferentes interpretaciones que asume históricamente el problema.

Así distingue claramente entre:

a) una concepción de un tiempo sin fin que denomina en la *Consolación* "perpetuidad";[12] o "sempiternidad" (*sempiternitas*) –según indicamos– en su opúsculo teológico *De Trinitate*;
b) y la eternidad divina que es, según una definición que se volverá clásica, "la posesión total, simultánea y perfecta de una vida sin término"[13] (*interminabilis vital tota simul et perfecta possessio*).

Boecio asigna esta división al pensamiento platónico: "para dar a las cosas el nombre más apropiado, diremos con Platón que Dios es eterno y el mundo es perpetuo".[14]

---

10 BOECIO, *De Trinitate* (ed. 2000), p. 175, 235, 245.
11 BOECIO, *Consol.*, VI, 17, 50.
12 BOECIO, *Consol.*, V, 6, 14
13 BOECIO, *Consol.*, V, 6, 4.
14 BOECIO, *Consol.*, V, 6, 14

También sigue las huellas platónicas cuando propone entender la eternidad a partir de su relación con el tiempo: "todo ser que vive en el tiempo está de continuo yendo desde lo pasado a lo futuro, siendo incapaz de abarcar de una sola vez toda la duración de su existencia. No ha alcanzado aún el día de mañana, cuando ya ha perdido el día de ayer. En vuestra vida actual sólo vivís el momento presente, rápido y fugaz".[15]

Es en este sentido que un ser sujeto a la ley del tiempo puede no haber tenido principio y no tener fin, tesis que "Aristóteles afirma del mundo; y que no por eso reúne las condiciones necesarias para que se lo pueda llamar eterno".[16]

3. Duración indefinida versus eternidad

El punto de distinción entre la duración indefinida y la eternidad radica en que un mundo de duración indefinida "no está todavía en el futuro ni tampoco es suyo el pasado";[17] la única dimensión del tiempo que le es propia es su presente, siempre fluyente.

Por el contrario, "un ser que abarque y posea igualmente en su totalidad la plenitud de una existencia sin límites, de manera que no le falte ni un sólo instante del porvenir ni del pasado, con toda razón se podrá llamar eterno".[18] Este ser es capaz de reunir en su mente "la infinidad de los momentos del tiempo que fluye".[19]

El presente que caracteriza a la eternidad, de un modo necesario, se posee a sí mismo, y en él reúne "la infinidad de los momentos del tiempo que fluye".[20]

Esto nos muestra el error de aquellos que imaginan "que el mundo creado es coeterno con su creador, por haber entendido que Platón ha enseñado que el mundo no tuvo principio en el tiempo, ni jamás tendrá fin".[21]

Boecio piensa que, aun si el mundo ha sido engendrado o creado esta génesis o creación implica solamente que el mundo no tiene su razón de ser en sí mismo; pero rechaza la idea de una creación en el tiempo:

---

15 BOECIO, *Consol.*, V, 6, 5.
16 BOECIO, *Consol.*, V, 6, 6.
17 BOECIO, *Consol.*, V, 6, 7.
18 BOECIO, *Consol.*, V, 6, 8.
19 BOECIO, *Consol.*, V, 6, 8.
20 BOECIO, *Consol.*, V, 6, 8.
21 BOECIO, *Consol.*, V, 6, 9.

la duración del mundo es infinita como el tiempo mismo. Para Boecio tiene un comienzo en el orden de la causalidad por haber sido creado, pero no un comienzo en el orden de la duración porque es perpetuo.

Proclo había sostenido exactamente lo mismo al distinguir la infinita duración (*aidiótes*) atribuida al universo, y la eternidad divina (*aionion*) que está fuera del tiempo.[22] Ambos términos derivan de *aeí:* siempre.

Mientras que para San Agustín el concepto de creatura coeterna es imposible, Boecio prefiere en este punto mantenerse fiel al neoplatonismo, sosteniendo que el mundo es perpetuo y el tiempo infinito. Aun aceptando la creación del mundo, Dios no pudo crear en el tiempo; de modo que si el tiempo tuviera un comienzo, esto sucedería porque antes ha habido otro tiempo. Además, si la creación fuese temporal, Dios estaría sometido a la ley del tiempo y del cambio.

Con lo cual es clara la distinción boeciana entre la perpetuidad y la eternidad: "son cosas muy distintas, en efecto, el prolongar indefinidamente una existencia sin límites, atributo propio del mundo, para Platón, y el abarcar igualmente en su totalidad la actualidad de una existencia ilimitada, lo que evidentemente corresponde a la divina inteligencia".[23] Esta distinción que Boecio asume expresamente se la adjudica a Platón: "diremos con Platón que Dios es eterno y el mundo es perpetuo".[24]

Por ello, la anterioridad de Dios respecto de la creación "no se ha de entender por razón de tiempo sino en cuanto es la consecuencia de la simplicidad de su naturaleza".[25] Y esto, a su vez, implica que la naturaleza del tiempo, sólo puede ser comprendida desde la eternidad.

El texto prosigue con un bello pasaje que debe mucho al *Timeo* de Platón (37 d) según el cual el tiempo es una copia deficiente de la eternidad: "el movimiento infinito de las cosas temporales imita en algún modo el estado siempre actual y de reposo de una existencia inmóvil, al cual no puede llegar aquél ni menos realizarlo. Por ello, de la inmovilidad desciende al movimiento; de la simplicidad del presente va a la infinita cantidad que componen los futuros y pasados".[26]

Y es, precisamente, el presente del tiempo, cambiante y evanescente, el nexo con la eternidad: "y aun cuando no posea igualmente en su totalidad la plenitud de su existencia, de alguna manera parece rivalizar

---

22 PROCLO, *In Tim.* 73 c (ed. Diehl, t. I, p. 238; Ibid. 87, p. 286).
23 BOECIO, *Consol.*, V, 6, 10.
24 BOECIO, *Consol.*, V, 6, 14.
25 BOECIO, *Consol.*, V, 6, 11.
26 BOECIO, *Consol.*, V, 6, 12.

con aquél al que no puede alcanzar porque, de uno u otro modo, nunca deja de existir, asiéndose a la actualidad del momento presente, breve y fugaz, cualquiera que éste sea".[27]

La naturaleza del mundo físico radica en la mutabilidad; por ello "en la imposibilidad de estacionarse, el fluir de los seres ha emprendido el camino sin fin del tiempo, y de este modo, siempre en marcha, prolonga una existencia cuya plenitud no ha podido abarcar".[28]

El tiempo boeciano se vincula con la eternidad, en cuanto es su imagen desplegada sucesivamente. Es en función de este testimonio que Boecio deviene el gran protagonista de la visión cristiana denominada clásica sobre la eternidad divina.

4. La vinculación tiempo-eternidad con la presciencia divina

Por último, esta misma relación tiempo-eternidad aparece formulada a partir del problema de la presciencia divina,[29] en tanto se juzga que el conocimiento de las cosas está siempre presente en la eternidad divina: "así, pues, como el juicio abarca el objeto conforme a las leyes de la naturaleza cognoscente, y Dios goza de un eterno presente, su ciencia, elevándose por encima de todo movimiento del tiempo, conserva la simplicidad del estado presente; y abarcando el curso infinito del pasado y del futuro, considera todos los acontecimientos en su conocimiento simplicísimo como si sucedieran en el presente".[30]

Por eso Boecio indica que no se puede pensar la presciencia divina "como la presciencia del futuro de la que hablan los mortales, sino que es la verdadera y certísima ciencia de un presente siempre actual".[31] Por eso propone llamarla "providencia y no previdencia o presciencia".[32] Y ese conocimiento es un ver no coactivo desde Dios: "¿cómo quieres, pues, que una necesidad coaccione a lo que está iluminado con luz divina, cuando ni siquiera los hombres imponen tal necesidad a las cosas que ven?[33] Y profundizando en esta línea se pregunta inmedia-

---

27 BOECIO, *Consol.*, V, 6, 12.
28 BOECIO, *Consol.*, V, 6, 13.
29 Cfr. MAREMBON, J. *Le temps, l'eternité et la prescience de Boèce Thomas d'Aquin*, Paris, Vrin, 2005, 34, nro. 2.
30 BOECIO, *Consol.*, V, 6, 15.
31 BOECIO, *Consol.*, V, 6, 16.
32 BOECIO, *Consol.*, V, 6, 17.
33 BOECIO, *Consol.*, V, 6, 18.

tamente: "acaso lo que tú ves se hace necesario por el hecho de que tú lo veas?".[34] La mirada de Dios al contemplar las cosas no transforma su carácter, de modo que, "siendo para él presentes, son sin embargo, futuras con relación al tiempo".[35]

El núcleo de su doctrina lo expresa cuando indica que "un mismo hecho futuro, referido a la ciencia divina, aparecerá como necesario, pero considerado en su propia naturaleza, será independiente y libre".[36] Esto lo lleva a distinguir dos órdenes de necesidad: absoluta y condicional: "como el hecho de que cuando alguien camina se sabe con certeza que está caminando".[37] En tal sentido "Dios ve simultáneamente presentes los futuros contingentes; los cuales, por consiguiente, con relación a la mirada divina son necesarios, por ser conocidos por la ciencia de Dios; pero considerados en sí mismos, no pierden el carácter de acto libre, que es propio de su naturaleza".[38]

5. La eternidad boeciana en clave de atemporalidad

Se suele repetir, casi como lugar común, que Boecio anticipó la idea de una eternidad atemporal y con ello, que ha proporcionado la clave de una definición que recorre todo el medioevo.

Sería innumerable la lista de historiadores que asumen esta posición; podríamos citar a modo de ejemplo: B. Davies[39] y P. V. Spade.[40]

Sin embargo, es un tema arduo de discusión establecer si la eternidad divina boeciana puede ser caracterizada como estrictamente atemporal.

No caben dudas que para Boecio la eternidad divina no es idéntica a lo que la Filosofía en la *Consolación* denomina la perpetuidad,[41] o

---

34 BOECIO, *Consol.*, V, 6, 19.
35 BOECIO, *Consol.*, V, 6, 23.
36 BOECIO, *Consol.*, V, 6, 26.
37 BOECIO, *Consol.*, V, 6, 27.
38 BOECIO, *Consol.*, V, 6, 31.
39 B. DAVIES, *An Introduction to the Philosophy of Religion*, Oxford, Oxford University Press, 1993, (nueva edición), 141-2: "What does it mean to call God eternal? According to the first, "God es eternal" means that God is non-temporal or timeless (...). An especially influential exponent of [this view] is Boethius (...) whose definition of eternity as timelessness was a starting point for much medieval thinking on eternity".
40 P.V. SPADE, "Medieval Philosophy" in *The Oxford Illustrated History of Western Philosophy*, ed. A. KENNY, Oxford, Oxford University Press, p. 72: "Boethius (...) moves God autside time. He was not the first to adopt this strategy, but in the Latin tradition he was the first prominent author to do so in the context of this problem [of prescience].
41 BOECIO, *Consol.*, V, 6, 14

la sempiternidad[42] (*sempiternitas*), consistente en una existencia sin principio y sin fin.[43] Lo que la Filosofía dice explícitamente en la *Consolación* es que Dios no puede estar sometido a la condición propia de la temporalidad.[44]

En su análisis del problema, Marembon propone distinguir dos aspectos con toda nitidez:

a) por un lado, lo que los filósofos contemporáneos definen hoy como la atemporalidad, es decir analizar la semántica actual del concepto.
b) y por otro, lo que afirma Boecio en la *Consolación* y el *De Trinitate* respecto de la eternidad.[45]

Para considerar el primer punto Marembon propone evaluar qué significa la "atemporalidad" (*timelessness*), tomando como base la semántica del concepto propuesta por Nelson Pike,[46] quien vincula la noción de tiempo con la noción de extensión. Y define lo atemporal como una entidad que carece de extensión y posición temporales. Por ello todas aquellas proposiciones que hablan de una entidad atemporal utilizando los tiempos: el pasado, el futuro y también el presente, son sencillamente, falsas.[47]

Por ejemplo, si se juzga –tal como muchos filósofos lo hacen– que los números son atemporales, se rechazará como falsas las proposiciones "tres *será / fue* más grande que dos" y aun la proposición "tres *es* más grande que dos" a menos que se atribuya al verbo *ser* una significación que no es presente sino atemporal.

Si atendemos a los estudios de Norman Kretzmann y Eleonore Stump,[48] sobre el concepto de eternidad inferido del texto boeciano que se desprende de la prosa V.6, podremos advertir una diferencia entre la atemporalidad de los números o de las verdades y la eternidad divina que Boecio caracteriza como *vida ilimitada*.

---

42 BOECIO, *De Trinite* (Moreschini, 2000, p. 175, 235-176, 245). Ver traducción de E. Kenyon, 2004, versión en línea: <http://pvspade.com/Logic/docs/BoethiusDeTrin.pdf>.
43 BOECIO, *Consol.*, V. 6, 6: "Quod igitur temporis patitur conditionem, liceo illud, sicuti de mundo censuit Aristoteles, nec coeperit umquam esse nec desinat vitaque eius cum temporis infinitae tendatur, nondum tamen tale est ut aeternum esse iure credatur".
44 BOECIO, *Consol.*, V, 6, 6.
45 J. MARENBON, *Le temps, l´éternité et la prescience de Boèce Thomas d´Aquin,* Paris, Vrin, 2005 p. 49
46 N. PIKE, *God and Timelessness*, Londres, Routledge & Kegan Paul, 1970, p. 6-8.
47 La misma definición se encuentra en SORABJI, *Time, Creation and the Continuum. Theories in Antiquity and the Early Middle Ages*, Londres, Duckworth, 1983, 99.
48 E. STUMP, N. KRETZMANN, "Eternity", *Journal of Philosophy*, (1981), 78, 429-458 también en T. V. MORRIS, The Concept of God, Oxford, Oxford University Press, 1987.

Si bien la eternidad divina –según interpretan estos autores– es atemporal, resultaría insuficiente caracterizarla sólo por su atemporalidad. Pues para Boecio, la eternidad divina, implica duración, una duración infinita sin comienzo ni fin,[49] caracterizada por la posesión de la vida de manera simultánea. Es verdad que cualquier realidad física que padece o puede padecer cambios sucesivos en el tiempo, y que puede ser medida por el tiempo, no es capaz, en cambio, de poseer su vida, total y simultáneamente.

En el mencionado artículo Kretzmann y Stump construyen un modelo que vincula el tiempo con la eternidad concebida según estas características de la *atemporalidad*. Quizá se puede admitir la utilidad de un sistema tal desde el punto de vista de la actual filósofía de la religión, facilitando, por ejemplo, la comprensión del problema de la presciencia divina. Pero, en verdad entendemos que nos ayuda poco a comprender lo que Boecio ha querido expresar.

Esta duda la formula con toda claridad Marenbon, quien propone expresarse con mucha cautela en torno al problema[50] para no cometer anacronismos.

Marenbon sostiene que hay una gran diferencia entre la concepción boeciana de la eternidad y la sostenida por los filósofos contemporáneos, quienes definen la eternidad divina de forma puramente negativa, por la ausencia de posición o de extensión temporal. Boecio, en cambio, nos presenta un tiempo, de base neoplatónica, con una entidad metafísica que se deriva de la eternidad y que sólo es comprensible como su imagen.

Por ello la perspectiva de la *Consolación* se aleja de la lógica interpretativa contemporánea. Boecio no se pregunta cuál es el modo más adecuado y conveniente conforme al cual se puede hablar de Dios; Boecio pretende, en la medida en que esto resulte posible, explicar la naturaleza divina, con el fin de resolver el misterio del conocimiento del futuro, al que se ancla el tema de la libertad humana.

La eternidad es la misma vida divina, vida que es absolutamente una, entera, simultánea e indivisible. En cambio, vivir según la condición del tiempo, es no poder gozar de esta plenitud de la vida, y en consecuencia *ser y estar* limitado a una existencia que se despliega en cada instante fugaz y sucesivo:

---

49   E. STUMP, N. KRETZMANN, en T. V. MORRIS, 220: "(...) atemporality alone does not exhaust eternality as they conceived of it"
50   J. MARENBON, *Le temps, l'eternité et la prescience de Boèce Thomas d'Aquin*, Paris, Vrin, 2005.

"Lo que aprehende y posee de una sola vez la plenitud total de una vida ilimitada, a la que no le falta nada futuro, y nada del pasado se le ha escapado, es a eso que se considera a justo título como eterno. Lo eterno, necesaria y totalmente, se posee a sí mismo en el presente, jamás se abandona y en su presente reúne la infinidad del tiempo que pasa".[51]

En este texto de la *Consolación* se observa, al igual que en el *De Trinitate*, una indicación fuerte conforme a la cual Dios existe de una cierta manera en todos los tiempos; no es simplemente *perpetuo*. Lejos de negar el pasado y el futuro, la eternidad los contiene a ambos.

De modo que esta idea según la cual el eterno presente asume la infinidad del tiempo que pasa, podría ser comprendido de dos maneras distintas, en las que se encuentra dividida la reflexión contemporánea sobre el tema:

1) una que refuerza la interpretación realista según la cual la eternidad de Dios es simultánea con cada instante del tiempo;[52]
2) y una segunda interpretación de corte epistémico o gnoseológico —que es la sostenida por el mismo Marenbon— según la cual la totalidad del tiempo está presente en el conocimiento divino.

6. La proyección de Boecio en el pensamiento posterior

Es innegable la presencia del pensamiento boeciano en los escritos del Aquinate quien alude a su definición de eternidad,[53] al precisar sus características: no tiene ni comienzo ni fin; pero además, es esencialmente opuesta a la temporalidad: "Pues así como la razón del tiempo consiste en la numeración del antes y del después en el movimiento, así también la eternidad consiste en la aprehensión de su uniformidad, lo cual es absolutamente extraño al movimiento".[54]

---

51 BOECIO, *Consol.*, V. 6. 8
52 DE FINANCE, J., "La présence des choses à l´éternité d´après les scolastiques", *Archives de Philosophie*, (1956), 19, 24-62.
53 TOMAS DE AQUINO, I *Sent.*, d. 8, q. 2, a 1; STH. I, q. 10, a. 1.
54 TOMAS DE AQUINO, STH I, q. 10, a. 1: "Sicut igitur ratio temporis consistit in numeratione prioris et posteriores in motu, ita in aprehensione uniformitatis eius quod est omnino extra motum, consistit ratio aeternitatis". En I, q. 10, a. 4, Tomás explica que la diferencia esencial entre la eternidad y el tiempo es que "aeternitas est tota simul, quod tempori non convenit, quia est mensura esse permanentis, tempus vero est mensura motus".

Partiendo de ello, la solución tomasiana de la presciencia divina parte de dos elementos:

a) Aquino evita el fatalismo temporal negando que las proposiciones futuras contingentes sean verdaderas o falsas antes de los acontecimientos.
b) Y, además, explica la providencia divina a través del carácter no proposicional de la ciencia divina.[55]

Tomás admite que los acontecimientos que no son futuros en orden al conocimiento divino, pueden ser futuros con relación a otros acontecimientos o bien, con relación a nosotros.[56] Para Tomás, Dios no es sujeto del tiempo, sino que está fuera del tiempo.

La simple constatación de que Dios es eterno implica una exterioridad por relación al tiempo: "que x sea eterno" quiere decir que "x no es medido por el tiempo", pues el tiempo siempre es medida de los seres naturales, y Dios sólo es medido por la eternidad.

Podríamos señalar que Tomás de algún modo proyecta la especulación de Boecio. Su posición descansa en la distinción entre la situación de un acontecimiento:

a) en él mismo,
b) en el tiempo
c) y en tanto que conocido en la eternidad.

Y en su calidad de teólogo, Tomás se interesa particularmente por la relación entre el conocimiento de Dios y las cosas temporales. Si bien Dios no existe en ningún instante temporal –en cuanto existe en el instante único de la eternidad–, su existencia no está separada de las cosas temporales, Dios existe, de alguna manera *con el tiempo*.

Dios –como dice a menudo Tomás–, ve las cosas en cuanto presentes. En uno de los textos donde discute las relaciones entre Dios y el tiempo, parece indicar que Dios no está ausente de cada instante del tiempo: "una tal cosa indivisible [la eternidad] puede estar en tiempos diferentes, porque la eternidad invariable está presente en todas las partes del tiempo.[57]

R. Fox cita particularmente este pasaje señalando que Tomás "parece haber evitado cuidadosamente en sus obras posteriores las expresiones

---

55 GORIS H.J.M.J,, *Free Creatures of an Eternal god: Thomas Aquinas on God´s foreknowledge and irresistible will*, Louvain, Peeters, 1998, 253.
56 Cfr. GORIS H.J.M.J,, *Free Creatures of an Eternal god: Thomas Aquinas on God´s foreknowledge and irresistible will*, p. 57 n. 7.
57 TOMÁS DE AQUINO, I Sent, I, d. 37, q. 2, art. 1 ad 4.

que podrían sugerir una presencia divina en el tiempo",[58] en cuanto podría comprometer la simplicidad divina. Tomás insiste, como Fox bien lo remarca, en la idea de que Dios está en todas las cosas, sosteniéndolas en su ser.[59] Ese es su modo de "estar presente" en ellas.

Un pasaje que Fox señala es particularmente revelador, si bien allí Aquino considera el tema desde la ubicuidad divina. Una de las objeciones comienza situando el tiempo y el espacio en paralelo: "El tiempo es a las cosas sucesivas como el espacio a las cosas permanentes. Pero un mismo momento indivisible de acción o de movimiento no puede existir en diversos tiempos. Del mismo modo, en el dominio de los seres permanentes, un ser indivisible no puede estar en todos los lugares".[60]

En su respuesta[61] Tomás distingue entre dos especies de indivisibles: primero, aquellos que son términos o constitutivos últimos de una cantidad continua, como el punto y el instante. Pero hay también: "[...] una especie de indivisible que escapa a todo el orden del continuo; es de esta manera que las substancias incorpóreas como Dios, el ángel y el alma se dicen indivisibles. Pues lo indivisible no se aplica al continuo en cuanto parte sino en orden a su acción. Por consiguiente, sólo es en cuanto a la acción que puede extenderse a un ser o a muchos".[62]

Aquino no desarrolla el caso paralelo del instante de la eternidad que es en todo tiempo, no en cuanto constituyente del tiempo sino en razón de su potencia (*virtus*). Tomás admite espontáneamente que "se aplican a Dios los verbos de diversos tiempos, en cuanto su eternidad incluye todos los tiempos, y no porque cambie según el presente, el pasado y el futuro".[63]

Compartimos las conclusiones de Fox y Marembon cuando juzgan el criterio contemporáneo de la atemporalidad como extraño al pensamiento medieval, de manera que los escritos medievales difícilmente puedan coincidir con la gama de concepciones y maneras de pensar utilizadas por los filósofos contemporáneos:

"El punto de partida del universo [medieval] es poblado y organizado de una manera muy diferente al de nuestros modelos de hoy, no nos debemos asombrar que el pensamiento (medieval) rechace

---

58 R FOX, *Time and Eternity in Mind-Thirteenth Century Thought*, Oxford University Press, 2006.
59 R. FOX, *Time and Eternity*, cap. 10.
60 TOMÁS DE AQUINO, STH. I, q. 8, a2 arg. 2.
61 TOMÁS DE AQUINO, STH. I, q. 8, a. 2, ad. 2.
62 TOMÁS DE AQUINO, STH. I, q. 8, a. 2, ad. 2.
63 TOMÁS DE AQUINO, STH. I, q. 10 a. 2 ad 4.

ser categorizado y limitado por los parámetros de las distinciones contemporáneas".[64]

En la reconstrucción moderna del problema la verdad histórica puede quedar ensombrecida detrás de una hermeneútica inadecuada. La metodología analítica contemporánea puede conducirnos a explicitar precisiones que –no olvidemos– están ausentes en los enunciados de los autores medievales. Así, por ejemplo cuando discuten la necesidad, los pensadores del medioevo permanecen en cierta ambigüedad en lo que concierne a la naturaleza de los objetos que se juzga necesarios. Y mientras que los filósofos contemporáneos prefieren hablar de proposiciones necesarias, los medievales hablan de acontecimientos necesarios y a menudo se refieren simplemente a realidades *necesarias o posibles*.

Fuentes

BOETHIUS, *Consolatio Philosophiae,* James J. O'Donnell, Ed. Texto latino con índice electrónico incorporado al Proyecto Perseo. Consultado: julio 2016

http://www.perseus.tufts.edu/hopper/text?doc=Perseus:text:1999.02.0121

Traducciones

BOETHIUS, *Cinco Opúsculos Teológicos* (Opuscula Sacra). Trad. J. Picasso Muñoz, Publicado por Fondo Editorial PUCP, 2002, 124p.

Versión en línea: http://books.google.es/books?id=VRZ0NMslh_4C&pg=PA48&lpg=PA48&dq=boecio,+opusculos,+eternidad&source=bl&ots=2W_dcR4d_m&sig=UgFw_vT6jbMysA4_R6iYOWI7TBA&hl=es&sa=X&oi=book_result&resnum=1&ct=result#PPA63,M1

BOECIO, *La consolación de la Filosofía*, Aguilar, Madrid-Bs. As-Mexico, Traducción Pablo Masa, 1955.

BOETHIUS, *De Trinite*, transl. Erik Kenyon, 2004.

http://pvspade.com/Logic/docs/BoethiusDeTrin.pdf

BOETHIUS, *The Theological Tractates and the Consolation of Philosophy,* trad. H. F. Stewart et al., Harvard Univ. Press, Cambridge, Mass., 1973.

Bibliografía

EVANS J., "Boethius on Modality and Future Contingents", *American Catholic Philosophical Quarterly,* (2004), 78, p. 247-271.

DOÑAS A., "Bibliographia Boethiana I", *Memorabilia,* 13 (2011), pp. 285-334

DOÑAS A, *Las versiones castellanas medievales de la Consolatio Philosophiae*. Tesis doctoral, U. de Valencia, 2015. Versión en línea:

---

64 R. FOX *Time and Eternity* cap. 10.

http://roderic.uv.es/bitstream/handle/10550/50009/tesis_do%C3%B1as.pdf?sequence=1

FITZGERALD P. "Stump and Kretzmann on time and Eternity", Journal of Philosophy, (1985), 82, p. 260-269.

FOX RORY, *Time and Eternity in Mind-Thirteenth Century Thought*, Oxford University Press, 2006.

GORIS H.J.M.J, *Free Creatures of an Eternal god: Thomas Aquinas on God's foreknowledge and irresistible will*, Louvain, Peeters, 1998.

PIKE N., *God and Timelessness*, Londres, Routledge & Kegan Paul, 1970.

MARENBON, J. *Le temps, l'eternité et la prescience de Boèce à Thomas d'Aquin*, Paris, Vrin, 2005.

MARENBON, J., *Boethus,* New York, 2003, Oxford University Press.

MARENBON, J., "Eternity", The Cambridge Companion to Medieval Philosophy, ed. A.S. Mc Grade, Cambridge, Cambridge University Press, 2003, p. 51-60.

MARENBON, J., «Boethius: from Antiquity to the Middle Ages», en *Routledge History of Philosophy III: Medieval Philosophy*, London, Routledge, 1998, 11–28.

MARTIN C.J., "The Logic of Negation in Boethius", *Phronesis*, 1991, 36, p. 277-304.

PADGETT, A.G., *God, Eternity and the Nature of Time*, N.Y., St. Martin's Press, 1992.

STUMP E., KRETZMANN N., "Eternity", *Journal of Philosophy*, (1981), 78, 429-458

STUMP E., KRETZMANN N., "Atemporal Duration: a Reply to Fitzgerald", Journal of Philosophy 84, (1987), p. 214-219.

MORRIS T. V., *The Concept of God*, Oxford, Oxford University Press, 1987.

DAVIES B., *An Introduction to the Philosophy of Religion*, Oxford, Oxford University Press, 1993.

SPADE P.V., "Medieval Philosophy" in *The Oxford Illustrated History of Western Philosophy*, ed. A. Kenny, Oxford, Oxford University Press, 1994, p. 55-105.

SORABJI R., *Time, Creation, and the Continuum*, Ithaca 1983.

TRONCARELLI, F., *Tradizioni perdute. La 'Consolazione Philosophiae' nell'alto medioevo*, Padua: Antenore (Medioevo e umanesimo 42), 1981.

TRONCARELLI, F, *Boethiana aetas. Modelli grafici e fortuna manoscritta della 'Consolatio Philosophiae' tra IX e XII secolo*, Alessandria: Edizioni dell'Orso (Biblioteca di scrittura e civiltà 2), 1987.

WIPPEL J.F., "Divine Knowledge, Divine Power and Human Freedom in Thomas Aquinas and Henry of Ghent", en WIPPEL J, *Metaphysical Themes in Thomas Aquinas*, Washington DC, Catholic University of americAmerica, 1984, Studies in Philosophy and the History of Philosophy 10, p. 243-270.

Capítulo 9
La eternidad del mundo en Juan Escoto Eriúgena

1. Los aspectos centrales del tratamiento de la cuestión en Juan Escoto Eriúgena

El problema de la eternidad del mundo parece haber sido largamente olvidado durante el período de la cristiandad latina desde el siglo VII al IX.

La cuestión fue reavivada por Juan Escoto Eriúgena en la mitad del siglo IX al considerarla bajo una modalidad totalmente diferente de la desarrollada por los Padres latinos. Influenciado por san Agustín, Boecio y Calcidio,[1] pero con un conocimiento profundo de lo padres griegos Gregorio de Nisa, el Pseudo-Dionisio y Máximo, el maestro irlandés representa un importante momento de transición en la formulación del problema.

La originalidad del Eriúgena en la consideración del problema ha sido puesta de manifiesto tras los estudios

---

1 Contrariamente a lo que algunos tempranos comentadores supusieron es improbable que Eriúgena haya tenido un conocimiento original de los textos de Plotino, Porfirio y Proclo, en cambio sí ha tenido un conocimiento del *Timeo* de Platón a través de la traducción de Calcidio.

de W. Beierwaltes,[2] S. Gersh,[3] y D. Moran[4] quienes han reconocido en él un singular metafísico y un pensador especulativo de primer rango cuyos trabajos trascendieron las limitaciones de su época y de su modo de expresión.[5]

Metodológicamente, hemos circunscrito nuestro análisis sobre la temporalidad al libro III del *Periphyseon*,[6] donde se indaga de qué modo el mundo puede ser eterno y a la vez creado. Ya Agustín se había preocupado en mostrar que el mundo tiene un principio absoluto en cuanto al tiempo, contraponiéndose a los filósofos griegos. Eriúgena, coincide con él al admitir que en el presente estado el universo ha tenido un principio; sin embargo, indica que hay un sentido conforme al cual el mundo es eterno, y esto acontece en cuanto se lo considera en sus causas. Resultaría posible así conciliar un mundo eterno y a la vez, creado de la nada; esta es la base del esfuerzo eriugeniano.

Su estrategia argumentativa utiliza el mismo planteamiento retórico que Agustín usó en sus *Confesiones*. Hemos podido discernir, en el libro III del *Periphyseon*, cuatro vías transitadas por el autor:

1. En lo que concierne a las causas primeras, el Eriúgena establece que todas las cosas "fueron hechas por el Padre, en su Verbo Unigénito, de un modo súbito, todas a la vez y desde toda la eternidad".[7]
2. En segundo término examina la derivación del mundo corpóreo desde lo inteligible, procurando reconciliar la simplicidad y eternidad de Dios con la temporalidad de los múltiples efectos causados.[8]

---

[2] W. BEIERWALTES (ed.), *Begriff und Metapher. Sprachform des Denkens bei Eriugena*, Vortrage des VII. Internationalen Eriugena Colloquiums Werner-Reimers-Stiftung Bad Homburg 26-29 Juli 1989, Heidelberg, 1990.

[3] S. GERSH, *From Iamblichus to Eriugena. An Investigation of the Prehistory and Evolution of the Pseudo-Dionysian Tradition*, Leiden, 1978.

[4] D. MORAN, *The Philosophy of John Scottus Eriugena. A Study of Idealism in the Middle Ages*, Cambridge, 1989.

[5] ..."filosóficamente hablando el Eriúgena trasciende los límites de este complejo mundo del neoplatonismo tardío y ofrece una filosofía radicalmente diferente que puede resistir la comparación con el pensamiento filosófico reciente, especialmente el intento de romper la tradición de la ontología y desarrollar una *meontología* y una *hiperontología*". M. BEUCHOT, "La hermenéutica de Juan Escoto Eriúgena", *Anámnesis*, 10 (1995), 50.

[6] El centro de nuestro trabajo es el Libro III, sólo nos desplazaremos de él cuando se presente la necesidad de considerar textos relevantes que completen la doctrina allí expuesta.

[7] J. ESCOTO ERIÚGENA, *Periphyseon liber tertius*, 635. I. P. Sheldon - Williams (ed.), Dublin, 1981, (cit. *PP*, III, 635).

[8] J. ESCOTO ERIÚGENA, *PP*, III, 642.

3. La tercera vía realiza una indagación del significado de la expresión *"de la nada"*, procurando desentrañar cómo algo que procede de la nada puede ser a la vez, eterno.[9]
4. Y por último, analiza la relación entre el tiempo, propio de los seres materiales en cuanto son generados en formas y espacios diferentes; y la eternidad que le conviene a Dios como a las criaturas en cuanto son eternas en el Verbo.[10]

1.1 La inserción del problema tiempo-eternidad en el marco del Periphyseon

El *Periphyseon* es el más importante y sistemático de los escritos del Eriúgena, largo diálogo entre un anónimo maestro *(nutritor)* y su alumno *(alumnus)*, compendio del saber que conforma, en el decir de D. Moran, una verdadera suma neoplatónica.

Centrado en las primeras líneas del *Génesis*, constituye un completo *Hexamerón*.[11] Esto concierne en particular a los libros II, III y IV, mientras que, en cambio, el libro I realiza una introducción que define los conceptos fundamentales y determina el método general del trabajo.

Este procedimiento nos sugiere una afinidad con los tratados teológicos de Boecio, y especialmente con el *De hebdomadibus*, que también comienza con la definición de las *conceptiones communae*, que sirven de fundamento para la construcción posterior del sistema.

Al proponer su plan general de trabajo, el Eriúgena define la naturaleza como: "el nombre común para todas las cosas, para aquellas que son y para las que no son".[12] Esta noción de ser –que incluye tanto el "ser" como el "no ser"– se caracteriza por la apertura a una totalidad que todo lo contiene.[13] No emplea, por tanto, los términos "ser" y "no ser" en un sentido absoluto, sino que prefiere considerarlos en cuanto

---

9   J. ESCOTO ERIÚGENA, *PP*, III, 665-66.
10 J. ESCOTO ERIÚGENA, *PP*, III, 639.
11 G. H. ALLARD, "La structure litteraire de la composition du *De divisione naturae*", en J. J. O'MEARA / L. Bieler (eds.), *The Mind of Eriugena*, Dublin, 1970, 148. E. Gilson comparte este mismo criterio.
12 J. ESCOTO ERIÚGENA, *Periphyseon liber primus*, 441 A, I. P. Sheldon - Williams (ed.), Dublin, 1968, (cit. *PP*, I, 441 A): "Est igitur natura generale nomen, ut diximus, omnium quae sunt et quae non sunt".
13 Véase W. OTTEN, "The Universe of Nature and Universe of Man", en W. BEIERWALTES (ed.), *Begriff und Metapher. Sprachform des Denkens bei Eriugena*, Vortrage des VII. Internationalen Eriugena Colloquiums Werner-Reimers-Stiftung Bad Homburg 26-29 Juli 1989, Heidelberg, 1990, 203-204.

correlativos, por lo cual, un "no-ser" es la negación de lo que ha sido descrito como "ser".

De este modo:

a) Conforme al primer y fundamental significado, el "ser" es aquello que cae bajo los sentidos y el intelecto, mientras que el "no-ser" escapa al alcance de estas facultades.[14]
b) La segunda, se refiere a las naturalezas que han sido creadas jerárquicamente ordenadas. Cualquier negación del orden superior es equivalente a una afirmación de lo inferior, y a la inversa.[15]
c) El tercer significado se basa en la distinción de lo actual y lo potencial. "Ser" es lo que actualmente existe en el mundo, mientras que el "no-ser" es lo que existe en cuanto oculto en su causa.[16] Esta comprensión de la correlación del "ser" y del "no-ser" se vincula con el primer significado, donde las causas primeras de todas las cosas se clasificaron como "no-ser" en virtud de su inaccesibilidad a la cognición.
d) El cuarto significado es claramente platónico. "Ser" es lo captado por el intelecto, y puede además -en virtud de su inmutabilidad esencial- constituirse en objeto de conocimiento verdadero. El "no-ser" es lo que está sujeto a generación y corrupción y que, debido a su cambio constante, no puede conformar un objeto de conocimiento verdadero.[17]
e) Finalmente, la quinta manera de comprender las nociones correlativas de "ser" y "no-ser" se aplican exclusivamente a los hombres y a los ángeles y depende de criterios morales: para un hombre "ser"

---

14   J.ESCOTO ERIÚGENA, *PP*, I, 443 A-B: "Quorum primus videtur esse ipse per quem ratio suadet omnia quae corporeo sensui vel intelligentiae perceptioni succumbunt vere ac rationabiliter dici esse, ea vero quae per excellentiam suae naturae non solum omnem sensum sed etiam omnem intellectum rationemque fugiunt iure videri non esse – quae non nisi in solo deo materiaque et in omnium rerum quae ab eo conditae sunt rationibus atque essentiis recte intelliguntur"

15   J. ESCOTO ERIÚGENA, *PP,* I, 444 A: "Fiat igitur secundus modus essendi et non essendi qui in naturarum creaturarum ordinibus atque differentiis consideratur [...] ubi mirabili intelligentiae modo unusquisque ordo [...] potest dici esse et non esse. Inferioris enim affirmatio superioris est negatio itemque inferioris negatio superioris est affirmatio".

16   J. ESCOTO ERIÚGENA, *PP*, I, 444 C-D: "Tertius modus non incongrue inspicitur in his quibus huius mundi visibilis plenitudo perficitur et in suis causis praecedentibus in secretissimis naturae sinibus".

17   J. ESCOTO ERIÚGENA, *PP*, I 445 C: "Quartus modus est qui secundum philosophos non improbabiliter ea solummmodo quae solo comprehenditur intellectu dici vere esse; quae vero per generationem materiae distentionibus seu detractionibus locorum quoque spatiis temporumque motibus variantur colliguntur solvuntur vere dicuntur non esse, ut sunt omnia corpora quae nasci et corrumpi possunt".

significa "ser bueno", permanecer en estado de gracia, preservar la imagen de Dios en su alma. La pérdida o contaminación de esta imagen de Dios en su propia alma es equivalente a caer en el no-ser.[18]

Esta naturaleza como totalidad, nos dice, está dividida en cuatro especies: la naturaleza que crea y no es creada, que es Dios, fuente y principio de todas las cosas; la naturaleza que es creada y crea: el mundo de las causas primeras, productoras del mundo sensible; la naturaleza que es creada y no crea, que designa el dominio de todos los efectos de estas causas en cuanto constituye el mundo de los fenómenos, de lo contingente, y de las cosas percibidas a través de los sentidos. Y, finalmente, la cuarta especie que no crea ni es creada y que, en sí misma, describe a Dios como el fin último de toda la creación.[19]

De este modo, la primera y la cuarta división se refieren a Dios como principio y fin de todas las cosas; mientras que la segunda y la tercera expresan la unidad de la relación causa-efecto.

En este sentido, Dios es un "no-ser", siendo su misma perfección la razón por la que nuestras facultades fallan con relación a Él. Las causas primeras, razones ideales, modelos de las cosas que Dios crea, también son "no-ser"; y también lo es la materia, la que, sin embargo, es un "no-ser" en otro sentido, pues lo es en virtud de su imperfección y carencia de toda forma.[20]

Mediante esta definición del ser como delimitado por la capacidad de ser aprendido por facultades cognitivas, Eriúgena de una manera típicamente neoplatónica, hace que su ontología se desarrolle paralelamente con su epistemología.

Al inicio del libro IV, denomina a su proyecto intelectual una *"Physiologia"*. El término es apto por cuanto la naturaleza, conforme a lo que ha expresado al inicio del libro I, comprende no sólo la natu-

---

18   J. ESCOTO ERIÚGENA, *PP*, I, 445 C: "Quintus modus est quem in sola humana natura ratio intuetur, quae cum divine imaginis dignitatem in qua proprie substetit peccando deseruit merito esse suum perdidit et ideo dicitur non esse".

19   J. ESCOTO ERIÚGENA, *PP*, I, 441 B-442 A: "Videtur mihi divisio naturae per quattuor species recipere, quarum prima est in eam quae creat et non creatur, secunda in eam quae et creatur et creat, tertia in eam quae creatur et non creat, quarta nec creat non creatur".

20   J. ESCOTO ERIÚGENA, *PP*, I, 443 A-B, 38: "Quorum primus videtur esse ipse per quem ratio suadet omnia quae corporeo sensui vel intelligentiae perceptioni succumbunt vere ac rationabiliter dici esse, ea vero quae per excellentiam suae naturae non solum omnem sensum sed etiam omnem intellectum rationemque fugiunt iure videri non esse – quae non nisi in solo deo materiaque et in omnium rerum quae ab eo conditae sunt rationibus atque essentiis recte intelliguntur".

raleza creada sino también al Divino Creador, señalando una relación esencialmente dialéctica entre ambos: Dios se expresa a sí mismo en la creación y la creación culmina en un retorno a lo divino.

El concepto de *natura, physis* que el Eriúgena ha asimilado de la cultura griega entiendo constituye la clave para comprender sus afirmaciones en torno al tiempo.

Escoto se lamenta que tanto en griego como en latín se hayan utilizado como sinónimos *ousía* y *physis; essentia* y *natura*; y propone diferenciarlos,[21] en conformidad con su propia etimología,[22] diciendo que *ousía* o *essentia* debe decirse de aquello que en toda criatura material o inteligible no puede ser destruido, aumentado ni disminuido; mientras que *physis* o *natura*, en cambio, debe decirse de la generación de la esencia en determinadas circunstancias de lugar, tiempo y materia. En este sentido, es posible afirmar que toda criatura es *ousía* en cuanto subsiste en sus razones; y *physis*, en cuanto es generada en alguna materia.[23] Sobre esta clave interpretativa se desarrolla toda su doctrina sobre la temporalidad.

1.2 *El binomio tiempo-eternidad en orden a las causas primordiales*

Tal como indicamos, el libro III, en principio, debía tratar sobre la naturaleza que es creada y no crea, Pero de hecho, la exposición sobre los efectos de las causas primeras se verá postergada hasta más allá de la mitad de este libro.[24]

Su primera parte se consagra a la naturaleza que es creada y crea, que se corresponde, en principio, con la segunda persona de la Trinidad. En ella están las ideas o formas de las cosas; y ella es, el Verbo divino a través del cual todo ha sido creado:

> "Fíjate cómo confiadamente se ha manifestado que la naturaleza de todas las cosas, que han sido hechas es el Verbo de Dios (...). Pues siendo, genera todas las cosas porque todas las cosas son Él mismo. Y para que más claramente puedas conocer al Verbo de Dios, es tanto la naturaleza de las cosas como consustancial al Padre, anterior a todo y [presente] en todo cuanto es hecho".[25]

---

21 J. ESCOTO ERIÚGENA, *PP*, V, 867.
22 *Ousía* del participio presente femenino del verbo ser, y *physis* del verbo generar, devenir.
23 J.ESCOTO ERIÚGENA, *PP*, V, 867 ss.
24 J. ESCOTO ERIÚGENA, *PP*, III, 620 A-B; III, 690 A-B.
25 J. ESCOTO ERIÚGENA, *PP*, III, 685 C.

Eriúgena prefiere hablar más que de ideas o de formas, de causas, dando por supuesto que, en cuanto tales, necesariamente han de producir sus efectos: hace coincidir así lo pensado por Dios con las realidades posibles, que se tornan reales sólo cuando media la voluntad divina. De este modo admite que todo lo que existe estaba ya, de forma eminente, en las causas primeras; y si no las llama eternas, es porque son hechas, pero hechas desde siempre, porque subsisten como causas primeras en el Verbo divino –es más, son el mismo Verbo divino–, en el cual no comienzan ni cesan nunca de existir. Pero, sin embargo, están atravesadas por la negatividad que implica tener que subordinarse a un existir y ser en el tiempo:

"En lo que atañe a las causas primeras fueron hechas por el Padre en su Verbo unigénito, esto es en su Sabiduría, súbitamente, todas de una vez y eternamente (...).

Y así en las causas primordiales todas las cosas son eternas en la Sabiduría del Padre pero no son coeternas con Él pues la causa siempre precede al efecto tal como la noción de artista supone la noción de arte y como el arte precede la noción de todo cuanto por él y en él es hecho (...). De lo cual se sigue que todas las cosas son eternas en la Voluntad del Padre pero no coeternas con Él".[26]

Estas causas primeras son naturalmente invisibles, puesto que no han configurado todavía su apariencia ni a través del color ni a través de ninguna forma particular. Son también simples (*incompositia*), puesto que no admiten ninguna complejidad; despliegan una armonía y unidad inefable que es previa a cualquier conexión de partes.[27] Las causas primeras, consideradas como los modelos de las criaturas contenidas en la mente divina, se caracterizan por su simplicidad, perfección y su inaccesibilidad respecto de cualquier conocimiento; es sólo en un momento posterior, cuando pasan a sus efectos diversos, que generan una multiplicidad, que puede ser objeto de conocimiento.[28]

Este ámbito de la realidad ha sido designado como una «profundidad insondable» o «abismo» debido al carácter sublime e incomprensible de las causas y a su infinitud que se desborda sobre la totalidad del uni-

---

26 J. ESCOTO ERIÚGENA, *PP*, III, 635 C-D.
27 J. ESCOTO ERIÚGENA, *PP*, II, 550 B-C: "Merito quoque causae [primordiales] incompositae praedicantur. Sunt enim simplices omnique compositione omino carentes. Nam in eis est ineffabilis unitas inseparabilisque incompositaque armonia universaliter differentium seu similium partium copulationem supergrediens".
28 R. D. CROUSE, "'Primordiales causae' en: Eriugena's Interpretation of Genesis: Sources and Significance", en: G. van Riel / J. McEvoy / C. Steel (eds.), *Johannes Scottus Eriugena. The Bible and Hermeneutics*, Leuven, 1996, 214-215.

verso.[29] Debido a su elevación y pureza están más allá del alcance de cualquier intelecto creado y por esto se les da el nombre de «oscuridad». Eriúgena sugiere una analogía con el sol en el mundo sensible, el cual a menudo ciega y trae oscuridad a aquellos que no son capaces de percibir su luz superabundante.[30] No hay intelecto creado que sea capaz de descubrir la esencia de esas causas, es decir, de determinar qué son (*quid essent*), sólo el Único que las formó "en el principio" puede hacerlo.[31]

La realidad de las causas primeras vuelve a presentarse bajo una nueva indagación:

"¿Qué significa esto: '*¿En el principio Dios hizo?*' ¿Se comprende que el Padre primeramente engendró su Palabra en la eternidad e hizo luego el cielo y la tierra en Él? ¿O quizás engendró su Palabra desde toda la eternidad e hizo desde toda la eternidad todas las cosas en Él, de modo que la procesión de la Palabra del Padre a través de la generación de ninguna manera precede a la procesión de todas las (cosas) desde la nada a través de la creación?".[32]

El encabezamiento del *Génesis* es interpretado por el Eriúgena apuntando a la constitución de las causas primeras de toda realidad, donde «cielo» significa las causas de los seres inteligibles, mientras que «tierra» designa las causas de los seres que están sujetos a los sentidos.[33] Y con ello vuelve a formular la realidad misma de las causas

---

29 Cfr. AGNIESKA KIJEWSKA, "El fundamento del sistema de Eriúgena", *Anuario Filosófico*, 2000, (33), 523.

30 J. ESCOTO ERIÚGENA, *PP*, II, 550 C-D: "Abyssus enim dicuntur propter earum incomprehensibilem altitudinem infinitamque sui per omnia diffusionem, quae nullo percipitur sensu nullo comprehenditur intellectu praeque ineffabili suae puritatis excellentia tenebrarum nomine appellari meruerunt. Nam et sol iste sensibilis intuentibus eum saepe ingerit tenebras non ualentibus eximium sui intueri fulgorem".

31 J. ESCOTO ERIÚGENA, *PP*, II, 550 D-551A: "Nam priusquam in spiritualium essentiarum numerositatem procederent nullus intellectus conditus cognoscere eas potuit quid essent et adhuc tenebrae sunt super hanc abyssum quia nullo percipitur intellectu, eo excepto qui eam in principio formauit".

32 J. ESCOTO ERIÚGENA, *PP*, II, 556 B-C: "Quid est [quod theologus ait]: 'In principio fecit deus'? Utrum intelligis patrem uerbum suum primo genuisse ac deinde caelum et terram in eo fecisse an forte suum uerbum aeternaliter genuit et in ipso aeternaliter omnia fecit ita ut nullo modo processio uerbi a patre per generationem praecedat processionem omnium de nihilo in uerbo per creationem?".

33 J. ESCOTO ERIÚGENA, *PP*, II, 546 A-B: "Mihi autem multorm sensus consideranti nil probabilius vei verisimilius occurit quam ut in praedictis sanctae scripturae verbis, significatione videlicet caeli et terrae, primordiales totius creaturae causas quas pater in unigenito suo filio qui principii appellatione nominabitur ante omnia quae condita sunt creaverat intelligamus et caeli nomine rerum intelligibilium celestiumque essentiarum, terrae vero appellatione sensibilium rerum quibus universitas huius mundi corporalis completur principales causas significatas esse accipiamus".

primeras bajo la modalidad de una nueva pregunta: ¿las causas primeras son coeternas (*coaeternae*) con la Palabra de Dios o son idénticas inmediatamente a Él?

Eriúgena sostiene una posición dual: la solución más razonable a este dilema es la aceptación de la coeternidad de las causas primeras con la Palabra Divina pues en Dios no hay accidentes, ni movimiento, ni proceso distendido en el tiempo, todo esto implicaría una generación que temporalmente precediera a la constitución de las causas;[34] y se debe tener presente que el tiempo sólo hace su aparición en el nivel de la tercera naturaleza.

Sin embargo, indica que, aun cuando las causas sean coeternas con Dios y con lo divino, no son consubstanciales inmediatamente; o como Eriúgena prefiere decir, no son "totalmente" coeternas (*non omnino*), pues las causas ya pertenecen al dominio de la teofanía divina.[35] Existen sin ninguna clase de orden temporal, y no son la fuente de su propio ser, sino que reciben su ser del Creador; sólo Él es verdaderamente sin comienzo (*Anarchos*). Esta es la razón última de por qué la verdadera eternidad no es una propiedad de las causas, la cual sólo se comparte por participación.[36]

Precisamente, la noción de participación constituye un punto clave en el desarrollo del libro III del *Periphyseon*. Para explicar su sentido, nuestro autor recurre a "ejemplos de la naturaleza": las aguas que surgen de una fuente y fluyen por el lecho del río hasta que vuelven a su origen por conductos recónditos, son imagen de la bondad, la esencia, vida y sabiduría divinas que de Dios provienen y se distribuyen a todas las cosas, siempre fluyendo de lo superior hacia lo inferior.[37] De este modo, todo cuanto es, expresa una teofanía, manifestación de lo oculto, cuerpo de lo incorpóreo, definición de lo infinito.

Introduce, asimismo, un segundo ejemplo tomado de la naturaleza humana: el entendimiento, de suyo invisible e incomprensible, se

---

34 J. ESCOTO ERIÚGENA, *PP*, II 556 C-D; *PP*, III, 639 A-B.
35 J. ESCOTO ERIÚGENA, *PP*, II, 561 C: "Nam filium patri coaeternum esse omnino credimus, ea uero quae pater facit in filio coaeterna esse filio dicimus, non autem omnino coaeterna. Coeterna quidem quia numquam fuit filius sine promordialibus naturarum causis in se factis, quae tamen causae non omnino ei in quo factae sunt coaeternae sunt. Non enim factori facta coaeterna esse possunt. Praecedit enim factor ea quae facit. Nam quae omnino coaeterna sunt ita sibi inuicem coadunantur ut nullum sine altero possit manere quia coessentialia sunt".
36 J. ESCOTO ERIÚGENA, *PP*, II, 561 D-562 A: "Non enim uera est aeternitas quae quoddammodo incipit esse sed uerae aeternitatis, quae ANARCHOS est, hoc est omni caret principio, participatio est".
37 J. ESCOTO ERIÚGENA, *PP*, III, 632 C.

manifiesta en signos sensibles como las palabras o la escritura, sin que por ello abandone su inmovilidad y su silencio. El discípulo acepta las semejanzas propuestas por el maestro pero advierte también que mientras que el entendimiento supone una realidad exterior, la divina bondad crea desde la nada,[38] introduciendo un problema cuya consideración diferimos a nuestro último apartado.[39]

La esfera de las causas se presenta como la realización más perfecta de la creación. Considerada en relación a los efectos con que ellas están fecundadas, las causas se describen como *factae* o *creatae*; y cuando son vistas como subsistiendo en la Palabra Divina, adquieren la descripción de *aeternae*. Cualquier cosa que es creada además de ser lo que es, subsiste sólo mientras participa del Creador. Por ello Eriúgena dice: "La Palabra de Dios hace todas las cosas y está hecha en todas las cosas".[40]

1.3 La derivación del mundo corpóreo desde lo inteligible. Propuesta eriugeniana de conciliación entre la eternidad de Dios y la temporalidad de lo físico

Como ha mostrado C. Steel, para explicar este problema es necesario retomar la analogía entre el conocimiento creador de Dios y el conocimiento humano, estableciendo a partir de él su vinculación con las cosas.[41]

Eriúgena entiende que la sabiduría creadora que está en la Palabra de Dios ve todo lo creado en Sí mismo antes de alcanzar su existencia fuera de la mente divina; este ser percibido por la mente de Dios es la verdadera sustancia de las cosas; del mismo modo, la sabiduría creada que corresponde al hombre conoce lo que ha sido creado incluso antes de que adquiera una existencia en sí. De esta manera, el concepto contenido en la Palabra divina es el primero, esencia creadora de todo lo que ha sido creado, mientras que el conocimiento propio del hombre sólo es el efecto del conocimiento superior divino.[42]

---

38 J. ESCOTO ERIÚGENA, *PP*, III, 634 A.
39 Cfr. punto 2 del presente capítulo.
40 J. ESCOTO ERIÚGENA, *PP*, III, 646 C: "...ergo ipsum uerbum dei et omnia facit et in omnibus fit".
41 C. STEEL, "La creation de l'univers dans l'homme selon Jean Scot Erigène", en Ch. Wenin (ed.), *L'homme et son univers au moyen âge. Actes du 7e Congrès International de Philosophie Médiévale*, Louvain-la-Neuve, 1986, vol. 1, 206.
42 J. ESCOTO ERIÚGENA, *PP*, IV, 778 D-779 A: "Ut sapientia creatrix (quod est verbum dei) omnia quae in ea facta sunt, priusquam fierent, vidit, ipsaque visio eorum quae priusquam fierent visa sunt vera et incommutabilis aeternaque essentia est, ita creata

El pensamiento, que aprehende el objeto, ocupa una posición en la jerarquía del ser incomparablemente superior a la de ese objeto en sí mismo. El conocimiento divino del universo de las cosas, que está fundado en la sabiduría divina, es, en sentido ontológico, significativamente superior a las cosas en sí mismas.[43] Las cosas son más reales cuando están en el pensamiento divino que en sí mismas; su verdad, eterna e inmutable sustancia (*ousia*) es su idea contenida en la *virtus gnostica*. Es ahí donde una cosa existe de manera verdadera, ya que sólo ahí es inmutable, y el hecho de su existencia en el mundo circunscrito por el espacio y el tiempo no es sino una manifestación de su esencia eterna hecha posible sólo gracias a una serie de accidentes.[44] De este modo, el pensamiento es creador respecto del orden físico.

Eriúgena no estipula una «doble» esencia de las cosas, es más bien una y la misma esencia considerada a la vez en sus causas, o bien, en sus efectos.[45] Dios constituyó en el hombre la creación entera como objeto de conocimiento humano.

Pero ¿cómo conoce el hombre a este mundo temporal y a la vez eterno? Quizá se podría decir que el hombre posee un conocimiento innato del Universo, pero en su estado presente este conocimiento está borroso en él, como resultado del pecado original, y sólo después de una renovación radical de la naturaleza humana recuperará su perfección y verdad primitivas.[46]

En el estado actual del hombre, se le atribuye a la razón un papel particularmente importante, al mediar entre los sentidos y el intelecto. Toda búsqueda de la verdad es llevada a cabo en conformidad con los

---

sapientia (quae est humana natura) omnia quae in se facta sunt, priusquam fierent, cognovit, ipsaque cognitio eorum quae priusquam fierent cognita sunt vera essentia et inconcussa est".

[43] J. ESCOTO ERIÚGENA, *PP*, IV, 766 B: "Quod enim intelligi melius esse, quam quod intelligitur, ratio edocet. Nam si rerum omnium cognitio in divina sapientia subsistit, meliorem esse incomparabiliter eam rebus omnibus quarum cognitio est non temere pronuntiarim".

[44] J. TROUILLARD, "La '*Virtus gnostica*' selon Jean Scot Erigène", *Revue de Theologie et de Philosophie*, 1983 (115), 334 ss.

[45] J. ESCOTO ERIÚGENA, *PP*, IV C, 90-92: "Non quod alia sit omnium essentia (ut saepe diximus) in verbo, alia in homine, sed quod unam eademque, aliter in causis aeternis subsistentem, aliter in effectibus intellectam mens speculatur".

[46] J. ESCOTO ERIÚGENA, *PP*, IV, 769 B-C, 66: "vera cognitio humanae naturae insita est, quamvis dahuc inesse ei lateat seipsam, donec ad pristinam integritatem restituatur, in qua magnitudinem et pulchritudinem imaginis in se conditae purissime intellectura est, et nihil eam latebit ex his quae in se condita sunt, divino lumine ambita et in deum conversa, in quo omnia perspicue contemplabitur".

modelos de racionalidad,[47] cumpliendo el principio de no-contradicción un papel decisivo. Todo razonamiento que esté libre de contradicción no puede ser puesto en duda, mientras que uno debería descartar inmediatamente aquellos de los cuales la verdadera razón se burla (*vera deridet ratio*).[48]

2. ¿Un ser creado ex nihilo puede ser eterno?

El tercer elemento en la presentación de Eriúgena es la investigación del significado de la expresión "*ex nihilo*" frente a la cuestión de cómo algo que procede de la nada puede ser eterno. Así lo formula con todo vigor: "Si todas las cosas que son, son eternas en la Sabiduría creadora, ¿cómo son hechas de la nada? Pues ¿cómo puede ser eterno lo que antes de ser engendrado no era?".[49]

Excluida una falsa solución, que consistiría en negar, para salvar el carácter creado, y por tanto temporal de las cosas de este mundo, una materia informe y eterna en el Verbo,[50] maestro y discípulo se disponen a investigar una cuestión que les parece digna de todos sus esfuerzos.

Comienza así un primer desarrollo en el que Eriúgena vuelve a confirmar cada uno de los términos de la antinomia, a fin de que nadie dude que todas las cosas son, en el Verbo, eternas y creadas a la vez: "pues la razón verdadera y la autoridad de la sagrada Escritura unánimemente afirman, que son eternas y que son hechas, y que son simultáneamente hechas y eternas".[51]

Afirma que el Hijo de Dios es simultáneamente Verbo, Razón y Causa, simple y múltiple, que permanece en sí mismo separado de todo y se extiende al mismo tiempo en todas las cosas, es esa *sapientiae divinae fusio* que constituye la esencia de todo cuanto existe.

Con este propósito aduce varios textos de Dionisio, y nos señala el pasaje que juzga decisivo; corresponde a la *Epístola ad Titum*,[52] allí el Areopagita dice que Dios "se hace" (*fit*) en todas las cosas; y ve en

---

47 D. J. O'MEARA, "L'investigation et les investigateurs dans le 'De divisione naturae' de Jean Scot Erigène", en R. Roques (ed.), *Jean Scot Erigène et l'histoire de la philosophie. Colloque international du C. N. R. S.*, Paris, 1977, 232.
48 J. ESCOTO ERIÚGENA, *PP*, I, 475 C, 112; *PP*, IV, 833 A.
49 J. ESCOTO ERIÚGENA, *PP*, III, 636 A.
50 J. ESCOTO ERIÚGENA, *PP*, III, 636 B-638 B.
51 J. ESCOTO ERIÚGENA, *PP*, III, 646 C.
52 J. ESCOTO ERIÚGENA, *PP*, III, 644 C.

dicha afirmación el único modo de resolver verdaderamente la dificultad[53]. Así concluye:

"todas las cosas que son, simultáneamente se dicen eternas y hechas no de un modo incongruente, pues en ellas se hace la misma Sabiduría [que hace todas las cosas y es la causa en la cual y por la cual son tanto eternas como hechas, eternas (en sus causas) y hechas (en lo real)]".[54]

El estupor del discípulo se expresa de modo inmediato y le da la oportunidad al maestro irlandés de retractarse de una antigua posición:

"Cuando se expresa: *"Hiciste el mundo de materia informe"* (*Sab. XI, 8*) se ha de entender que Dios creó absolutamente de la nada el mundo visible e invisible (...). Y esta era mi fe, la inteligencia mía y la de cualquier otro. Y ahora te escucho algo distinto que me conmueve mucho, y lo que sostenía hasta el presente firmemente como conocido por mí, lo revocan contra mi voluntad".[55]

El discípulo advierte claramente que su maestro le ha dado otra solución: la doctrina del *fieri* divino, pero sin explicarle su sentido profundo. Y esta nueva visión le parece incomparablemente más alta y admirable,[56] algo que no sólo ignoraba él sino casi todos los filósofos.[57]

Después de haber rechazado la afirmación de los filósofos de una materia primera coeterna con Dios y usada por Dios para hacer el universo, Eriúgena argumenta que Dios creó la materia tal como creó cada cosa "pues nada está fuera de Él".

No creó algo en Él mismo, "algo coesencial con Él de lo que es hecho en el Hijo todo cuanto quiso que fuera hecho". Y procede a dar una explicación de este punto de vista:

"cuando oímos que todas las cosas son creadas de la nada (...) [se ha de entender] que siempre estuvieron en el Verbo de manera causal, en su virtud y en su potestad, más allá de todo espacio y tiempo, de toda generación local y temporal, de toda forma y especie conocida por el sentido y el entendimiento, de cualquier cualidad y cantidad, y de cualquier otro accidente. Pero por otra parte, [las cosas] no fueron siempre, pues con anterioridad a la generación según formas, espe-

---

53 J. ESCOTO ERIÚGENA, *PP*, III, 645 D-646 A.
54 J. ESCOTO ERIÚGENA, *PP*, III, 646 C.
55 J. ESCOTO ERIÚGENA, *PP*, III, 646 D-647 B.
56 J. ESCOTO ERIÚGENA, *PP*, III, 650 C.
57 J. ESCOTO ERIÚGENA, *PP*, III, 650 C: "...hoc enim adhuc inauditum et incognitum non solum mihi ed et multis ac paene omnibus".

cies, lugares, tiempos y los otros accidentes, estaban por debajo de la sustancia eterna de un modo inmutable [y desde ella] proceden y fluyen. [Por ello] no existían en orden a su generación, tampoco local o temporalmente ni según las propias formas y especies a las que advienen los accidentes".[58]

Esta nueva interpretación de la nada de la que fue hecho el mundo tiene consecuencias de peso en lo que respecta a la distinción entre la criatura y el Creador. La alternativa claramente señalada por San Agustín para la procedencia de las cosas creadas: de la nada y no de la naturaleza divina, queda expresada en una doctrina donde *a Deo de nihilo* significa algo completamente distinto.

El paso de la nada al ser no se verifica gracias a la intervención de una causalidad ad extra; pero tampoco implica la formación de entes fuera de Dios con la sustancia divina concebida a modo de materia indeterminada.[59] Desde Dios mismo ocurre el descenso de la superesencialidad a la multitud de la esencias: por ello la única verdadera nada es la bondad divina que trasciende todas las cosas, la única verdadera creación es la eterna condición de las cosas en el Verbo de Dios.

3. La relación tiempo-eternidad con relación al fieri divino

Eriúgena afirma inequívocamente que Dios no fue temporalmente anterior al universo sensible sino sólo causalmente anterior a Él. Dios no precede al universo con respecto al tiempo, pues, como ha afirmado, el universo de criaturas es eterno en el Verbo de Dios.[60]

La teofanía divina empieza en las causas primeras que subsisten en el Verbo: el mismo Creador se crea a sí mismo, y también por sí crea, es decir, empieza a aparecer en sus teofanías, a salir del ocultamiento de su existir con ellas.

Tal como hemos expresado, hay un doble aparecer de las cosas: en Dios como causas primordiales e ideas ejemplares, que son Dios; y en cuanto concreciones espacio-temporales, también en este caso están en Dios sin dejar, por ello de identificarse con Él mismo.

---

58   J. ESCOTO ERIÚGENA, *PP*, III, 665 A - B.
59   Este aspecto en particular es tratado por D. MORAN, "Pantheism in Eriugena and Cusa, *American Catholic Philosophical Quarterly*, 64, (1990), 131-152.
60   J. ESCOTO ERIÚGENA, *PP*, III, 669 A - B.

"De una manera [las cosas] están en Él, cuando aparecen visiblemente a través de la materia y son hechas a través de la generación en género y formas, en lugares y tiempos; y de otro modo, están en Él cuando se las entiende en sus causas primordiales, que no sólo se dan en Dios sino que también son Dios".[61]

El Eriúgena vuelve una y otra vez a su idea de la identidad de Dios con sus criaturas. El mundo es Dios mismo en su revelación; y, al igual que el mundo no puede existir sin Dios, Dios no puede existir sin el mundo. De allí la afirmación eriugeniana conforme a la cual Dios no existía antes de crear todas las cosas pues el ser para Dios no es algo distinto a su hacer.[62] Y si Dios no es separable de la creación, Eriúgena puede decir que Dios en sí mismo, antes de la creación nada era. Pero en verdad, y esto también lo expresa, Dios precede al mundo, no en el tiempo, sino metafísicamente, porque Él es su causa: "creemos que Dios precede a todo, no en el orden del tiempo, sino en cuanto a su sola razón pues es causa de todo".[63]

Las conclusiones también en este punto coinciden con el desarrollo precedente. Escoto viene a admitir una misteriosa dualidad, una en el estado de *ousía*, por la cual cualquier realidad está eternamente en el Verbo, y es propiamente el mismo Verbo, y otra en el estado de *physis* por la cual la cosa pertenece al mundo cambiante de nuestros sentidos. Pero no se trata de una doble esencia sino de una y la misma realidad. De este modo, en su cosmología, tiempo y eternidad se enlazan, pero la comprensión de su íntima unidad sólo tiene un alcance limitado y precario para la razón humana.

4. Balance y conclusiones

Una de las preocupaciones que consideramos central en los escritores de la patrística griega fue la de articular un concepto de creación que evitara el paradigma forma-materia; de allí que desarrollaran una doctrina de la creación como auto-expresión o auto-manifestación, una creación como teofanía. Eriúgena quien es mediador entre la tradición griega cristiana y el occidente latino, ha adherido también a este nuevo paradigma interpretativo, entendiendo la creación a la manera de una intelección o pensamiento eterno de Dios sobre sí mismo.

---

61 J. ESCOTO ERIÚGENA, *PP*, III, 640 C.
62 J. ESCOTO ERIÚGENA, *PP*, I, 518 A.
63 J. ESCOTO ERIÚGENA, *PP*, III, 639 B.

Por ello concibe a Dios como una nada o no ser trascendente por encima de todo lo que es y lo que no es, cuyo primer acto es su auto-explicación o creación, su movimiento desde el no ser superesencial hacia el ser manifiesto. La creación es, así definida como "manifestación en otro", una superación de la oscuridad trascendente para convertirse en principio del ser y de la luz.

La auto-creación de Dios es un solo proceso con la creación de todas las cosas diferentes de Dios. La creación es considerada, así, como un todo; y el ser actual de todas las cosas es producto de las voluntades de la mente divina; siendo estas voluntades sus manifestaciones o teofanías.

Eriúgena expresa constantemente que el ser de cada cosa es el superser de la divinidad;[64] de modo que la verdadera naturaleza de todas las cosas es su esencia inmaterial en la naturaleza divina. La realidad es la auto manifestación del pensamiento divino, pues Dios es "todo en todos" (I Cor. 15, 2); expresándose su teofanía a través de una cosmología dinámica. El *ex nihilo* desde el cual se producen las cosas es, en verdad, un *ex Deo*, pues Dios es la única fuente de todas las cosas y todas las cosas son realmente idénticas con las ideas inmateriales y eternas en la mente de Dios.

En este marco se inscribe su teoría cosmológica del tiempo, vinculada a la doctrina de Dionisio y de Máximo, herederos, a su vez del pensamiento griego.[65] Si bien la distinción entre el ámbito de lo eterno y de lo temporal conecta a Eriúgena con esta tradición de pensadores cristianos, entendemos que, con relación a ellos nuestro autor refuerza su apuesta, al argumentar que la verdadera criatura puede en verdad ser comprendida en dos sentidos: como eterna en Dios, o como temporal y espacialmente localizada, admitiendo así que simultáneamente es hecha y eterna (*aeternaliter facta*); hay así en el hombre una *duplex intentio* que le permite ver lo temporal *sub specie aeternitatis*.

El tiempo es un rasgo de la creación del cosmos, pero no es el rasgo definitivo, pues lo creado es ante todo una manifestación de Dios. Hay en la obra del Eriúgena una penetrante visión de la presencia de Dios en lo creado y de su excelsitud respecto de todo cuanto es; su cosmología desemboca finalmente en una metafísica que se caracteriza por oscilar, desafiante, entre la univocidad y la equivocidad.

---

64   J. ESCOTO ERIÚGENA, *PP*, I, 443 B.
65   En particular de Proclo y Plotino. Sobre el tema cfr. J. F. CALLAGHAN, "A New Source for St. Augustine's Theory of Time", *Harvard Studies in Classical Philology*, 63, (1958, 437-454.

Fuentes

H.J. FLOSS, ed., *Johanni Scoti Opera quae supersunt Omnia*, Patrologia Latina CXXII, Paris, 1853.

SHELDON-WILLIAMS I.P, *Iohannis Scotti Eriugenae Periphyseon*, Volumes I-III. Dublin, Institute for Advanced Studies, 1968, 1972, 1981.

Traducciones

SHELDON I.P. –O´MEARA W. and J. J., *Eriugena. Periphyseon (The Division of Nature)*. Montreal-Paris, Bellarmin, 1987.

Bibliografía

ALLEGRO C., *G. Scoto Eriugena. Fede e ragione,* Roma, 1974.

ALONSO J.M., "Teofanía y visión beata en Escoto Eriúgena", *Revista Española de Teología*, 10 (1950), 361-389.

BEUCHOT M.O.P., "La hermenéutica de Juan Escoto Eriúgena", *Anámnesis*, 10 (1995), 49-59.

BEIERWALTES W., "Negati affirmatio: Welt als Metapher", en *Jean Scot Erigène et l'histoire de la philosophie*, Paris, 1977, 263-276.

BEIERWALTES W., "Language and Object. Reflexions on Eriugena's Valuation of the Function and capacities of Language", en *Jean Scot Ecrivain*, Montreal-Paris, 1986, 209-228.

BURUNAT J., *Fait and Reason in the Thought of John Scotus Eriugena*, Nueva York, 1984.

CAMPELO M. M., "Juan Escoto Eriúgena: la complicada filosofía de un difícil filósofo", *Estudio Agustiniano*, 29 (1994), 307-35.

CAPPUYNS M., *Jean Scot Erigène. Sa vie, son oeuvre, sa pensée*, Lovaina-Paris, 1933 (Reimpreso en Bruselas, 1969).

KING-FARLOW J., "From Dionysius to Eriugena. A bridge for voluntarism or `divine freedom'?", *Laval théologique et philosophique*, 48 (1992), 367-378.

MC GINN M., The negative Element in the Anthropology of John the Scot, en *Jean Scot Erigène et l'histoire de la philosophie*, pp. 315-325.

JEAUNEAU E., *Quatre thémes Erigèniens,* Paris, 1978.

JEAUNEAU E., *Etudes Erigèniennes*, Paris, 1987.

KIJEWSKA A. M, "El fundamento del sistema de Eriúgena", *Anuario Filosófico*, 33, (2000), 506-32.

LOPEZ SILONIS R., "Sentido y valor del conocimiento de Dios en Escoto Eriúgena", *Pensamiento*, 23 (1967) 131-165.

O'MEARA J. J., "L'investigation et les investigateurs dans le 'De divisione naturae' de Jean Scot Erigène", en R. Roques (ed.), *Jean Scot Erigène et l'histoire de la philosophie. Colloque international du C. N. R. S.*, Paris, 1977.

O' MEARA J.J., *The Problem of Speaking about God in J. Scottus Eriugena*, en *Carolingian ESSAYS*, Washington, 1983, 151-167.

O' MEARA J.J, *Eriugena*, Cork (Irlanda), 1969.

O'MEARA J. J. / BIELER L. (eds.), *The Mind of Eriugena*, Dublin, 1970.

MORAN D., "El idealismo en la filosofía medieval: el caso de Juan Ecoto Eriúgena", *Areté*, 15 (2003), 117-154 .

MORAN D., "John Scottus Eriugena", Stanford Encyclopedia of Philosophy (on line: http://plato.stanford.edu/entries/scottus-eriugena/ 27-5-2005).

MORAN D., "Time Space and Matter in the Periphyseon. An Examination of Eriugena´s Understanding of the Physical World". At the heart of the real. Philosophical Essays in honour of the Most Reverend Desmond Connell, (1992) ed. Fran O´Rourke, Irish Academic Press, 67-96.

MORAN D., "Pantheism in Eriugena and Cusa", 64, (1990), 131, 152.

PIEMONTI G., "Nota sobre la *creatio de nihilo* en Juan Escoto Eriúgena", *Sapientia*, 23, (1968), 37-58.

STEEL C., "La creation de l'univers dans l'homme selon Jean Scot Erigène", en Ch. Wenin (ed.), *L'homme et son univers au moyen âge. Actes du 7e Congrès International de Philosophie Médiévale*, Louvain-la Neuve, 1986, vol. 1, 206 y ss.

TROUILLARD J. "Erigène et la théophanie créatrice□, en *The mind of Eriugena*, Dublin, 1973.

TROUILLARD J., "La '*Virtus gnostica*' selon Jean Scot Erigène", *Revue de Theologie et de Philosophie*, 1983 (115), 334 ss.

Capítulo 10
La eternidad del mundo en la escuela de Chartres

Es nota común señalar que la alta Edad Media centró su interés en una indagación especulativa que deja de lado tanto el tema filosófico-natural como el tema científico en aras de considerar el mundo sólo en perspectiva metafísico-teológica como un ente o conjunto de entes creados por Dios y ordenados a Él.

Este criterio reduccionista aplicado a la Escuela de Chartres desconoce la importancia que adquirió entre sus representantes tanto el aspecto matemático y científico de la doctrina platónica del *Timeo* como una significativa preocupación por la naturaleza que ha tenido puntos destacados en su explicitación.[1] El que asumimos en torno al tema del tiempo, ha sido uno de ellos.

Los filósofos del siglo XII acogen el pensamiento patrístico expresivo de la confluencia de fuentes latinas

---

[1] Cfr. la opinión de J. L. FUENTES; "La filosofía natural en la edad moderna" en: <http://www.avizora.com/publicaciones/filosofia/textos/0084_filosofia_natural_edad_moderna Joaquín Lomba Fuentes>, consultado el 6-7-11.

y griegas, procurando en el nuevo contexto del siglo, la búsqueda de una verdad racional. Entendemos que hay originalidad en estos filósofos en la medida en que renuevan las doctrinas recibidas a través de una transformación de su significado original.

La Escuela de Chartres, fundada por el obispo Fulberto en el 990, tuvo su máximo esplendor en la primera mitad del siglo XII, tras este período, su fama se fue extinguiendo, entre otras razones, por la creación de las universidades, en particular, la de París.

Ch.Cross[2] señala como características destacadas de la escuela carnotense:

a) El platonismo que lo recibe a través de S. Agustín, Boecio y del mismo Platón, especialmente a través del *Timeo*. Esta doctrina cristaliza, primeramente, en un ejemplarismo filosófico: las ideas ejemplares están en Dios, son Dios mismo, que hace las cosas de acuerdo con aquellos modelos ideales; más aún, Él mismo es la forma *essendi* por la que en la materia brillan las ideas y perfecciones divinas.

La doctrina platónica se prestaba para interpretar filosóficamente la teoría de la creación cristiana, no sólo por sus ideas ejemplares, modélicas, sino por haber identificado la idea de Dios con la de Bien y por haber admitido una materia informe, concebida ahora como creada y dispuesta a recibir la impronta de las ideas ejemplares.

Dios es concebido como Creador, Causa y Principio de la realidad, es Unidad de la que se deriva toda multiplicidad, y es también, Ser Inmutable, del que procede todo ser mudable.

La escuela también aplica el platonismo a la solución realista-exagerada del problema de los universales: las esencias o especies son realidades irreductibles entre sí, que se irradian y difunden en múltiples individuos.

Si el mundo está conformado por diversas especies, los individuos no tienen realidad sino en y por las esencias-especies; totalmente inmutables, y coincidentes con la *aequalitas* divina.

b) Interés científico y humanístico. Chartres es un foco de cultura universal y humanística: precisamente en el pórtico de la Virgen de la Catedral de Chartres, que pertenece a esta época, se representan simbólicamente todas las artes liberales, como expresión de lo que este centro del saber significa.

---

2   Cfr. CHARLOTTE CROSS, "Sed caret fine: La idea de lo perpetuo en la filosofía y la poesía medievales", *Anuario Filosófico*, (1998), 31, p.431-435

Siguiendo a Aristóteles a través de Boecio, distinguen tres grados de seres con sus correspondientes niveles de ciencia que se corresponden con los tres grados de abstracción: la Teología, que contempla la forma pura, independiente de la materia y del movimiento; las Matemáticas, que contemplan las formas extensas abstrayéndolas de las cualidades corpóreas y de la materia; y la Física, que ve las formas corpóreas universales abstraídas de sus singulares. Este conjunto se incorpora al *Trivium* y *Quadrivium*, cultivados con especial esmero en la escuela.

En las letras, se considera preámbulo imprescindible el estudio de los clásicos griegos y latinos, a quienes imitan preludiando el amor a las letras y la elegancia literaria del Renacimiento. En ciencias, se cultivan con especial cuidado, según indicamos, las matemáticas y astronomía, la fisiología y la medicina. Aristóteles goza de gran prestigio, centrado sobre todo en la Lógica: en este momento no sólo se conoce la *Logica vetus*, sino que se ha incorporado ya la *Logica nova* y según parece es precisamente Thierry de Chartres quien por primera vez hace uso de ella.

1. Antecedentes de la formulación del problema de la eternidad del mundo en la escuela de Chartres

Todos los filósofos paganos, con la posible excepción de Platón que, como hemos expresado, fue ambiguo en este punto,[3] enseñaron que el mundo es eterno.

En efecto, sólo en Platón se presenta la distinción entre la eternidad del mundo –el *aevum*– y el *tempus*. Mientras que las ideas poseen un ser pleno; el mundo, en cambio, existe como una sucesión interminable de instantes pasados, presentes y futuros. Y con una seductora metáfora expresa la relación del tiempo con su ejemplar eterno: "el tiempo es la imagen móvil de la eternidad".[4]

---

3 Cfr. Capítulo 1, ítem: 1.3 de n/trabajo. La interpretación de Aristóteles en *De Caelo*, 280 a 28.señala que para Platón el cielo tiene comienzo pero no fin. Esta idea es compartida por Plutarco y Atico; pero la tradición que va de Xenócrates a Proclo proponen una interpretación diferente.. Al afirmar que el mundo ha nacido Platón quiso señalar su dependencia causal respecto de Dios. El mundo no es subsistente por sí mismo, depende de su autor de modo que nada impide que haya existido siempre. Calcidio se pronuncia en favor de esta interpretación,

4 PLATON, *Timeo*, 37 d

San Agustín entiende el *Timeo* en consonancia con el relato de la creación del *Génesis*, y pensó el problema de la relación del tiempo con la eternidad en el contexto del creacionismo judeocristiano. Y así afirmó audazmente un comienzo absoluto, antes del cual nada había. De hecho, todo el drama cristiano se expresa en un relato histórico que tiene principio en la creación, un momento crítico en la encarnación, y una conclusión triunfante en la resurrección; y esto no parece tener ninguna relación con una especulación desarrollada en la perspectiva griega de la eternidad.

Casi un siglo más tarde, Boecio presentó la discusión clásica para el mundo latino de la diferencia entre el tiempo y la eternidad. En su consideración de la compatibilidad de la voluntad libre del ser humano con la omnisciencia divina, definió la eternidad como "la entera, perfecta, y simultánea posesión de una vida interminable".[5] Conforme a este sentido, solamente Dios es eterno mientras que el mundo en su totalidad, y las cosas en él, aun cuando no tengan un comienzo ni un fin, son perpetuos. Dios no debe ser considerado más viejo que su creación con respecto al tiempo, sino anterior a ella en virtud de la simplicidad de su naturaleza:

"Si deseamos llamar a las cosas por sus nombres propios debemos seguir a Platón al decir que *Dios es eterno, pero el mundo es perpetuo*".[6]

En particular, y según se indicó,[7] es a partir de Juan Escoto Eriúgena, que el interés por la cuestión en torno a la eternidad del mundo comenzó a aumentar; y ya en el temprano siglo XII fue tema de muchas discusiones, algunas de ellas altamente originales.

Los filósofos de la escuela de Chartres, admiten la doctrina de un mundo creado pero también perpetuo en virtud de la perfección de su causa y de la armonía de la composición de sus elementos. Este mundo se caracteriza por el orden, la estabilidad y la inteligibilidad. De modo que si bien niegan la eternidad del mundo, sostienen su perpetuidad sin una atención particular de las implicaciones de esta doctrina con relación al tema escatológico.

Contrastando con ello, los teólogos de la escuela, sostienen en cambio, que el tiempo no constituye un orden cósmico duradero, sino una secuencia de hechos que conducen hacia un fin, que ha sido previsto por la divinidad.

---

5   BOECIO, *Consol.*, V, 6, 4
6   BOECIO, *Consol.*, V, 6, 14
7   Cfr. Cap. 8 de n/trabajo.

El problema de la relación entre filosofía y teología que atraviesa toda la Edad Media, ha sido formulado con total claridad por los filósofos de Chartres. Es en la fe donde radica la verdad, de modo que la Revelación es a la vez el punto de partida y de llegada para alcanzar la verdad; y es deber del pensador aclarar los contenidos de la fe sirviéndose del patrimonio científico y filosófico de la antigüedad. Es desde esta particular encrucijada desde donde se formula en la escuela el problema de la eternidad del mundo.

1.1 La eternidad del mundo en Bernardo de Chartres y Guillermo de Conches

El mito platónico del *Timeo* expresa un pensamiento bajo la portada de una ficción, por ello la tarea de crítica filosófica consiste en desmitologizar el relato y descubrir las verdades veladas. Platón habló de un "principio" y de una producción del mundo, donde el Artesano impuso formas en el receptáculo. Pero también indicó que el mundo sensible gozaba de una vida eterna.

Como indicamos,[8] Calcidio, el principal traductor y comentarista del *Timeo*; advirtió que el "principio" (*origo*) del mundo debiera ser entendido de un modo causal, y no temporal, y por eso el mundo, aunque es corpóreo, creado y conformado por Dios, también debe ser considerado eterno.

Estas reflexiones están presentes en Bernardo de Chartres para cuyo conocimiento debemos remitirnos a Juan de Salisbury quien lo llama *el platónico más coherente* de su época, y nos proporciona un resumen de sus opiniones sobre la eternidad.[9]

Bernardo distinguió entre la eternidad de Dios y la de las ideas: dado que las ideas son subsiguientes en el orden de la naturaleza respecto de Dios, no se las puede concebir como coeternas con Él.

Ésta es una doctrina consonante con el tratamiento de Eriúgena y podría derivarse de él. En cambio, nada nos dice Juan de Salisbury, sobre lo que enseñó Bernardo respecto de la eternidad del mundo sensible.

---

8   Cfr. Capítulo 2, punto 2 del presente trabajo.
9   R. DALES, "Discussions of the Eternity of the World during the First Half of the Twelfth Century", *Speculum*, (1982), vol 57, nro. 3, p. 497.

Bernardo sostiene que el mundo creado se "extiende hasta la eternidad [es decir, perpetuamente]",[10] y ofrece como razones de ello que: i) su arquetipo es eterno y ii) sus elementos no sufren mengua alguna.[11]

Sin embargo, también es cierto que, paralelamente, sostiene que la noción de un mundo indisoluble va *contra toda opinión* pero a falta de un contexto explicativo suficientemente amplio es difícil precisar el sentido y alcance de esta afirmación.[12]

El discípulo de Bernardo ha sido Guillermo de Conches cuyos argumentos suponen una profundización en torno a los conceptos de *aeternus* y *perpetuus*[13] y constituyen un intento de conciliación del *Timeo* con la enseñanza cristiana sobre el principio del mundo. Discutió el problema en dos trabajos: sus *Glosas sobre el Timeo* y sus *Glosas sobre la Consolación de la Filosofía*.[14] Había leído ambas fuentes, y también estaba al tanto de las *Confesiones* de san Agustín.

Con respecto al método, sus *Glosas* reflejan el modo propio de trabajo intelectual practicado en la escuela. Se sigue el texto literal del dialogo platónico en la versión fragmentaria de Calcidio, sin perder de vista el conjunto de la obra. El procedimiento del comentario es bastante sencillo: anuncia, en primer lugar, el fragmento que trata de comentar y expone, a continuación, de forma sistemática el contenido doctrinal del pasaje para finalizar con una explicación del texto frase por frase. Guillermo glosa el *Timeo* y trata de ponerlo en consonancia con una cosmovisión cristiana. El resultado final es la confirmación y consolidación de una mentalidad concordista, optimista, abierta a las nuevas doctrinas y a los conocimientos científicos del momento.

Guillermo parte de la distinción boeciana entre el *totum simul* de la eternidad y la sucesión temporal infinita del mundo sensible. Su argumento defiende a Platón de la acusación de sostener que el mundo es coeterno con su creador, ya que una cosa es abarcar la vida de una vez, y otra tener una duración extendida en un tiempo inacabable. Gui-

---

10   Cfr. *Glosae Super Platonem of Bernard of Chartres*, Ed. e Introd. P. DUTTON, Pont. Inst. Med. Stud., Toronto, 1991, 157.

11   Cfr. *Glosae Super Platonem of Bernard of Chartres*, Ed. e Introd. P. Dutton, 157-159

12   El texto que analiza el problema finaliza con la siguiente expresión: "admittens eternitatem providentie, in qua omnia semel et simul fecit, statuens apud se universa que futura erant in tempore aut mansura in eternitate" *Metalogicon* 4. 35 ed C.C. WEBB (Oxford, 1929), p. 204-7.

13   Cfr. J. TAYLOR (ed. y trad.), *The Didascalicon of Hugh of St. Victor*, Columbia Univ. Press, N.Y, 1961, 85, n° 1.

14   GUILLERMO DE CONCHES, *Glosae super Platonem*, Ed. Jeauneau, Paris, 1965. ID, *Glosae super Boetium*, en: J. M. PARENT, ed., *La Doctrine de la création dans l'école de Chartres*, Paris, Vrin, 1938.

llermo resignifica la noción de perpetuo en sus *Glosas* y muestra su persistente esfuerzo para reconciliar a Platón con la doctrina cristiana.

La frase de Timeo 29 a le da pie para tratar la distinción boeciana entre *eterno* y *perpetuo*, términos a los que añadirá el de *sempiterno*, referido al mundo, dejando el adjetivo *perpetuo* para significar la temporalidad humana,[15] aun cuando en ocasiones él mismo no respete esta división técnica entre la duración propia del hombre y la del mundo. En efecto, en la *Glosa* 43, Guillermo separa lo sempiterno que comienza *con el tiempo*, de lo perpetuo que comienza *en el tiempo*.

En efecto, la diferencia entre *sempiternum* aplicado al mundo y *perpetuum* aplicado al alma humana radica en las preposiciones *in* y *cum*: el *sempiternum* ha surgido *cum tempore*, mientras que las realidades *perpetuas* se han originado *in tempore*.

Para Guillermo la distinción de Boecio entre eternidad sin duración y el tiempo interminable, la perpetuidad, es en sí insuficiente para asegurar una lectura creacionista del *Timeo*; es decir, una lectura en la que el mundo se conciba con un comienzo temporal. Por consiguiente, en su *Glosa a Boecio*, Guillermo utiliza la doctrina agustiniana de la creación *cum tempore* formulando una resignificación propia en torno al concepto de tiempo.

El tiempo, declara, es una medida del cambio, y el cambio no puede existir separado de las cosas creadas; así, el mundo se creó con el tiempo, *cum tempore*.[16] Por ello, Guillermo concluye que el mundo es perpetuo; por lo cual hay que definir lo perpetuo como una sucesión infinita desde un punto fijo, "aquello que tiene principio y carece de fin".[17]

En la Glosa a Boecio, Guillermo todavía parece estar adaptándose a las consecuencias de su definición. Por eso define el tiempo como aquel intervalo que comienza y acaba con el mundo, y añade "si alguna vez el mundo y el tiempo pudieran tener fin".[18]

Esta indecisión no se la advierte ya en la Glosa al *Timeo*, realizado en un período de madurez donde Guillermo hace explícita y aplica su propia definición. Lo perpetuo o sempiterno es aquello que:

---

15 «Quod ut melius intelligitur, quid proprie sit eternum, quid sempiternum quid perpetuum dicamus. Et est eternum quod caret principio et fine ut Creator; sempiternum quod, carens fine, habet principium non in tempore sed cum tempore ut mundus; perpetuum quod incipit in tempore et caret fine ut anima hominis» (Guillermo de Conches, *Glosae super Platonem*, glosa 43, p. 111).

16 G. DE CONCHES, *Glosae super Boetium*, (ed: J. M. Parent), p. 133

17 G. DE CONCHES, *Glosae super Boetium*, (ed: J. M. Parent), 136.

18 "Tempus est spatium illud quod cum mundo incipit ese et cum mundo desinet, si unquam tempus et mundus finem habuerint" G. de Conches, *Glosae super Boetium*, (ed: J. M. PARENT), p. 125-126.

"careciendo de fin, tiene comienzo; no en el tiempo sino con el tiempo, como el mundo".[19]

La reflexión cosmogónica de Guillermo de Conches procura, así, conciliar la física contenida en el *Génesis* con puntuales expresiones de la doctrina del *Timeo*. Utiliza el relato temporal de la obra demiúrgica y aplica el concepto de perpetuidad al mundo físico cuya creación se da de modo conjunto con el tiempo.[20] Se trata de un esfuerzo para acercar el relato de la creación con la especulación filosófica, donde nuestro filósofo admite que si bien:

"Aristóteles dijo [que el mundo] no comenzó nunca, por cuanto nunca ha sido engendrado, [esta doctrina ha de entenderse del siguiente modo:] que nunca ha sido engendrado en el tiempo. Pues, el mundo no fue creado en el tiempo sino con el tiempo".[21]

Concebido como un modo intermedio de duración, lo perpetuo y lo sempiterno se sitúan entre la temporalidad y la eternidad, la unidad y la multiplicidad; en cuanto tiene principio *sed caret fine*.[22] De allí que el mundo creado es perpetuo, no tiene fin en virtud de la armonía de su composición y por la perfección de su causa Trinitaria.

En sistemas de corte neoplatónico, caracterizados por la oposición entre lo inteligible y lo sensible, la eternidad ha de referirse a lo inteligible y el tiempo a las realidades sensibles. Este paradigma de eternidad y tiempo es, por ejemplo para Plotino, un tópico mental, una experiencia clara y determinada, que indica un modo de existencia. En efecto, la eternidad y el tiempo se diferencian en tanto la primera pertenece a la esfera de la naturaleza imperecedera; y el tiempo, al ámbito del devenir: "creemos poseer una clara experiencia de la eternidad y el tiempo en nuestras propias almas, pues hablamos continuamente de ellas y las nombramos en cualquier ocasión".[23]

En la obra de Guillermo se constata una modificación de la ontología neoplatónica, un movimiento que se aleja de las oposiciones binarias para acercarse a construcciones intermedias; y con ello a una aproximación entre el devenir y el ser. Y así lo perpetuo expresa un camino intermedio, uniendo la estabilidad y el orden con la continuidad y el

---

19   G. DE CONCHES, *Glosae super Platonem*, glosa 43.
20   Cfr. T. GREGORY, *Anima Mundi: La filosofia di Guglielmo di Conches e la Scuola di Chartres*, Sansoni, Florence 1955, 44-67.
21   Cfr. G. DE CONCHES, *Glosae super Boetium*, (ed. J. M. Parent) p. 133.
22   G. DE CONCHES, *Glosae super Boetium*, (ed: J. M. Parent), p. 125.
23   PLOTINO, *Enéada*, 3, 7, 1.

cambio. Pues, precisamente, lo perpetuo indica una continuidad ilimitada del ser, una categoría de existencia interminable y una mediación entre el tiempo y la eternidad.

Para Guillermo de Conches, "la labor del Creador es perpetua, sin disolución"[24] y el mundo creado perdurará sin fin. En su *Glosa al Timeo,* 27 d Guillermo divide a las cosas en aquellas que carecen de generación y están siempre, y las que son engendradas:

> "consideremos primero qué tiene generación, qué carece de generación, qué es siempre, y qué no es siempre. La generación, como Boecio dice en su *Comentario a las Categorías*, es comenzar a ser según la sustancia, que es principio en el orden de la existencia.
>
> Por lo tanto, generarse es tener un principio en el orden de la existencia; y carecer de generación es carecer de este principio. Y así 'ser' es existir siempre sin pasado ni futuro; es 'ser' sin sucesión temporal. Y lo que es, en este sentido absoluto, carece de generación pues es siempre. Y esto se aplica a la esencia divina, en cuanto no tiene ni un principio en el orden de la existencia ni tampoco sucesión temporal. Es la causa eficiente del mundo, al igual que la sabiduría divina que también carece de principio pues no hay en ella nada pasado, ni futuro, sino que todo está presente.
>
> La sabiduría es, de este modo, la causa formal del mundo en cuanto Dios formó el mundo en conformidad con ella".[25]

Para dilucidar si el mundo sensible tiene su origen: *en el tiempo, o con el tiempo*,[26] Guillermo de Conches aborda el problema procurando definir el tiempo e indicando que existen dos definiciones posibles, una total y otra parcial.

> "La definición total es ésta: el tiempo es el intervalo que comenzó con el mundo y terminará con el mundo. Esta definición se llama total en cuanto se aplica al mundo entero pero no a sus partes.
>
> Y la definición parcial ha sido dada por Cicerón: 'El tiempo es una parte de la eternidad, es decir, de esa duración enorme, que mide un día o una noche de ese espacio con una especificación definida' [*De inventione,* 1.26.39]. Esta definición, en cambio, es aplicable a una parte pero no al conjunto. Por lo tanto, cuando utilizamos la palabra

---

24   G. DE CONCHES, *Glosae super Platonem*, glosa 43, 105.
25   GUILLERMO DE CONCHES, *Glosae super Platonem* , Ed. Jeauneau, p. 143.
26   "Sed antequam mundus esset nulla erant mutabilia, ergo nullum tempus, ergo mundus non est creatus in tempore sed cum tempore". GUILLERMO DE CONCHES, *Glosae super Boetium,* (ed. J.M. Parent), p. 133

'tiempo' atribuida al mundo sensible, ha de ser entendida según la definición general o total".[27]

De modo que al mundo sensible no le conviene ser eterno, por ello Dios le confirió tiempo:

"El tiempo es la imagen de la eternidad, porque las cosas que están sostenidas todas simultáneamente en la eternidad están contenidas sucesivamente en el tiempo".[28]

¿Y cuándo fue hecho este mundo? Guillermo conviene con Platón[29] que el mundo fue hecho con el tiempo, sin embargo podemos estar ciertos que los dos autores procuraron significar cosas diversas a través de esa misma fórmula.

Guillermo argumenta:

"Dado que el tiempo es una distensión y un movimiento de las cosas mutables, no habría distensión y movimiento de las cosas mutables sin el mundo. Por lo tanto el tiempo no precede al mundo, y el mundo no precede al tiempo; sino que el mundo fue hecho con el tiempo. Por lo tanto, la frase 'el mundo no existió siempre' se ha de entender significando que no comenzó *en el tiempo*, y quien dice esto no niega que el mundo comenzó, sino que sólo niega que comenzó *en el tiempo*".[30]

Y a partir de esta doctrina expone dos conclusiones:

"Por lo tanto, de esto no se sigue que el mundo nunca comenzó, y que careció de principio, porque, aunque no tuviese principio 'siempre', es decir: 'en el tiempo'; lo tendría, 'con el tiempo'. De modo que la frase de Platón "El tiempo es concomitante con el cielo", es decir, con el mundo, debe ser entendida según la definición total de tiempo, porque de otra manera sería falsa.[31]

Guillermo expresa esta misma doctrina en sus *Glosas sobre La Consolación* 5, pr. 6, incluyendo ahora la positiva afirmación de que el mundo fue creado con el tiempo. La existencia de las cosas mutables supone la extensión temporal, de allí que no hubo tiempo antes de que existiera un mundo creado. Y además, supone que:

---

27 GUILLERMO DE CONCHES, *Glosae super Platonem*, glosae 94-95, pp. 176
28 GUILLERMO DE CONCHES, *Glosae super Platonem*, glosae 94-95, pp. 177
29 Por lo menos de acuerdo con la interpretación aristotélica de Platón.
30 GUILLERMO DE CONCHES, *Glosae super Platonem*, 97, p. 180 Cfr. asimismo *Glosae super Boetium*, p. 133-134.
31 GUILLERMO DE CONCHES, *Glosae super Platonem*, glosa 97, p. 180

"si hubiese existido tiempo cuando el Creador creó, en ese caso, el tiempo habría precedido al mundo según una cierta cantidad de tiempo, sin embargo no había entonces ninguna criatura".[32]

Guillermo de Conches rechaza la posición aristotélica según la cual el tiempo es eterno, que Boecio parece haber aceptado, y advierte que

"si alguien pregunta: ¿habría un creador antes de que hubiera una criatura? [Respondo que] esta pregunta no debe ser formulada, como Agustín dice en sus *Confesiones*, porque "antes" ya implica tiempo y no hay tiempo antes de la criatura. De modo que Dios no precede a la criatura en función de una cierta cantidad de tiempo, sino por la simplicidad de su naturaleza".[33]

El texto de san Agustín referido por Guillermo de Conches niega explícitamente la duración infinita del tiempo, afirma un principio y precisa los diversos modos posibles de existencia: aquel de Dios –la simple eternidad–; y la creación con una duración temporal.

Tampoco aceptó, como Boecio lo había hecho, la posición aristotélica de que el mundo es infinito en la duración temporal. Guillermo ha procurado conservar lo que consideraba verdadero de ambas tradiciones, rechazando formular una pregunta crucial, que san Agustín sí había formulado y respondido: partiendo desde el orden temporal, ¿llegamos a un principio absoluto?

Muchas de estas afirmaciones de Guillermo de Conches, según lo sugiere R. Dales[34] son ya expresadas en un comentario anónimo a *la Consolación* del siglo XII.

De acuerdo con una síntesis entre el *Timeo* y el *Génesis*, el mundo es un todo ordenado creado y dirigido hacia el ser, la sabiduría y la bondad divinas que son su causa trinitarias. Guillermo razona que esta causa, junto con la materia o los cuatro elementos, es capaz de crear un mundo perpetuo[35] y basa su afirmación en un análisis de la causación que está fundado en la doctrina de Platón y de Calcidio.

Son tres los axiomas que definen la relación del mundo con su Creador:

a) En primer lugar, como nada llega a ser sin una causa, el mundo tiene un Creador.[36]

---

32 G. DE CONCHES, *Glosae super Boetium*, (ed: J. M. Parent), p. 134-135
33 G. DE CONCHES, *Glosae super Boetium*, (ed: J. M. Parent), p. 135
34 R. DALES, "Discussions of the Eternity of the World during the First Half of the Twelfth Century", p. 504.
35 GUILLERMO DE CONCHES, *Glosae super Platonem*, glosa 32.
36 GUILLERMO DE CONCHES, *Glosae super Platonem*, glosa 36

b) Como el efecto ha de ser diferente de la Causa, el mundo creado imita de forma imperfecta la perfección de su arquetipo[37] (*Glosa*, 38).

c) Finalmente, como una obra deriva su "manera de ser" (*qualitas existendi*) de su causa eficiente u *opifex,* la perpetuidad del mundo creado se sigue de la eternidad de su creador.[38]

Por lo cual, en las *Glosas* del *Timeo* las leyes de causación determinan una clara jerarquía de seres:[39]

i) Las obras del creador [eterno] se nutren perpetuamente de su arte;
ii) Las obras de la naturaleza perpetua mueren en sí pero permanecen en semilla;
iii) Las obras del hombre desaparecen absolutamente.

Finalmente, la posibilidad de un mundo perpetuo también resulta de la causa material. Siguiendo a Platón, Guillermo sostiene que los cuatro elementos, contrarios por naturaleza, se unen en concordia y justa proporción para que el mundo pueda ser creado *"perfectus et indissolubilis".*[40] Y dado que el mundo es completo –es decir, que nada existe fuera de él– no puede corromperse por agentes externos.[41]

Dios creó el mundo "con sólo su voluntad; y sólo con su voluntad puede destruirse", indica en su *Glosa* 64. De modo que la concordancia elemental o el *nexus natural* hace que el mundo sea perpetuo; y a su vez, esta concordancia procede de la voluntad de Dios; así pues, la ley natural está incluida en la voluntad divina. Por otra parte, al considerar la proporción elemental, Guillermo explícitamente la propone como un camino para "demostrar que un mundo así creado puede ser perpetuo".[42]

De este modo integra tan estrechamente los axiomas causales con su doctrina de la creación que la perpetuidad parece ser un corolario necesario: si hay un mundo, entonces es un mundo creado perpetuo por la perfección de su Causa Trinitaria. Solamente el *posse* reiterado condiciona la afirmación de que: "a partir de tales causas se puede crear un [mundo] perpetuo".[43]

La fuerza de su argumento sobre un mundo perpetuo se extiende desde la física hacia la metafísica, ya que su concepto de la armonía

---

37 GUILLERMO DE CONCHES, *Glosae super Platonem,* glosa 38
38 GUILLERMO DE CONCHES, *Glosae super Platonem,* glosa 37
39 GUILLERMO DE CONCHES, *Glosae super Platonem,* glosa 37.
40 GUILLERMO DE CONCHES, *Glosae super Platonem,* glosae 64-65.
41 GUILLERMO DE CONCHES, *Glosae super Platonem,* glosa 65
42 GUILLERMO DE CONCHES, *Glosae super Platonem,* glosa 58
43 GUILLERMO DE CONCHES, *Glosae super Platonem,* glosa 32

natural elemental refuerza la lógica de sus axiomas causales. Y a pesar de su fórmula ortodoxa acerca de que una voluntad divina no puede ser constreñida, el platonismo y el naturalismo de Guillermo tienen prioridad sobre su enfoque teológico.

Su cosmología especulativa sugiere una convicción de que el orden perfecto, si se realiza, es eterno: las imperfecciones surgen sólo del desequilibrio inevitable entre el arquetipo y la imagen. Concentrándose en las causas lógicas y materiales de la perpetuidad, y permaneciendo prudentemente silencioso sobre el tema del final de los tiempos, las *Glosas al Timeo*, casi no reparan en la inestabilidad del mundo creado.

Son varios los cosmólogos contemporáneos de Guillermo que aplicaron su definición de lo perpetuo, mientras que su teoría de un mundo interminable tuvo una menor aceptación. El mismo Hugo de san Víctor utiliza textualmente la frase de Guillermo: las cosas perpetuas "tienen un comienzo pero no concluyen en un fin" pero sólo aplica este concepto a los ángeles, las almas y la materia supra lunar,[44] considerando, en cambio, que el mundo sublunar perecerá en el final de los tiempos.[45]

1.2 Bernardo Silvestre

Bernardo Silvestre[46] también enseña claramente la perpetuidad del mundo en su *Cosmographia*. Como Guillermo, Bernardo define lo perpetuo como parte de una jerarquía del ser, explicando por ejemplo que "como tuvo principio, [lo perpetuo] no puede alcanzar la excelencia incomparable de la eternidad.[47]

Bernardo sostiene la idea de un mundo perpetuo con argumentos neoplatónicos elaborados a partir de la causación y la composición. El cosmos nunca será destruido porque "su supervivencia se basa en un creador y una causa eficiente que son eternos, y una sustancia y forma material que coexisten perpetuamente".[48]

Cualquiera sea la lectura que realicemos del poema, es difícil escapar de la conclusión que acaba admitiendo la perpetuidad del mundo:

---

44 HUGO DE SAN VÍCTOR, *Didascalicon,* I, 6; ed. y trad. Taylor, Columbia University Press, Nueva York, 1961.
45 HUGO DE SAN VÍCTOR, *On the Sacraments of the Christian Faith,* 2. 17. 28, trad. R. J. DEFARRARI, Medieval Acad. of America, Cambridge, 1951.
46 No se debe confundir a Bernardo Silvestre con Bernardo de Chartres. Cfr. Brice Parain, *La filosofía Medieval en Occidente,* Siglo XXI, Buenos Aires, 2002, p. 129.
47 BERNARDUS SILVESTRIS, *Cosmographia,* 1.4, ed. y trad. W. WETHERBEE, Columbia Univ. Press, N.Y. 1973, 87.
48 BERNARDUS SILVESTRIS, *Cosmographia,* 1. 4., p. 117

"La totalidad de cosas, el mundo, no se desgasta ni envejece, ni tampoco concluye en una muerte final, la razón de su permanencia (*ratio permanendi*) radica en el artesano, y causa de su obra –ambos sempiternos–; y en su materia y su forma materiales –ambas perpetuas".[49]

Por lo cual, parece afirmar que el mundo es por lo menos perpetuo. Un poco más adelante, en una prosa no alegórica, Bernardo disipa toda duda, dado que:

"el mundo llega a ser uno desde su unidad, hermoso, desde su hermosura, y eterno desde su eterno ejemplar. Comenzando desde la eternidad, el tiempo vuelve al corazón de la eternidad, cansado por su ruta larga, larga. De la unidad se separa en virtud del número, de la estabilidad por el movimiento (...). El instante presente, el recuerdo del pasado, la expectativa del futuro son los movimientos del tiempo. Y el tiempo continúa avanzando por siempre a través de estas trayectorias (...). Debido a esta misma necesidad de volver sobre sí misma, el tiempo parece permanecer en la eternidad y la eternidad moverse en el tiempo. La eternidad es aquello de donde nace el tiempo y en el que debe ser resuelto".[50]

Precisamente antes de estas palabras dice: *Es igual la generación del mundo y la del tiempo* lo que pareciera sugerir algunas diferencias entre la posición de Bernardo y de Guillermo de Conches.

Sin embargo Brian Stock no admite esta lectura y expresa:

"El origen, no es una afirmación sobre la creación del mundo y del tiempo a partir de Dios; es una metáfora para referir las revoluciones continuas y cíclicas por las cuales el tiempo emana de la eternidad y vuelve a su fuente; y por la cual el cosmos, a lo largo de principios análogos, se renueva periódicamente a partir de su fuente".[51]

No caben dudas que Bernardo ha admitido las doctrinas de Calcidio y Boecio; y sostiene indudablemente la creación del mundo de la nada aun cuando simultáneamente lo considere eterno.[52]

---

49 BERNARDUS SILVESTRIS, *Cosmographia*, 4. 4., p. 119
50 BERNARDUS SILVESTRIS, *Cosmographia*, 4, 4 ed. Peter Dronke (Leiden, 1978), p. 117.
51 B. STOCK, *Myth and Science in the Twelfth Century*, Princeton, 1972, p. 149
52 Este criterio ha sido difundido por M.-D CHENU, *Nature, Man and Spciety in the Twelfth Century* (Chicago, 1968) p, 58-59.

1.3 El tema de la eternidad del mundo en Thierry de Chartres

Thierry de Chartres estudia el concepto de perpetuidad en sus comentarios sobre el *De Trinitate* de Boecio (c. 1140-50). El contexto de su discusión es primero lógico y después ontológico.

Boecio al examinar la aplicación de las diez categorías a la Trinidad había sostenido que *semper* se predica de manera distinta respecto de Dios y del hombre. Y así se dice de Dios que está exento de temporalidad denotando un presente duradero y constante, a diferencia del tiempo fluyente del mundo.[53]

En su Comentario a Boecio, Thierry acepta la definición de Guillermo de la perpetuidad, "que se distingue de la eternidad pues aunque carece de fin, tiene un comienzo", y afirma que para Boecio el cosmos es sempiterno.[54]

Una vez que Thierry ha adoptado la definición de Guillermo de *perpetuus*, la doctrina de un mundo interminable está implícita a lo largo de toda su discusión: porque si nuestro presente consiste en la perpetuidad, el mundo no tendrá fin.[55]

Pero para Thierry el concepto de perpetuidad tiene poco interés cosmológico; su fuerza es ontológica. El término *perpetuus* expresa su preocupación filosófica central: el descenso de la multiplicidad desde la Unidad.

Es por eso que se niega a admitir la perpetuidad del cosmos: "Boecio dice esto con los filósofos pero los teólogos [*divini*] dicen que el mundo acabará".[56]

Según la doctrina de la creación desarrollada en los comentarios de Thierry a Boecio:

"De la santa y más alta Trinidad desciende la trinidad perpetua de las cosas".

Es decir, la materia perpetua desciende del Padre, las formas perpetuas y el movimiento perpetuo hacia el ser (*esse*) proceden del Hijo; y la fuerza que une la materia y la forma procede del amor y de la unidad del Espíritu Santo.[57]

---

53 BOECIO, *De Trinitate*, 4.
54 THIERRY OF CHARTRES, *Commentum super Boethii librum de Trinitate*, 4. 44 en: N.M.H. HÄRING, ed., *Commentaries on Boethius by Thierry of Chartres and His School*, Pont. Inst. Med. Stud., Totonto, 1971.
55 THIERRY OF CHARTRES, *Commentum*, 4, 44
56 THIERRY OF CHARTRES, *Commentum*, 107.
57 THIERRY OF CHARTRES, Commentum, 2. 39-42.

Y como todo se origina en la perfección de la simplicidad divina, explica Thierry, "ni la forma ni la materia perecen".[58] Pero aunque esta declaración parece sugerir un mundo sin fin, debe observarse que Thierry se refiere a la forma pura y a la materia primordial (*possibilitas*) y no a su conjunción en el mundo físico como actualidad compuesta.

Como construcción metafísica, su Trinidad de realidades perpetuas se sitúa ontológicamente en el primer nivel de la descendencia desde el Uno. Para Thierry, entonces, lo perpetuo constituye un modo intermedio de ser que a la vez despliega la multiplicidad y vuelve a la Unidad estable, a medio camino entre el tiempo y la eternidad.[59]

1.4 El tema de la eternidad del mundo en Clarembaldo de Arras

Otra figura representativa de la respuesta del siglo XII al problema que venimos considerando es la de Clarembaldo de Arras cuyo *Hexamerón* también recoge la definición de Guillermo de Chartres pero permanece cauteloso respecto de su aplicación.

Lo sempiterno, equivalente en él a lo perpetuo, es aquello que "comenzó a ser simultáneamente con el primer momento del tiempo, pero que no tendrá fin";[60] y con prudencia, Carembaldo atribuye la doctrina de un mundo perpetuo sólo a "los filósofos".

Clarembaldo ha sido discípulo de Thierry y da el mismo significado a las palabras de su maestro:

"La mutabilidad se deriva de la inmutabilidad de lo necesario; y la inmutabilidad es la eternidad, que es Dios. Por lo cual es necesario que la mutabilidad descienda de la eternidad".[61]

La enseñanza de Thierry se conforma bastante bien con la posición de los *moderni* denunciada por Alan de Lille en su *Summa "Quoniam Homines"*:

---

58 THIERRY OF CHARTRES, *Commentum*, 2, 49
59 Thierry utiliza los términos explicat (desplegar) y complicat (replegar) para describir emanación y retorno al Uno. Cfr. *Commentum*, 2, 49.
60 CLAREMBALDO DE ARRAS, "Tractatulus super librum Genesi" 48, en: *The Life and Works of a Twelfth-Century Master of the School of Chartres*, ed. N.M.H: HÄRING, Pont. Inst. Med. Stud., Toronto, 1965, 248.
61 CLAREMBALDO DE ARRAS, *Tractatulus de Hexaemeron*, ed. N. Häring, en "The reation and Creator of the World according to Thierry of Chartres and Clarenbaldus of Arras", *Archives d'histoire doctrinale et littéraire du Moyen Age*, 22 (1955), 137-216.

"Había también entre los modernos quienes han dicho que la materia primordial ha existido desde toda la eternidad (*ab aeterno*), y sin embargo procede de Dios tal como la luz procede del fuego. No es eterna porque fue creada. Por lo tanto Dios no existió antes que ella. Sin embargo es a partir de Él y está siempre con Él, tal como el pie produce una huella en el polvo, y no es posterior al pie sino que es a partir de él".[62]

1.5 La eternidad del mundo en la escuela de San Víctor

Esta escuela de París, formada por los canónigos regulares de la abadía de San Víctor –escuela claustral–, expresa una predilección por las disciplinas que configuran el trivium, al tiempo que se destaca por su dedicación tanto a los escritores de la Antigüedad clásica como a los Padres de la Iglesia. Humanista en los estudios, agustiniana en su concepción del mundo, sus maestros se caracterizan por una vida espiritual que se expresa en su obra, logrando un equilibrio entre piedad y razón.

En particular, la segunda mitad del siglo XII es testigo de la llegada de las primeras traducciones del árabe y del griego. Gundisalvo presenta un mundo eterno y creado. El mismo Alain de Lille estima que continúa a Agustín cuando admite que el mundo ha sido creado *de novo* pero a partir de una materia eterna, emanada de Dios.

Sólo Ricardo de San Víctor parece sostener una tesis diametralmente opuesta de una demostrabilidad del comienzo del mundo según aparece en el *Génesis*. Para ello presenta un argumento original que Dales[63] ha bautizado como "el argumento de los dos intermediarios": entre la realidad sin comienzo ni fin que es Dios y las realidades con comienzo y fin que conocemos, es necesario considerar las realidades con comienzo y sin fin, donde se ubican las almas, los ángeles, el mundo; y también aquellas realidades que tienen fin pero no comienzo: sólo esta última categoría de seres no tienen ejemplar.

Nuestro autor estaba influenciado por el *Periphyseon* de Eriúgena y por la enseñanza contenida en un comentario anónimo al que hemos aludido precedentemente[64] referido a *La consolación de la Filosofía*, pero modificó conceptualmente el pensamiento de ambos.

---

62 Cfr. ALAIN DE LILLE, *Summa "Quoniam homines"*, ed. P. Glorieux, "La somme *Quoniam homines* d'Alain de Lille", Arch. H. D. L. du Moyen Âge, 20, 1953, 113-364 en especial: p. 128-9. Véase asimismo JUAN DE SALISBURY, *Metalogicon*, p. 129
63 R. DALES, *Medieval Discussions of the Eternity of the World*, Brill, 1990, p. 36-37.
64 Cfr. Capítulo 9 de nuestro trabajo.

En el libro 1, capítulo 6, de su *Didascalicon* repite la división de la obra anónima entre: las cosas que son eternas, las perpetuas, y las temporales, aunque cambia los criterios para la inclusión en cada clase. Hugo dice que entre las cosas eternas que no tienen principio ni fin sólo está Dios en quien el *esse* y el *id quod est* se identifican. Por cierto, es claro que Hugo de san Víctor no utiliza para definir la eternidad, el criterio de la simultaneidad expuesto por Agustín y Boecio.

En la segunda categoría están las cosas en las cuales el *esse* está separado del *id quod est*, es decir, comienzan a ser desde un principio distinto de ellas mismas. Denomina a esta categoría "naturaleza" y la divide en dos modalidades; las cosas que:

"adquieren existencia a partir de su causa primordial y alcanzan el acto no en cuanto movidas por la vía de la generación sino a partir de la voluntad divina, y permanecen en la existencia de un modo inmutable, libre de toda corrupción o cambio".[65]

A estas realidades –dice– los griegos las llaman *ousiai*.

En segundo lugar se refiere a los cuerpos del mundo supra lunar que, en cuanto no padecen ningún cambio, también se los ha llamado divinos; estas realidades tienen un principio pero no tienen fin:

"Nada procede de la nada; y a la nada, nada puede regresar, porque todos los seres de la naturaleza tienen una causa primordial y una subsistencia perpetua".[66]

En la tercera categoría están los seres que no son generados a partir de su propia capacidad ni directamente por la voluntad de Dios, sino que son obras de la naturaleza; tienen un principio y tendrán un fin. Aquí están comprendidas todas aquellas cosas que proceden de la nada y a la nada vuelven:

"Así como cada obra de la naturaleza fluye en el tiempo fuera de su causa oculta, cuando su acto se ha destruido temporalmente, esa obra vuelve otra vez al lugar del cual vino".[67]

Hugo de san Víctor conocía el trabajo de Eriúgena, y, aunque lo modifica en alguno de sus aspectos, especialmente en orden a las ideas divinas,[68] toma su esquema general y acepta que el ser verdadero de

---

65 J. TAYLOR, ed. and trans., *The Didascalicon of Hugh of St. Victor*, New York, 1961. Puede consultarse asimismo: *Didascalicon de studio legend*, ed. CH. BUTTIMER, Studies in Medieval and Renaissance Latin 10, Washington DC, 1933, p. 13
66 *Didascalicon*, p. 14
67 *Didascalicon*, p. 14.
68 Ver J. TAYLOR, ed. and trans., *The Didascalicon of Hugh of St. Victor*, New York, 1961,

cada cosa está en su causa primordial, que corresponde a la segunda división del ser. Por lo tanto, dado que el individuo es una obra de la naturaleza que llega a ser y se corrompe en el tiempo, en cuanto es, esa realidad es perpetua en su causa.

2. Un receptor crítico de las doctrinas chartrianas: Pedro Lombardo

M. Colish[69] considera que la obra de Lombardo ha sido injustamente valorada por autores como M. Grabmann,[70] J. de Ghellinck[71] y Chenu[72] y estima que su texto aportó un progreso en la concepción de la doctrina, en la aplicación de la analogía y del símbolo, y particularmente, en la configuración del lenguaje teológico.

El pensamiento cosmológico del Lombardo se ha alimentado de múltiples fuentes patrísticas. Lombardo no simpatiza con el modelo de Chartres, sin embargo acostumbra utilizar la doctrina de los filósofos y de los teólogos de su tiempo para fundamentar su posición. De este modo se acerca a las fuentes patrísticas dialogando con las doctrinas contemporáneas con las cuales expresa su acercamiento o distanciamiento, en forma muy selectiva.

El desarrollo expositivo sobre la creación tiene rasgos inusuales. Como Ignacio Brady[73] ha puntualizado muy claramente, es posible establecer una dependencia de fuentes intermedias tales como la *catenae* patristica. Esta misma conclusión puede ser determinada a partir de la propia metodología expositiva: el parámetro normal es citar el autor y el trabajo a través de una paráfrasis del texto, explorando las razones que le han conducido a desarrollar esa doctrina; mientras que, cuando el Maestro expone el tema de la creación, en cambio, sólo se menciona el nombre de la autoridad refiriendo muy brevemente el núcleo de su pensamiento.

El Lombardo comienza por exponer la idea que atribuye a Beda y que él intenta sostener: hay una causa simple de la creación que es

---

p. 186-87 nota 42, libro 1.
69   M. COLISH, *Peter Lombard,* vol. 1-2. , Brill, Leiden-New-York-Köln, 1994, I 4-10, 85-88, 152-3.
70   M. GRABMANN, *Die Geschichte der scholastischen Methode*, Akademische Druck, Graz, 1957, reimpresión del original de Herder, Freiburg, 1911.
71   J. DE GHELLINCK, *Patristique et Moyen Âge: études d'histoire littéraire et doctrinale*, nouvelle éd. Rev. Et auge., éd. Universal, Bruxelles, 1949-1961.
72   M.-D. CHENU, *La théologie au douzième siècle*, Vrin, Paris, 1957; Introduction à l' étude de saint Thomas d'Aquin, Vrin, Paris, 1950.
73   Ver reseña de sus conclusiones en: M. COLISH, *Peter Lombard*, Vrin. 1994, vol. 1, 336.

Dios; doctrina opuesta a la noción chartriana de tres principios: Dios, el ejemplar y la materia, esta última no creada y sin principio; y Dios, actuando como artesano y no como Creador.[74]

Sostiene con firmeza que el Creador todo lo hace desde la nada, mientras que el artesano produce su obra desde una materia preexistente. De este modo el hacer es un movimiento que implica cambio en quien hace, modificación y proceso que no alcanza al acto creador.

Se detiene, asimismo, en otra posición de la escuela chartriana que el Lombardo atribuye a Aristóteles, y que admite que los principios de la creación son tres: la causa material, la causa formal y la causa eficiente, todas ellas eternas. Este es un concepto erróneo que ha conducido a muchos a afirmar la eternidad del mundo y a equiparar el Espíritu Santo con la causa eficiente que combina la forma y la materia.[75] El Lombardo sostiene en el libro I de las Sentencias que es inaceptable dividir el trabajo de la creación entre las personas Trinitarias pues es la divina naturaleza común la que crea. Y es también la divina naturaleza la que permanece trascendente. El desarrollo argumentativo recurre a san Juan Crisóstomo en su Glosa de la Epístola a los Hebreos, expresándose con los mismos términos de esta autoridad.[76]

En torno al problema del porqué de la creación viene al ser, Pedro Lombardo muestra la influencia de la *Summa Sententiarum* de Hugo de San Víctor. Sugiere que Dios creó los seres racionales para que alcancen el conocimiento del bien supremo: conociendo a Dios, puedan amarlo, al amarlo, lo posean, y al poseerlo, alcancen el gozo. Cada cosa, en la naturaleza fue hecha para el bien del hombre y para que el hombre las use y las goce en vistas al gozo último de Dios.[77]

La enseñanza del maestro prosigue desde el porqué de la creación hacia el cómo. Con la *Suma Sententiarum* sostiene la creación *simul* y *ex nihilo* de los ángeles y de la materia primordial, oponiéndose a la versión agustiniana. Usa a Alcuino como ancla en la secuencia de la creación al sostener cuatro modos de operación divina:[78] primero,

---

74 Utilizaremos en adelante para referir la doctrina del Lombardo la traducción al español: Tomás de Aquino, *Comentario a las Sentencias de Pedro Lombardo*, Vol I/1 y Vol. II/1, ed. Juan Cruz Cruz, Eunsa, 2002-2005. En particular en el Vol II/1 he colaborado como traductora de los textos que cito en este trabajo. P. LOMBARDO, II *Sent*, dist. 12, Textus, vol. II/1, p.366

75 P. LOMBARDO, II *Sent.*, dist. 1, Textus, vol. II/1, p. 73 y ss.

76 P. LOMBARDO I *Sent.*, dist. 1. Textus, vol. I/1, 96 y ss. El análisis de Tomás sobre este pasaje del Lombardo corresponde a: I *Sent.* dist. 1, cuestión 2 art. 1, 108-9 y cuestión 4 art. 1, 114-5.

77 P. LOMBARDO, I *Sent*, dist. 1, *Textus*, vol. I/1, íb.

78 P. LOMBARDO, II *Sent*, dist. 12, *Textus*, vol. II/1, p. 369.

Dios creó todas las cosas eternamente en el Verbo, esto significa que Dios poseyó el plan de la creación en su pensamiento desde toda la eternidad. Al manifestar este plan, procedió por etapas. Primero creó los ángeles y la materia informe. Luego, durante los seis días subsiguientes produjo las criaturas individuales a partir de la materia y de las formas creadas para este propósito. Adopta la exposición del relato gregoriano o isidoriano por sobre el comentario de San Agustín por cuanto entiende se componen más adecuadamente con el texto del *Génesis*.[79] Y, por último, introdujo las razones seminales agustinianas que garantizan el futuro desarrollo de las criaturas con posterioridad a los seis días.[80]

Podríamos decir que el Lombardo está menos intrigado por los problemas físicos y las inconsistencias especulativas que San Agustín. Como contrapartida, ofrece, en cambio, un orden lógico y una circunscripción temática orgánica de las principales cuestiones concernientes al problema de la creación, del origen y de la finalidad del mundo, de las cosas y del hombre a la luz de la fe. Profesa, asimismo, principios claros sobre las relaciones entre la ciencia y la fe sosteniendo una idea fuertemente ortodoxa y simple, sin las sinuosidades propias de la lógica medieval.

3. A modo de síntesis

El concepto de perpetuidad o temporalidad inacabable es la expresión de un humanismo optimista que surge en la Europa occidental durante el renacimiento del siglo XII.[81]

De este breve examen sobre las discusiones en torno a la eternidad del mundo en el siglo XII surge una considerable diferencia respecto de los trabajos del siglo subsiguiente.

En primer lugar: las argumentaciones se basan en última instancia en el *Timeo*, que es entendido por estos autores como un mito filosófico. Contrariamente, la consideración del problema en el siglo XIII estuvo basada en la filosofía natural de Aristóteles, quien propone una doctrina que parece contrariar las enseñanzas de la fe cristiana.

---

79 P. LOMBARDO II *Sent.*, dist. 12, *Textus*, vol. II/1, p. 366.
80 P. LOMBARDO II *Sent.*, dist. 12, *Textus*, vol. II/1, p. 369.
81 R. W. SOUTHERN, *Medieval Humanism and Other Studies*, Oxford Univ. Press, Oxford, 1970, 31-32.

Por ello la preocupación primaria del período, parece haber sido la conciliación de las principales autoridades en el ámbito del platonismo con las Sagradas Escrituras.

Los diversos autores expusieron las tensiones en diferentes grados y de diversas maneras.

a) En un extremo, Bernardo Silvestre estuvo dominado por un incondicionado acercamiento platónico al punto de no haber percibido ninguna incompatibilidad entre la consideración platónica del tiempo y la de la eternidad.
b) Las dificultades, en cambio, son evidentes en los escritos de Guillermo de Conches, quien vio cuáles eran los problemas entre el *Génesis* y las tradiciones platónicas intentado aproximarlos. No había ciertamente peligro de controversia durante este período, ni se suscitaron tampoco debates violentos. En el siglo XII los pensadores admiten que la verdad es una; los grandes auctores como Hermes, Platón, y los poetas, enseñaron que la tarea del pensador radica en mostrar la identidad encubierta detrás de las diferencias evidentes.

Este rápido itinerario chartriano conduce a Pedro Lombardo cuyas *Sentencias* se convertirán en punto de partida de las discusiones ulteriores. La principal distinción que establece el Lombardo es la de una *creación* entendida como producción a partir de la nada y la de *fabricación* que es una producción a partir de una materia preexistente. El Lombardo también discierne claramente entre una voluntad nueva que supone un cambio en el sujeto que quiere y una novedad en una voluntad que puede ser inmutable y eterna. Pedro Lombardo zanjó las diferencias expresando que Moisés al indicar que Dios *en el principio creó el mundo*, destruyó los errores de los filósofos que afirmaron su eternidad.

Medio siglo más tarde Felipe el Canciller asume esta misma perspectiva e indica que los argumentos aristotélicos:

"prueban que el mundo es perpetuo y no eterno. Ahora bien, digo 'perpetuo' y no 'eterno' puesto que es medido por el tiempo y por el movimiento (...) en conformidad con la filosofía que muestra, con propiedad, que el móvil, el movimiento y el tiempo son coexistentes".[82]

---

82 Citado por ALEJANDRO DE HALES, *Summa Halesiana*, I, p. 94, n. 8

Sin embargo estos esfuerzos suscitarán en la escolástica de los siglos XIII y XIV, importantes reacciones de las que daremos cuenta en los capítulos inmediatamente subsiguientes.

Fuentes

BERNARDO SIVESTRIS, *Cosmographia*, ed. Peter Dronke, Leiden, 1978

GUILLERMUS DE CONCHIS, *Glosae super Platonem*, Ed. Jeauneau, Paris, 1965. Existe una nueva edición: Guillermus de Conchis, *Glosae super Platonem*, Ed. Jeauneau, CXLVI-404, 2006.

GUILLERMUS DE CONCHIS, Glosae super Boetium, en J. M. Parent, (ed.) *La doctrine de la création dans l'école de Chartres: étude et textes*, Vrin, 1937.

GUILLELMI DE CONCHIS, *Dragmaticon Philosophiae*, ed. I.Ronca; Summa de Philosophia in vulgari, ed. L. Badia et J. Pujol. Corpus Cristianorum. Continuatio Medievalis, CLII. Guillelmi de Conchis Opera Omnia, vol. I, dir. project E. Jeauneau, Turnhout, Brepols; 1997, pp. 531

THIERRY OF CHARTRES, Commentum super Boethii librum de Trinitate, 4. 44 en: N.M.H. Häring, ed., *Commentaries on Boethius by Thierry of Chartres and His School*, Pont. Inst. Med. Stud., Totonto, 1971.

CLAREMBALDO DE ARRAS, "Tractatulus super librum Genesi", en: *The Life and Works of a Twelfth-Century Master of the School of Chartres*, ed. N.M.H: Häring, Pont. Inst. Med. Stud., Toronto, 1965.

CLAREMBALDO DE ARRAS, *Tractatulus de Hexaemeron*, ed. N. Häring, en "The Creation and Creator of the World according to Thierry of Chartres and Clarenbaldus of Arras", *Archives d´histoire doctrinale et littéraire du Moyen Age*, 22 (1955), 137-216.

J. TAYLOR (Ed. y Trad.), *The Didascalicon of Hugh of St. Victor*, Columbia Univ. Press, N.Y, 1961.

ALAIN DE LILLE, *Summa "Quoniam homines"*, ed. P. Glorieux, "La somme *Quoniam homines* d´Alain de Lille", Arch. H. D. L. du Moyen Âge, 20, 1953, 113-364

Bibliografía

CHENU, M. D. *Nature, man, and society in the twelfth century; essays on new thological perspectives in the Latin West*, selected and translated by Jerome Taylor and Lester K. Little. Chicago, University of Chicago Press, 1968 (first published 1957).

DALES R., "Discussions of the Eternity of the World during the First Half of the Twelfth Century", *Speculum*, (1982), vol 57, nro. 3, 495-508.

DALES R., Medieval Discussions of the Eternity of the World, Brill, 1990.

FLATTEN, H., «Die 'Materia primordialis' in der Schule von Chartres» en Archiv für Gesichte der Philosophie, 1931, pp. 58-65.

GHELLINCK, J. *L'essor de la littérature latine au XIIe siecle*. 2 ed. Brussels, Desclée, 1954.

GREGORY, T., *Anima mundi. La filosofia eli Guglielmo di Conches e Ia scuola di Chartres*. Firenze, 1955.

GREGORY, T *Platonismo medievale*. Roma, 1958.

JEAUNEAU, E., "L 'usage de la notion d´ integumentum á travers Ies gloses de Guillaume de Conches", AHDLMA, 24, 1958, pp. 35-100.

JEAUNEAU, E "Note ·sur l' Ecole de Chatres" en *Studi Medievali*, 1964, pp. 821- 65.

JEAUNEAU, E "Simples notes sur la cosmogonie de Thierry de Chartres" en Sophia 23, 1955, pp. 172-183.

MACCAGNOLO, C., Rerum universitas. Saggio sulla filosofia di Teodorico di Chatres. Firenze 1976. Il Divino e il Megacosmo. Testi filosofici et scientifici della Scuola di Chatres. Rusconi. Milano 1980. ' ·

MUNK OLSEN, B. *L'étude des auteurs classiques latins aux XIe et XIIe siècles*. Paris, Editions du Centre National de la Recherche Scientifique, 1982-1989. 4v.

MUNK OLSEN, B *L'humanisme de Jean de Salisbury; un ciceronien au 12e siècle, in, Entretiens sur la renaissance du 12e siècle*, Paris, Mouton, 1968, p.53-83.

NITZE, W. "The so-called twelfth century renaissance, In, Speculum; a journal of mediaeval studies", 23, (1948), 464- 471.

PARENT, J., La doctrina de la création dans l' Ecole de Chartres. Etude et textes. Publications de l' Institut d' Etudes Médievales d' Ottawa. Paris-Ottawa,1938.

ROBINSON, F. C. "Medieval, the middle ages". *Speculum*, 59 (1984), p. 745-756.

SANDYS, John Edwin A history of classical scholarship, vol. 1: From the sixth century B.C. to the end of the Middle Ages. New York, Hafner, 1958.

SOUTHERN R. W., *Medieval Humanism and Other Studies*, Oxford Univ. Press, Oxford, 1970.

STOCK B., *Myth and Science in the Twelfth Century*, Princeton, 1972

Capítulo 11
Algacel y Averroes: la segunda etapa de la confrontación medieval

1. Una doctrina común: la *symphonia* neoplatónica en el islam medieval

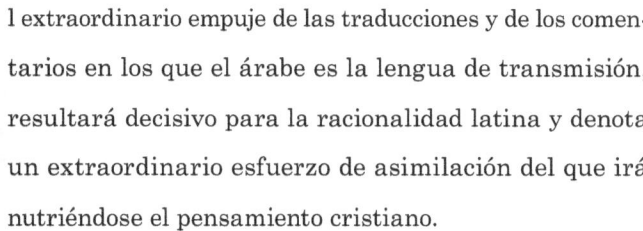

l extraordinario empuje de las traducciones y de los comentarios en los que el árabe es la lengua de transmisión, resultará decisivo para la racionalidad latina y denota un extraordinario esfuerzo de asimilación del que irá nutriéndose el pensamiento cristiano.

Los árabes actuaron como vehículo de transmisión del único sistema de pensamiento estructurado –pese a su infinita variedad– que compartía el mundo mediterráneo: el neoplatonismo.

La particular característica de este movimiento doctrinal radica en el modo en que llega a constituir, en el decir de L. Florido,[1] una *symphonia* a partir de las formas culturales, religiosas y filosóficas que se incorporan en el proceso de su propia construcción.

Pierre Hadot ya había destacado el carácter sincrético que es inherente al neoplatonismo:

---

1   LEÓN FLORIDO, "Translatio studiorum. Traslado de los Libros y diálogo de las civilizaciones en la Edad Media", *Revista General de Información y Documentación*, 2005, vol. 15, nro. 2, 66.

"gigantesco esfuerzo de síntesis entre los elementos más diversos de la tradición filosófica y religiosa de toda la Antigüedad. Conforme a una larga tradición, en el neoplatonismo acaban identificándose el platonismo con el pitagorismo. Además, el aristotelismo se reconcilia con el platonismo, en la medida en que los escritos de Aristóteles, interpretados en un sentido platónico, representan una primera etapa en el curso general de la enseñanza platónica [...] Pero la armonización no se detiene allí [...] Se trata pues de sistematizar todo lo revelado, el orfismo, el pitagorismo, la religión caldea, con la tradición filosófica pitagórica y platónica".[2]

La posibilidad de llegar a una *symphonia* o concordancia entre aristotelismo y platonismo es una consecuencia del origen escolar del neoplatonismo que nace en la pugna temprana entre académicos y peripatéticos cuando los dos grupos de discípulos, primero, tendieron a acentuar la distancia que separaba a quienes habían sido sus maestros, sobre todo en lo que respecta al papel de las entidades matemáticas y de las entidades cosmológicas separadas;[3] y luego, a aproximar posiciones.

En este primer escenario, el pensamiento árabe tuvo un papel singular, pues ni rechazaba el contacto con los no creyentes, ni tampoco contaba con una tradición especulativa propia, por lo que, al iniciar su movimiento expansivo de conquista, asimiló distintas tradiciones culturales y doctrinales.

Las cuestiones de escuela adoptaron pronto la forma de un sistema orgánico de comentarios a los textos originales de Platón y de Aristóteles, donde los intérpretes trataron de vincular doctrinas, haciendo que cada una de ellas supliera las carencias de la otra. El platonismo pudo completarse con la investigación aristotélica sobre la naturaleza adoptando las características de un sistema del saber universal. A su vez, el aristotelismo encontraba en el idealismo platónico la posibilidad de abordar cuestiones tales como la existencia de substancias separadas, la doctrina de la iluminación propia del intelecto agente, o la de la existencia de una ciencia del ser en cuanto ser.

---

2   P. HADOT, *¿Qué es la filosofía antigua?*, Madrid, F.C.E, 1998, pp. 186-7.
3   LEÓN FLORIDO, "Translatio studiorum. Traslado de los Libros y diálogo de las civilizaciones en la Edad Media", Revista General de Información y Documentación, 2005, vol. 15, nro. 2, 66. La Metafísica de Teofrasto puede considerarse como el comienzo de una polémica secular, no sólo contra el platonismo, sino sobre el sentido del lugar que ha de otorgarse a la teología aristotélica en la organización del sistema. Cfr. a modo de ejemplo: J. A. AERTSTEN, "Thomas Aquinas. Aristotelianism versus platonism?", *Néoplatonisme et philosophie médiévale. Actes du Colloque international de Corfou 6-8 octubre 1995*, S.I.E.P.M., editado por BENAKIS, LINOS G., Turnhout: Brepols.pp. 147-162.

Esta complementariedad tuvo una notable aplicación en las polémicas teológicas que atraviesan el período medieval, en el oriente cristiano. Las tendencias heréticas "platonizantes" tendientes a acentuar la unidad divina y a negar el carácter humano de Cristo fueron corregidas apelando al hilemorfismo aristotélico. Y por el contrario, el occidente latino, se vio enriquecido, a menudo, por la intervención de los partidarios del espiritualismo de tendencia platónica.

En verdad esta tendencia de los comentaristas árabes a la concordia se mantuvo por mucho tiempo, e incluso están presentes también en algunas expresiones filosóficas latinas del siglo XIII, así, por ejemplo, Alberto Magno aún pensaba que el neoplatónico *Liber de causis* no era otra cosa que la coronación de la *Metafísica* aristotélica.[4] San Buenaventura también es un ejemplo de este "aristotelismo ecléctico" con tendencias neoplatónicas, puesto al servicio de una teología agustiniana que se nutre de una estructura filosófica aristotélica convenientemente depurada de doctrinas consideradas incompatibles con la fe.

Es ilustrativo observar que la tendencia a considerar que Platón y Aristóteles han sido los fundadores de dos filosofías fundamentalmente distintas es cronológicamente muy posterior.[5]

Esta mixtura doctrinal de base neoplatónica fue el vehículo ideal para lograr que los autores encontraran un tejido sistemático y conceptual común, desde el cual comunicarse y en el que las diferencias previas, religiosas y culturales, o la misma pertenencia a una u otra escuela, no implicaran la imposibilidad de establecer un diálogo filosófico. Este hecho positivo se verá, en cambio, empañado por la creciente dificultad de realizar un trabajo crítico sobre las fuentes textuales.

El complejo entramado de textos y doctrinas confluirá en el período escolástico latino en un *corpus* de supuestas traducciones de obras griegas, de entre las que destacan el *Liber de causis*, la *Theologia aristotelica* y el *De chaelestis hierarchia*.

Se trata de falsificaciones llamadas a tener una gran influencia en el desarrollo del pensamiento medieval latino, hecho que por sí solo

---

4   A. DE LIBERA, "Albert le Grand et Thomás d'Aquin interprètes du 'Liber de causis'", *Revue des sciences philosophiques et théologiques*, (1990), 74, pp. 347-378. JIMENA LIMA, "Aproximación a la relación alma-cuerpo en el pensamiento de Alberto Magno", *Analogía Filosófica*, vol. XXVII, n°1, México, 2013, pp. 63-88; "Entre aristotelismo y platonismo: la lectura albertina de algunos principios fundamentales de la metafísica", en: *La identidad propia del pensamiento patrístico y medieval: ¿unidad y pluralidad?*, (ed. S. FILIPPI) Paideia Publicaciones, 2014, pp. 203-213.

5   LEÓN FLORIDO, "Translatio studiorum. Traslado de los Libros y diálogo de las civilizaciones en la Edad Media", *Revista General de Información y Documentación*, 2005, vol. 15, nro. 2, 67.

pone de manifiesto que nos encontramos en un contexto ante el que debemos necesariamente adaptar nuestros instrumentos de análisis.

El *Liber de causis* es el texto característico de la filosofía bagdadí, siendo esencialmente una reescritura de los *Elementa theologiae* de Proclo, aunque también afloran a veces en sus páginas fragmentos plotinianos, y del Pseudo-Dionisio. Tomás de Aquino, en su comentario, reconoció ya su origen proclusiano frente a la común atribución aristotélica. En cuanto al modo en que la obra llegó a occidente hay diversas hipótesis, pero hoy parece aceptado que su origen radica en una traducción de Gerardo de Cremona de un original del siglo IX de Bagdag.

Entre las obras apócrifas, el escrito más antiguo, y también quizá el más influyente, es el *De chaelestis hierarchia*, atribuido a Dionisio, quien decía ser el primer filósofo cristianizado por la predicación de San Pablo en el Areópago. Se ha especulado sobre la identidad y la intención del creador del *corpus dyonisianum*, sobre si fue un neoplatónico resistente a los avances del cristianismo, o un filósofo convertido. Probablemente, este *corpus* fue compuesto en pleno conflicto cristológico y se insertó en la polémica entre los ortodoxos calcedonios con los monofisitas, en el tránsito del siglo V al VI.[6] Hoy suele situarse a Dionisio en el bando monofisita, que temía la pérdida de la divinidad del Hijo de Dios.[7] Su transmisión a occidente, sin dudas, se vio favorecida por la influencia de la abadía de Saint-Denis en el mundo carolingio. Más allá de ello, la posibilidad de encontrar una vinculación directa entre su santo epónimo y Pablo de Tarso influyó en la rápida aceptación de una obra de procedencia dudosa, como ya claramente denunciara Pedro Abelardo durante su estancia en la abadía.

Finalmente, bajo el nombre de la *Theologia* de Aristóteles circulaba en tierras árabes un escrito que era una buena parte de las *Enéadas* de Plotino en forma de paráfrasis probablemente debida a un monofisita del siglo VI.

Los árabes asimilaron la filosofía griega con anterioridad a las dos culturas: la cristiana y la judía, iniciándose un fecundo proceso de racionalización. Sin embargo, también aquí entraron en conflicto

---

6 Cfr. J. M. RIST, "Pseudo-Dionysus, neoplatonism an the weakness of soul", en: *From Athens to Chartres. Neoplatonism and medieval thought. Studies in honour of Edouard Jeauneau*. Ed. Haijo Jan Westra., Leiden, Brill, 1992, pp. 135-161, especialmente, pp. 137-139, nota. Véase además: LEÓN FLORIDO, "Translatio studiorum. Traslado de los Libros y diálogo de las civilizaciones en la Edad Media", *Revista General de Información y Documentación*, 2005, vol. 15, nro. 2, 68.

7 De hecho el misticismo platonizante del corpus ha podido llevar a un juicio tan duro como el de Lutero (*La cautividad de Babilonia*, Weimar: Krit. Ausg. 6, 562) que lo considera la obra de un platónico sólo nominalmente cristiano.

las verdades reveladas con las diversas teorías de la filosofía griega, planteándose discrepancias entre el ámbito especulativo propio de la filosofía y aquel otro de la teología. De todos modos, la posición dominante fue la armonización entre filosofía y teología, sostenida por representantes tales como Al Kindi, Alfarabi o Avicena.

2. Avicena y su análisis del problema de la eternidad del mundo

La influencia más temprana del pensamiento árabe respecto de la tradición escolástica fue la de Avicena (980-1037) quien en su *Metphysica*[8] sostiene que la creación nunca comenzó y que el universo siempre ha existido en tanto depende de un principio superior, Dios, que es ser necesario.

De manera contrastante con el punto de vista dominante del cristianismo, Avicena sostiene que el ser necesario, necesariamente produce lo que causa, y permaneciendo siempre Él mismo, produce el mismo efecto. El ser necesario no crea por azar o por virtud de un acto contingente de la voluntad, sino necesariamente.

Si la voluntad de Dios no puede cambiar, se requiere entonces que el mundo sea eterno. Es evidente que Avicena viene a reformular un viejo problema que ya había vislumbrado san Agustín y Boecio, ahora en un contexto diferente.

Este argumento fue usualmente formulado en el pensamiento escolástico para distinguir entre producción por emanación –tal como la Trinidad es producida– y creación *ex nihilo* que halla su fundamento en la libertad divina.

La reflexión del filósofo persa en favor de la eternidad del mundo está expresada en un argumento que parte de Dios, y no del mundo. Para Avicena la causa primera, Dios, es también causa creadora; considera que los filósofos como Aristóteles y Platón han alcanzado la idea de creación en cuanto implica la producción de todo lo que existe desde el ser necesario, en él mismo.

Distingue así, el ser necesario que existe por sí, y los otros seres, que no existen sino a través del ser necesario. Estos seres, en sí mismos

---

[8] AVICENA, *Metaphysica*, IX, 1 Las citas subsiguientes corresponden a: *Liber de philosophia prima sive scientia divina*, Louvain-Leiden, ed. Van Riet, 1977-1980. Nos hemos detenido particularmente en el vol. II, p. 434-446.

son no-seres, o son seres posibles, y por eso en un sentido ontológico sólo les compete el no-ser.[9]

Avicena rechaza hablar de la creación *ex nihilo*. Todo lo que existe es dependiente de Dios en su existencia, y existe a partir de su no ser o de su posibilidad. Pero no es necesario entender por ello una suerte de preexistencia del no ser. En todo caso, el problema radica en definir con exactitud el estatuto que por esencia le corresponde a la criatura. Y en este sentido, declara con total firmeza que la criatura es no ser por ella misma, y no existe sino en virtud de la acción de la causa primera.

La comprensión de este punto nos introduce en la intelección de la doctrina de la simultaneidad de la causa y del efecto, también expuesta en su *Metaphysica*.[10] Avicena reconoce la tendencia generalizada a decir y a pensar que el efecto sucede a la causa; el hijo al padre, el artefacto al artesano. Pero en estos casos sólo se considera la causa por accidente. El padre no es la causa de la existencia del hijo sino solamente por accidente. Lo que él causa es la generación, y la generación entendida como acción de engendrar es simultánea con el hecho de ser engendrado. Y ambos actos: el de engendrar y el de ser engendrado, constituyen un solo y único proceso de generación, que, a su vez, puede ser analizado como la sucesión de procesos causales más simples. La causa del primer proceso no será sino por accidente causa de los efectos ulteriores. Pero para cada proceso la causa es simultánea con el efecto.

De modo que se podría concluir que las causas que constituyen un proceso dado tienen un número finito, pero en cambio las causas coadyuvantes preparatorias de ese efecto, podrían ser infinitas.

Avicena constituye una importante fuente del análisis de Tomás de Aquino y de su distinción entre la serie de causas operantes simultáneamente en una relación de subordinación; de aquellas otras causas que obran sucesivamente o que concurren a producir un mismo efecto pero cuya relación no es sino accidental.[11]

Para Avicena, los argumentos de Aristóteles en favor de la eternidad del movimiento son válidos: las causas naturales se suceden al infinito en el tiempo. Sin embargo, las causas que concurren al momento de la creación –Avicena admite la participación de los ángeles con el poder creador–, deben ser finitas; y, en particular, la causa primera,

---

9 Entre los autores que acogen ampliamente esta concepción aviceniana, figura sin dudas Enrique de Gante.
10 Avicena, *Metaphysica*, VI, 2.
11 OLGA LARRE, "Origen temporal y creación del mundo: la doble vía argumentativa de Tomás de Aquino", *Scripta Medievalia*. Vol. 5, Nro. 1, 2012, 63-81

creadora, obra siempre y necesariamente, pues no puede oponérsele ningún impedimento.

Se puede objetar que la existencia de la cosa sucede a su no existencia, en cuanto viene después, pero en este caso la sucesión es según la esencia y no según el tiempo. Se puede hablar de "comienzo" o de innovación para designar la creación, y decir que lo posible existe "después" de no haber existido. Pero estas dos nociones tanto la de *"innovación"* como la de *"después"* deben ser entendidas, dice Avicena, en un sentido no temporal.[12]

Agustín había evocado la paradoja de una causa eterna que produce un efecto temporal, pero subrayaba el modo voluntario y libre de la creación al exponer el carácter no determinado del comienzo del mundo. Como hemos señalado, Avicena admite, en cambio, un modelo neoplatónico donde la emanación de los seres a partir de algo primero es necesaria y se deriva de la perfección de la primera causa que se manifiesta en la necesidad de su ser y de su obrar, y en la ausencia de oposición.

3. La disputa sobre la eternidad del mundo en Algacel

En verdad podríamos considerar que la segunda disputa relativa a la eternidad del mundo fue la que enfrentó, centralmente, al teólogo sunita Algacel (1058-1111) y al filósofo andaluz Averroes (1126-1198), controversia que ha tenido menor influencia sobre el occidente latino por falta, como indicaremos, de una traducción directa de los textos involucrados.

Algacel sostuvo un escepticismo filosófico que lo llevó a la mística y a la defensa estricta de las leyes coránicas. Su solución al viejo problema de las relaciones entre filosofía y religión fue muy distinta a la aportada por los *falâsifa*. Mientras que los peripatéticos musulmanes resolvieron el problema en clave conciliadora, subrayando la armonía entre el ámbito religioso y el filosófico o científico, el teólogo persa se convirtió en un adversario de la filosofía; y realizó una crítica a las tesis defendidas por los filósofos que resultaban contrarias al Islam, en su *Destrucción de los filósofos*.[13]

---

12 AVICENA, *Metaphysica* VIII, 3
13 ALGACEL, *Tahafut al falasifa (The Incoherence of the Philosophers)* ed. M. BOUYGES, Beirut: Imprimerie Catholique, 1927; trad, S.A. KAMAH, AL-GHAZALI'S Tahafut al-Falasifah, Lahore: Pakistan Philosophical Congress, 1963. (Al-Ghazali's refutation of

De modo que, aun cuando le atrajo la sistematicidad de la filosofía por su capacidad de dar cuenta racionalmente de algunas concepciones religiosas fundamentales, Algacel la consideró una disciplina, además de insuficiente, peligrosa, porque arrastraba muchas proposiciones erróneas y porque la noción de Dios y el concepto de mundo que alcanzaban no podían conciliarse con los contenidos de la fe:

> "Sabed —Dios os guíe rectamente y os lleve suavemente hacia la verdad— que la diversidad de religiones y sectas que existen entre las gentes, así como la variedad de los imames en las doctrinas de las distintas escuelas, según las muchas sectas y los múltiples métodos, es un mar insondable en el que naufraga la mayoría y no se salvan sino pocos. Toda secta, sin embargo, pretende ser la salvada por aquello de que 'todo grupo está contento con lo suyo' y cree ser ella la que nos ha prometido el Señor de los enviados, el Verídico y el Sincero, cuando dijo: 'Mi comunidad se dividirá en setenta y tres sectas y sólo una de ellas será la que se salvará'".[14]

Su propósito fue mostrar que la razón no basta para conocer todas las cuestiones ni para descubrir la solución de los distintos problemas que aquejan a los hombres.

Por eso quiso defender la fe, combatiendo a los filósofos con sus propias armas, intentando poner de manifiesto que la razón no alcanza ninguna certeza. Los filósofos defienden tesis contradictorias, y todas las opiniones que resulten contrarias a los dogmas religiosos, carecen de fundamento, por lo cual tampoco pueden servir de guía para la solución de los problemas de la vida.

Algacel defendió no solamente el comienzo del mundo —doctrina coránica— sino también la demostrabilidad de esta tesis, retomando para ello numerosos argumentos aristotélicos revisados por Filopón.

Los latinos conocieron en particular el primer libro de su *Destrucción,* donde Algacel presenta las doctrinas de los filósofos para su posterior refutación. La sección referida a la *Metafísica,* consagra un capítulo al tema del infinito, y expone la idea según la cual no se puede aceptar un infinito en acto pero sí se puede admitir un infinito potencial por sucesión.

Islamic philosophy.) Se puede consultar versión en línea: <http://www.muslimphilosophy.com/ir/tt/tt-ch1.htm#p1>

14 Para este texto utilizo la traducción al español de E. TORNERO. "El proceso de la duda en Algazel", *Anales del Seminario de Historia de la Filosofía,* núm. 7, Ed. Univ. Complutense. Madrid, p. 58

Y refiere un argumento que será muy estimado en el futuro y que viene de Avicena: si el mundo ha existido por un tiempo infinito, existiría al presente un número infinito en acto de almas humanas, luego el mundo no podría existir sin un comienzo. Algacel rechaza el argumento,[15] pero los teólogos conservadores del siglo XIII tomaron la fórmula argumentativa e ignoraron su particular refutación.

4. Averroes y su participación en la disputa

El debate central con el pensamiento de Algacel es desarrollado por Averroes, quien ya hacia el final de su *Comentario* 98 al libro IV de la *Física* expone una personal interpretación de la doctrina de Aristóteles sobre la naturaleza del tiempo que abandona los caminos de sus predecesores; allí sostiene:

"y no he podido solucionar esta cuestión sino después de mucho esfuerzo pues quienquiera que haya escrito sobre el tiempo ha seguido a los expositores, pero no yo".[16]

La teoría del tiempo de Averroes conforma una síntesis donde las visiones personales han sido sugeridas por las dificultades que entraña el texto de Aristóteles.

Su insistencia en los nexos que tiene el tiempo con el ser transmutable (*esse transmutabile*) están inspirados en la idea de que la temporalidad es, sobre todo, una nota propia de los seres materiales y también del hombre en cuanto le es esencial la capacidad de cambiar y de moverse de un modo continuo. Es ésta una profundización notable de la teoría de Aristóteles, una conquista que, como sugiere Mansion,[17] ya no se perderá; y será sustancialmente retomada por Alberto Magno y por Tomás de Aquino.

El pensador cordobés, a diferencia de Algacel, sostuvo una actitud de defensa de la filosofía y de la libre investigación, y redactó contra Algacel su *Destrucción de la destrucción de la filosofía*.[18]

En este texto quiso restaurar la confianza en la filosofía, en la razón humana, llevando a cabo una lectura directa e independiente de Aristóteles, libre de toda contaminación teológica o neoplatónica, lo

---

15   ALGACEL, *Metaphysica* 1, 6, ed. Muckle, p. 40-41.
16   AVERROES, *Com. Phys.*, L. IV, com. 98.
17   MANSION, A. "La théorie aristotélicienne du temps chez les péripatéticiens médiévaux", *Revue Néoscolastique de Philosophie*, 36 (1934) p. 276
18   *Averroes' Destructio destructionum philosophiae Algazelis*, ed. BEATRICE ZEDLER, Wisconsin, 1961.

que lo convirtió en el más famoso y reconocido comentarista del filósofo griego. La investigación filosófica no tiene por qué estar subordinada a la enseñanza de la teología; pero esto no quiere decir que la filosofía se tenga que enfrentar a la religión. Hay dos vías de acceso a la verdad, pero la verdad sigue siendo una por lo que, la verdadera filosofía no puede ser peligrosa para la fe. Y cuando se da una contradicción sólo puede ser aparente, nunca una discrepancia esencial.

El Comentador y antes que él todos los filósofos árabes subrayan la dependencia absoluta del universo con relación a su creador, en el sentido de que una causa eternamente en acto exige la perpetua existencia de sus efectos. Como por otra parte esa causa tiene por sí misma carácter de necesidad, también el mundo es necesario; y sus procesos están irremisiblemente determinados. El ser necesario *a se* y *ab alio* son categorías fundamentales de la filosofía y la teología de Averroes.

Sin embargo, paradojalmente el medioevo latino sólo conoció una pequeña parte de los textos donde el autor defiende la doctrina aristotélica de la eternidad del mundo y su conformidad con el Corán.

Su aristotelismo estricto fue conocido, particularmente, a través de sus comentarios a la *Física* y a la *Metafísica* y los pasos que en estas obras se refieren al problema de la eternidad del mundo. Reprueba a los teólogos musulmanes y cristianos que afirmaron que el mundo tiene un comienzo y que criticaron a Aristóteles para defender la idea de una creación *ex nihilo*.

El contenido del debate entre Algacel y Averroes no ha sido ignorado por los latinos que conocieron los argumentos de ambos, a través de un resumen bastante fiel en la obra árabe, no musulmana, de gran influencia en el siglo XIII: la *Guía de los Perplejos*.

Averroes defiende la eternidad del mundo insistiendo en que los absurdos denunciados por los adversarios de esta doctrina se deben a su confusión entre lo esencial y lo accidental. Y aunque admite que algunas de las acusaciones dirigidas por Algacel contra Alfarabi y Avicena son válidas, alegará que dejan de serlo una vez corregidas las deficiencias en la exposición de ambos pensadores orientales.

Para Averroes no existe mucha diferencia entre la afirmación de la eternidad del mundo y la de su creación; más bien se trata de una cuestión terminológica, por lo que no ve razón alguna para acusar a los pensadores aristotélicos de ateísmo.

La intención de Averroes al defender la eternidad del mundo no fue atacar la religión sino pensar libremente. En su opinión, el origen del mundo no es un problema que se pueda afrontar y resolver con los medios dialécticos de la teología, ni tampoco con la retórica. Se necesita el rigor demostrativo de la filosofía. Averroes nunca criticó a Algacel por el hecho de defender la creación temporal del mundo, idea sugerida, no expresada en el Corán, sino por enredarse en problemas filosóficos utilizando una dialéctica inadecuada.

En efecto, la doctrina de la creación *ex nihilo*, señala Averroes, no es una doctrina explícita en el Corán. De ahí que la pretensión de los teólogos musulmanes y del mismo Algacel de atenerse a la letra del texto revelado, le parece a Averroes ilusoria. Lo que el texto sagrado dice es que hay que abstenerse de investigar todo aquello acerca de lo cual la Ley religiosa guarda silencio porque va mucho más allá de lo que el común de las gentes puede comprender, y porque además, no se necesita tal conocimiento para alcanzar la felicidad.[19]

Esta misma idea aparece en el *Fasl*:

"Estas opiniones de los *motecálimes* sobre el mundo no se ajustan al sentido literal de la revelación; porque si bien se considera la letra de la revelación, se ve por los versículos que se refieren al origen del mundo, que la forma de éste fue realmente producida o innovada, pero que la existencia misma y el tiempo perseveran o continúan indefinidamente por los dos extremos, es decir, que no tienen límite [ni *a parte ante* ni *a parte post*] (...). Ni tampoco los *mutallimûm* en sus discursos sobre el mundo siguen el sentido literal de la revelación, sino más bien una interpretación particular. No consta, en efecto, en la revelación divina, que Dios coexistiese con la pura nada; eso no se halla textualmente en parte alguna de la revelación".[20]

De estos elementos se deduce:

i) es lícito plantear la hipótesis de que el mundo sea eterno
ii) esto no supone apartarse de la religión.

Averroes se coloca del lado de los filósofos y defiende como ellos la eternidad del mundo y de la materia.

Precisamente, la posición de los filósofos es intermedia entre dos extremos: el de los teólogos que sostienen la creación temporal del mundo y el de los materialistas; pues a diferencia de los materialistas y al igual que los teólogos, los filósofos afirmaron que el mundo tiene un agente, un creador.

---

19 *Averroes' Destructio destructionum philosophiae Algazelis*, ed. ZEDLER, Wisconsin, 1961, 317.
20 AVERROES, Fasl al-Maqâl, ed. Manuel ALONSO, en *Teología de Averroes*, Madrid, 177-178. Puede consultarse en línea: <http://www.muslimphilosophy.com/ir/fasl.htm>.

Algacel había expuesto que no puede afirmarse la eternidad del mundo y al mismo tiempo reconocer la existencia de un agente, un creador. El principal argumento al que de continuo recurrió consistió en afirmar que una vez admitida una serie infinita de causas, no tiene sentido postular una primera causa. Contra este argumento reacciona Averroes subrayando que es falso decir que el hombre que admite infinitas causas, no puede probar la existencia de una causa primera eterna, puesto que es la existencia de efectos infinitos lo que demanda la necesidad de una causa eterna, por medio de la cual las causas infinitas adquieren su existencia; porque si no, los géneros, cuya totalidad de individuos son temporales, serían necesariamente finitos. Y sólo de este modo lo eterno puede ser la causa de los seres temporales. Por lo cual:

> "lo temporal procede del Ser Eterno, no en tanto que es temporal, sino en tanto que es eterno, es decir, en tanto que es genéricamente eterno, aunque temporal en sus partes".[21]

No hay en consecuencia ninguna contradicción en la idea de una creación eterna. Pensar lo contrario, subraya Averroes, es el resultado de una confusión entre lo esencial y lo accidental:

> "Según los filósofos el regreso infinito de causas es, por un lado imposible, y por otro necesario; imposible cuando este regreso es esencial y en línea recta, y la causa anterior es una condición de la existencia de la posterior, y no imposible cuando este regreso es accidental y circular, cuando lo anterior no es una condición para lo posterior, y cuando existe una primera causa esencial".[22]

Averroes establece que es erróneo entender la expresión "eterno" como equivalente a aquello que no tiene causa.[23] Aunque Dios produce el mundo desde la eternidad, éste es ontológicamente inferior a Dios y "creado", en tanto que su causa es externa y necesita de un agente que le permita pasar de la potencia al acto. Por eso el mundo:

> "tiene cierta semejanza con la existencia del ente realmente producido y con la existencia del ser eterno (...). Pero el mundo no es verdaderamente producido ni verdaderamente eterno *a parte ante*. Lo

---

21 *Averroes' Destructio destructionum philosophiae Algazelis*, (ed. Zedler) 240.
22 *Averroes' Destructio destructionum philosophiae Algazelis*, (ed. Zedler), 230.
23 *Averroes' Destructio destructionum philosophiae Algazelis*, (ed. Zedler), *140*.

verdaderamente producido es necesariamente corruptible; y lo verdaderamente eterno no tiene causa".[24]

El mundo no es para Averroes eterno por sí mismo; de allí que le convenga como nota esencial más el carácter de ser engendrado o producido, que la eternidad; y si los filósofos llaman al mundo eterno, es para prevenir que se lo crea originado de la nada y creado en el tiempo después de un período de inexistencia.[25]

De lo dicho se desprende que las doctrinas sobre la naturaleza del mundo no se diferencian entre sí de modo que consideremos a unas infieles y a otras no.[26] El error de los teólogos no radica en señalar que el mundo es algo generado –dice Averroes– sino en pensar que ello significa inevitablemente que el mundo es temporal.

Esa fue a juicio del pensador cordobés la equivocación de los teólogos: "contemplar como imposible que la acción creadora de Dios pudiese ser eterna, aun cuando creyesen que la existencia de Dios es eterna".[27]

El argumento de Algacel en favor del comienzo temporal del mundo por una voluntad eterna es a juicio de Averroes sofístico y encierra absurdos. Pensar que Dios ha tenido que esperar para crear en el tiempo es, en opinión del pensador musulmán, incompatible con el propio concepto coránico del carácter todopoderoso de Dios, ya que esta espera estaría condicionada por algo distinto a Dios, y éste quedaría determinado en sus acciones. Una creación temporal supondría, en efecto, cambio en el agente, y por esa vía nunca llegaríamos a una acción primera. No habría otra solución que suponer que pueden sobrevenir en los agentes nuevas mutaciones sin causa, o admitir la generación espontánea. Tanto una como otra hipótesis son inadmisibles para Averroes. La acción de Dios no ha cesado ni cesará y su efecto es su misma acción.[28]

Pues el efecto no puede separarse del acto del agente: "Dado un agente en posesión de todas las condiciones para obrar, no es posible que se retrase el efecto",[29] porque en "un agente libre su decisión de actuar

---

24 AVERROES, *Fasl al-Maqâl*, ed. Manuel Alonso, en *Teología de Averroes*, 176. Hay también traducción al español de Khadija Madouri, Salamanca, 2014. Versión en línea: <http://gredos.usal.es/jspui/bitstream/10366/125926/1/DLE_MadouriK_TahafutalFalasifa.pdf> (24/01/2017).
25 *Averroes' Destructio destructionum philosophiae Algazelis*, (ed. Beatrice Zedler), 165-6.
26 AVERROES *Fasl al-Maqâl*, ed. M. ALONSO, en *Teología de Averroes*, 174.
27 *Averroes' Destructio destructionum philosophiae Algazelis*, (ed. Beatrice Zedler), 140.
28 *Averroes' Destructio destructionum philosophiae Algazelis*, (ed. Beatrice Zedler), 228.
29 *Averroes' Destructio destructionum philosophiae Algazelis*, (ed. Beatrice Zedler), 76.

y la acción o producción del efecto van indisolublemente unidos".[30] Sólo cabe concluir que la creación del mundo tuvo que ser eterna.

Pero, ¿cómo llevó Dios a cabo su obra?, eso no lo sabemos, ningún vocablo humano expresa exactamente la realidad del primer agente. Por eso la palabra voluntad no puede aplicarse a Dios. Todo lo que podemos decir es que existe un agente con una capacidad de obrar que no es naturaleza ni voluntad, pero a la que la Ley revelada denomina voluntad.[31] Si la Ley utiliza este término es simplemente para prohibirnos pensar en una creación natural, ciega y fatal, o en una creación similar a las producciones humanas. Para Averroes, en definitiva, hablar de una voluntad creadora es simplemente señalar una discontinuidad entre el Creador y la criatura; es rechazar la continuidad inherente a toda doctrina emanatista.[32]

Averroes en el *Tahâfut* critica la teoría de la emanación, tal y como la entendieron y expusieron Al-Fârâbî y Avicena. La emanación por un lado, no es una verdadera creación; y además, dificulta, la explicación del conocimiento divino de los particulares. La emanación, señala, no precisa la relación entre el primer principio y el mundo y, por último, no explica el origen de la multiplicidad:

> "La teoría de la emanación de un principio intermediario a otro, defendida por Avicena, no la conocieron los filósofos antiguos; ellos simplemente dijeron que esos principios ocupaban un rango determinado, según su relación con el primer principio, y que su existencia sólo adquiriría realidad a través de su relación con el primer principio. Pues como dice el Corán (37, 164), 'cada uno de nosotros tiene su lugar marcado'".[33]

La relación que existe entre un principio y otro, y entre todos los principios y Dios, es una relación de causalidad. Cada principio o inteligencia es causa de lo inmediatamente inferior y efecto de lo inmediatamente superior; y todos ellos dependen de Dios, que es la causa primera. Esta dependencia absoluta de todos los seres respecto de Dios convierte a éste en agente, y al mundo, en su obra. Cierta prudencia ante el misterio de la creación lo lleva a Averroes a separar radicalmente la naturaleza del primer agente respecto del modo propio de obrar

---

30 *Averroes' Destructio destructionum philosophiae Algazelis,* (ed. Beatrice Zedler) 72.
31 *Averroes' Destructio destructionum philosophiae Algazelis,* (ed. Beatrice Zedler), 73.
32 R. ARNALDEZ, "La pensée religieuse d'Averroès I. La théorie de la création dans le Tahâfut", *Studia Islamica* (Paris), 7 (1957), pp. 99-114.
33 *Averroes' Destructio destructionum philosophiae Algazelis,* (ed. Beatrice Zedler), 181.

de la voluntad humana y, en consecuencia, del resultado de la acción divina, respecto del resultado de nuestras propias acciones temporales:

"Pero lo que nosotros decimos de esa conexión con el Uno, es algo diferente de lo que entendemos por 'agente' y 'objeto', 'hacedor' y 'producto' en el mundo sublunar".[34]

Averroes distingue lo que está en el tiempo –que comienza y termina– y lo que es con el tiempo, que no tiene principio ni fin. Distingue, por lo tanto, entre la creación del mundo y la creación de los seres del mundo. Nuestras acciones están ligadas a una voluntad temporal y, por eso, son temporales; el mundo, sin embargo, en tanto que mundo, no entra en la existencia, puesto que no está en el tiempo, sino acompañándolo. De ahí que esté ligado a la existencia eterna, esto es, a Dios. Pero el mundo está ligado a Dios por el acto que lo constituye en criatura y que, por consiguiente, lo aleja ontológicamente de la trascendencia del creador. La ligazón es de dependencia y sumisión absolutas; no hay continuidad en el ser, como sucede en el caso de las doctrinas emanatistas, no hay cambio en el agente, como sucede con los agentes temporales.[35] De Dios procede el inicio del movimiento actualizador y organizador de la totalidad del cosmos. Dios es, quien en última instancia ha fijado mediante su mandato la existencia de todos los seres; no hay otra forma de concebir la relación entre Dios y el mundo:

"Esto es lo que los filósofos entendieron que significaban las leyes religiosas al hablar de creación; traer algo a la existencia de la nada".[36]

Averroes criticó el neoplatonismo asumido por Alfarabi y Avicena quienes le niegan entidad a la materia. Avicena se equivocó de lleno al afirmar que el acto de un agente o bien se refiere al ser, o al no ser, o a los dos juntos, lo cual es imposible. El error en esto –dice Averroes– es que, de hecho, el acto del agente no se refiere al ser en acto, en tanto que está en acto; ni al no ser en tanto que es no ser, sino al ser inacabado, afectado por el no ser, a saber, el ser en potencia.[37] Toda creación, incluso la divina, hay que concebirla, en opinión de Averroes,

"como una educción de la cosa desde la existencia en potencia a la existencia en acto; y el aniquilamiento, por el contrario, como educ-

---

34 *Averroes' Destructio destructionum philosophiae Algazelis*, (ed. Beatrice Zedler), 181.
35 R. ARNALDEZ, "La pensée religieuse d'Averroès I. La théorie de la création dans le Tahâfut",110.
36 *Averroes' Destructio destructionum philosophiae Algazelis*, (ed. Beatrice Zedler), 182.
37 *Averroes' Destructio destructionum philosophiae Algazelis*, (ed. Beatrice Zedler), 166-167.

ción de la cosa desde el acto a la potencia. De esto se deduce que la posibilidad y la materia son inherentes a toda cosa producida, y que si existe un ser subsistente en sí mismo, no es posible que le afecte la nada ni la producción".[38]

Dios es para Averroes agente, forma y fin del mundo. La emanación —a su juicio- no es una verdadera creación, puesto que en este caso no hay verdadera procedencia desde una causa eficiente. El papel de la causa eficiente es conducir algo de la potencia al acto. Y si bien niega la creación *ex nihilo* no afirma que Dios crea el mundo a partir de algo preexistente:

"La materia no precede a la creación; no es la tela en la que se graban las formas. La materia no existe más que en el compuesto creado, y gracias a él".[39]

Al actualizar las potencias que están en el mundo, Dios crea el compuesto metafísico de materia y forma; es entonces cuando Dios da al universo el ser, y en este sentido legítimamente puede llamársele su creador.

En esta doctrina, Averroes hace explícita su conciencia de los límites de la razón. El filósofo musulmán concuerda con Algacel en que para "todo lo que la razón humana es incapaz de percibir se debe recurrir a la revelación", solo que a diferencia de él agota todas las posibilidades de la razón. Es entonces cuando se considera obligado a recurrir a la revelación, ya que el hombre debe asumir que "la razón humana tiene un límite, llega a un punto más allá del cual no puede pasar".[40]

En su análisis sobre el origen del mundo Averroes afirma, que no hay pruebas concluyentes que establezcan el orden en que se suceden las inteligencias inmateriales,[41] ni el número de estos principios,[42] que nos permitan explicar la diversidad y el número de los movimientos celestes.[43] La razón humana tampoco puede conocer a fondo la naturaleza del entendimiento divino ni, por tanto, el modo en que Dios conoce los seres distintos a Él y los crea. Si pudiésemos conocerlo todo,

---

38 *Averroes' Destructio destructionum philosophiae Algazelis,* (ed. Beatrice Zedler), 146.
39 R. ARNALDEZ, "La pensée religieuse d'Averroès I. La théorie de la création dans le Tahâfut", 111.
40 *Averroes' Destructio destructionum philosophiae Algazelis,* (ed. Beatrice Zedler), 282.
41 *Averroes' Destructio destructionum philosophiae Algazelis,* (ed. Beatrice Zedler), 205.
42 *Averroes' Destructio destructionum philosophiae Algazelis,* (ed. Beatrice Zedler), 208.
43 *Averroes' Destructio destructionum philosophiae Algazelis,* (ed. Beatrice Zedler), 383.

"nuestro entendimiento sería idéntico al entendimiento eterno, y esto es imposible".[44]

En resumen: la filosofía no ofrece una solución definitiva a la cuestión sobre el origen del mundo: en puntos como éste se pone de manifiesto "las deficiencias de nuestro entendimiento"[45] y que en éste, como en otros asuntos, "no hay afirmaciones indubitables, sino afirmaciones más o menos plausibles".[46]

Lo que la estricta razón llega a establecer con conocimiento cierto, dice Averroes, es que existe un ser exento de toda pasividad y cambio[47] y que, por consiguiente, no conoce ni quiere del modo en que lo hacemos nosotros; que es pura simplicidad intelectiva, y que por su propia virtud esencial causa la forma, el fin y el orden de todo el universo.

Alejado de las interpretaciones neo platonizantes, Aberrees subraya, como Aristóteles, que ningún agente, ni siquiera el mismo Dios, puede operar sobre la nada y que tampoco crea la materia y la forma, sino que su acción se limita a unir ambas cosas ya existentes, es decir a actualizar aquello que está en potencia.[48]

Aunque desconozca el origen de la materia sabe que ha de existir algo que no sea simplemente nada, sino la potencia de todos los seres, y que este algo ha de ser eterno y ha de preceder a todos los cambios. Y aunque no comprenda cómo pudo darse la acción divina, si toda acción implica cambio en el agente, sabe que Dios es causa del mundo y que es "absolutamente cierto que el efecto de una causa no puede retrasarse después de la causación".[49]

La teoría aristotélica de la eternidad de la materia y de la necesidad de la acción eterna de Dios, convencen a Averroes de que Dios hizo eternamente el mundo, aunque no disponga de pruebas apodícticas, ya que los argumentos que conducen a la verdad de un mundo eterno, sin principio ni fin, aunque no sin causa, son en su opinión, argumentos irrefutables.

Averroes preserva el dato revelado de la creación del mundo aunque se aleje de la solución ofrecida por la ortodoxia musulmana. La doctrina de la creación *ex nihilo* es filosóficamente inaceptable y absolutamente incompatible con las enseñanzas de Aristóteles sobre el origen del

---

44 *Averroes' Destructio destructionum philosophiae Algazelis,* (ed. Beatrice Zedler), 282.
45 *Averroes' Destructio destructionum philosophiae Algazelis,* (ed. Beatrice Zedler), 192.
46 *Averroes' Destructio destructionum philosophiae Algazelis,* (ed. Beatrice Zedler), 208.
47 *Averroes' Destructio destructionum philosophiae Algazelis,* (ed. Beatrice Zedler), 157.
48 *Averroes' Destructio destructionum philosophiae Algazelis,* (ed. Beatrice Zedler), 177-8.
49 *Averroes' Destructio destructionum philosophiae Algazelis,* (ed. Beatrice Zedler), 77.

ser. En cuanto a la creencia en un mundo temporal o atemporal, eso es una cuestión de fe. El creyente puede aferrarse a la idea del inicio temporal del mundo, si lo desea. Pero el hombre de ciencia sabe que es mucho más plausible la idea de un mundo eterno, sin principio ni fin y por consiguiente la admite.

Averroes nunca se atribuyó el mérito de haber demostrado la eternidad del mundo. En cambio, sí criticó fuertemente a los teólogos por haber pretendido demostrar su inicio temporal y, sobre todo, por haber descalificado a los filósofos que sostenían lo contrario.

Los teólogos, incluido entre ellos Algacel, encaminaron todo su esfuerzo en mostrar que la eternidad del mundo de los filósofos era falsa, y que la razón humana era incapaz de dar respuesta al problema. Y, contrariamente a lo que cabría esperar, estuvieron convencidos de haber demostrado racionalmente la temporalidad del mundo. Averroes, por el contrario, con una fe firme en la razón, termina por concluir que el entendimiento humano es incapaz de resolver la cuestión; y la filosofía, pese a sus importantes avances en el conocimiento de la verdad, no ofrece una respuesta concluyente al problema del origen del mundo. Y en lugar de destruir las opiniones de sus adversarios insistiendo en la fiabilidad epistemológica de la filosofía, expone la verdadera doctrina de los filósofos antiguos con el único propósito de mostrar que la conclusión de un mundo eterno no se opone a la revelación. Dignifica así a la filosofía como un saber que, pese a sus limitaciones, es la vía humana más excelente de acceso a la verdad.

5. La recepción de la disputa en el mundo latino a través de Maimónides

El problema de las relaciones entre fe y razón se planteó en el mundo judío en términos muy parecidos al del mundo cristiano: mientras que algunos consideraron que la filosofía representaba un peligro para la fe pues podía conducir a herejías y provocar dudas e incertidumbre en los fieles; otros, amantes del saber, entendieron que la fe no debía implicar una renuncia a la razón pues fue el mismo Creador quien infundió en el hombre la inteligencia.

En esta línea se encuentra el pensador cordobés Maimónides (1135-1204). Su meta fue conciliar la Torá (Pentateuco) y el Talmud –que contiene la tradición, doctrinas, ceremonias y preceptos de la religión judía–, con el pensamiento filosófico.

Maimónides considera la razón como el más preciado don de Dios, llegando a creer que el estudio de la filosofía es un mandato bíblico al posibilitar al hombre su mejor conocimiento. De modo que el pensamiento puede fortalecer la fe en cuanto la razón puede permitir una mejor comprensión de la fe, y además, permite enfrentar las falsas creencias y los ataques de los enemigos.

En su obra *Dux Dubitantium*, revela la situación de los que se inician en la filosofía y acaban en un estado de confusión y perplejidad, pero señala que, bien utilizada, la razón no es contraria a las convicciones religiosas. La Sagrada Escritura es la palabra de Dios expresada a través del lenguaje de los hombres y adaptada a la medida de la inteligencia del vulgo, por ello sus expresiones no pueden ser tomadas literalmente, sino de un modo alegórico.

La especulación filosófica, en general, debe confirmar las verdades de la Ley. Sin embargo, hay cosas que el intelecto humano no es capaz de entender, y por ello, hay verdades sólo alcanzadas a través de la fe y de la revelación. La inteligencia humana tiene un límite, y en esos casos debemos silenciar la razón y limitarnos a la fe.

A pesar de su visión moderada sobre el papel de la filosofía, los judíos ortodoxos lo atacaron por considerar que su obra era peligrosa para la fe.

Concentraremos nuestro interés en dos puntos del tratado. En el Libro II de su *Dux Dubitandium,* desarrolla su propia posición y la crítica de los argumentos en favor de la eternidad del mundo. Asimismo, en el Libro I, y en el contexto de una discusión con los planteamientos teológicos musulmanes, examina los argumentos en favor de la creación:

"…comenzaré declarando mi parecer acerca del problema, y luego lo apoyaré con argumentos diferentes de los de los Motecálimes, quienes creyeron haber probado la *creatio ex nihilo*. Yo no quiero engañarme a mí mismo considerando que son pruebas los meros métodos dialécticos. Antes que esto, preferiría admitir como axiomático lo que no puedo demostrar, o aceptar uno de los términos del dilema por autoridad. Pretendo poner de relieve que la teoría de la creación, tal como la enseña la Escritura, no encierra nada que no sea posible; y que, en cambio, todos los argumentos filosóficos que parecen desmentirla contienen puntos flacos que los invalidan y desvirtúan. Estoy convencido de la absoluta corrección de mi método, pues en principio considero admisibles las dos teorías, la de la eternidad y la de la creación, y acepto la última, sobre la autoridad de la Profecía que puede enseñar cosas que transcienden los alcances de la especulación filosófica. Cuando haya demostrado la admisibilidad de nuestra teoría, probaré con razonamientos filosóficos que la doctrina de la creación es más aceptable que la de la eternidad del universo; y aunque ambas opiniones encierran puntos que están expuestos a la crítica, creo probar que son mucho más poderosas las razones que contradicen el parecer de nuestros adversarios".[50]

Maimónides evoca siete argumentos en favor de la creación (I, 74), que dice reposan sobre dos principios admitidos por los *motecálimes*.

En efecto, en su examen de los argumentos *pro aeternitate*, Maimónides reagrupa cuatro argumentos aristotélicos extraídos del mundo, que parten:

1) de la consideración del movimiento y del tiempo,
2) de la materia primera
3) de la naturaleza del cielo (sin contrario)
4) y del análisis del cambio.

Y agrega a ellos tres argumentos tomados de Avicena, extraídos de la consideración de un Dios que no cambia, cuya voluntad no encuentra obstáculo y no hace nada en vano.

La creencia en la eternidad del mundo parece apoyarse en la opinión que considera que el mundo no ha nacido y no puede perecer, basándose en la permanencia inmutable de Dios.

El primer principio enuncia que la razón admite todo cuanto la imaginación le presenta. El segundo, rechaza el infinito por sucesión.

Maimónides señala que la imaginación no es capaz de distinguir lo que es efectivamente posible de lo que no lo es; sólo la razón puede hacerlo. La imaginación que nos es común con los animales cae fácilmente en el error y no se puede juzgar lo posible en conformidad con ella.

En el segundo principio, se percibe la influencia que, indirectamente, se deriva de Filopón. Evoca la imposibilidad de una regresión al infinito tanto en las causas eficientes o materiales, como en el tiempo, por tanto, la imposibilidad de un infinito sucesivo, y de un infinito actual.

Rechaza, asimismo, en su respuesta al cuarto argumento que todos los seres que conocemos sean engendrados:

"El universo todo está compuesto de substancia y accidentes; cada substancia ha de poseer uno o más accidentes, y pues que los accidentes no son eternos, la substancia, en cuanto *substratum* de los accidentes, tampoco puede serlo; porque lo que se junta y une a las

---

50 Maimónides, Moses, *Dux seu director dubitantium aut perplexorum*, Editor Giustiniani, A., Paris, 1520, Publishing house: Badius Ascensius. Versión digital <http://reader.digitale-sammlungen.de/de/fs1/object/display/bsb10140241_00027.html>. Cfr. II, XVI. Los textos citados en español en mi trabajo corresponden a la traducción de: FERNANDO VALERA, *Maimónides: Guia de los descarriados.*, 2014 quien revisa y corrige la versión de Ed. Orión, México, 1947. Hay versión en línea: <https://buscandoloescondido.files.wordpress.com/2015/07/guia-de-los-descarriados-de-maimonides.pdf> (25/01/ 2017).

cosas transitorias y no puede existir sin ellas, es también en sí mismo transitorio. Por lo tanto el universo ha tenido un principio".[51]

Evoca por último un argumento de Avicena recogido por Algacel sobre la infinidad de las almas, pero lo califica como un "argumento peregrino, que consiste en explicar una dificultad, con otra mayor",[52] señalando que es inconveniente fundar la demostración en principios tan oscuros e imposibles de concebir por el espíritu.

Los argumentos de los motecálmines no son conclusivos, señala Maimónides, pero no se puede tampoco demostrar que la tesis que defienden sea falsa. Cuando retoma la cuestión para tratarla en toda su amplitud en el libro II, Maimónides comienza por distinguir tres conceptos sobre la creación, del cual el primero es el de la Ley (Torah) al cual adhiere, y que formula un comienzo absoluto del mundo y del tiempo.[53] En efecto:

"Para nosotros el tiempo es cosa creada; apareció a la existencia de la misma forma que los demás accidentes y que las substancias, que constituyen el *substratum* de los accidentes. Por eso, porque el tiempo es cosa creada, no se puede decir que Dios produjo el universo *'en el principio'*. Medítalo bien; porque el que no comprende esto, no puede luego refutar poderosas objeciones que se suscitan contra la teoría de la *creatio ex nihilo*. Si admites que el tiempo existía antes de la creación, te verás obligado a aceptar la eternidad del universo".[54]

La segunda posición es la de los filósofos para quienes la eternidad del mundo se impone en virtud del principio absoluto según el cual de la nada, nada se hace. Por tanto, una creación entendida como producción absoluta del mundo y del tiempo a partir de la nada es inconcebible. Todos los filósofos –Platón incluido– han pensado que el cielo ha sido engendrado y que, por tanto, el tiempo es finito. Pero esta generación no es a partir de la nada, por tanto el mundo ha sido siempre, y es infinito en cuanto al pasado.

Maimónides distingue la doctrina de Aristóteles de la de estos filósofos en tanto el Estagirita sólo expresa la idea de una generación o formación del cielo y por ello está en condiciones de formular de un modo más coherente –siempre según Maimónides– que el mundo existe desde toda la eternidad tal como nosotros lo conocemos.

---

51   MAIMÓNIDES, *Dux seu director dubitantium aut perplexorum*, I, 74.
52   MAIMÓNIDES, *Dux seu director dubitantium aut perplexorum*, I, 74
53   MAIMÓNIDES, *Dux seu director dubitantium aut perplexorum*, II, 13.
54   MAIMÓNIDES, *Dux seu director dubitantium aut perplexorum*, II, 13.

Esta concepción le evita el problema que necesariamente han debido afrontar los filósofos: ¿por qué razón el cielo habría sido formado en tal momento más que en tal otro? La cuestión parece entrañar –señala Maimónides– un cambio en la voluntad divina, doctrina que Aristóteles rechaza absolutamente:

> "Pretende también Aristóteles que es imposible que Dios cambie de voluntad y conciba algún nuevo deseo; (...). Es tan imposible que Dios cambie de voluntad y deseo como que no exista o que haya mudanza en Su esencia, por ello Aristóteles deduce que el universo ha sido siempre el mismo en lo pasado, y será eternamente lo mismo que es".[55]

El mundo siempre ha sido y será tal como nosotros lo conocemos: hay movimientos en el cielo, pero son movimientos circulares que imitan el reposo divino y se producen regularmente de modo idéntico.

Y si bien hay contingencia en la tierra, y en todo el mundo sublunar, en su esencia el mundo perdura y no cambia. En particular los animales nacen y mueren pero las especies de estos animales son eternas.

Para Maimónides, Aristóteles no ha demostrado la eternidad del mundo, ni tampoco lo ha pretendido hacer.[56] Todos sus argumentos tienen un valor dialéctico pero no demostrativo. Quien los acoge, debería juzgar que la eternidad del mundo es probable, y no que ella es necesaria: "Aristóteles dice que su teoría es una opinión, y no habla de pruebas, sino de argumentos".[57] Y a menudo Maimónides suele indicar que precisamente porque el mundo no es eterno, Aristóteles no ha podido proporcionar una demostración.

Algunos intérpretes de Aristóteles, como Alfarabi por ejemplo, han juzgado que los argumentos aristotélicos, son demostrativos y los han entendido como tales. Pero no han tenido en cuenta el modo según el cual Aristóteles los presenta invocando la autoridad de los antiguos físicos, con la sola excepción de Platón. Un argumento de carácter demostrativo habría vuelto vana toda su argumentación por la vía de la autoridad.

La objeción central de Maimónides a Aristóteles entendemos que está centrada en este aspecto: no se pueden inferir a partir de lo que pasa en el mundo, conclusiones sobre la formación del mundo mismo. El tema es ilustrado por un apólogo célebre que retomará más de un teólogo latino, comenzando por el mismo Tomás de Aquino: aquel de un niño que no puede creer el relato que se le hace sobre su propio origen:

---

55 MAIMÓNIDES, *Dux seu director dubitantium aut perplexorum*, II, 13
56 MAIMÓNIDES, *Dux seu director dubitantium aut perplexorum*, II, 15
57 MAIMÓNIDES, *Dux seu director dubitantium aut perplexorum*, II, 15

"Si a un hombre que nunca conoció a mujer ni hembra alguna le dijeran que el hombre comienza a existir en el vientre de un individuo de su especie, de una hembra, no lo creería y trataría de refutar lo que le dijeran, y procuraría demostrar su imposibilidad por referencia a las propiedades de la persona adulta, de esta manera: Cuando alguno deja de respirar por breves instantes, muere y pierde la capacidad de moverse, ¿cómo imaginar que alguien haya podido estar encerrado durante varios meses en una bolsa situada en el interior de un cuerpo, y haya conservado la vida y el movimiento?".[58]

Este argumento es juzgado muy importante por Maimónides, considerándolo a la manera de un muro construido en torno a la Ley que la rodea y protege. La idea es que la argumentación filosófica tiene por fin mostrar que la Ley es posible y por ello tiene posibilidad de ser creída, aun cuando no llegue a constituir una demostración rigurosa.

La refutación de los argumentos de Aristóteles procede distinguiendo todo cuanto sucede en el orden natural, de los procesos generales a partir de los cuales Aristóteles concluye la eternidad del mundo.

Así, Aristóteles –interpreta Maimónides– entiende que el movimiento universal que precede todo movimiento parcial, no puede estar sometido a generación y corrupción; por ello, el movimiento circular del cielo no tiene comienzo una vez producido el cuerpo esférico. De modo que, Maimónides comprende –como Averroes– que la prueba de la eternidad del movimiento es la prueba de la existencia de un movimiento eterno, y es en particular, aquel correspondiente a las esferas celestes. Pero la *creatio ex nihilo* no es un movimiento.

Por otra parte, un segundo argumento aristotélico se refiere a la materia que no es engendrada ni se corrompe, pues en ese caso supondría una materia anterior a ella. En efecto:

"Si hubiera tenido principio, procedería de otra substancia. Por otra parte, habría sido informada, pues el venir a la existencia no es otra cosa que recibir la Forma. Pero por 'Substancia Primera' queremos decir la substancia amorfa que no puede haber salido de otra substancia y tiene que ser sin principio ni fin; de donde se deduce que el universo es eterno".[59]

Pero nuevamente, señala Maimónides, la *creatio* no es un movimiento. En fin, el argumento que sostiene que toda generación supone una potencia precedente y entraña, por tanto, un cambio en el creador, es también respondido por Maimónides:

---

58 MAIMÓNIDES, *Dux seu director dubitantium aut perplexorum*, II, 17
59 MAIMÓNIDES, *Dux seu director dubitantium aut perplexorum*, II, cap. 14

"nosotros sustentamos que Dios ni es corpóreo, ni es una fuerza apegada a un cuerpo, tampoco estamos obligados lógicamente a sostener que la creación sea debida a un cambio que se opere en el Creador mismo, después de un período de inactividad".[60]

Maimónides recuerda una contra-objeción de los motecálmines: la potencia precedente podría ser la potencia del agente. Pero reconoce que en buen aristotelismo conviene distinguir dos potencias activa y pasiva, igualmente necesarias para la efectuación del movimiento. Maimónides responde que el ser inmaterial es perpetuamente en acto. No hay que suponer, por tanto, que un obstáculo haya podido retardar el efecto de la voluntad divina, lo que podría suceder con los agentes naturales cuyas razones de obrar son exteriores a la voluntad. No hay cambio en la voluntad de Dios, sino la voluntad de un cambio o comienzo.

Maimónides refuerza esta concepción mencionando su doctrina de la homonimia de los nombres divinos: no es necesario pensar la voluntad divina sobre el modelo de la voluntad humana. La equivocidad del concepto de "voluntad" aplicado a Dios y a las creaturas es total.

En cuanto al argumento que infiere la eternidad del efecto a partir de aquella de la causa –la sabiduría divina–, Maimónides sostiene que es un argumento muy débil. En efecto así lo expresa:

"Todo lo que la sabiduría de Dios considera necesario producir, se produce *eo ipso*; pero esta sabiduría, por ser Su esencia, es eterna, y lo que de ella resulta tiene que ser también eterno. El argumento se nos antoja endeble. Así como no alcanzamos el porqué la sabiduría de Dios ha producido nueve esferas, y no más ni menos, o por qué ha fijado el número y tamaño de las estrellas tales como son, así tampoco podemos comprender por qué Su sabiduría produjo en un momento dado el universo, trayéndolo de la inexistencia a la existencia".[61]

Este equilibrio agnóstico no es la última palabra de Maimónides. Después de haber rechazado como inválidas las demostraciones de las dos tesis opuestas, de manera que la vía esté libre para la adhesión a la Ley, da un argumento, una prueba especulativa, no necesaria, sino dialéctica, para hacer finalmente prevalecer la opinión de un comienzo respecto de la eternidad, tema tratado, centralmente en el capítulo 19 de la II parte de su tratado.

El argumento se resume en el reconocimiento de una intencionalidad en la obra de la creación. Aristóteles ha admitido una finalidad

---

60 MAIMÓNIDES, *Dux seu director dubitantium aut perplexorum*, II, cap. 18
61 MAIMÓNIDES, *Dux seu director dubitantium aut perplexorum*, II, cap. 18

natural, que es necesaria y no remite a una inteligencia ordenadora. El Dios de Aristóteles piensa el mundo, lo conoce intelectualmente conociéndose él mismo, pero no tiene el conocimiento práctico que un artista tiene de su obra. La inteligibilidad del mundo aristotélico no revela una inteligencia divina.

Maimónides insiste en las singularidades de la naturaleza, en particular del cielo de lo cual no da cuenta la física aristotélica. Se trata de distinciones fundamentales sobre las cuales se funda la física pero que Aristóteles no explica: especies naturales, número de planetas, distinción de elementos, y de sus formas esenciales (pesado, ligero, cálido, frío), distinción de los lugares también, que hace que tal parte de la materia reciba tal forma, distinción de los movimientos rectilíneo y circular. Aristóteles quiso que todo fuese absolutamente necesario en la naturaleza, aun estas distinciones y busca dar causas pero no puede remontarse a una causa única y simple de todas las distinciones. Si bien Aristóteles es fiable en su descripción del mundo sublunar, sostiene Maimónides, los astrónomos han mostrado que su descripción del cielo no fue completa y resultaba necesario considerar otros movimientos más allá de los propios de la Tierra para dar cuenta de las posiciones de los astros.

Sostiene que la idea de un mundo que es el producto de una intención, y de una voluntad inteligente, se aviene más con la idea de un comienzo, mientras que la necesidad se adecua con un mundo eterno y eternamente sometido a los mismos principios. Maimónides no insiste sobre la prueba de la existencia de Dios, que no se podría extraer de esas consideraciones. Lo que le importa es que se manifieste un designio y que la novedad del mundo pueda derivarse de la bondad divina sin que otra razón deba ser buscada.

No adhiere aquí al ocasionalismo de los teólogos asharitas para quien Dios es la única causa verdadera de todo lo que se produce en el mundo[62]. Sostiene el orden natural de las causas aristotélicas pero las supedita a la causalidad divina y al hacerlo, vuelve posible la intervención de Dios en un mundo que depende de su voluntad soberana. Se comprende que Maimónides haga de la novedad del mundo un "pilar de la Ley". Pero esto no es sólo por respeto a la letra del Génesis. El rabino filósofo reconoce que se podría dar una interpretación alegórica como se lo hace con otros pasajes, donde la ciencia entra en conflicto con el texto. Pero la novedad del mundo es la garantía de la posibilidad

---

62 MAIMÓNIDES, *Dux seu director dubitantium aut perplexorum*, II, 19.

de una intervención de Dios en el mundo, bajo la forma de la profecía, de la Revelación, y del milagro.

La influencia posterior de Maimónides fue significativa. Su *Dux dubitantium* fue utilizado por los autores cristianos quienes no sólo citaron sus opiniones sino que lo incorporaron a la estructura de sus propios puntos de vista.

Veremos sus argumentos asumidos por autores como Felipe el Canciller, Alejandro de Hales, Tomás de York, Alberto Magno, Buenaventura, Aquino, Boecio de Dacia, Siger de Brabante, Roger Bacon y Enrique de Harclay[63], quien, en particular, no sólo citó sus opiniones sino que las incorporó en la estructura de su propio punto de vista.

Con Maimónides encontramos la primera formulación de un agnosticismo filosófico que se construye en oposición a dos posiciones dogmáticas: por un lado, la de los teólogos musulmanes que pretenden demostrar que el mundo ha comenzado y aquella otra de los filósofos, discípulos de Aristóteles, que pretenden demostrar su eternidad.

Como en el caso de Tomás, entiende que lo que se halla en juego es el problema del comienzo del mundo y como él, considera la imposibilidad de llegar desde la razón a una respuesta definitiva de la cuestión, más allá que, desde la fe, esta respuesta nos es conocida.

Su aportación central al recoger la especulación de los pensadores árabes radica en haber desarrollado la base fundamental de los argumentos en *pro y contra* que podríamos centrar en estos tres tópicos:

1. cambio en la voluntad divina;
2. aptitud de Dios para crear algo sin principio: si de este modo ha sido engendrado el Hijo, ¿por qué no el mundo?;
3. una causa eficiente eterna podría producir un efecto eterno.

ALGACEL

http://www.ghazali.org/site/oeuvre-t.htm

Bibliografía

ASÍN-PALACIOS, Miguel. *El justo medio en la creencia*. Madrid: Instituto de Valencia de D. Juan, 1929.

COTTER, A. C. *ABC of Scholastic Philosophy*. Weston, Massachusetts: The Weston College Press, 1949.

---

[63] R. DALES, "The Origin of the Doctrine of the Double Truth" and "Henricus de Harclay, Quaestio Utrum Mundus Potuit Fieri ab Aeterno", AHDLMA (1983), 51, 267-299.

CRAIG, WILLIAM LANE. *The Kalam Cosmological Argument.* London, Macmillan, 1979

DHANANI, ALNOOR. *Physical Theory of Kalām.* Leiden, E. J. Brill, 1994.

FAKHRY, MAJID. *A History of Islamic Philosophy.* 2a ed. New York, Columbia University Press, 1983.

GOODMAN, LENN E. "Ghazalís Argument from Creation", parts 1 and 2, *International Journal of Middle East Studies,* 2, nro. 1 (Jan., 1971): 67-85; no. 2 (April, 1971), 168-88.

WEISS, BERNARD G. "Knowledge of the Past: The Theory of Tawātur According to Ghazali", *Studia Islamica,* 61 (1985): 81-105.

ALFARABI

ALFARABI, *Ihsa al-Ulum* traducida dos veces al latín con el título *De Scientiis*, edición del texto árabe con los dos textos latinos y traducción española de González Palencia, Madrid 1932.

Ed. Digital: http://www.filosofia.org/cla/isl/farabi.htm

ALFARABI, *De ortu scientiarum,* Munster in W, 1916

En línea: http://capricorn.bc.edu/siepm/books.html

Bibliografía

CRUZ HERNÁNDEZ, M., «Al-Farabi», en *Historia de la filosofía española. Filosofía hispano musulmana, Asociación Española para el Progreso de las Ciencias,* Madrid 1957, tomo 1, págs. 73-104.

BADAWI, A. (1987), *La transmission de la philosophie grecque au monde arabe,* Paris, Vrin. –

D'ANCONA, C. (2001), "Pseudo-Theology of Aristotle, Chapter I: Structure and Composition", Oriens 36, pp 78–112. –

D'ANCONA, C., (2011), "La Teologia neoplatonica di 'Aristotele' e gli inizi della filosofia arabomusulmana," en: R. Goulet & U. Rudolph (eds., 2011), Entre Orient et Occident. La philosophie et la science gréco-romaines dans le monde arabe, Fondation Hardt, Vandoeuvres and Geneva, pp. 135–190.

D'ANCONA, Le traduzioni di opere greche e la formazione del corpus filosofico arabo", Turín, Giulio Einaudi (ed.), 2005, vol. I, 180-258.

DRUART Th. A.:"Al-Fârâbî and Emanationism", en J. F. Wippel (ed), Essays in Medieval Philosophy, Washington, The Catholic University of America Press, 1987

LAMEER J., *Al-Fârâbî and Aristotelian Syllogistics. Greek Theory and Islamic Practice,* Leiden, J. Brill, 1994,

AVICENA

AVICENNA, *Metaphysica,* Venecia, 1495. En línea: http://capricorn.bc.edu/siepm/DOCUMENTS/AVICENNA/Avicenna_Metaphysica.pdf

AVICENNA, *Logica, Sufficientia, De Caelo et mundo, De Anima, De animalibus, De intelligentiis. Alpharabius de intelligentiis. Philosophia prima,* Venecia, 1508. En línea: http://capricorn.bc.edu/siepm/DOCUMENTS/AVICENNA/Avicenna_Metaphysica.pdf

AVICENNA LATINUS, *Liber de Philosophia prima sive scientia divina,* Van Riet, Simone (ed.), Leuven-Leiden: Peeters-Brill, 2 vols. 1977-1980.

AVICENNA LATINUS: *Liber primus naturalium: tractatus primus de causis et principiis naturalium,* Van Riet, Simone (ed.), Leuven-Leiden: Peeters-Brill, 1992.

Traducciones

AVICENA, *Compendio de Metafísica* (*La salvación*), (fragmentos), ed. De Van Riet (*Liber de Philosophia Prima sive Scientia Divina*), 1997-1983.

AVICENA, *Sobre metafísica: (antología)*, traducción del árabe, introducción y notas de Miguel Cruz Hernández, Revista de Occidente, Madrid, 1950.

AVICENA, *Tres relatos esotéricos*, estudio preliminar, traducción y notas de Miguel Cruz Hernández, Editorial Tecnos, Madrid, 1998.

AVICENNE, *Le Livre de Science*, Tomo I, Logique, Métaphysique, Traducido por Mohammad Achena y Henri Massé, Société d'édition «Les belles Lettres», Paris, 1955.

AVICENNE, *Le Livre de Science*, Tomo II, Physique, Mathématiques, Traducido por Mohammad Achena y Henri Massé, Société d'édition «Les belles Lettres», Paris, 1958.

AVICENA, *Liber de philosophia prima sive scientia divina I - IV*, édition critique de la traduction latine médiévale E. Peeters, introduction de G. Verbeke, Éditions Peeters, Louvain, Leiden, 1977.

AVICENA, *Metaphysices compendium, ex arabo reddidit et adnotationes adornavit Nematallah Carame*, Pont. Institutum Orientalium Studiorum, Roma, 1926.

AVICENNE, *Livre des définitions*, édité, traduit et annoté par: A.-M. Goichon, Publications de l'Institut Français d'archéologie orientale du Caire, 1963.

Bibliografía

AFNAN S.M., *Avicenna, His Life and Works*, Greenwood Press, Londres, 1958 (reed. 1980).

BADAWI, A., *La transmission de la Philosophie Grecque au monde arabe*, Paris, Vrin, 1968, pp. 199.

D' ALVERNY M.T., *Avicenne en occident*, Vrin, París, 1993.

CORBIN H., "Des origines jusqu'à la mort d'Averroès" en: *Histoire de la philosophie islamique*, (publicación original: París, 1964) Gallimard, París, 1986.

DAVIDSON, H. A. *Proofs for Eternity, Creation and the Existence of God in Medieval Islamic and Jewish Philosophy*. New York, Oxford, 1987.

GUTAS, D. *Avicenna and the Aristotelian Tradition: Introduction to Reading Avicenna's Philosophical Works*. Leiden: Brill, 1988

KADHIM, A. *La création du monde et l'organisation de l'univers chez Ibn Rushd et chez les principaux théologiens et philosophes musulmans*. Diss. Paris, Université IV, 1983.

RAMÓN GUERRERO, Rafael. *Avicena, ca. 980–1037*. Madrid: Ediciones del Orto, 1996

RAMON GUERRERO, R., "Metafísica y profecía en Avicena", *Anales del Seminario de Historia de la Filosofía*, 8 (1990-91), Universidad Complutense de Madrid, pp. 87-112.

REISMAN, David C. (ed.), *Before and After Avicenna: Proceedings of the First Conference of the Avicenna Study Group*. Leiden: Brill, 2003

AVERROES

AVERROES, *In Physic.* (Aristotelis Opera cum Averrois commentariis, t. 4), Venice, 1562. Apud Iunctas [repr. Frankfurt am Main: Minerva 1962].

AVERROES, *In Metaph.* (Aristotelis Opera cum Averrois commentariis, t. 8), Venice, 1562. Apud Iunctas [repr. Frankfurt am Main: Minerva 1962].

AVERROES, *Sermo de substantia orbis* (Aristotelis Opera cum Averrois commentariis, t. 9), Venice, 1562. Apud Iunctas [repr. Frankfurt am Main: Minerva 1962].

AVERROES, *Commentarium magnum in Aristotelis de anima libros*, Crawford, F. Stuart (ed.), Cambridge (Massachussets): The Medieval Academy of America, 1953.

AVERROES, *Commentum magnum super libro de Caelo et mundo*, Carmody, Francis J. (†) – Arnzen, Rüdiger (Eds.), Leuven: Peeters, 2003.

AVERROES, *Long Commentary on the De Anima of Aristotle*, Taylor, Richard (transl. with Druart, Thérèse-Anne), New Haven & London: Yale University Press, 2009.

AVERROES, *Fasl al-Maqâl*, o *Doctrina decisiva y fundamento de la concordancia entre la revelación y la ciencia*, traducción de. Manuel Alonso, en *Teología de Averroes*, Madrid. 1947. En línea: http://www.muslimphilosophy.com/ir/fasl.htm

Bibliografía

ARNALDEZ, ROGER. "El pensamiento religioso de Averroes. La teoría de Dios en el *Tahâfut*". En: *Ensayos sobre la filosofía en el al-Andalus*. Ed. Andrés Martínez Lorca (Autores, textos y temas: Filosofía 29). Barcelona, 1990. 428-439. Traducción de: "La pensée religieuse d'Averroès. I. La doctrine de la création dans le TahÁfut". *Studia islamica* 7 (1957): 99-114.

ELAMRANI-JAMAL, Abdelali. "La réception de la philosophie arabe à l'université de Paris au XIIIe siècle". *Internationale de l'Imaginaire* 17-18 (1991): 138-146. Reimpreso en: *The Introduction of Arabic Philosophy into Europe*. Ed. Charles E. Butterworth, Blake Andrée Kessel (Studien und Texte zur Geistesgeschichte des Mittelalters 39). Leiden [etc.], 1994. 31-39.

ELDERS, L. "Averroès et saint Thomas d'Aquin". *Sharqiyyât* 3, 4 (1991): 47-56. Reimpreso en: *Doctor Communis* 45 (1992), No. 1, 210-230.

ELDERS, L. "Averroès et Thomas d'Aquin". *Mediaevalia* 5-6 (1994): 219-229.

KADHIM, A. *La création du monde et l'organisation de l'univers chez Ibn Rushd et chez les principaux théologiens et philosophes musulmans*. Diss. Paris, Université IV, 1983.

DAVIS, R. B. "Modality and Eternity: Averroes on the Eternity of the World". *Lyceum* 6 (1994): 21-40.

GARCÍA MARQUÉS, A. "La teoría de la creación en Averroes". *Anuario filosófico* 19 (1986): 37-53.

HUGONNARD-ROCHE, H.. „Méthodes d'argumentation et philosophie naturelle chez Averroès". En: *Orientalische Kultur und Europäisches Mittelalter*. Ed. Albert Zimmermann und Ingrid Craemer-Ruegenberg (Miscellanea Mediaevalia 17). Berlin, New York, 1985. 240-253.

PUIG MONTADA, J.. „Averroes y el problema de la eternidad del movimiento". *La ciudad de Dios* 212 (1999): 231-244.

SNYDER, S. C. „Thomas Aquinas and the Reality of Time". *Sapientia* 55 (2000): 371-384.

MAIMÓNIDES

MAIMONIDES, MOSES, *Dux seu director dubitantium aut perplexorum*, Editor Giustiniani, A., Paris, 1520, Publishing house: Badius Ascensius. Versión digital http://reader.digitale-sammlungen.de/de/fs1/object/display/bsb10140241_00027.html

Traducciones

MOISE BEN MAIMON, *Le guide des égarés: traité de theéologie et de philosophie*, vol. 3, trad. S. Munk

En línea

http://books.google.es/books?id=zKc1AAAAI AAJ&dq=%22Guide+des+%C3%A9gar%C3%A9s&source=gbs_navlinks_s

http://www.tdx.cat/bitstream/handle/10803/83530/FAG_TESIS.pdf?sequence=1

Bibliografía secundaria

ASENCIO GOMEZ, F. *La doctrina de la creación en Maimónides y Santo Tomás de Aquino*, Universitat de Barcelona. Tesis Doctoral.

CRUZ HERNÁNDEZ, M., *La filosofía árabe*, Madrid, Revista de Occidente, 1963.

FERNANDO VALERA, *Maimónides: Guia de los descarriados.*, 2014 (Utiliza la versión de Ed. Orión, México, 1947, corregida y revisada). Versión en línea: https://buscandoloescondido.files.wordpress.com/2015/07/guia-de-los-descarriados-de-maimonides.pdf (25/01/ 2017)

HARTMANN D, *Torah and Philosophy Quest*, Varda Books, 2002.

HABERMAN, Jacob, *Maimonides and Aquinas*, KTAV, Publishing House, N:Y, 1979.

HARRIS Jay, *Maimonides After 800 years*, Harvard University Press, Cambridge, 2007.

QUADRI, G. *La Filosofia degli arabi nel suo fiori*, vol. 2, Florencia, 1939.

RAMON GUERRERO, R., *El pensamiento filosófico árabe*, Madrid, Cincel, 1985.

RODRIGUEZ CARMONA, Antonio, La religión judía, BAC, Madrid, 2002.

Capítulo 12
La eternidad del mundo en el siglo XIII: Buenaventura de Bagnoreggio

1. Presentación de la discusión en el marco del siglo XIII

El debate filosófico del siglo XIII en la Universidad de París ha estado centrado en la consideración de tres temas: la unicidad del intelecto activo, la animación de los cielos y la eternidad del mundo, o más precisamente, la posibilidad de una demostración racional del comienzo del mundo.

En particular, la discusión sobre la cuestión de la eternidad del mundo adquiere una intensidad particular en este período ya que se convierte en el punto de cristalización de las relaciones entre la fe y la actividad racional.

Un avance destacado en la discusión sobre la duración del universo fue consecuencia de la masiva penetración en el occidente latino de los textos de pensadores grecoárabes, que constituyen verdaderos arsenales de argumentos contrarios al relato bíblico de la creación *ab initio temporis*.[1]

---

1   LUCA BIANCHI, *L'errore di Aristotele. La polemica contro l'eternità del mondo nel XIII secolo.*, Florence, La Nuova Italia Editrice, (Pubblicazioni della Facoltà di lettere e filosofia dell'Università di Milano, 104), 1984, p. 17

Desde 1270 se consolida un debate que subsistirá durante largos años y que expresa un desacuerdo básico en el modo de considerar el problema del origen y de la temporalidad del universo. Para un pensador del siglo XIII se marca un verdadero conflicto entre la representación científica del mundo que emerge a partir de la transmisión del pensamiento griego y lo que la palabra revelada le presenta desde el plano de la fe.[2]

Este debate se ve incentivado por factores objetivos y subjetivos[3] que vuelven problemática la lectura de Aristóteles durante el siglo XIII y que L. Bianchi resume en la consideración de los siguientes aspectos:

i) la falta, al menos en los primeros tiempos, de traducciones fiables de los textos aristotélicos;
ii) la presencia de pasos espurios;
iii) la doctrina dubitativa de la doctrina de los *Tópicos* donde Aristóteles expresa que frente al problema de la eternidad del mundo no se puede dar un discurso conclusivo;
iv) y finalmente, el conocimiento de la singular exégesis de un estudioso como Moisés Maimónides quien presenta al mundo latino la segunda etapa de la controversia medieval sobre la eternidad del mundo disputada entre Averroes y Algacel.

Junto a estos aspectos, se mencionan también factores subjetivos:

i) el fervor cristianizante en la resignificación del pensamiento griego
ii) la particular técnica de la *expositio reverentialis*
iii) la voluntad en un preciso marco de política cultural de no comprometer al Filósofo atribuyéndole una opinión manifiestamente contraria con la doctrina de la Iglesia
iv) la identificación: Aristóteles–razón que tornaba intolerable la idea del error.

Por su parte, Richard Dales[4] nos propone considerar –con todas las dificultades que cualquier simplificación implica– por lo menos tres modos de abordar el problema de la eternidad del mundo a lo largo del siglo XIII.

---

2   Bajo una redacción preliminar los capítulos 12, 13, 14 y 15 han sido publicados: Olga L. Larre, *La discusión medieval sobre la eternidad del mundo. La última etapa de su desarrollo: Buenaventura, Tomás de Aquino, Siger de Brabante y Guillermo de Ockham*, Publicia, Berlín, 2014, 135.
3   L. BIANCHI, *L'errore di Aristotele*. p.20.
4   RICHARD DALES and OMAR ARGERAMI, *Medieval Latin texts on the Eterniy of the World*, 69-70. Cfr. También R. DALES, *Medieval discussions o the eternity of the World*, Brill, 1990, cap. 5-10. Este texto expone largamente todas las vicisitudes y desarrollos posibles del siglo XIII.

a) El primero se remonta a Felipe el Canciller y fue sostenido por maestros tan dispares como Alejandro de Hales, Alberto Magno, Tomás de Aquino siendo posible incorporar a este grupo, y en el ámbito averroísta a Siger de Brabante y a Boecio de Dacia.

El factor común entre todos estos filósofos radica en admitir que sólo conocemos por la fe que el mundo fue creado *de novo,* por ello proponen una clara distinción entre el ámbito de la naturaleza que debe ser investigado racionalmente y aquel otro de los hechos que dependen de la voluntad inescrutable de Dios.

Sin embargo, hay importantes variaciones entre estos autores. Así, por ejemplo, para Santo Tomás, tanto la eternidad como la finitud son igualmente posibles, y le corresponde a la filosofía demostrar esa doble posibilidad. De modo que la filosofía ni contradice a la fe ni concuerda con ella, simplemente abre la posibilidad para asumir el dato revelado.

En cambio, Siger de Brabante, siguiendo la doctrina de Aristóteles y de Averroes, se compromete argumentativamente, de un modo positivo, con la conclusión de que el mundo y la especie humana son eternos.

b) Un segundo esfuerzo en abordar el problema se encuentra en la doctrina del sucesor de Buenaventura en la cátedra franciscana de teología de París: el maestro Guillermo Baglione.

Este autor establece que el mundo puede decirse eterno por lo menos de dos modos distintos:

i) en virtud de una duración absolutamente simple que excluye toda sucesión;
ii) o bien, porque se admite que la duración del mundo carece de inicio.

Excluida la primera alternativa que representa la opinión de los maniqueos quienes sostienen que la divina esencia o substancia es en todos como parte substancial, Baglione admite que la argumentación aristotélica se encamina decididamente al segundo modo de entender la eternidad como carencia de inicio.

El aspecto que fundamenta esta tendencia está basado en el principio aristotélico según el cual de la nada, nada procede. Esto lo conduce a pensar en una materia ingenerada, criterio que le parece se corresponde con los argumentos centrales de la *Física*[5] y el *De*

---

5   ARISTÓTELES, *Phys.*, VIII, cap. 1 y 2.

Caelo;[6] tema en el que nos hemos detenido en el capítulo 1 de este trabajo.

Al igual que San Buenaventura, Baglione coloca el comienzo del mundo en el rango de los misterios de la fe, pero a diferencia de él, sostiene que este inicio es rigurosamente demostrable.

Considera que el legado aristotélico sobre la eternidad del mundo encierra contradicciones; pues el ser hecho de la nada implica, necesariamente, un principio temporal. Por ello:

"del mismo modo que no nos faltan argumentos muy eficaces con relación al elevado misterio de la Trinidad, sin duda tampoco nos han de faltar para probar que el mundo no es, ni puede ser eterno".[7]

Entre los argumentos que procura, se releva la idea que un mundo sin comienzo se igualaría a Dios en el orden de su existencia aun cuando su duración infinita no fuese estrictamente idéntica con la eternidad divina, *tota simul*, ni tampoco en cuanto a su simplicidad.

c) Una tercera posición la representa una facción más moderada con relación a la posibilidad de probar argumentativamente el inicio del mundo, y está expresada por San Buenaventura para quien la creación *de novo* no es demostrable a través de argumentos estrictamente filosóficos sino que es una verdad que los cristianos conocen a través de la fe.

En opinión de San Buenaventura, la filosofía, maestra de las ciencias, si bien presta su ayuda a la teología, no debe permanecer aislada en su nivel epistémico propio, sino que debe ser elevada por la fe.[8] Si no lo hace puede caer en el error tal como le ha sucedido a Aristóteles quien sostiene la tesis de un tiempo infinito y de un mundo perpetuo.[9] En estas expresiones se evidencia todo el tema paulino revisado y expuesto por el maestro franciscano quien procura mantener el espíritu en atenta actitud de obediencia a las Escrituras.[10]

---

6 ARISTÓTELES, *De Caelo*, I, cap. 1-12
7 I. BRADY O.F.M., "The Questions of Master William of Baglione, OFM, *De aeternitate mundi* (Paris, 1266-67)", *Antonianum*, (1972), 47, p. 370-371.
8 Cfr. BUENAVENTURA, II *Sent.*, d. 18, a. 2, q. 1
9 Cfr. sobre este aspecto: CYRILLE MICHON, *Thomas D'Aquin et la controverse sur l' Éternité du monde*, Flammarion, Paris, 2004, p. 100.
10 L. BIANCHI, "Captivare intellectum in obsequium Christi", *Rivista critica di storia della filosofia*, (1983), 38, p. 81-87.

La filosofía y la teología, así entendidas por Buenaventura, no se confunden ni se oponen, son expresiones de la verdad natural y de la verdad sobrenatural, que no están en conflicto, y que desarrollan perspectivas complementarias. La fe no reemplaza ni sustituye a la razón, su función es pedagógica en tanto guía y educa a la misma razón.

El principal argumento de Buenaventura establece que si Dios creó el mundo de la nada, esto es equivalente a decir que la nada precede al mundo, de modo que primero fue la nada y luego el mundo; de allí su conclusión: un mundo creado *ex nihilo* y eterno es contradictorio.[11] Su doctrina será largamente debatida por Tomás de Aquino.

2. El problema de la eternidad del mundo en Buenaventura de Bagnoreggio

2.1 Un punto de partida: el concepto de creación

La vastedad del debate sobre la eternidad del mundo, proviene de la confluencia de dos fuentes: por un lado el pensamiento filosófico griego en sus corrientes platónica y aristotélica; y por el otro, una tradición que tiene como centro a la revelación. Ambas vertientes se unen en una noción núcleo, la de producción y su variante judeocristiana expresada en el concepto de creación.

Conviene señalar que el término creación no reemplaza simplemente al de producción, o sus versiones explicativas en el orden de la generación o emanación, sino que se trata de una resignificación de estos conceptos, al incorporar una idea ajena al pensamiento helénico que impone una forma de causación a partir de cuya acción adviene al ser una realidad radicalmente original, que no proviene de materia preexistente alguna y cuya aparición en el ámbito de la existencia no es necesaria.[12] Más aun, se ha definido al concepto de *"creación"* a partir de su vinculación con la *"elección"*.[13] El Uno y las hipóstasis no eligen

---

11   Los argumentos expuestos podrán encontrarse en: BUENAVENTURA, *Doctoris Seraphici S. Bonaventurae, Commentarium in Sententiis*, II, dist. 1, p. 1, a. 1, q. 2., (Ed. Quaracchi, vol. II,.p. 19-24); *Collationes de decem praeceptis*, 2, 25 (ed. Quaracchi, vol. V, 514).

12   Cfr. voz *Creación* en N. ABBAGNANO, *Diccionario de Filosofía*, F.C.E., México, 1985, p. 256-259.

   13   Cfr. *"creatio-onis"* en el diccionario latín-español online en la pág.: recursos.cnice. mec.es/latingriego/Palladium/5_aps/esplap03.htm; y *"create"* en Simon and Schuster, Internacional dictionary, USA, Ed. Macmillan, 1997.

producir por vía de emanación,[14] mientras que el Dios cristiano, elige crear, por lo cual todo lo creado es contingente.

La noción de creación, en un sentido genérico, oficia de común denominador en tanto indica una forma de causalidad productora: la de un amanuense, la de un artista, o la de Dios. Pero específicamente denota una forma de causación[15] que se expresa a través de dos connotaciones diametralmente opuestas: la producción a partir de una materia preexistente o la creación a partir de la nada; dos sentidos que han forjado las oposiciones y los acuerdos en las discusiones helénica y cristiana.

Los modelos explicativos de la filosofía griega, no responden adecuadamente a los atributos del dios judeo-cristiano que crea al mundo por un acto libre. Su libertad no encuentra límites en materia alguna; se trata de un modo de producción que es absoluto por parte de la realidad que es causa productora y es integral en lo que concierne a la nueva realidad generada.[16]

Buenaventura distingue la creación como comienzo absoluto revelado por las Sagradas Escrituras; y la conservación como sostenimiento en la existencia por parte de Dios.

Tratándose de la creación, Buenaventura no parece pensar que ella sea un comienzo absoluto del tiempo, pues habla de un "antes de la creación", aspecto que carece de sentido para Tomás de Aquino. El concepto de creación *ex nihilo* de Buenaventura supone que la nada es anterior al mundo, y que *temporalmente* primero fue la nada y luego el mundo. Por lo tanto, sostener la existencia de un mundo creado *ex nihilo* y eterno resulta, para él, contradictorio.

Aquino, en tanto, distingue la idea filosófica de una dependencia en la existencia que no implica sucesión cronológica, sino sólo una rela-

---

14 Si bien es cierto que el Uno plotiniano, *desde fuera*, no está obligado a emanar en tanto nada extrínseco a él lo exhorta a realizar tal acción; *desde dentro*, el Uno debe necesariamente emanar, debido a su sobreabundancia de ser. Téngase en cuenta, por otra parte, que el sentido emanativo que le ha dado Tomás de Aquino a la creación de la nada, no tiene que ver con el concepto de emanación de la filosofía gnóstica y neoplatónica. De hecho, el aquinate afirma que la creación es la emanación de la totalidad del ente, y no sólo de una parte de él; y que es producida por una causa universal, y no por un mero artesano. Cfr.J. CRUZ CRUZ, "Sentido original de la creación", en: TOMÁS DE AQUINO, *Comentario a las Sentencias de Pedro Lombardo*, Vol. II / 1, España, ed. Cruz Cruz, Eunsa, 2005, Introducción, pág. 25 a 43.

15 G. CRESTA, "Alberto Magno y Buenaventura sobre la eternidad del mundo: aproximaciones y divergencias", Scripta Mediaevalia, 2012, (Vol. 5), N° 2, pp 11- 22. Se consultó la versión en línea (6-5-2014): <http://bdigital.uncu.edu.ar/objetos_digitales/4998/01sm5-2cresta.pdf>.

16 G. CRESTA, "Alberto Magno y Buenaventura sobre la eternidad del mundo: aproximaciones y divergencias", p. 13

ción; y la noción bíblica que comporta un comienzo del mundo y del tiempo que, como tal, resulta inaccesible a la argumentación racional.

Por tanto, los alcances del pensamiento científico o racional son bien distintos en ambos pensadores. Para Buenaventura, la razón no alcanza la noción de creación mientras que Tomás cree encontrar tanto en Aristóteles como en Avicena instrumentos conceptuales que le permiten llegar a fundar racionalmente que el mundo ha sido creado. Y es en este sentido particular, que la razón le permite comprender el texto revelado. La refutación de los argumentos extraídos del infinito evaluados por Aquino está en perfecta consonancia con la doctrina de la demostrabilidad de la creación: es la dependencia ontológica del mundo exigida desde el orden esencial de la causalidad la que puede ser establecida racionalmente, pero no el comienzo del efecto que reclama, en cambio, un orden accidental de causalidad.[17]

Es por ello que Aquino asume que la razón es incapaz de alcanzar la idea de un comienzo absoluto en el orden temporal, aspecto conocido a través de la revelación pero que no podría ser deducido de los conceptos, ni extraído de la experiencia.

2.2 Presentación de las líneas argumentativas y conceptuales de la doctrina elaborada por Buenaventura

En el siglo XIII, la idea de creación ajustada a la ortodoxia cristiana, suponía que admitir una materia preexistente significaba asimismo conceder su coeternidad con Dios. Esta postura era sostenida en particular por los teólogos más tradicionales, entre ellos, los de la escuela franciscana. Como antecedente e inspirador de los maestros franciscanos que, en general, se pronunciaron contra la eternidad del mundo se puede referir al maestro Alejandro de Hales. Su *Duratione Mundi* constituye uno de los primeros eslabones del franciscanismo contra la tesis de la eternidad del mundo.[18]

Una importante reacción frente al aristotelismo de tendencia averroísta aparece en 1267. San Buenaventura, ministro general de los frailes menores ofrece en París, durante la cuaresma de 1267 una serie de siete sermones: *Collationes in decem praeceptis,* donde se pronuncia contra el aristotelismo. Esta confrontación se renueva, con mayor énfasis, en la cuaresma de 1268, con las *Collationes de donis Spiritus Sancti.*

---

17 Se ha de abordar el tema en toda su complejidad en el capítulo dedicado a Tomás de Aquino.
18 C. MICHON, "Thomas d'Aquin et la controverse sur l'Éternité du monde", p. 41 y ss.

En estas obras recoge ideas expresadas en el *Commentarium Sententiarum* (4 vol. 1250-54) donde se pronuncia contra aquellos que hacen filosofía sin la luz de la fe exponiéndose a errores tales como considerar que el mundo es eterno, que el destino está sometido a la necesidad y –el peor de todos los errores–, defender que hay un intelecto único para todos los hombres.[19] De manera que si un teólogo imita a un filósofo en su metodología de análisis corre serio riesgo de caer en el error[20].

La filosofía es maestra de las ciencias y es una ayuda útil en la indagación de la verdad, pero no debe permanecer aislada sino que debe ser elevada por la fe. Buenaventura asume el ideal franciscano de vida, con la búsqueda de un retorno a la simplicidad evangélica y lo sobrenatural. Ello lo conduce a desconfiar de los valores puramente humanos y a emitir juicios muy duros sobre el saber profano.

Su actitud es la del hombre que se basa su sabiduría en el evangelio frente a la ciencia de los filósofos cuyos errores condena en nombre de la fe. En sus últimos sermones aflora, incluso, un anti intelectualismo profético y escatológico, y pregona el florecimiento de una sabiduría mística que subsistirá, no sólo al saber filosófico sino también al mismo saber teológico.

Buenaventura parece admitir que la tesis eternalista es incompatible no solamente con la fe sino con la razón. La posición bonaventuriana con relación a la eternidad del mundo se expresa con contundencia en la redacción de las *Collationes in Hexaemeron* (1273), en una etapa de madurez intelectual. No obstante lo cual resulta complejo establecer el grado e intensidad de la modificación de su doctrina respecto de la desarrollada juvenilmente en el *Comentario* pues en la última etapa de expresión de su pensamiento, sus exposiciones sobre el tema resultan breves y poco argumentativas.

Ciertamente enuncia que Aristóteles ha sostenido la tesis eternalista que supone un tiempo infinito y un mundo perpetuo, con un peligro real de inducir al error tanto a filósofos como a teólogos. En estas indicaciones es difícil no ver a Aquino en la mira de Buenaventura quien no cesaba de frecuentar y comentar a Aristóteles a medida que avanzaba en la redacción de su *Suma Teológica*.[21]

---

19   BUENAVENTURA, *Commentaria in librum secundum Sententiarum*, d. 18, a.2 q. 1. (Quarrachi, Vol. 2, p. 446-447). Se consultó la versión en línea de las obras de San Buenaventura: <http://www.archive.org/stream/doctorisseraphic12bona#page/n3/mode/2up>.

20   "Et qui hoc contingit, aut tuetur, aut imitatur, sive secundum hoc incedit, errat gravissime". BUENAVENTURA, *De Decem praeceptis*, 2, 25 (Quarrachi, Vol. V, 514)

21   L. BIANCHI, *Censure et liberté...*, p. 123-127.

El Aristóteles que llega a Buenaventura en sus primeros tiempos no se le presenta, a pesar de las contradicciones que intuye, tan determinante. Baste como ejemplo una alusión del *Comentario* en donde se aprecian sus dudas en torno a si Aristóteles había negado radicalmente el comienzo temporal del mundo, o si tal negación se vinculaba con el hecho de que haya podido comenzar en el tiempo por un movimiento natural.[22]

Dado que todo nuestro trabajo se circunscribe al desarrollo argumentativo expresado sobre el tema de la eternidad del mundo, centraremos nuestro análisis a la doctrina del *Comentario a las Sentencias*.

La posición de Buenaventura ha sido referida por la historiografía como la de un representante de la tesis conservadora. Si nos atenemos a las ideas defendidas por el joven maestro franciscano en su comentario a las *Sentencias*, el veredicto debería, sin duda, ser matizado. Pues en ese texto sólo propone argumentos en sentido contrario (*sed contra*), sin concluir.

Buenaventura admite que si se presupusiese una materia eterna de la cual el mundo fuese formado, no habría contradicción en la idea de un mundo eterno, y cita a Agustín y su ejemplo de la huella eterna, o el de la sombra eterna; o el de la generación eterna del Hijo por el Padre.[23] De este modo si el mundo fuese precedido por una materia eternamente imperfecta, su eternidad sería por lo menos probable. Sin embargo, si se retoman los argumentos en favor de un comienzo temporal del mundo, en particular aquellos referidos al infinito que tienden a probar la imposibilidad intrínseca de un mundo eterno, estas conclusiones resultarían totalmente improcedentes. Veamos en detalle sus argumentos.

2.3 Desarrollo de los argumentos quod sic et quod non

En la primera cuestión del libro II de las *Sentencias*, Buenaventura establece que el mundo no puede existir sin ser mantenido o conservado por Dios. La creación como producción libre a partir de la nada, no es establecida por la razón. Este punto es corroborado por el estudio de otros textos de Buenaventura, que sitúan el tema de la Creación

---

22 BUENAVENTURA, *Commentaria in librum secundum Sententiarum*, d. 17, art. 1, q. 2 (Vol. II, p. 413 y 415). Véase asimismo: Buenaventura, *Commentaria in librum secundum Sententiarum*, d. 18, art. 2, q. 3 (Vol. II, p.452-454).

23 BUENAVENTURA, *Commentaria in librum secundum Sententiarum*, d.1, p. 1, a. 1, q. 2 (ed. Quarrachi, vol. II, 22)

junto con el dogma de la Trinidad y la Encarnación, entre los grandes misterios de la fe.[24]

Buenaventura no ha cesado de objetar todo argumento que pretenda establecer la eternidad del mundo. La tesis es falsa y los argumentos inválidos. Pero la razón se contenta con mostrar que los argumentos son inválidos y que es la fe la que nos enseña que la tesis es falsa. Lo que la razón puede establecer es solamente la conservación en la existencia, por parte de Dios, de todas las cosas. El punto importante es que la creación no es la conservación sino la producción *ex tempore* de todas las cosas en la existencia. La razón no puede establecer que el mundo es creado pero puede refutar los argumentos en sentido contrario y puede manifestar la diferencia conceptual que hay entre ser creado y ser conservado.

Quien sostenga que el mundo es eterno –Aristóteles según la interpretación de los Padres y de los *filósofos,* para san Buenaventura– debe sostener o bien que el mundo no ha sido hecho; o bien que no ha sido hecho de la nada. Buenaventura afirma que ser hecho y ser hecho de la nada implican tener un comienzo, pero no justifica esta inferencia y no prueba que todo cuanto ha sido hecho, lo haya sido desde la nada.

Buenaventura no pretende, pues, demostrar que el mundo tiene un comienzo y no puede ser eterno. Pretende demostrar que si el mundo es creado tiene un comienzo; y el hecho de ser creado es algo que se sabe en virtud de la Revelación y no como una evidencia, mediata o inmediata de la razón.

Mientras que Buenaventura deja sin respuesta los argumentos contra la eternidad del mundo, no porque ellos fuesen válidos sino porque ellos tendrían una cierta fuerza persuasiva en favor de la verdad, en cambio Tomás los rechaza en cuanto sostiene que no corresponde apoyar la fe en argumentos débiles que pudiesen provocar la burla de los infieles.[25]

En su comentario a las *Sentencias*[26] Buenaventura presenta seis argumentos en favor de la eternidad del mundo, basados en la doctrina aristotélica que parten del análisis del movimiento, del tiempo y de la causa eficiente. Pero la recepción de Aristóteles que realiza Buenaven-

---

24 Ver BUENAVENTURA, *Commentaria in librum primum Sententiarum*, d. 44, a. 1. Q. 44. (ed. Quarrachi, vol. I, p. 788). Cfr. Asimismo: S. BALDNER, "St. Bonaventure on the Temporal Beginning of the World", *New Scholasticism*, 1989, (63), 206-228.

25 "Supposito, secundum fidem Catholican, quod mundus durationis initium habuit, dubitation mota est, utrum poteruit semper fuisse. Cuius dubitationis ut veritas explicetur, prius distingendum est in quo cum adversariis convenimus, et quid est illud in quo ab eis differimus". TOMÁS DE AQUINO, *De Aeternitate Mundi*.

26 En particular y en cuanto al tema que nos ocupa todos los argumentos *quod non*: BUENAVENTURA, II *Sent.*, dist. 1, p. 1, a. 1, q. 2, (ed. Quaracchi, vol. 2, pp. 19-20).

tura le reserva un lugar secundario en el conjunto de su doctrina con la finalidad de atenuar su impacto en el espíritu de la filosofía tradicional. Por lo cual su aristotelismo alcanza una importancia conceptual limitada basada en la imposibilidad de desarrollar una filosofía que quiera desarrollarse por sí misma y conforme a sus propias exigencias.

En otros seis argumentos expondrá su propia postura –en contra de la eternidad– que parten del examen de la noción de infinito.

A continuación expondremos estos argumentos.

2.3.1 Argumentos en favor de la eternidad

La organización de los argumentos *quod sic* favorables a la eternidad, siguen una primera división que atiende a las fuentes consideradas: cuatro son aristotélicos y dos corresponden a Avicena y san Agustín. Los argumentos de Aristóteles son cosmológicos: dos referidos al movimiento (1.1) y dos al tiempo (1.2). En cada caso, Buenaventura presenta un argumento directo y otro por el absurdo; este criterio también se explicita en los restantes argumentos expuestos por *los filósofos*.

I) EXTRAÍDOS DESDE EL MOVIMIENTO

a) El primer argumento es directo (*ostensivo*), toma como fuente a *Física*, VIII, 1 y *De Gen. et Corr.*, I, 3. En efecto, Aristóteles ha establecido que todo cuanto se mueve, es movido por otro, de modo que el movimiento del primer móvil no puede ser anterior a sí mismo, por lo cual es imposible que comience, basándose esta imposibilidad en el principio de no contradicción: una misma realidad no puede estar simultáneamente en acto y en potencia respecto de lo mismo.[27] Así resume Buenaventura el argumento eternalista:

"Todo movimiento y cambio tiene su movimiento a partir del primer móvil; pero todo lo que comienza, comienza por un movimiento o un cambio; pero antes de que algo comience hay movimiento [del primer móvil]. Luego este movimiento no puede haber existido antes de sí mismo ni antes de su móvil. Luego es imposible que comience".[28]

La respuesta de Buenaventura señala que si bien en el orden de los movimientos y mutaciones naturales, tanto el movimiento local

---

27 BUENAVENTURA, *Commentaria in librum secundum Sententiarum*, d. 1, p.1 a. 1 q. 2, (ed. Quaracchi, vol. 2, pp. 19).
28 BUENAVENTURA, *Commentaria in librum secundum Sententiarum*, d. 1, p.1 a. 1 q. 2, (ed. Quaracchi, vol. 2, pp. 19).

como el circular son los más perfectos, el mundo es engendrado por un movimiento de orden sobrenatural que precede a cualquier realidad creada y por lo tanto también a su movimiento:

> "Hablando de los movimientos y de los cambios naturales, [Aristóteles] dice algo verdadero y no hay objeción; pero hablando del cambio sobrenatural por el cual el móvil mismo comienza a ser (*processit in esse*), no es verdadero. Pues este cambio precede a todo lo que es creado y también al primer móvil y su movimiento".[29]

b) Todo lo que lo que llega a ser, lo hace a través de un movimiento y mutación. Por consiguiente, cualquier movimiento supone un movimiento precedente; y esto es válido en todos los tipos de movimientos que comienzan. Y lo mismo se supone respecto del sujeto del movimiento. Luego o los movimientos son en sí mismos eternos o comienzan por el movimiento precedente de un motor; en ambos casos el movimiento no tiene un comienzo absoluto, y ha de ser eterno.[30]

Respuesta de Buenaventura: El movimiento no es en sí mismo, sino con y en otro. En el mismo momento Dios crea al mundo como móvil y su influencia como motor:

> "En cuanto al argumento que opone que todo movimiento viene al ser a través de otro movimiento, es necesario decir que el movimiento no viene al ser *por sí* ni *en sí*, sino *con otro* y *en otro*. Y dado que Dios en el mismo instante ha hecho el móvil y ha hecho que el motor influya sobre el móvil, ha creado el movimiento con el móvil".[31]

Y dado que la creación es de orden sobrenatural, no se le pueden aplicar las categorías propias del movimiento físico o natural.

II) Extraídos desde el tiempo

1) Todo lo que comienza, comienza o bien en un instante, o bien en el tiempo, y de un modo sucesivo; pero antes del instante hay tiempo porque el instante, según Aristóteles, es un límite: "Pero antes de todo tiempo hay tiempo y antes de todo instante, hay tiempo". En efecto, el instante es lo actual del tiempo, es el término común de lo

---

29 BUENAVENTURA, *Commentaria in librum secundum Sententiarum*, d. 1, p.1 a. 1 q. 2 (ed. Quaracchi, vol. 2, p. 23).
30 ARISTÓTELES, *Phys.*, VIII, 1, 251 a 2 -b 10
31 BUENAVENTURA, *Commentaria in librum secundum Sententiarum*, d. 1, p.1 a. 1 q. 2 (ed. Quaracchi, vol. 2, p. 23).

anterior y lo posterior: es principio del futuro y término del pasado y por tanto supone, necesariamente, algo anterior de lo cual es término. Luego el tiempo es anterior al comienzo de las cosas. Y si antes del instante hubo tiempo, se hace evidente que el mundo no comenzó.[32]

Respuesta de Buenaventura: el instante en el tiempo se entiende según un doble modo:

a) cuando se engendra: en este caso hay que asignar un primer punto, antes del cual no hubo otro. De manera que al producirse el tiempo hubo un instante primero: "en la producción misma del tiempo hubo un primer instante que ha sido el comienzo en el cual se dice que todo ha comenzado a ser".[33]

b) después de engendrado: el instante sólo es término entre el pasado y el futuro. En efecto, "si se habla del tiempo después que ha sido, es verdad que el límite del pasado se concibe al modo del círculo. Pero las cosas no fueron producidas en el tiempo conforme a este modo. Es pues evidente que los argumentos del Filósofo no son válidos en este caso".[34]

2) Expone luego Buenaventura un argumento por la vía del absurdo. Si el tiempo es engendrado, lo es en el tiempo; o bien en el instante: "pero no es engendrado en el instante porque nada hay en un instante. Luego es engendrado en el tiempo. Pero en todo tiempo es necesario poner lo anterior y lo posterior, el pasado y el futuro. Por tanto, si el tiempo ha sido producido en el tiempo; antes de todo tiempo, hubo tiempo, lo cual es imposible";[35] pues en ese caso, el tiempo sería anterior al tiempo.

Respuesta de Buenaventura: el argumento precedente alude al problema del origen del tiempo. Pero el principio u origen del tiempo es el instante o el ahora. Se puede entender el tiempo según su esencia y según el ser; respecto del primer sentido, en el instante está la esencia del tiempo "que ha tenido comienzo con la realidad móvil, y no en un instante sino en sí mismo".[36]

---

32 ARISTÓTELES, *Phys.*, VIII, cap. 1 (251b 11-27).
33 BUENAVENTURA, *Commentaria in librum secundum Sententiarum*, d. 1, p.1 a. 1 q. 2 (ed. Quaracchi, vol. 2, pp. 19-20).
34 BUENAVENTURA, *Commentaria in librum secundum Sententiarum*, d. 1, p.1 a. 1 q. 2 (ed. Quaracchi, vol. 2, p. 23).
35 BUENAVENTURA, *Commentaria in librum secundum Sententiarum*, d. 1, p.1 a. 1 q. 2 (ed. Quaracchi, vol. 2, p. 20).
36 BUENAVENTURA, *Commentaria in librum secundum Sententiarum* , d. 1, p.1 a. 1 q.

Conforme al segundo sentido, y "si se habla según el ser, [el tiempo] se genera a partir de la mutación de los móviles, por tanto no ha comenzado por la creación sino con el cambio de los seres móviles y máximamente del primer móvil".[37]

c) Extraídos desde las *causas productoras*

Los argumentos desarrollados a continuación están basados en doctrinas de Avicena y Agustín, y "pueden ser reducidos a dos: uno directo y otro por el absurdo".[38]

a) Dios es causa suficiente –no necesita nada exterior para producir su efecto–; y actual (Avicena, *Metafísica*, IX, 1). Dios es acto puro, luego su querer es su obrar, por lo que su efecto es instantáneo. Dios es desde siempre; luego, el mundo –del cual es su causa– es desde siempre.[39]

En efecto, "que Dios es causa suficiente es evidente; pues no necesita de nada exterior para crear el mundo, sino sólo la potencia, la sabiduría y la bondad que han sido perfectas en Dios desde toda la eternidad. En efecto, es evidente que es [causa] suficiente desde toda la eternidad; que es actual, es también evidente: Dios es acto puro y es su propio querer, como dice el Filósofo[40] y los santos afirman que Él es su propio obrar".[41]

Respuesta de Buenaventura: la causa suficiente se entiende en dos sentidos: a) la que obra por naturaleza; por lo que, en cuanto es, produce; b) la que obra por su voluntad y su intelecto. En este caso no es necesario que obre por naturaleza.

Dios obra según su sabiduría y voluntad: "la causa que obra por voluntad, aun siendo causa suficiente no opera en cuanto existe; opera según su sabiduría y elección y en tanto lo considera conveniente"[42].

---

2 (ed. Quaracchi, vol. 2, p. 23).
37 BUENAVENTURA, *Commentaria in librum secundum Sententiarum*, d. 1, p.1 a. 1 q. 2 (ed. Quaracchi, vol. 2, p. 23).
38 BUENAVENTURA, *Commentaria in librum secundum Sententiarum*, d. 1, p.1 a. 1 q. 2 (ed. Quaracchi, vol. 2, p. 20).
39 BUENAVENTURA, *Commentaria in librum secundum Sententiarum*, d. 1, p.1 a. 1 q. 2 (ed. Quaracchi, vol. 2, p. 20). ARISTÓTELES, *Phys.*, II, cap. 3, 195b; *Metaphys.* XII, cap. 5 (1071b 18-19); cap. 7, (1072a 21-26).
40 ARISTÓTELES, *Metaphys.* XII, 1071 b 18-19; 1072 a 21-26.
41 BUENAVENTURA, *Commentaria in librum secundum Sententiarum*, d. 1, p.1 a. 1 q. 2 (ed. Quaracchi, vol. 2, p. 20).
42 BUENAVENTURA, *Commentaria in librum secundum Sententiarum*, d. 1, p.1 a. 1 q. 2 (ed. Quaracchi, vol. 2, p. 23-24).

Creó el mundo no desde la eternidad sino en el tiempo. Quiso su obra desde siempre pero la realizó en un determinado tiempo "tal como yo quiero ahora, escuchar la Misa mañana".[43]

Así también, se entiende en dos sentidos la actualidad de la causa: a) en sí, siempre está en acto por ser acto puro; b) en el efecto donde no siempre está en acto ya que la causa no siempre es productora:

"En el primer sentido Dios ha sido siempre en acto porque es acto puro sin mezcla de posibilidad; en el segundo sentido no está siempre en acto pues no está siempre produciendo".[44]

b) El segundo argumento prueba por el absurdo: Si algo comienza a producir, pasa de la inactividad al acto; lo que es inaplicable a Dios pues "va contra su bondad y simplicidad suprema; por lo cual es una blasfemia afirmarlo de Dios y decir que el mundo ha comenzado".[45] Por lo tanto, el mundo no pudo haber comenzado.

Respuesta de Buenaventura: En el caso de los entes naturales o físicos: "cuando devienen agentes, cambian de alguna manera; y antes de la operación hay una cierta inacción y reciben, luego, a través de la operación el agregado de un complemento".[46]

Dios es agente de tal manera que nada se le añade cuando actúa. Además si en función de su inmutabilidad debiera crear las cosas desde la eternidad, no podría luego producir nada más, lo que sería inaceptable en virtud de su infinito poder.

2.3.2 Argumentos en contra de la eternidad del mundo

El núcleo fuerte de la argumentación pasa precisamente por observar la contradicción existente entre la creación de la nada y la creación eterna del mundo. Esta contradicción radica en la imposibilidad de pensar un infinito creado: "en sentido contrario hay proposiciones conocidas por sí según la razón y la filosofía".[47]

---

43 BUENAVENTURA, *Commentaria in librum secundum Sententiarum*, d. 1, p.1 a. 1 q. 2 (ed. Quaracchi, vol. 2, p. 23).
44 BUENAVENTURA, *Commentaria in librum secundum Sententiarum*, d. 1, p.1 a. 1 q. 2 (ed. Quaracchi, vol. 2, p. 24).
45 BUENAVENTURA, *Commentaria in librum secundum Sententiarum*, d. 1, p.1 a. 1 q. 2 (ed. Quaracchi, vol. 2, p. 20).
46 BUENAVENTURA, *Commentaria in librum secundum Sententiarum*, d. 1, p.1 a. 1 q. 2 (ed. Quaracchi, vol. 2, p. 24).
47 BUENAVENTURA, *Commentaria in librum secundum Sententiarum*, d. 1, p.1 a. 1 q. 2 (ed. Quaracchi, vol. 2, p. 24). Se puede rastrear el origen de los cinco primeros argumentos

a) Es imposible *agregar* algo al infinito (Aristóteles, *De Caelo*, I, 12, 283 a 9-10), ya que nada es mayor que el infinito. Si el mundo es eterno, su duración es infinita por lo que no puede añadírsele nada. Pero sabemos que de hecho se añade un día a cada día.

Si se dice que el mundo "es infinito en cuanto al pasado pero en cuanto al presente es finito en acto",[48] se ve esto como inconveniente pues "si el mundo es eterno, las revoluciones del sol sobre su orbe son infinitas; y considerando que para cada revolución del sol debería haber doce de la luna, pues la luna ha hecho más revoluciones que el sol",[49] se podría concluir, por tanto, que el infinito podría sufrir un incremento. En efecto, si el sol produjo una serie infinita de revoluciones, cabe la posibilidad de un crecimiento infinito de los infinitos, lo cual es imposible.

b) Es imposible que el infinito esté *ordenado* (Aristóteles, *Fís.* VIII, 5, 256 a17-19). Todo tipo de orden se deriva desde el principio al medio; pero si no hay principio no hay medio, por lo cual "si la duración del mundo o las revoluciones del cielo son infinitas, no tienen un primero, tampoco tienen un principio ni un antes y un después".[50] Pero dado que esto es falso, "es necesario que haya un principio".[51]

Y no se puede aducir que sólo es necesario buscar un principio en aquellas cosas ordenadas según la causalidad, pues si "en las causas hay necesariamente un límite, pregunto por qué no lo hay en otros casos".[52]

De todos modos, no se escapará de esta argumentación: "no ha habido una revolución del cielo sin que se produzca también la

---

enunciados por Buenaventura a continuación, en el maestro Filopón. Véase C. MICHON, *Thomas d'Aquin et la controverse sur l'Éternité du monde*, p. 320-322.

48 BUENAVENTURA, *Commentaria in librum secundum Sententiarum*, d. 1, p.1 a. 1 q. 2 (ed. Quaracchi, vol. 2, p. 20-21).

49 BUENAVENTURA, *Commentaria in librum secundum Sententiarum*, d. 1, p.1 a. 1 q. 2 (ed. Quaracchi, vol. 2, p. 21). John Peckham expone este argumento. Cfr. OLGA L. LARRE, "El problema de la eternidad del mundo en John Peckham" en: *Controversias filosóficas, científicas y teológicas en el pensamiento Tardo - Antiguo y Medieval" (ed. Silvana Filippi), Editorial: Paideia, Universidad Nacional de Rosario-Instituto Superior Don Bosco, 2011*, pág. 291-304. Aparece también en Ockham. Cfr. Olga L. LARRE, "La disputa en torno a la eternidad del mundo en el siglo XIV. El giro argumentativo de Guillermo de Ockham", *Studium*, 2011, (XIV), Nro. 27, 117-130.

50 BUENAVENTURA, *Commentaria in librum secundum Sententiarum*, d. 1, p.1 a. 1 q. 2 (ed. Quaracchi, vol. 2, p. 21).

51 BUENAVENTURA, *Commentaria in librum secundum Sententiarum*, d. 1, p.1 a. 1 q. 2 (ed. Quaracchi, vol. 2, p. 21).

52 BUENAVENTURA, *Commentaria in librum secundum Sententiarum*, d. 1, p.1 a. 1 q. 2 (ed. Quaracchi, vol. 2, p. 20).

generación de un viviente por otro viviente pues está establecido que cualquier viviente depende de otro por la vía de la generación, según un orden causal. Y según el Filósofo y según la razón, es necesario poner un límite en aquello que se ordena según el orden de las causas en la generación de los seres animados. Es necesario por tanto afirmar un primer animal, y dado que el mundo no existió sin animales, entonces etc.".[53]

c) Es imposible *atravesar* o transitar el infinito (Aristóteles, *Metaf.* XI, 10, 1066 a 35). Si las revoluciones son infinitas, es imposible recorrerlas. Si se dice que los infinitos no se recorren y que ninguna revolución fue la primera, sería imposible llegar a la actual:

"Pregunto si una revolución ha precedido a la de hoy al infinito [o no]. Si ninguna ha precedido, son distantes de manera finita de ésta y son todas finitas en número; y por tanto, tienen un comienzo. Si son infinitamente distantes, pregunto por el sujeto de la revolución que sigue inmediatamente, si es infinitamente distante. Si no es este el caso (...), hay una distancia finita entre los dos. Pero si es infinitamente distante, pregunto entonces por el sujeto de la tercera y de la cuarta y así al infinito. Y dado que una no es más distante que otra de la revolución presente, ellas son todas simultáneas".[54]

d) El cuarto argumento es de base antropológica. Es imposible que lo infinito sea *comprendido* por una *virtud finita*. "Pero si el mundo no ha tenido un comienzo, el infinito es comprendido por una potencia finita. La prueba de la mayor es evidente de suyo, y demuestro la menor".[55] En efecto, "supongo que Dios es el único que posee virtud infinita en acto, y todas las otras cosas tienen una potencia finita. Supongo también que el movimiento del cielo se dio a partir de una sustancia espiritual creada que lo produce o que al menos pueda conocerlo".[56] Y si esto es así, se concluye que una sustancia espiritual finita habría existido al mismo tiempo que el cielo, conocería todas las revoluciones del cielo, todos los días en acto, y en consecuencia, concluye Buenaventura, una realidad finita habría comprendido algo infinito:

---

53 BUENAVENTURA, *Commentaria in librum secundum Sententiarum*, d. 1, p.1 a. 1 q. 2 (ed. Quaracchi, vol. 2, p. 21).

54 BUENAVENTURA, *Commentaria in librum secundum Sententiarum*, d. 1, p.1 a. 1 q. 2 (ed. Quaracchi, vol. 2, p. 21).

55 BUENAVENTURA, *Commentaria in librum secundum Sententiarum*, d. 1, p.1 a. 1 q. 2 (ed. Quaracchi, vol. 2, p. 21).

56 BUENAVENTURA, *Commentaria in librum secundum Sententiarum*, d. 1, p.1 a. 1 q. 2 (ed. Quaracchi, vol. 2, p. 21).

"si se objeta que esto no es absurdo porque ella conocería todas las revoluciones que son de la misma especie y absolutamente semejantes entre sí, en virtud de una sola semejanza, se responde que ella no conocería solamente su circuito sino también sus efectos; y estos efectos son infinitamente diversos y variados: esto es evidente".[57]

e) Es imposible que infinitas cosas existan *simultáneamente* (Aristóteles, *Fís.* III, 5, 204 a 20-25 y *Metaf.* XI, 10, 1066 b 11). Si el mundo es eterno, y el mundo no es sin el hombre "dado que todas las cosas son para el hombre";[58] luego hubo una infinidad de hombres y hay infinidad actual de almas racionales que son incorruptibles y que existen simultáneamente:

"Si objetas a esta argumentación que hay una transmigración de las almas, o bien que hay un alma única para todos los hombres; la primera es un error filosófico pues el Filósofo afirma que 'el acto propio es en la materia propia', y no es posible que el alma que fue la perfección de uno, sea la perfección de otro, según el mismo Filósofo. La segunda hipótesis es todavía más errónea pues [admite] que hay una sola alma para todos".[59]

La primera hipótesis es aquella de la metempsicosis que los pensadores medievales conocían como sostenida por Platón a través de Nemesio, Agustín, Macrobio y Averroes. La segunda es sostenida por Averroes en su comentario al libro III del *De Anima* y fue transmitida por una vía distinta: la de Algacel.

f) Es imposible que lo que tiene el ser después del no ser *tenga el ser eternamente,* "pues esto implica una contradicción".[60] Y que el mundo tiene el ser después del no ser Buenaventura lo prueba del siguiente modo: "todo lo que tiene el ser totalmente a partir de algo, es producido por él a partir de la nada. El mundo tiene el ser totalmente de Dios, luego es a partir de la nada";[61] y no en cuanto a la materia sino en cuanto al origen:

---

57 BUENAVENTURA, *Commentaria in librum secundum Sententiarum*, d. 1, p.1 a. 1 q. 2 (ed. Quaracchi, vol. 2, p. 21).

58 BUENAVENTURA, *Commentaria in librum secundum Sententiarum*, d. 1, p.1 a. 1 q. 2 (ed. Quaracchi, vol. 2, p. 21).

59 BUENAVENTURA, *Commentaria in librum secundum Sententiarum*, d. 1, p.1 a. 1 q. 2 (ed. Quaracchi, vol. 2, p. 22).

60 BUENAVENTURA, *Commentaria in librum secundum Sententiarum*, d. 1, p.1 a. 1 q. 2 (ed. Quaracchi, vol. 2, p. 22).

61 BUENAVENTURA, *Commentaria in librum secundum Sententiarum*, d. 1, p.1 a. 1 q. 2 (ed. Quaracchi, vol. 2, p. 22).

"Pues lo que es producido totalmente es producido según la materia y la forma, pero la materia no tiene de dónde ser producida, pues no es a partir de Dios; es entonces manifiesto que es a partir de la nada".[62]

La respuesta hace referencia al último argumento, del *quod non*, donde Buenaventura dice que el mundo ha sido creado en el sentido de producido desde la nada, después de no haber sido. Ciertamente, no lo demuestra y, al contrario, señala que es una verdad que los filósofos no han podido establecer y que sólo la Escritura nos enseña. La razón sólo puede mostrar que no se opone a la fe.

Tal es su línea argumental. El reconocimiento de la contradicción lo lleva a san Buenaventura a sostener, aún bajo los supuestos de un *a priori* teológico, que pensar al mundo como eterno es algo "contra la verdad y la razón", por lo que la contradicción afecta no sólo al ámbito de la revelación sino también al de los filósofos.[63]

Por ello finaliza su desarrollo argumentativo exponiendo que la tesis eternalista es incompatible no sólo con la fe sino con la razón ya que suponer un mundo eterno implica una contradicción; pues la creación de la nada significa tener el ser "después del" no ser; por tanto, hay primero no ser y luego ser, con lo cual necesariamente –sostiene– se ha de vincular la creación con un principio de orden temporal:

"decir que el mundo es eterno o que ha sido producido eternamente, diciendo que todas las cosas son producidas desde la nada, esto es totalmente opuesto a la verdad y a la razón; y además es contra la razón, porque ningún filósofo, ni siquiera los de entendimiento más corto han podido creer eso. Pues esto expresa una contradicción manifiesta".[64]

Fuentes

S. BONAVENTURAE, Opera omnia, Vols. I-IX, Collegii S. Bonaventura (eds.), Florence: Quaracchi, 1882–1902.

S. BONAVENTURAE, Opera theologica selecta, Vols. I-V, Collegii S. Bonaventura (eds.), Florence: Quaracchi, 1934–1965.

---

62 BUENAVENTURA, *Commentaria in librum secundum Sententiarum*, d. 1, p.1 a. 1 q. 2 (ed. Quaracchi, vol. 2, p. 22).
63 BUENAVENTURA, *Commentaria in librum secundum Sententiarum*, dist. 1, p. 1, a. 1, q. 2 (ed. Quaracchi, vol. 2, p. 22). "Dicendum quod ponere mundum aeternum esse sive aeternaliter productum, ponendo res omnes ex nihilo productos, omnino est contra veritatem et rationem (...). Hoc enim implicat in se manifestam contradictionem".
64 BUENAVENTURA, *Commentaria in librum secundum Sententiarum*, dist. 1, p. 1, a. 1, q. 2 (ed. Quaracchi, vol. 2, p. 22).

S. BONAVENTURAE, Collationes in Hexaëmeron et Bonaventuriana quaedam selecta, Collegii S. Bonaventura (eds.), Florence: Quaracchi, 1938.

S. BONAVENTURAE, Decem opuscula ad theologiam mysticam spectantia, Collegii S. Bonaventura (eds.), Florence: Quaracchi, 1949.

Tria opuscula Seraphici Doctoris S. Bonaventurae. Breviloquium, Itinerarium mentis in Deum, et De reductione artium ad theologiam, Collegii S. Bonaventura (eds.), Florence: Quaracchi, 1938.

Traducciones

ST. BONAVENTURE, Vol. III of The Works of St. Bonaventure. Traducción al inglés de José de Vinck, New Jersey, St. Anthony Guild Press, 1960.

Bibliografía Secundaria

BALDNER, Stephen, "Saint Bonaventure and the Temporal Beginning of the World," New Scholasticism, 1989, (63), 206–28.

BENSON, Joshua C., "Identifying the Literary Genre of the De reductione artium ad theologiam: Bonaventure's Inaugural Lecture at Paris," Franciscan Studies, 2009, (67), 149–178.

BENSON, Joshua C., "Bonaventure's De reductione artium ad theologiam and its Early Reception as an Inaugural Sermon," American Catholic Philosophical Quarterly (Special Issue: Bonaventure), 2011, (85), 7–24.

BETTONI, E., *Bonaventure da Bagnoregio. Gli aspetti filosofici del suo pensiero*, Bib. francescana provincial, 1973, 223.

BOUGEROL, J. G.: *San Bonaventura un maestro di sapienza*, Vicenza, 1972.

BOUGEROL, J.G., Introduction a l'étude de saint Bonaventure, 2a. ed., Paris, 1988.

BONANSEA, Bernardino, "The Question of the Eternal World in the Teaching of St. Bonaventure," Franciscan Studies, 1974, (34), 7–33.

CROWLEY, Theodore, "St. Bonaventure's Chronology Revisited," Franziskanische Studien, 1974, (46), 310–22.

CULLEN, Christopher, Bonaventure, Oxford: Oxford University Press, 2006.

CULLEN, Christopher, "Bonaventure on Nature before Grace: A Historical Moment Reconsidered," American Catholic Philosophical Quarterly (Special Issue: Bonaventure), 2011, (85), 161–176.

GILSON, Etienne, *La philosophie de saint Bonaventure*, Vrin, Paris, 1924.

GONÇALVES, J. C., *Homen e mundo en Sao Bueneventura*, Braga, 1971.

MONTI, D., "Introduction," Writings concerning the Franciscan Order, in Works of Saint Bonaventure, Volume 5, St. Bonaventure, NY: Franciscan Institute, 1994, pp. 1–36.

NOONE, Timothy B., "The Franciscan and Epistemology: Reflections on the Roles of Bonaventure and Scotus," Medieval Masters: Essays in Memory of E.A. Synan, Houser R.E. (ed.), University of St. Thomas: Center for Thomistic Studies, 1999, pp. 63–90.

LONGPRE Efrem. La théologie mystique de S. Bonaventure, Quaracchi, 1921, p. 76

QUINN, John, "Bonaventure," Dictionary of the Middle Ages, 1982, 2, 313–19.

QUINN, John, "Chronology of St. Bonaventure (1217–1274)," Franciscan Studies, 1972, (22), 168–186.

QUINN, John, The Historical Constitution of St. Bonventure's Philosophy, Toronto: Pontifical Institute of Mediaeval Studies, 1973.

RATZINGER, Joseph, The Theology of History in St. Bonaventure, Zachary Hayes (trad.al inglés), Chicago, Franciscan Herald, 1971.

SPEER, Andreas, "Bonaventure and the Question of a Medieval Philosophy," Medieval Philosophy and Theology, 1997, 6 (1), 25–46.

SPEER, Andreas, "Illumination and Certitude: The Foundation of Knowledge in Bonaventure," American Catholic Philosophical Quarterly (Special Issue: Bonaventure), 2011, (85), 127–141.

SPEER Andreas, *Triplex veritas. Wahrheitsverständnis und philosophische Denkform Bonaventuras.* (Franziskanische Forschungen, 32), Dietrich-Coelde-Verlag, 1987.

VEUTHEY, L., *La filosofía cristiana di S. Bonaventura*, Roma, 1971.

VOLLERT Cyril O., KENDZIERSKI Lottie H., BYRNE Paul M., *On the eternity of the world: (De aeternitate mundi) Saint Thomas (Aquinas), Siger (of Brabant), Saint Bonaventure (Cardinal)*, Marquette University Press, 1964, p. 117

WALZ, Matthew D., "Theological and Philosophical Dependencies in St. Bonaventure's Argument against an Eternal World and a Brief Thomistic Reply," American Catholic Philosophical Quarterly, 1998, 72 (1): 75–98.

WHITE, John, "St. Bonaventure and the Problem of Doctrinal Development," American Catholic Philosophical Quarterly (Special Issue: Bonaventure), 2011, 85: 177–202.

Capítulo 13
La eternidad del mundo en Tomás de Aquino

Tomás de Aquino admite que el inicio temporal del universo es una verdad de fe que no puede demostrarse racionalmente. No comparte la posición de quienes buscan una prueba filosófica del inicio del tiempo, en cuanto son responsables de poner en ridículo la fe cristiana con argumentos débiles.[1]

Partiendo de la física aristotélica, los filósofos naturales sostienen que el movimiento del cielo es perpetuo, cosa posible –sostiene Aquino– pero no con una necesidad absoluta[2] y en todo caso, afirmación posible de acordar con la *creatio ex nihilo*.

---

1   TOMÁS DE AQUINO, *De aeternitate mundi,* La versión consultada en línea para la obra citada en este capítulo de Tomás de Aquino corresponde, en general a: *Corpus Thomisticum. Subsidia studii ab Enrique Alarcón collecta et edita*, <http://www.corpusthomisticum.org/>. Para el caso del opúsculo *De aeternitate mundi* se refiere la paginación correspondiente a TOMÁS DE AQUINO, *Opuscula philosophica* (ed. Marietti, Taurini-Romae, pp. 105-108).

2   TOMÁS DE AQUINO, *Quaestio Disputata De Potentia*, q. 3, a. 17: Decimoseptimo quaeritur utrum mundus semper fuerit, ad 17.: Ad decimumseptimum dicendum, quod illa ratio non probat quod motus semper fuerit, sed quod motus circularis possit esse semper, quia ex mathematicis non potest aliquid efficaciter de motu concludi; unde Aristoteles, non probat ex circulatione motus, eius aeternitatem; sed supposito quod sit aeternus, ostendit quod est circularis; quia nullus alius motus potest esse aeternus.

Según la fe cristiana, el movimiento celeste comenzó con la creación y se detendrá al final de los tiempos.[3]

El inicio y el final dependen de la sola voluntad de Dios. La visión histórica del tiempo es un tema que pertenece al ámbito de la fe cristiana pero Tomás entiende que también resulta compatible con la racionalidad filosófica.

Un universo eterno no es divino; la perpetuidad del cosmos es sucesiva mientras que Dios permanece inmutable en su ser. Como bien lo había establecido Boecio la eternidad consiste en la posesión simultánea de toda perfección. Aquino mantiene en firme la absoluta libertad de Dios quien obra voluntariamente y no llevado por una fuerza natural.[4] Compete a Dios en su sabiduría decidir la "cantidad de tiempo" en proporción al tipo de universo que crea.[5] Este hecho depende de su voluntad y no puede retrotraerse a un motivo ulterior.[6] El conocimiento intelectual es causa del acto creador; y sólo presupone su voluntad de crear.[7]

Las causas físicas son anteriores en el tiempo, dado que causan mediante el movimiento, pero esto no sucede con la causalidad creadora divina que no supone ningún cambio.[8] Tanto Agustín como Tomás de Aquino, siguiendo la Revelación asumen un cosmos histórico con una evolución finita, un tiempo con inicio y que concluirá al final de la historia. Este final, por otra parte, no es una aniquilación, pues sólo significa la conclusión del estatuto de la vida terrena y el paso a la vida eterna, en la que el cosmos continuará para siempre —el cielo nuevo y la tierra nueva— que está fuera del alcance de la física y de la razón humana, y es objeto de la esperanza escatológica cristiana.

El problema de la eternidad del mundo ocupó en distintas ocasiones el pensamiento de santo Tomás. La cuestión surge no sólo en el curso de sus disputaciones quodlibetales sino en las obras sistemáticas como el *Comentario a las Sentencias*, la *Suma Teológica* y la *Suma contra Gentes*. En el momento de mayor rigor de la lucha escolar en París, le dedica un opúsculo el *De aeternitate mundi contra murmurantes*,

---

3 Cfr. *Liber De Causis*, lect. XXX, n. 441. Condicionado por la física de su tiempo, santo Tomás asocia el fin del mundo con la detención del reloj cósmico que para él era el giro del cielo alrededor de la tierra.

4 TOMÁS DE AQUINO, *Summa Theologiae*, I, q. 19, a. 4 Se utiliza la ed. Marietti, 1950, p. 110-111.

5 Cfr. TOMÁS DE AQUINO, *De Caelo et Mundo*, lect. 6.

6 TOMÁS DE AQUINO, *Summa Theologiae,* I, q. 19, a. 5. (ed. Marietti, 1948, p. 111)

7 TOMÁS DE AQUINO, *Summa Theologiae, I,* q. 14, a. 8. (ed. Marietti, 1948, p. 113-114)

8 TOMÁS DE AQUINO, *Summa Theologiae,*. I, q. 46, a. 2, ad 1. (ed. Marietti, 1948, p. 237)

opúsculo que no está dirigido contra los que impugnan la fe, sino contra quienes pretendiendo salvaguardar sus contenidos, le hacen el mal favor de apoyarla en una pobre y errada argumentación filosófica. Tendremos la oportunidad de ver que la doctrina elaborada por Aquino permanece sustancialmente invariable salvo en lo concerniente a un único elemento: la consideración de la eternidad del mundo como un infinito actual posible.

1. Las primeras formulaciones argumentativas tomasianas

En los escritos de la primera época Tomás alude en sus textos, centralmente a Aristóteles. Al evaluar la alternativa de la eternidad del mundo pondera los argumentos expuestos en el libro VIII de la *Física*,[9] que pretenden ser demostrativos; y las razones del *Tratado acerca del Cielo*[10] de alcance sólo mostrativo.

Los argumentos de la *Física* considerados por Tomás están basados:

1. en el movimiento en cuanto realidad acto-potencial;
2. en la noción de movimiento como acto común de motor y móvil; y
3. en la naturaleza misma del tiempo.

Es digna de atención la reflexión de Tomás sobre el segundo de los argumentos de Aristóteles que pondera como uno de los más fuertes. Si se parte de la relación entre el movimiento del motor y el del móvil, se ha de inferir que todo movimiento supone otro antecedente, por lo cual o los movimientos son en sí mismos eternos o se explican por un movimiento precedente de otro motor. En la evaluación de ambos casos el movimiento no puede tener comienzo absoluto, y ha de ser eterno.

Si el motor fuese un agente meramente natural dice Tomás en su *Comentario a la Física*,[11] el argumento aristotélico sería concluyente; y sólo puede ser rebatido con la tesis de un comienzo absoluto del mundo que no sea por necesidad natural sino por un acto libre de la voluntad divina.

---

9   ARISTÓTELES, *Phys.*, VIII, 1, 251 a 8 – b 27.
10 La afirmación formal de la eternidad del mundo en Aristóteles la encontramos en *De Caelo*, I, centralmente en su cap. 3.
11 "Et quidem si esset agens per naturam tantum, et non per voluntatem et intellectum, ex necessitate conducere ratio: sed quia agit per voluntatem et intellectum, ex necessitate conduceret ratio: sed quia agit per voluntatem, potest per voluntatem aeternam producere effectum non aeternum, sicut intellecto aeterno potest intelligere rem non aeternam" *In VIII libros Physicorum*, L. VIII, l. 2, n. 988. (Marietti, Taurini-Romae, 1965, p. 510).

Por lo demás, la afirmación formal por parte de Aristóteles de que el mundo es eterno también se halla en el capítulo 3 del libro I del *Tratado acerca del Cielo* donde se sostiene que el mundo es ingenerado por cuanto es incorruptible por su misma naturaleza. No se trata propiamente de una argumentación de filosofía natural sino de la extrapolación de una mirada científica del problema. Para que haya corrupción tiene que producirse un cambio entre contrarios, pero el mundo, el todo, *tò pan*, no tiene contrario. No puede haber perfección y simplicidad donde hay movimiento que es un acto esencialmente imperfecto (*áteles*).[12]

Expone asimismo otro argumento, fundado en la creencia de que el mundo no cambia de aspecto ni de comportamiento a pesar del paso del tiempo: "La observación sensible –escribe Aristóteles– conduce a la misma conclusión de una manera suficientemente rigurosa, teniendo en cuenta que se trata de una aserción fundada sobre un testimonio basado en la experiencia humana. En toda la extensión del pasado, si se da crédito a los testimonios que los hombres trasmiten unos a otros, ningún cambio ha sido observado".[13]

Esta razón es considerada de escaso alcance filosófico por santo Tomás, quien si bien no tiene pruebas físicas en contrario, no puede tampoco aceptar que la eternidad del mundo sea un hecho y por ello comenta "Sin embargo esto no es necesario sino probable"[14] y lo razona de este modo: "Pues cuanto más duradero es algo, tanto más tiempo se requiere para descubrir su modificación".[15] Y concluye. "Alguien puede, pues, decir que, aunque el cielo sea naturalmente corruptible, es sin embargo tan duradero que, todo el tiempo del que puede haber memoria, no basta para captar su transformación".[16]

De este período temprano en la formulación del problema es también el *Comentario a las Sentencias* (1254-56). En el libro II (dist. I q. 1 art 5), Tomás se pregunta explícitamente "si el mundo es eterno". Propone catorce razones a favor y nueve en contra, y las rechaza a todas. Su posición es clara: "no puede demostrarse que el mundo haya comenzado; sino que [esta verdad] se la alcanza y cree a través de la

---

12 ARISTÓTELES, Cfr. *Phys.*, I, cap. 9, 192a 13-18. *De Caelo*, I, cap. 3, 270 b 12-16.
13 ARISTÓTELES, *De Caelo*, I, cap. 3, 270 b 12-16.
14 Los textos en español citados corresponden a: TOMÁS DE AQUINO-PEDRO DE ALVERNIA, *Comentario al libro de Aristóteles sobre El cielo y el Mundo*, L 1, lect. 3, n. 76. (Eunsa, 2002, 123).
15 TOMÁS DE AQUINO-PEDRO DE ALVERNIA, *Comentario al libro de Aristóteles sobre El cielo y el Mundo*, L 1, lect. 3, n. 76. (Eunsa, 2002, 123).
16 TOMÁS DE AQUINO-PEDRO DE ALVERNIA, *Comentario al libro de Aristóteles sobre El cielo y el Mundo*, L 1, lect. 3, n. 76. (Eunsa, 2002, 123).

revelación divina (...) y a esta posición adhiero por cuanto no creo que la podamos alcanzar por un argumento demostrativo (...). Afirmo, por tanto que ni una ni otra parte de esta cuestión son demostraciones, sino sólo razones probables o sofísticas".[17]

Nos encontramos en este texto con una clara aceptación de la posibilidad de un mundo eterno, pero con la inclusión de dos elementos importantes para tener en cuenta, formulados a propósito de las objeciones:

1. Dios precede al mundo en duración, en razón de su eternidad,[18] y
2. la eternidad del mundo es posible porque exige un infinito no en acto sino sucesivo.

También pertenece a este primer período la *Summa contra Gentes* (1261-64), que en su libro II, (cap. 31 al 38) se refiere largamente a la cuestión de la eternidad del mundo. Tomás lleva a cabo sucesivas refutaciones tanto contra quienes sostienen su eternidad como contra los que piensan que hubo la *novedad* de un comienzo, quedando así abierta una doble posibilidad. En particular, el capítulo 31 muestra que la eternidad de las criaturas no es necesaria pues "Dios no obra necesariamente al producirlas".[19]

En el capítulo 32 se exponen las razones derivadas de los caracteres divinos que parecen avalar la eternidad del mundo: Dios es eterno, es acto puro, es causa primera de todo lo que existe y bondad infinita: "y siendo la bondad divina infinita, le es propio comunicarse al infinito y no sólo durante un tiempo determinado. Por ello parece corresponder a la bondad divina que algunas criaturas hayan existido desde siempre".[20]

Las razones que parten del ser de las criaturas aparecen, en cambio, reunidas en el capítulo 33; y se reducen a expresar algunas capacidades que parecen probar su eternidad: considera, así, las formas separadas en cuanto no tienen posibilidad de corrupción; la perpetuidad del movimiento, con los argumentos tomados de Aristóteles;[21] la eternidad del

---

17 TOMÁS DE AQUINO, *Scriptum super libros Sententiarum magistri Petri Lombardi Episcopi Parisiensis*, Parisiis, P. Lethielleux, 1929-47 (P. Mandonnet- M. Moss, 5 vol.), vol. II, p. 35.
18 TOMÁS DE AQUINO, *Scriptum super libros Sententiarum magistri Petri Lombardi Episcopi Parisiensis*, vol. II, p. 37.
19 TOMÁS DE AQUINO, *Summa contra Gentes*, L. II, cap.31 (ed. Maritti, Torino-Roma, 1934, 119).
20 TOMÁS DE AQUINO, *Summa contra Gentes*, L. II, cap.32, (ed. cit. p. 121)
21 ARISTÓTELES, *Phys.*, VIII, 1, 250 b 11-15, 251 a 8-28, y *De caelo*, L. I, cap. 3.

tiempo como algo derivado de su vinculación con el movimiento[22] y las contradicciones que, en general se siguen al negar su eternidad[23].

El capítulo 34 refiere algunas razones derivadas del concepto mismo de producción, tal como se entiende en el orden de las cosas creadas. Siempre, según tales argumentos, hay que suponer un sujeto de mutación eterno y distinto de Dios.

El principio de la demostración es aquel que establece que de la nada, nada es hecho, por lo cual resulta necesario suponer un primer término que sea eterno y que no sea Dios, en cuanto Dios no puede ser materia de cosa alguna.[24]

Desarrollada la vía del *sic*, comienza con la del *non* que corresponde a los capítulos 35, 36 y 37 aplicados a la refutación de los argumentos previamente indicados. Y así establece que no es necesario que Dios se mueva por sí o por accidente[25] de modo que ni la creación es un movimiento, ni es algo necesario; y aduce inesperadamente en la secuencia de razones filosóficas que refutan la eternidad del mundo, una *ratio theologica*. En efecto, para mostrar el inicio temporal: "se puede proceder con más eficacia partiendo del fin de la misma voluntad (divina)". Y aun cuando no se pruebe con rigor lógico irrefutable, se afirma que es *convenientísimo* con la bondad divina que el mundo no exista desde toda la eternidad.[26]

Tomás indica que existen dos razones de la mayor importancia para hacer de la creación en el tiempo algo conveniente: que los hombres entiendan que Dios no ha creado por necesidad, y que la potencia implicada en la creación es infinita porque crear es pasar de la nada al ser y esto sobrepasa todo poder imaginable: "El poder y la bondad de Dios se manifiestan muy particularmente en el hecho que, las cosas distintas de Él, no hayan existido siempre. Con esto, en efecto, se muestra abiertamente que las cosas distintas de Él tienen existencia gracias a Él ya que no siempre existieron (...). Era, pues, algo muy adecuado a la bondad divina el dar un principio a la duración de las cosas creadas".[27]

En la *Suma Contra Gentes* Tomás de Aquino afirma que no se puede aducir ningún argumento para probar la eternidad del mundo de una

---

22 TOMÁS DE AQUINO, *Summa contra Gentes*, L. II, cap. 33(ed. cit. p. 122)
23 TOMÁS DE AQUINO, *Summa contra Gentes*, L. II, cap.33 (ed. cit. p. 122)
24 TOMÁS DE AQUINO, *Summa contra Gentes*, L. II, cap.34 (ed. cit. p. 123).
25 TOMÁS DE AQUINO, *Summa contra Gentes*, L. II, cap.35 (ed. cit. p. 124)
26 TOMÁS DE AQUINO, *Summa contra Gentes*, L. II, cap.35 (ed. cit. p. 125)
27 TOMÁS DE AQUINO, *Summa contra Gentes*, ,L. II, cap.38 (ed. cit. p. 128)

manera general,[28] ni de parte de Dios,[29] ni de parte de las criaturas,[30] ni de parte del modo de la creación.[31] Son cuatro los capítulos dedicados a probar que no hay argumento alguno concluyente que pruebe la eternidad del mundo y uno sólo[32] dedicado a demostrar que no se ha aportado de parte de las criaturas ningún argumento que pruebe su temporalidad. Es una proporción que juzgo significativa en cuanto define un contexto argumentativo que está particularmente dirigido contra los aristotélicos averroístas.

2. Período medio

Podríamos decir que la cuestión tercera del tratado *Sobre la Potencia* (1265-67), en su artículo 17 presenta la más larga serie de argumentos que santo Tomás expone en una misma cuestión respecto de la eternidad del mundo. Los treinta argumentos que allí se aducen en favor de la eternidad y que luego se refutan son de desigual valor y en muchos casos no responden a razones de orden filosófico sino teológico. Es uno de los textos más remisos a considerar la cuestión de las razones filosóficas en favor de la posibilidad de un mundo eterno. El planteamiento se mueve estrictamente en el ámbito determinado por la enunciación misma de la cuestión tercera en su totalidad: *Sobre la creación, primer efecto de la divina potencia*.

Sin embargo, podemos marcar algún dato de interés respecto de la posición general que el autor toma respecto del problema. En primer término el punto de partida: "se ha de afirmar, firmemente, que el mundo no existió siempre, tal como lo enseña la fe católica. Y esto no puede ser impugnado eficazmente por ninguna demostración física".[33]

Esta misma posición transita toda la cuestión: "que el universo se prefigure de una determinada cantidad de duración es algo que depende de la voluntad divina (…) de donde no puede concluirse necesariamente algo sobre la duración del universo".[34] O, un poco más

---

28 TOMÁS DE AQUINO, *Summa contra Gentes*, L. II, cap. 31 (ed. cit. p. 119-120)
29 TOMÁS DE AQUINO, *Summa contra Gentes*, L. II, cap. 35 (ed. cit. p. 123-125)
30 TOMÁS DE AQUINO, *Summa contra Gentes*, L. II, cap. 36 (ed. cit. p. 125-126)
31 TOMÁS DE AQUINO, *Summa contra Gentes*, L. II, cap. 37 (ed. cit. p. 126-127)
32 TOMÁS DE AQUINO, *Summa contra Gentes*, L. II, cap. 38 (ed. cit. p. 127-129)
33 TOMÁS DE AQUINO, *De potentia*, q. art. 17, co.: "Dicendum quod firmiter tenendum est mundum non semper fuisse, sicut fides Catholica docet. Nec hoc potest aliqua physica demonstratione efficaciter impugnari".
34 Tomas de Aquino, *De potentia*, q. 3, art. 17, co. "…si quaeratur, quare quantitas caeli sit tanta et non maior, non potest huius ratio reddi nisi ex voluntate producentis".

adelante y en este mismo sentido: "La fijación de la medida del tiempo depende de la simple voluntad de Dios quien quiso que el mundo no siempre fuese sino que comenzara así, como tampoco quiso que el cielo no fuese mayor o menor".[35]

En todos los textos a los que nos hemos referido Tomás insiste no sólo en que la noción filosófica de creación no prueba su temporalidad sino que los argumentos racionales en favor de esta temporalidad no son concluyentes.

En la *Suma Teológica* (1266-68)[36] sostiene de modo categórico que la temporalidad del mundo no podría ser demostrada por la razón por cuanto toda argumentación supone el conocimiento de la esencia de aquello sobre lo cual se argumenta. Pero como la esencia —continúa diciendo— excluye la individuación espacio-temporal, ningún argumento puede probar la temporalidad: no se puede probar el origen ni del mundo, ni del hombre, ni siquiera de una piedra.[37]

Para Tomás, Dios es igualmente libre de hacer un mundo finito o infinito, su duración depende de su voluntad y ningún argumento puede deducir lo que Dios quiere sino aquel a quien Dios quiera revelarlo.

Tomás presenta una auto-objeción: es imposible atravesar un infinito y si el mundo no hubiese comenzado habría una infinidad de días o años o de revoluciones astrales que hubiese sido necesario atravesar hasta llegar a hoy. El argumento descansa sobre la contradicción que implicaría una distancia infinita, es decir una distancia que no alcance jamás su término. La respuesta de Tomás es esta: "una trayectoria va siempre de un término a otro. Cualquiera sea el día pasado que se designe, no habrá entre él y hoy sino un número finito de días que podrán ser atravesados. La objeción formulada procede como si entre los dos extremos hubiese una infinidad de intermediarios".[38]

---

35 TOMÁS DE AQUINO, *De potentia.*, q. 3, art. 17, co: "Unde patet quod ex simplici Dei voluntate dependet quod praefigatur universo determinata quantitas durationis, sicut et determinata quantitas dimensionis".

36 TOMÁS DE AQUINO, *Summa Theologiae* I, q. 46, a. 2. (ed. cit. p. 237-238)

37 "Quod mundum non semper fuisse, sola fide tenetur, et demonstrative probari non potest (...) et huius ratio est, quia novitas mundi non potest demonstrationem recipere ex parte ipsius mundi. Demonstrationis enim principium est quo quid est. Unumquodque autem, secundum rationem suae specie, abstrahit ab hic et nunc, propter quod dicitur quod universalia sunt ubique et semper" TOMÁS DE AQUINO, *Summa Theologiae*, I, q. 46, a. 2. (ed. cit. p. 237)

38 TOMÁS DE AQUINO, *Summa Theologiae* I, q. 46, a. 2, ad 6. (ed. cit. p. 238)

Con lo cual vuelve al núcleo temático central: "el mundo existe en la medida que Dios quiere que exista, ya que su existencia depende de la voluntad de Dios como de su causa".[39]

Y califica a continuación los argumentos aristotélicos tanto de la *Física* como del *Tratado acerca del Cielo* –ahora a ambos– como argumentos probables; y expresamente cita el texto de *Tópicos* donde Aristóteles afirma que "son también problemáticas aquellas cuestiones de las que hay argumentaciones contrarias (...) y aquellas otras acerca de las cuales, por ser muy amplias, no tenemos argumentos, juzgando que es difícil dar el por qué de ellas, por ejemplo, la de si el mundo es eterno o no".[40]

Por ello la conclusión enunciada en el artículo 2 de la misma cuestión es que:

"el hecho de que el mundo no haya existido siempre, sólo por la fe se conoce y no puede probarse demostrativamente (...). Y la razón de esto es que la novedad del mundo no puede recibir una demostración por parte del mundo mismo (...). La voluntad de Dios no puede ser investigada con la razón (...) Pero sin embargo, la voluntad divina puede manifestarse al hombre por medio de la revelación, en la cual se basa la fe".[41]

Esto prepara la consideración según la cual debe entenderse el texto del *Génesis* "*Al principio Dios creó el cielo y la tierra*"[42] que se explica de tres maneras –dice– para excluir tres errores:

"Algunos sostuvieron que el mundo siempre existió y que el tiempo no tiene principio. Para excluir esto se explica: 'al principio del tiempo'. Otros sostuvieron que había dos principios de la creación: uno de las cosas buenas y otro de las malas. Para excluir esto, se explica: 'Al principio, esto es en el Hijo' (...). Finalmente, otros dijeron que las cosas corporales eran creadas por Dios mediante las criaturas espirituales. Y para excluir esto, se explica: 'Al principio creó Dios el cielo y la tierra', es decir antes de todas las cosas. Pues cuatro cosas fueron creadas coevas: el cielo empíreo, la materia corporal (que se denomina tierra), el tiempo y la naturaleza de los ángeles".[43]

---

39 TOMÁS DE AQUINO, *Summa Thelogiae*, q. 46, art. 1, corpus. (ed. cit. p. 235)
40 ARISTÓTELES, *Tópicos*, I. Cap. 9, 194 b 16 y Tomás de Aquino, *Summa Theologiae*, q. 46, art. 1, corpus (ed. cit. p. 235).
41 TOMÁS DE AQUINO, *Summa Theologiae*, q. 46, art. 2, corpus (ed. cit. p. 23).
42 *Gén.* 1, 1.
43 TOMÁS DE AQUINO, *Summa Theologiae*, q. 46, art. 2, corpus (ed. cit. p. 237).

3   Período final en la elaboración del problema

A este período corresponde la elaboración del opúsculo *Sobre la eternidad del mundo*. Los manuscritos, los catálogos de obras y los biógrafos de Tomás son unánimes en cuanto al título; pero algunos autores, para distinguir la obra de sus equivalentes averroístas, precisaron una delimitación: *contra murmurantes*. La fecha de su elaboración fue el año 1271; no está dirigido contra los averroístas de París[44] sino contra quienes, pretendiendo justificar la fe, le hacen el mal favor de utilizar una pobre y errada argumentación filosófica. Se trata, entonces, de los maestros de la Facultad de Teología cuya doctrina se vinculaba –no sin deformaciones– a san Agustín y a la patrística latina, que "murmuraban" contra quienes pretendían asimilar las doctrinas aristotélicas en las escuelas cristianas y tenían sus enseñanzas como sospechosas desde el punto de vista de la ortodoxia, o como directamente heréticas.

A diferencia de la mayoría de sus contemporáneos Tomás sostuvo que la creación del mundo no implica que necesariamente haya debido ser en el tiempo. Esta posición le debió resultar, sin dudas, problemática porque tenía que enfrentarse a profesores y maestros consagrados, como fue el caso de san Buenaventura y alinearse con los averroístas que, desde posiciones más rigurosamente aristotélicas, afirmaban la eternidad del mundo, aun cuando no compartiese, como ya hemos visto, sus propias argumentaciones sobre el tema.

En opinión de De Grijs[45] este opúsculo escrito hacia el final de la vida de Tomás se refiere a la creación –el mundo– como un todo, y ha de ser considerado como el resultado de una larga búsqueda. Su objetivo fundamental ha sido mostrar que aun cuando el mundo fuese eterno nunca sería "igual a" Dios porque es su criatura. Tomás realiza en este opúsculo un análisis de las nociones de creado y eterno y concluye que no existe aversión entre los dos conceptos pues el agente no necesita preceder a su efecto en el orden de la duración y cuando se dice que

---

44   Como se indica en nota 816, utilizaremos TOMÁS DE AQUINO, *Opuscula philosophica*, (ed. Marietti, Taurini-Romae, pp. 105-108). Se ha consultado también la versión en español de A. CAPELETTI: Tomás de Aquino, *Sobre la Eternidad del mundo, Suma contra Gentiles y Suma Teológica (selección)*. Buenos Aires, Aguilar, 1975. Se puede consultar asimismo la versión en línea, en español de J. SARANYANA: <http://dspace.unav.es/dspace/bitstream/10171/1910/1/10.%20JOSÉ%20IGNACIO%20SARANYANA,%20Universidad%20de%20Navarra,%20Santo%20Tomás.%20«De%20aeternitate%20mundi%20contra%20murmurantes».pdf>.

45   F. J. A DE GRIJS, "The theological character of Aquinas' De Aeternitate Mundi", en *The Eternity of the world*, ed. Wissink, Brill, Leiden-N.Y.-Kobenhavn-Köln, 1-9

las criaturas fueron hechas de la nada no es necesario que el no-ser preceda a las criaturas en el orden de la duración.

La obra es breve, apenas unos 16 párrafos que no alcanzan a cuatro páginas. Se ha discutido, recientemente, la catalogación misma del opúsculo como filosófico o teológico. El mismo De Grijs propone catalogarlo como teológico: el Aquinate comienza enunciando la postura de la iglesia, que debe ser necesariamente verdadera. Menciona como argumento, el peligro de herejías en torno al tema; la utilización de un lenguaje teológico donde aparecen términos tales como: criatura, creación *ex nihilo*, omnipotencia, pecado, Trinidad. Y cita a *auctoritates* como san Agustín, san Anselmo, san Juan Damasceno, Hugo de San Víctor y nombra a los filósofos como grupo ajeno.[46]

Ciertamente, no compartimos este juicio: la suposición de la fe no determina el carácter teológico de la cuestión analizada que se instala en un ámbito de búsqueda racional en la indagación de un problema.[47]

La tesis del opúsculo, o si se prefiere, su *argumento*, aparece al comienzo del mismo: supuesto que el mundo –de acuerdo con la fe– no existió desde siempre sino que tuvo un comienzo en el tiempo, la cuestión que ahora se plantea es si pudo haber existido desde siempre. Para responder el autor aclara en qué sentido está de acuerdo con quienes dicen lo contrario, esto es, con los teólogos tradicionalistas, y en qué sentido difiere de ellos.

Su finalidad no es evaluar los argumentos a favor y en contra de la eternidad del mundo sino rechazar la doctrina de los teólogos que pretendían demostrar un comienzo temporal.

Es necesario ponderar dos elementos iniciales de la doctrina tomasiana:

a) en ningún caso se pretende pensar un mundo eterno e independiente de Dios. Eso sería como lo indica al inicio del opúsculo, *un error abominable*;
b) la verdadera cuestión es saber si se puede pensar a la vez que el mundo es eterno y que ha sido creado. Si esto es así, filósofo y creyente compartirían un espacio donde los dos discursos se tornan compatibles.

Su desarrollo comprende el siguiente itinerario:

---

46 F. J. A DE GRIJS, "The theological character of Aquinas' De Aeternitate Mundi", 3.
47 Largamente expone sobre el punto: J. A. AERTSEN, "The eternity of the world: the believing and the philosophical Thomas. Some comments en: *The Eternity of the world*, ed. Wissink, Brill, Leiden-N.Y.-Kobenhavn-Köln, 9-20.

1. Planteamiento de la hipótesis del trabajo: Se sabe –por la fe– que el mundo tuvo un comienzo temporal y se desea saber –a través de la razón– si pudo no tener comienzo en el tiempo.
2. Análisis de las posiciones previas:
   2.1 El mundo tuvo comienzo en el tiempo y no pudo no tenerlo: posición de los agustinianos
   2.2 El mundo no tuvo comienzo en el tiempo, sino que fue creado por Dios desde la eternidad: posición de los averroístas
   2.3 El mundo existe desde siempre y no fue creado por nadie: pensadores griegos
3. Tesis de Santo Tomás
   3.1 De acuerdo con 2.1: El mundo tuvo comienzo
   En contra de 2.1: Pudo haber existido desde siempre.
   3.2 De acuerdo con 2.2: El mundo pudo haber existido desde siempre
   En contra de 2.2: Sabemos que tuvo comienzo
   3.3 En contra de 2.3: El mundo no puede de ninguna manera existir sin la acción causal de Dios.
   Argumentos sobre la imposibilidad de la eternidad: Estas tesis son todas refutadas:
   b.1. porque es imposible para Dios;
   b.2. por la falta de capacidad (potencia pasiva) desde el ser del mundo;
   b.3. porque repugna a la razón.
4. Conclusión: la razón no tiene motivos para rechazar que el mundo pueda existir desde siempre.

De este modo Aquino enseña en este opúsculo que: la posición de Aristóteles no es contradictoria con la creación divina y que la existencia de un inicio absoluto no es analíticamente demostrable.

No resulta contrario a la razón que el mundo haya sido creado desde siempre. El *rechazo del entendimiento*[48] se formula exclusivamente a partir del principio de no contradicción. Y si no hay rechazo del entendimiento, no sólo lo que se pondera no es falso sino que también es imposible que sea de otra manera.[49] En efecto, es erróneo afirmar lo contrario porque con ello se niega expresamente la omnipotencia divina.

---

48 TOMÁS DE AQUINO, *De aeternitate*, (ed. cit. 105, pár. 296).
49 "Tamen credo quod si esset repugnantia intellectuum, esset falsum. Si autem non est repugnantia intellectuum, non solum non est falsum, sed etiam est impossibile aliter esse, et erroneum, si aliter dicatur". TOMÁS DE AQUINO, *De aeternitate*, (ed. cit. 105, pár. 297). El examen de las *auctoritates* que inmediatamente justifican su posición comprende los párrafos 306-310.

Es ésta la afirmación más potente ofrecida en el opúsculo en favor de la eternidad del mundo.

Además, la contradicción entre ser creado y ser eterno podría plantearse: "por una de estas dos causas o por ambas: porque es necesario que la causa eficiente preceda a su efecto en la duración; o porque es necesario que el no ser preceda al ser en la duración".[50]

Y muestra sucesivamente que en el orden físico "ninguna causa que produce su efecto instantáneamente precede de un modo necesario a su efecto en la duración".[51] Pero Dios produce la creación sin movimiento, luego no es necesario que Dios preceda a su efecto en el orden de la duración. Que el mundo ha sido hecho de la nada debe entenderse, con san Anselmo,[52] en el sentido de que no hay algo desde lo cual ha sido hecho el mundo. Y así no se supone una precedencia de la nada en la duración, ni tampoco una relación entre lo hecho y la nada.

Además, prosigue, si entre ser hecho de la nada y existir desde siempre hubiera una contradicción lógica, san Agustín no habría dejado de señalarla, expresa Tomás. Y alude, concretamente a *La ciudad de Dios*:[53] "si el pie hubiera estado siempre en el polvo desde la eternidad, siempre hubiera habido una huella debajo de él: la cual huella sin embargo nadie dudaría que ha sido hecha por el que pisa, ni tampoco se diría que una cosa es anterior a la otra, aun cuando haya sido creada por la otra".[54]

Quienes sostienen la tesis contraria se basan en argumentos de autoridad:

a) Juan Damasceno quien dice que la criatura no puede por naturaleza ser coeterna con Dios.[55]

b) También Hugo de San Víctor dice que "la inefable fuerza de la omnipotencia no pudo tener algo coeterno fuera de ella misma que colaborara en su obra".[56]

En su respuesta a estas *auctoritates,* Tomás se vale de Boecio quien había distinguido, dos sentidos de la palabra *eterno*: algo es eterno porque tiene una duración ilimitada, cosa que los griegos atribuyen al

---

50 TOMÁS DE AQUINO, *De aeternitate* (ed. cit. p. 106, pár. 298).
51 TOMÁS DE AQUINO, *De aeternitate* (íb.pár. 299).
52 ANSELMO, *Opera Omnia*, vol. I, p. 23, ed. F. S. Schmitt. El capítulo 8 del *Monologion* lleva por título: *Quomodo intelligendum sit, quia fecit omnia ex nihilo.*
53 AGUSTÍN, *La Ciudad de Dios*, X, 31, (ed. BAC, T. XVI, p. 574).
54 TOMÁS DE AQUINO, *De aeternitate*, (ed. cit. 107, pár. 306)
55 JUAN DAMASCENO, *De Fide orthodoxa*, I, 8.
56 HUGO DE SAN VÍCTOR, *De Sacramentis*, I, 1.

mundo; o lo es porque abarca en un único momento una vida interminable y esto es propio sólo de Dios.[57]

Si se entiende esto, se entenderá también que al suponer al mundo con una ilimitada duración no se lo hace igual a Dios. La creación *ex nihilo* no implica necesariamente el comienzo del tiempo como condición concomitante del acto creador; pensarlo así comporta filosóficamente un grave error. El mundo depende en su ser de Dios pero el acto dador de ser no es él mismo un acto realizado en el tiempo.

Hay un último argumento que Tomás presenta como *el más difícil* que trata sobre la infinidad de las almas:

> "si el mundo existió desde siempre, es de algún modo necesario que existan infinitas almas. Pero este argumento tiene muchos supuestos porque Dios pudo hacer al mundo sin hombres ni almas, o pudo hacer al hombre después que al mundo, aun cuando hubiese hecho todo el resto del mundo desde la eternidad".[58]

Y cierra el opúsculo con una expresión novedosa doctrinalmente que abre la posibilidad del infinito actual: "además, todavía no se ha demostrado que Dios no puede hacer que ellas sean infinitas en acto".[59]

En suma: podríamos sintetizar las principales tesis del pensamiento tomasiano en torno a la eternidad del mundo en los siguientes puntos:

1. A partir del dato revelado debemos afirmar indiscutiblemente la creación del mundo en el tiempo.
2. En lo que hace a la posibilidad de un mundo eterno, no existe un argumento demostrativo que permita su afirmación o rechazo.
3. Las *auctoritates* invocadas varían: contra los averroístas utiliza centralmente a Aristóteles; contra los maestros de la orden franciscana asume a san Agustín, san Anselmo, Boecio, Hugo de San Víctor, san Juan Damasceno. La fuente aristotélica y la neoplatónica están incluidas en el análisis del Aquinate.
4. Respecto a la infinitud cuantitativa que supone la posibilidad de un mundo eterno, el pensamiento de santo Tomás expresa una oscilación. En una primera época rechaza el infinito en acto, esto se expresa, particularmente, en el *Comentario a las Sentencias* y en las dos *Sumas*. En un segundo momento, amplía esta argumentación: rechaza el infinito actual en la criatura pero no la posibilidad de que Dios produzca un infinito actual.

---

57 BOECIO, *De consolatione philosophiae*, V, 6
58 TOMÁS DE AQUINO, *De aeternitate*, (ed. cit. p. 108, párr. 310)
59 TOMÁS DE AQUINO, *De aeternitate*, (ed. cit. p. 108, párr. 310).

Tomás sostiene que una vez admitida la creación, es igualmente posible para la razón pensarla como temporal y pensarla como ilimitada en su duración. Aun cuando admita por la fe una edad finita del universo creado, Tomás ha defendido constantemente la tesis según la cual la razón es incapaz de demostrar tanto la eternidad como el comienzo del mundo.

Y en este sentido, al igual que Kant pero por razones ciertamente distintas, Tomás sostiene que la razón filosófica no puede definirse frente a estas dos tesis que resultan igualmente posibles.

La doctrina del Aquinate es la que finalmente se consagra en el siglo XIV, cuando su novedad alcanza también a los autores centrales de la corriente franciscana. Un texto posterior en aproximadamente 50 años como lo es el *Comentario a las Sentencias* de Guillermo de Ockham testimonia su adhesión a este planteamiento. De modo que la primera y aparente victoria de la posición conservadora de Enrique de Gante y de san Buenaventura terminó siendo superada aún dentro de la escuela franciscana, por la innovadora doctrina de Tomás, que deja su impronta en la moderna indagación del problema

Fuentes

SANCTI THOMAE AQUINATIS, *Opera omnia iussu Leonis XIII*. P. M. edita, cura et studio fratrum praedicatorum, Romae 1882.

SANCTI THOMAE AQUINATIS, *Liber de veritate catholicae Fidei contra errores infidelium seu Summa contra Gentiles*, t. 2-3. (Ed. P. Marc, C. Pera, P. Caramello). Taurini-Romae, Marietti, 1961.

SANCTI THOMAE AQUINATIS, *Scriptum super libros Sententiarum magistri Petri Lombardi episcopi Parisienis* (ed. P. Mandonnet). Parisiis, P. Lethielleux, 1929. 2 vols.

SANCTI THOMAE AQUINATIS, *Summa Theologiae*, Prima Pars, (Ed. P. Caramello), Taurini-Romae, 1950.

SANCTI THOMAE AQUINATIS, *In duodecim libros Metaphysicorum Aristotelis expositio*. (Ed. M. R. Cathala, R. M. Spiazzi). 2ª ed., Taurini-Romae, Marietti, 1971.

SANCTI THOMAE AQUINATIS, *Opuscula philosophica,* (ed. Marietti, Taurini-Romae, pp. 105-108).

Recursos en línea:

Corpus Thomisticum. Subsidia studii ab Enrique Alarcón collecta et edita, http://www.corpusthomisticum.org/. El portal contiene las obras de Tomás en latín —incluyendo muchas de las obras dudosas o espurias—, un motor de búsqueda basado en el Index Thomisticus, y una amplia bibliografía actualizada regularmente.

Bibliografía

AERTSEN J., *Nature and Creature*, Leiden, Brill, 1988.

AERTSEN J., "The eternity of the world: the believing and the philosophical Thomas.

Some comments" en: J. B. M. WISSINK, *The eternity of the world in the thought of Thomas Aquinas and his contemporaries*, 1990. Brill, Leiden-N.Y.-Kobenhavn-Köln, 9-20

ARGERAMI, O. "La cuestión «De aeternitate mundi»: posiciones doctrinales", *Sapientia*, XXVII, (1972), 313-334; Ídem, *Sapientia*, XXVIII, (1973), 179-208.

BERTOLA, Hermenegildo, "Tommaso d'Aquino e il problema dell'eternitá del mondo", *Revista de Filosofía Neo-scolástica*, 1974, no. 66, pp. 312-55.

BIANCHI, L., *L'errore di Aristotele. La polemica contro l'eternità del mondo nel XIII secolo*. Florence, La Nuova Italia Editrice, (Pubblicazioni della Facoltà di lettere e filosofia dell'Università di Milano, 104), 1984.

CAAMAÑO, J. C., Rostro de la eternidad. Imagen, conocimiento y condición simbólica. «Teología» 42/86 (2005) 109-140.

CASTELLO DUBRA J., "Las causas esencialmente ordenadas y la demostración de una causa primera: de Duns Escoto a Tomás de Aquino", *Congreso Internacional: Duns Escoto*, Fepai-Universidad Católica Argentina, 2008, p. 1-11.

CASTELLO DUBRA, J. A., "Creación, cambio y eternidad del mundo en Tomás de Aquino" en Ter Reegen, J.G.J., De Boni, L.A., Costa, M.R., (comps.) *Tempo e Eternidade na Idade Média*. Porto Alegre, EST Edições, 2007, pp. 102-108.

CASTELLO DUBRA, J. A., "Para una historia de la causalidad eficiente: Aristóteles, Avicena, Tomás de Aquino" en Filippi, S., (ed.), *Cristianismo y helenismo en la filosofía tardo-antigua y medieval*. Rosario, Paideia, 2009, pp. 303-317.

CARROLL WILLIAM, *Aquinas on Creation. Writings on the Sentences of Peter Lombard*, 1997, Toronto, Pontifical Institute of Medieval Studies.

DALES R., *Medieval discussions of the eternity of the world*, Brill, Leiden, 1990

DE GRIJS F. J. A, "The theological character of Aquinas' De Aeternitate Mundi", *en* WISSINK et al. *The Eternity of the world*, Brill, Leiden-N.Y.-Kobenhavn-Köln, 1-9.

ELDERS, L., The Philosophy of Nature of St. Thomas Aquinas, Peter Lang, Frankfurt am Main 1997.

ELDERS, L., The Metaphysics of Being of St. Thomas Aquinas in a Historical Perspective, E. J. Brill, Leiden 1993.

FABRO, C., Partecipazione e causalità secondo S. Tommaso d□Aquino, SEI, Torino 1960.

FUENTE, A., Carácter cosmológico de la noción de tiempo en Santo Tomás. «Estudios Filosóficos» 3(1954) 171–210.

HERRERA, J. J., Filosofía y teología en el aporte tomasiano a la controversia medieval sobre la unicidad de la forma substancial. Ed.: Filippi, S. «Controversias filosóficas, científicas y teológicas en el pensamiento tardo-antiguo y medieval», 2011, 235–248.

INGLIS J., "Emanation in Historical Context: Aquinas and the Dominican Response to the Cathars", *Dionysius*, 17, (1999), 95-148.

JORDAN, M. D., "L'exégèse de la causalité physique chez Thomas d'Aquin" en Revue Thomiste, 1982 (82), pp. 550-574.

LARRE DE GONZÁLEZ, O., La disputa en torno a la eternidad del mundo en el siglo XIV. «Studium» 14/27 (2011) 115–128.

LÓPEZ, A. M. "La eternidad del mundo un capítulo de filosofía medieval", *Revista de Filosofía de la Universidad de Costa Rica*, 1985, no. 23, pp. 169-182.

MARCHESI, A., *Fisica e metafísica* della natura nella concezione aristotelico-tomistica. «Dialogo di Filosofia» 10(1993) 441–447.

MARLASCA LÓPEZ, A., «La eternidad del mundo. Un capítulo de Filosofía medieval». Revista de Filosofía de la Universidad de Costa Rica, 1985, (23) 169–182.

OWENS J., "The Conclusion of the prima via" en St. *Thomas Aquinas on the existence of God: collected papers*, Albany, N.Y., State University of New York Press, 1980, p. 264.

PASNAU, R., *Thomas Aquinas on Human Nature*, Cambridge University Press, New York 2002.

PEGIS, A., St. *Thomas and the Problem of the Soul in the Thirteenth Century*, Pontifical Institute of Medieval Studies, Toronto 1934.

PLANTINGA, A., *Does God Have a Nature?* Milwaukee, 1990, Marquette University

RIERA MATUTE A., "Reflexiones en torno a la posibilidad", *Anuario Filosófico*, 1972, (5), 411-465.

ROSS HERNÁNDEZ, J. A. (ed.) Dios, eternidad y movimiento en Aristóteles (2007), 243 pp.

SANGUINETI, J. J., *La filosofia del cosmo in Tommaso d'Aquino*, Ares, Milano 1986.

SANGUINETI, J. J., *La filosofía de la ciencia según Santo Tomás*, EUNSA, Pamplona 1977.

SELLÉS DAUDER, J. F., De cómo el hábito abstractivo, según Tomás de Aquino, da razón de que el hombre no es tiempo. «Efemérides Mexicana» 2009, (27/79) 45–68.

TE VELDE, R. *Aquinas on God: The 'Divine Science' of the Summa Theologiae*. Aldershot: 2006.

TE VELDE, R. A., Participation and Substantiality in Thomas Aquinas, E. J. Brill, New York 1995.

TORRELL J. P., *Iniciación a Tomás de Aquino, su persona, su obra*, 2002, Eunsa, Pamplona.

VAN STEENBERGHEN F., *Le problème de l'existence de Dieu dans les écrits de S. Thomas d'Aquin*, Lovain-la-Neuve, Éditions de l'Institut Supérieur de Philosophie, 1980.

VERNIER J. M., *Théologie et Métaphysique de la création chez saint Thomas d'Aquin*, P. Téqui, Paris, 1995.

WALLACE, W., O.P., *The Modeling of Nature*, The Catholic University of America Press, Washington 1996.

WALLACE, W. A., O.P., *Causality and Scientific Explanation*, University of Michigan Press, Ann Arbor 1972.

WEISHEIPL, James A. *Tomás de Aquino, vida, obras y doctrina*, 1994, Pamplona, EUNSA. Traducción de Frank Hevia.

WIPPEL J. F., *The Metaphysical Thought of Thomas Aquinas. From Finite Being to Uncreated Being*. Washington, The Catholic University of America Press, 2000.

WIPPEL, J. "Quiditative knowledge of God". Metaphysical Themes in Thomas Aquinas, Washington, The Catholic University of America Press, 1990, pp. 215 -241.

WILHELMSEN, F., Man's Knowledge of Reality: An Introduction to Thomistic Epistemology, Prentice-Hall, Engelwood Cliffs 1956.

WISSINK J. B. M., *The eternity of the world in the thought of Thomas Aquinas and his contemporaries,* Brill, Leiden, 1990.

Capítulo 14
Las versiones post-bonaventurianas en la escuela franciscana

1. Las primeras reacciones en la escuela franciscana: Guillermo de Baglione

Tras los trabajos de Buenaventura, uno de los primeros textos de carácter polémico fuerte corresponde al franciscano Guillermo de Baglione (1266-1267) discípulo de Buenaventura y su primer sucesor en la conducción de la orden. El tono de su larga quaestio *Sobre la eternidad del mundo* es bien diferente de aquellos que le precedieron, con excepción de Roberto Grosseteste.[1] En su *quaestio* abundan las denuncias contra los filósofos defensores de "posiciones pueriles", calificados asimismo como "maestros de errores" y propagadores de confusión entre los creyentes.

Guillermo se repliega sobre la actitud de Buenaventura, pero subraya con contundencia, que Aristóteles sostuvo la eternidad del tiempo, del movimiento y del mundo.

Su crítica a Averroes es firme. Sin nombrar a contemporáneos, Guillermo alude a Siger de Brabante y la cuestión de la unicidad del intelecto que promete retomar

---

1 Cfr. MICHON, C., *Thomas d'Aquin et la controverse sur l'Éternité du monde*, G.F. Flammarion, Paris, 2004, p. 98.

en otro lugar, desaprobando la actitud de algunos maestros en teología que admitieron los errores de estos filósofos aristotélicos. En otra versión de su *quaestio* la alusión es más categórica, quizá en una clara alusión al trabajo de Tomás de Aquino:

> "no es conveniente que un teólogo busque una solución en la ceguera de algunos filósofos, sea éste el Comentador quien ha formulado de manera absurda que el intelecto es único para todos los hombres; o bien, Algacel, quien no ha tenido por absurdo que las almas separadas puedan ser en número infinito.[2]

La posición de Guillermo de Baglione parece ser la primera en este período, en profesar la demostrabilidad argumentativa del comienzo del mundo; exponiendo la necesidad de ese comienzo sostiene: "Es demostrable que el mundo no es eterno y que no podría ser eterno".[3]

Estas son concepciones que recuerdan los debates de los años 1220-1230. Admite como decisivos argumentos extraídos de la consideración del infinito que tienen cierta semejanza con los argumentos de Buenaventura, y a los que les aporta una contribución original pero ciertamente discutible: nada se puede agregar al infinito porque el infinito implica ya todas las adiciones que se pretenda hacerle:

> "No hay una infinidad de números pares o impares, de números superiores a 10 o a 100, porque cada infinidad incluye e implica la otra. Si hubiese un infinito en acto, sería igual a la inmensidad divina".[4]

2. La versión del problema en John Peckham

La *Quaestio: Utrum mundus potuit ab eterno creari*[5] de John Peckham[6] (1240-1292) constituye un importante documento, elaborado con

---

2 GUILLERMO DE BAGLIONE, *De aeternitate mundi*, en: Brady I., "The Questions of Master William of Baglione, OFM, *De aeternitate mundi* (Paris, 1266-1267)" *Antonianum* 47, (1972) p. 369.
3 GUILLERMO DE BAGLIONE, *De aeternitate mundi* (ed. Brady, 370).
4 GUILLERMO DE BAGLIONE, *De aeternitate mundi*, (Ed. Brady, creo 371).
5 JOHN PECHAM, *Utrum mundus potuit ab eterno creari* en: Richard Dales and Omar Argerami, *Medieval Latin texts on the Eterniy of the World*, Brill, Leiden, 1991, 73-85. Además existe un texto bilingüe latín-inlés: John Peckham, On the eternity of the World. Trad. VINCENT POTTER, Fordham Univ. Press, 1993, 37 p. Finalmente, también podemos citar la traducción francesa de Cyrille Michon, *Thomas D'Aquin et la controverse sur l' Éternité du monde*, Flammarion, Paris, 2004, p. 105-126. En nuestro trabajo citaremos por la edición de DALES-ARGERAMI.
6 Una primera documentación sobre el autor podrá encontrarse en: A. TEETAERT, "Pecham, Jean," *DTC* 12 (1933), 101-40, Ignatius Brady, "Jean Pecham," *DS* 8 (1974), 645-9; J.

anterioridad a la condena del obispo Étienne Tempier; tiene la intención, por parte del maestro franciscano, de introducir cierto orden en la argumentación y formulación del tema de la eternidad del mundo. Precisamente, la *lectio inauguralis* de Peckham como maestro franciscano en la Facultad de Teología de Paris se lleva a cabo en presencia de Gerardo de Abbeville y de Tomás de Aquino, y aborda, constituyéndose ello en una verdadera señal, el candente tema de la eternidad del mundo.

Algunos meses después de discutirse la *Quaestio* de Peckham, el obispo de París condena trece proposiciones filosóficas, entre ellas, aquella que concierne a la eternidad del mundo. Y si bien esta primera condena no parece haber tenido un impacto importante, constituye el testimonio de la agudización de un debate que se prolongará durante largos años.

Fr. I. Brady[7] ha establecido con precisión la fecha de elaboración de esta *Quaestio* disputada durante la regencia de Peckham (1269-1270), con anterioridad a la publicación del opúsculo: *Sobre la Eternidad del mundo* de Tomás de Aquino. Y precisamente Brady sostiene que la *Quaestio* de Peckham ha sido el objetivo inmediato del opúsculo de Tomás.[8] Por nuestra parte, coincidimos con James Weisheipl[9] en señalar que Aquino no responde en su opúsculo a un único maestro objetante sino a un complejo entramado de doctrinas que sostienen la posibilidad de demostrar argumentativamente el origen del mundo. La obra de Tomás, que no está dirigida contra los averroístas de París,[10] constituye una suerte de crisol de las argumentaciones centrales en disputa

---

SCHLAGETER - G. BERNT, "Peckham (Pecham), Johannes," *Lexicon des Mittelalters*, Artemis Verlag, München - Zürich, 6, 1987, 482.

7   I. BRADY O.F.M., "John Pecham and the Background of Aquinas' s 'De Aeternitate mundi'", *St. Thomas Aquinas* 1274-1974, *Commemorative Studies*, ed. Armand Maurer, Toronto, 1974, 141-178.

8   I. BRADY O.F.M., "John Pecham and the Background of Aquinas' s 'De Aeternitate mundi'", 165-178. Cfr. Asimismo: Richard Dales and Omar Argerami, *Medieval Latin texts on the Eterniy of the World*, Brill, Leiden, 1991, p. 71. Véase también: O. Argerami, "La cuestión *De aeternitate mundi*: Posiciones Doctrinales", *Sapientia*, (1972), 27, 313-334.

9   J. WEISHEIPL, "The Date and Context of Aquinas' *De Aeternitate Mundi*", *Gracefull Reason: Essays in Ancient and Medieval Philosophy Presented to Joseph Owens, CSSR*, ed. LLoyd Gerson, Toronto, 1983, 250-252.

10 TOMÁS DE AQUINO, *Opuscula Philosophica*, Taurini-Romae, 1954, *De aeternitate mundi*, 105-108. Hay traducción al español: *Sobre la Eternidad del mundo, Suma contra los Gentiles y Suma Teológica (selección)*. Buenos Aires, Aguilar, 1975. Cfr. Estudio preliminar a cargo de ANGEL CAPELETTI, p. 12. En el presente trabajo se utiliza, particularmente, esta edición.

entre los "murmurantes": teólogos que, con la pretensión de justificar la fe, asumen diferentes y controvertidas argumentaciones filosóficas.[11]

La *Quaestio* segmenta los argumentos en cuatro tópicos: aquellos que se vinculan con el concepto de creación, con la noción de infinito, con el concepto de tiempo y con la equiparación entre la infinitud temporal y Dios.

A) *Argumentos extraídos de la creación*

La creación es un concepto diferente al de generación elaborado en el contexto físico del pensamiento griego; pues se produce a partir de la nada y supone una acción continuada y sostenida por Dios.

Peckham la considera un artículo de fe y no un punto al que se llega a través del razonamiento; prueba de ello es que: "quienes han hablado de la creación al margen de la fe, han caído en el error".[12]

Sin embargo, también en la *Quaestio,* Peckham parece admitir la posibilidad de la investigación racional: "la creación del mundo aun cuando sea un artículo de fe, parece que también puede ser investigada racionalmente".[13]

Casi se podría hablar -al menos así lo entiendo- de una propuesta de régimen dual de la razón: pues Peckham está convencido que un argumento válido para el creyente no lo sería —o al menos no sería totalmente convincente— para el infiel.

Admite, asimismo, que existe una contradicción entre las nociones de *creatio ex nihilo* y la de eternidad, en tanto designan por un lado, lo creado finito; y por el otro, lo eterno e infinito. En su *Quaestio*, invocando la autoridad de Avicena[14] sostiene que es contradictorio que lo que tiene el ser después del no ser —es decir todo aquello que es un efecto—, sea eterno.

De modo que si la creación implica el ser después del no ser, a toda creatura le ha de corresponder esencialmente, el comenzar a ser en el tiempo.

Otra fuente invocada por Peckham es Juan Damasceno, quien expresa que "la creación es una obra que depende de la voluntad de Dios y no

---

11   TOMÁS DE AQUINO, *Sobre la Eternidad del mundo*, p. 12
12   JOHN PECHAM, *Utrum mundus potuit ab eterno creari* , 81.
13   JOHN PECHAM, *Utrum mundus potuit ab eterno creari* , 81.
14   JOHN PECHAM, *Utrum mundus potuit ab eterno creari* , p. 77. Cfr. AVICENNA, *Metaphysica* 6, 1, *Liber de philosophia prima scientia divina*, ed. S. van Riet (2 vol., London/Leiden, 1988-80), I, p. 295.

es coeterna con Dios porque no es conveniente que lo que procede del no ser al ser, sea coeterno con Él, que es sin principio y por siempre".[15]

Peckham expone que el ser por participación:

"no tiene un ser pleno, sino contracto y limitado en su esencia y su modo. De manera que al ser finito le corresponde un modo que también es finito; mientras que al ser sin limitación le corresponde un modo de ser infinito".[16]

Y se opone a la opinión de Grosseteste[17] para quien el no ser del mundo precedió al ser, de un modo eterno; y lo hace porque entiende que no hay propiamente medida posible de la pura nada:

"Respondo que ha de entenderse negativamente que el mundo es hecho de la nada, esto es: no de algo, de tal manera que el no ser no precede al ser según la duración, sino que nada precede al ser del mundo".[18]

Por ello en verdad, no hay relación temporal entre la eternidad y el tiempo, con lo cual, confirma Peckham, no hay anterioridad al tiempo.

Se podría decir, incluso, que el mundo siempre ha existido porque ha comenzado con el tiempo, pero uno y otro –mundo y tiempo–, son finitos. Hugo de San Víctor es la autoridad a la que en este caso recurre Peckham cuando sostiene que es "uno y el mismo instante aquel en el que fue creado el tiempo y la materia de las cosas visibles y corporales".[19]

Peckham no confunde la eternidad y la perpetuidad; distingue la producción natural que supone una potencia pasiva receptiva, un sustrato; y la producción sobrenatural que supone la potencia activa, que sólo es propia de Dios. Por ello, concluye, no hay posibilidad alguna de equiparar la duración divina con la duración del mundo.

Aplicando este criterio responde a quienes argumentan a partir de Dionisio[20] que el mundo es eterno, basándose en que si el bien es de suyo difusivo, y es eterno, también lo será su difusión.[21] Peckham sostiene que hay una doble difusión del bien o de la luz: una que es interior y corresponde a las eternas emanaciones; y otra exterior que se vincula

---

15 DAMASCENO, *De fide orthodoxa*, 8, 4, Ed. Buytaert, 32. El autor atribuye esta opinión también a San Anselmo. Cfr. *Monologion* 24 (Ed. Schmidt, I, 42).
16 JOHN PECHAM, *Utrum mundus potuit ab eterno creari* , 81.
17 La opinión de Grosseteste es también sostenida por G. de Baglione.
18 JOHN PECHAM, *Utrum mundus potuit ab eterno creari* , p. 82.
19 HUGO DE SAN VICTOR, *De sacramentis*, 1, 1, 5, PL 176, 189.
20 PS. DIONYSIO, *De divinis nominibus*, 4, 16. Cfr. También Philippus Cancellarius, *Summa de Bono*, Ed. Wicki, I, 6.
21 JOHN PECHAM, *Utrum mundus potuit ab eterno creari* , p. 81.

con la producción de las cosas temporales. La interior es eterna por la uniforme y perfectísima actualidad de la divina naturaleza. La segunda, en cambio, es temporal y corresponde a las creaturas.

De modo que la eternidad, concluye, sólo conviene a Dios; y tomando base en san Agustín expresa que "inmutable es la naturaleza de la trinidad y por esto también eterna, de allí que nada pueda ser coeterno con ella".[22]

Por esto no puede haber muchas eternidades, nos dice siguiendo a san Anselmo,[23] aun cuando, a veces, se tome el término con cierta amplitud como cuando en el *Gén.* 3, 22 se amonesta al hombre: "que no tienda su mano al árbol de la vida y viva eternamente"; o bien, como indica el Apóstol en II *Tim.* 1, 9 cuando habla de la gracia que nos fue dada en Cristo Jesús "antes de los tiempos eternos". Peckham explica estos pasajes de la *Escritura* desde la glosa agustiniana[24] según la cual Dios hizo la creatura y con ella los tiempos. Bajo esta perspectiva concluye que todo lo creado es finito y no puede ser considerado eterno e infinito. En un orden sobrenatural, un efecto puede ser coextensivo con su causa, como en la Trinidad se da la generación eterna del Hijo por el Padre. Todos los otros ejemplos aducidos por los filósofos referidos a efectos eternos derivados de causas eternas que no son Dios, concluye Peckham, son consecuencias imposibles de antecedentes imposibles. Resignifica, por tanto, el alcance filosófico de la imagen agustiniana de la huella labrada en el polvo.[25]

Sólo hay un sentido –expresa Peckham– según el cual podría concederse que el mundo siempre existió y es al considerarlo concomitante con la totalidad de la extensión del tiempo.

B) *Argumentos extraídos del infinito*

Aristóteles propuso una definición según la cual: "el infinito no es aquello más allá de lo cual no hay nada, sino aquello más allá de lo cual hay algo",[26] confirmando su idea de considerar negativa y potencialmente al infinito, idea que fue mantenida a lo largo de los siglos.

---

22 AGUSTÍN, *De Genesi ad Litteram,* VIII, 23, (BAC, t. XV p. 997).
23 ANSELMO, *De Fide Trinitatis et de incarnatione Verbi* 9, Ed. Scmidtt, II, p. 24
24 AGUSTÍN, *De Genesi contra Manichaeos,* 1, 2, 4. (BAC, t. XV, 365).
25 JOHN PECHAM, *Utrum mundus potuit ab eterno creari* , p. 85 . S. Augustinus, *De Civitate Dei,* X, 31 (BAC t. XVI, p. 74). El texto es tomado por T. de Aquino en un sentido totalmente diferente: *Sobre la eternidad del mundo,* (ed. cit.) p. 51.
26 ARISTÓTELES, *Phys.,* III, 204a.

Quizá uno de los primeros textos que en la historia del pensamiento moderno discute abiertamente la postura aristotélica y abre la interesante temática del infinito actual corresponde a los "Diálogos de la nueva ciencia" de Galileo. Salviati –quien sin ser Galileo expone sus ideas– vislumbra las dificultades que surgen cuando intentamos discutir el infinito atribuyéndole las notas que son propias de lo finito y limitado. La atribución es errónea por cuanto no cabe hablar de cantidades infinitas de las cuales una sea más grande, igual o más pequeña que otra.

Reformula así, un problema de la tradición escolástica: considerando distintas líneas de longitud diferente se pregunta cómo es posible que las que son más largas no contengan más puntos que las más cortas, respondiendo al caso que una línea no contiene ni más, ni menos, ni igual número de puntos que otra, sino que cada línea contiene un número infinito.

Mientras que en general, los comentadores medievales, siguieron a Aristóteles, admitiendo casi sin excepción que en el orden creado el infinito actual no existe, el Oxford medieval adelantó posiciones muy interesantes.

Durante los siglos XIII y ya de un modo más contundente en el XIV se plantearon discusiones filosóficas, lógicas y matemáticas donde no se excluyó la cuestión de la posible "realidad" del infinito en acto. Y en punto a ello el caso de Peckham aparece como el de un precursor de estas doctrinas.

Precisamente en este autor encontramos algunas expresiones que alentaron planteamientos novedosos que resultan de interés para la historia del concepto de infinito como eslabón que media entre la asimilación del tema aristotélico y las concepciones modernas en torno a la cuestión.

a) Entre las aportaciones de Peckham al debate del infinito nos detendremos en señalar algún argumento que asume el tema en la *Quaestio* que estamos analizando.

En particular, advertimos la ingeniosidad de la cual da prueba al presentar el argumento 8 contra la eternidad de lo creado, donde intenta mostrar que, si se admite lo infinitamente extendido en el tiempo, la parte debería ser más grande que el todo.

Este argumento será luego retomado por autores posteriores de la misma escuela.[27] Veámoslo detenidamente.

---

27 Cfr. GUY BEAUJOAN, *Par raison de nombres. L'art du calcul et les sauoirs scientifiques médievaux*. Aldershot-Brookfield, Gower P.C.,1991, 300 pp. Desde una perspectiva más propia de la historia de la ciencia, el autor aborda la cuestión del simbolismo teológico y

"Si el mundo ha durado y durará a través de un tiempo infinito, y se toma el instante del mediodía, sea A, se denominará al tiempo pretérito: 'A-pretérito' y a todo el tiempo futuro 'A-futuro'.

De modo similar si se suma mañana el instante del mediodía, B, se denominará a todo el tiempo pretérito, 'B-pretérito' y a todo el tiempo futuro 'B-futuro' ".[28]

Establecidos estos parámetros, Peckham asume la comparación entre rectas temporales infinitas de "distinta extensión", y somete a estos conjuntos infinitos a operaciones como la adición, comportando un importante paso en el que se deja de ponderar el infinito en los términos –hasta ese momento– meramente aristotélicos y potenciales. Admitidos estos conjuntos actuales de comparación expone:

"Supuesto esto, se sigue que si uno contiene a otro al cual algo se le adiciona, será entonces mayor que éste y se comportará como todo respecto de aquél. De igual modo, dos infinitos que tienen el mismo indivisible origen, son iguales. De lo cual se sigue: A-pretérito y A futuro son iguales puesto que es imposible que uno esté supuesto a otro, tampoco lo excede ni es excedido por él.

De modo semejante B-pretérito y B-futuro son iguales; pero B-pretérito es mayor que A pretérito y es el todo respecto de éste; por lo tanto (B-pretérito) es mayor que A-futuro. Pero B-pretérito y B-futuro son iguales. Por lo tanto B-futuro es mayor que A-futuro. (…). Por tanto si se afirma que el tiempo no tuvo inicio, la parte será mayor que su todo".[29]

En símbolos:

$$Bp > Ap$$

Y considerando que:

$$Bp = Bf$$
$$Ap = Af$$

Se ha de concluir que:

$$Bf > Af$$

Hay un principio aristotélico que subyace al argumento, del cual se extrae una nueva respuesta: si por definición las partes de un continuo son siempre divisibles, no hay un número determinado de partes, sino infinito.

---

metafísico de los números, introducido por Boecio, y que tuvo una enorme influencia en la matemática posterior y en especial en la redacción del *De mysteratione numerorum* de John Peckham.

28 JOHN PECHAM, *Utrum mundus potuit ab eterno creari*, p. 79.
29 JOHN PECHAM, *Utrum mundus potuit ab eterno creari*, p. 79.

Esta nueva perspectiva de análisis encuentra su correspondiente justificación teológica de escuela: negar que Dios pueda hacer existir con actualidad un infinito potencial, significa negar que Dios sea omnipotente. Este mismo principio regulador le permite a nuestro autor pensar de un modo distinto el problema, abriendo las fronteras del universo aristotélico de la finitud.

Las consecuencias de la afirmación de un infinito actual son interesantes: Peckham prepara el ámbito para alcanzar un concepto de magnitud que sea a un tiempo continua e infinita, que permita unificar las nociones de magnitud extensa y numérica. De hecho esto se alcanzará históricamente a través de la integración del concepto de número entero (infinito por adición) con el concepto de número fraccionario (infinito por división). Mas no nos equivoquemos en este punto: Peckham no fue un matemático que estudió el continuo, sino un filósofo natural cuyo pensamiento fluctúa, sin decisión, entre el universo de lo filosófico-natural, esto es, de lo real; y el universo matemático, puramente conceptual, implementando una metodología que comienza a introducirse en el Oxford medieval.

b) Otro ejemplo tomado de Algacel se propone a la consideración de Peckham: un mundo eterno implicaría un infinito actual de almas racionales, a menos que ese infinito fuera evitado considerando el alma como mortal o como apta para habitar otros cuerpos. Es éste el argumento que Tomás de Aquino en su opúsculo *Sobre la eternidad del mundo* presenta como "el más difícil" de todos los que involucran el tema del infinito; no obstante lo cual reconoce que tiene muchos supuestos porque Dios pudo hacer al mundo sin hombres ni almas, o pudo hacer al hombre después que al mundo, aun cuando hubiese hecho el mundo desde toda la eternidad".[30]

Por su parte, Peckham partiendo del mismo argumento sostiene :

"si el mundo ha durado con una duración infinita, dado que el mundo es para el hombre, se seguiría que existieron infinitos hombres. Y dado que las almas racionales son inmortales, son también infinitas en acto".[31]

De manera que, concluye, es necesario reconocer la existencia de un inicio temporal del mundo pues:

---

30 TOMAS DE AQUINO, *Sobre la eternidad del Mundo*, (ed. cit. p. 51)
31 JOHN PECHAM, *Utrum mundus potuit ab eterno creari* , p. 79

"que exista el infinito en acto es contrario a la filosofía. Hay herejes que enseñan que las almas perecen con el cuerpo, lo cual es contrario a la doctrina de los nobles filósofos; o bien dicen que hay una única alma para todos los hombres, lo cual es contrario a la rectísima filosofía que dice que hay una forma propia para cada materia y un motor para cada móvil; o bien sostienen que hay almas que están sucesivamente en cuerpos diversos. Esto es refutado por el Filósofo y reconocido como una fábula de los Pitagóricos".[32]

c) *Argumentos elaborados a partir de Dios*

Los argumentos contra la eternidad del mundo de la *Quaestio* de Peckham que toman este punto de partida, se fundan en la imposibilidad de que la creatura sea considerada igual a Dios. De este modo nuestro autor explora a partir de esta diferenciación ontológica, la distinción entre el modo de durar divino y el de la creatura.

En el respondo de la *Quaestio* propone cinco argumentaciones, de las cuales, dos, procuran sostener el origen temporal del mundo a partir de:

a) la finitud propia de la creatura
b) y de su origen *ex nihilo*

Con relación al primer aspecto, Peckham establece la diferencia entre el ser propio de la creatura, ser participado y finito; y Dios, ser infinito.[33] Y para ello invoca la autoridad de san Agustín quien sostiene que el mundo no es ni puede ser coeterno a Dios quien "hizo el mundo y con la creatura hizo que los tiempos fueran engendrados".[34].

Peckham refuerza este modo de entender la temporalidad en el argumento 11 en contra de la eternidad del mundo. Allí parte de la reflexión de Ricardo de San Víctor,[35] y establece las diferencias metafísicas entre creatura y Creador. "Lo que es por sí mismo es necesario y eterno; por el contrario, lo que es a partir de otro es esencialmente diverso, y es temporal".[36]

Y expone el siguiente argumento:

"pruebo esta consecuencia del siguiente modo: lo que es por sí mismo, por sí mismo tiene el ser y el poder ser; de modo que ninguna rea-

---

32 JOHN PECHAM, *Utrum mundus potuit ab eterno creari* , p. 79.
33 JOHN PECHAM, *Utrum mundus potuit ab eterno creari* , p. 81
34 JOHN PECHAM, *Utrum mundus potuit ab eterno creari* ,, p. 81
35 RICARDO DE SAN VÍCTOR, *De Trinitate*, 1, 7, (ed. Ribaillier, p. 93).
36 JOHN PECHAM, *Utrum mundus potuit ab eterno creari* , p. 79

lidad que participa de otra lo iguala en su condición. Por tanto, lo que participa recibe el ser participado de aquello que es eterno".[37]

De manera que aun considerando que el mundo siempre hubiese existido, de todos modos "no sería igual a Dios porque el ser divino es un ser totalmente simultáneo".[38]

En la serie de respuestas a los argumentos contra la eternidad del mundo, Peckham también tiene en cuenta el mundo supralunar y sostiene que ni siquiera los astros, podrían considerarse eternos: la eternidad sólo le conviene a Dios, y no le puede convenir a ningún otro ser.[39]

b) Con relación al segundo aspecto, el tema del origen, Peckham señala que lo creado es hecho de la nada, y es a partir de la voluntad del Creador; mientras que Dios es "sin principio y por siempre".[40]

Peckham defiende en este punto una concepción comparable a la de Buenaventura: la condición de creatura incluye la finitud, y el ser producido *ex nihilo*. Es por ello que la indagación racional sobre el tiempo sólo puede ser totalmente esclarecida desde la fe.

D) *Argumentos elaborados a partir de la noción de tiempo*

El tiempo es un cierto ser, afirma Peckham apartándose de la definición aristotélica del tiempo como *cronos* o medida. Más aún, es el modo de ser propio de los seres materiales y sometidos al cambio; por ello el tiempo es algo más que el número o la medida del movimiento de los cuerpos.

Peckham adopta la visión agustiniana del tiempo-creatura que comienza a existir junto con la creación misma del cosmos. De allí infiere la imposibilidad de establecer una comparación entre el tiempo y el Creador, afirmando que: "los tiempos no pueden equipararse con la eternidad o con la duración interminable (*interminabilis duracionis*)".[41]

Esta precisa referencia nos proporciona la prueba de que Peckham distinguió perfectamente entre la noción de eternidad (*aeternitas*) y la de sempiternidad (*interminabilis duracionis*).

---

37 JOHN PECHAM, *Utrum mundus potuit ab eterno creari* , 79
38 JOHN PECHAM, *Utrum mundus potuit ab eterno creari* , 79
39 JOHN PECHAM, *Utrum mundus potuit ab eterno creari* ,, 84
40 JOHN PECHAM, *Utrum mundus potuit ab eterno creari* , 83
41 JOHN PECHAM, *Utrum mundus potuit ab eterno creari* , p. 83

Por lo demás, argumenta, si Dios hizo un tiempo que es criatura donde "el futuro fluye hacia el pasado, esto constituye la prueba de que hay un inicio del tiempo".[42]

3. En síntesis

Peckham expresa, oponiéndose a Guillermo de Baglione, que no tenemos argumentos que nos permitan demostrar rigurosamente si el mundo es eterno o no.[43] En punto a esto sostiene una posición semejante a la de San Buenaventura expresada en un modo argumentativo y analítico más consolidado que el de su maestro.

Su doctrina es resueltamente agustiniana y se despliega en el marco de una razón esclarecida por la fe; en este sentido su pensamiento es próximo a la visión tradicionalmente sostenida por la escuela. Pero sin embargo, hay matices de diferenciación. Pues al mismo tiempo que afirma que la fe resulta necesaria para comprender el problema del origen y de la temporalidad del mundo; propone y ensaya todo un esfuerzo racional de comprensión del problema.

De modo que la fe es necesaria para comprender el origen del mundo porque quienes no la tuvieron, erraron en la resolución del problema. Tal parece haber sido el caso de Aristóteles.[44] Pero por otro lado, Peckham habilita la vía de la razón para abordar el tema, incluso discute, corrige y perfecciona los argumentos de la escuela. Sin embargo su confianza en la razón es limitada. En este sentido, Peckham parece haber admitido un doble régimen de la razón: pues si bien acepta la investigación racional, simultáneamente le niega valor a la argumentación sostenida para quien no tenga fe. De manera que hay argumentos que sólo son válidos para una inteligencia que ya ha sido elevada por la fe. Es esta una consideración que no estaba formulada de este modo en los escritos de Buenaventura.

Peckham admite que el mundo no existía antes de ser, pero en cambio no admite a la manera de Baglione que su no ser ha precedido al ser, ni tampoco que lo precede en la eternidad. No hay relación temporal entre el tiempo y la eternidad; ni hay tampoco un tiempo que preceda al tiempo.

---

42 JOHN PECHAM, *Utrum mundus potuit ab eterno creari*, p. 81.
43 En clara coincidencia con lo expresado por ARISTÓTELES, *Tópicos,* I. Cap. 9, 194 b 16 y también sostenido por TOMÁS DE AQUINO, *S. Th.*, Q. 46, art. 1, corpus (ed. cit. p. 235)
44 L. BIANCHI, *L'errore di Aristotele. La polemica contro l'eternità del mondo nel XIII secolo*, Florence, 1984.

El aporte de este maestro franciscano no podrá ser desconocido en la discusión de este problema central del siglo XIII en el que convergen elementos de una visión cosmológica, metafísica y teológica. El pensamiento inmediatamente posterior ha de retomar y discutir sus argumentos tanto en el ámbito propio de los teólogos como en aquel otro de los filósofos independientes.

Fuentes

JOHN PECHAM, *Utrum mundus potuit ab eterno creari* en: Richard Dales and Omar Argerami, *Medieval Latin texts on the Eterniy of the World*, Brill, Leiden, 1991, 73-85.

GUILLERMO DE BAGLIONE, *De aeternitate mundi*, en: BRADY I., "The Questions of Master William of Baglione, OFM, *De aeternitate mundi* (Paris, 1266-1267)" *Antonianum* 47, (1972) p. 369.

Traducciones

JOHN PECKHAM, *On the eternity of the World*. (texto bilingüe latín-inglés) Trad. VINCENT POTTER, Fordham Univ. Press, 1993, 37 p.

CYRILLE MICHON, *Thomas D'Aquin et la controverse sur l'Éternité du monde*, Flammarion, Paris, 2004, p. 105-126.

Bibliografía general

BIANCHI L., L'errore di Aristotele. La polemica contro l'eternità del mondo nel XIII secolo, Florence, 1984

CLARAMUNT RODRÍGUEZ, Salvador, "Un grave conflicto en las universidades del siglo xiii: los frailes en los «studia»", *Anuario de estudios medievales*, 29 (1999), pp. 207-218

CRESTA Gerald, "Valor y sentido del conocimiento en las órdenes mendicantes del siglo xiii", *Acta Scientiarum. Education*, 32/2 (2010), 141-151.

GUY BEAUJOAN, Par raison de nombres. L'art du calcul et les sauoirs scientifiques médievaux. Aldershot-Brookfield, Gower P.C.,1991, 300 pp.

BRADY I. O.F.M., "John Pecham and the Background of Aquinas' s 'De Aeternitate mundi'", St. Thomas Aquinas 1274-1974, Commemorative Studies, ed. Armand Maurer, Toronto, 1974, 141-178.

LINDBERG D. *John Pecham and the Science of Optics*: *Perspectiva Communis,* University of Wisconsin Press, 1970, 300.

MARTÍNEZ RUIZ, C. M. *Comentarios franciscanos al Padrenuestro*. Salamanca, Sígueme, 2002.

MARENBON, J., "The Theoretical and Practical Autonomy of Philosophy as a Discipline in the Middle Ages: Latin Philosophy, 1250-1350", pp. 262-274, en *Knowledge and the Sciences in Medieval Philosophy* (Acta Philosophica Fennica 48), ASZTALOS, M., MURDOCH, J. E., NIINIHUOTO, I. (eds.), Helsinki, 1990.

MERINO ABAD, José Antonio, *Historia de la filosofía franciscana,* BAC, 1993

MICHON, C., *Thomas d'Aquin et la controverse sur l'Éternité du monde*, G.F. Flammarion, Paris, 2004.

Capítulo 15
La versión aristotélica de Siger de Brabante

Entre las posiciones asumidas frente a la recepción de Aristóteles de las que ya hemos dado cuenta en los capítulos precedentes, se debe considerar el denominado *aristotelismo radical*,[1] calificado por el obispo E. Tempier como *averroísmo* bajo el supuesto de que Averroes sostuvo posiciones filosóficas contrarias a Aristóteles, hipótesis de problemática fundamentación.[2]

Si bien no existe una forma unánime de abordar la cuestión *de aeternitate mundi* por parte de los averroístas, sin embargo hay algunas notas comunes que se pueden precisar: estos pensadores comparten la lectura de los textos de Aristóteles a partir de los Comentarios de

---

1 Parte del presente capítulo sobre Siger de Bravante ha sido publicado: OLGA L. LARRE, "El problema de la eternidad del mundo en Siger de Bravante", *Sapientia*, (2013), LXIX, 234, 73-93
2 Con relación a las condenas de 1270 y 1277, se puede consultar a modo de introducción al problema, el artículo de H. THIJSSEN "Condemnation of 1277", *The Stanford Encyclopedia of Philosophy* (Spring 2003 Edition), E. Zalta ed., en <http://plato.stanford.edu/archives/spr2003/entries/condemnation/3>. Una buena obra al respecto es A. BLANCO CABALLERO, *Averroísmo de París: Presupuestos epistemológicos y racio-naturalistas en las condenaciones de 1270-1277*, Universidad Complutense de Madrid, Madrid, 1988.

Averroes y mantienen la supremacía de la fe en cuestiones en las que hay materia disputada entre la esfera propia de la filosofía y de la teología.[3]

El *Comentador* se pregunta expresamente, si el estudio de la filosofía está permitido (*mubâh*), prohibido, prescrito como recomendable o como obligatorio por las escrituras. Y en su respuesta sostiene que la revelación, previsora, ha establecido diversas maneras de llegar a la verdad, que se ajustan a las capacidades de las personas: unos son capaces de argumentos demostrativos, otros dialécticos, y otros retóricos; pero la profecía se dirige a los tres tipos de hombres por igual.[4]

Siguiendo esta línea, Siger concibe la tarea del filósofo como una investigación sobre la naturaleza del ente que se ha de llevar a cabo por medio de la propia razón natural y de modo argumentativo. La filosofía es un proyecto intelectual, una actividad racional, capaz de satisfacer la necesidad humana de verdad y de certeza; y a la vez una investigación respetuosa de la tradición filosófica representada por Aristóteles. Todo aquello que no sea de naturaleza racional, no es ciencia sino fe.

Aun así, Siger reconoce que todos los filósofos son susceptibles de equivocarse, dado que la razón cuenta con recursos limitados y, por lo tanto, su autoridad no es absoluta.; mientras que sí lo es la verdad de la fe.

A partir de ello distingue dos tareas propias del filósofo: la que remite a la estricta búsqueda de la verdad y la que tiene que ver con el estudio de los antiguos. Esta última, en particular, es señalada en el tratado *De Aeternitate Mundi*,[5] fuente de nuestro estudio, cuando indica que su intención radica en mostrar que los argumentos de quienes sostienen que el mundo y las especies que en él existen tienen un principio temporal, son erróneos: "Aquí no estamos intentando demostrar lo contrario a las conclusiones que ellos defienden, sino sólo que su argu-

---

3   El tema aparece considerado en: P. HERRAIZ, "De Aeternitate mundi: la propuesta averroísta", I Congreso Internacional de Nuevos Investigadores en Historia del Pensamiento, 8 de marzo de 2012, Universidad Complutense, pág. 3.

4   J. PUIG MONTADA, *Corrientes del Pensamiento en Al-Andalús, Veritas,* Porto Alegre, v. 52, nro. 3, 2007, pág. 69.

5   Utilizaremos en nuestro trabajo la edición crítica de: B. BAZÁN, *Quaestiones in tertium de anima. De anima intellectiva. De aeternitate mundi*, Philosophes Medievaux, Tome XIII, Louvaine, Paris, 1972.

   Existe versión en línea del tratado en Bibliotheca Augustana: <http://www.hs-augsburg.de/~harsch/chronologia/lspost13/siger/sig_mun0.html>. Hay también una traducción al español: *Tres Tratados Averroístas, Siger de Brabante, Boecio de Dacia y Jacobo de Pistoia*, trad. RODRIGUES GESUALDI, CARLOS y TURSI, ANTONIO, UBA, 2000. Y versión en línea de este trabajo: <http://es.scribd.com/doc/48196820/Tres-Tratados-Averroistas>. Las traducciones que ofrecemos en el texto son propias.

mentación es defectuosa".[6] O, en el inicio mismo del tratado, cuando indica que su propósito es considerar este problema filosófico siguiendo el método aristotélico.[7]

El problema resulta enfocado, entonces, desde una perspectiva filosófica, determinando cuanto es demostrable racionalmente y desde el punto de vista de las causas naturales. El filósofo –y queda esto bien claro– no puede pronunciarse con respecto a los contenidos de la fe, pues sólo corresponde creer lo que ha sido dado por revelación.[8]

1. El *De Aeternitate Mundi* y la presentación del problema

El *De Aeternitate mundi* se sitúa cronológicamente hacia 1272. Según Bernardo Bazán, autor de la edición crítica del texto, el escrito no puede ser anterior en cuanto cita el libro lambda de la *Metafísica* de Aristóteles como libro XII, introducido en París en 1271. A estos datos, añade M. Duin, que el *De Aeternitate* debe ser considerado posterior a las *Quaestiones in tertium De Anima*,[9] obra que se conoce con certeza que fue escrita hacia 1269.

El *De Aeternitate* constituye una *reportatio*: transcripción de un curso dictado por Siger en la Facultad de Artes de París, que toma como punto de partida la doble objeción de aquellos que combaten la eternidad del mundo y de las especies que son sometidas a la ley de la generación y de la corrupción. En rigor el tratado se refiere específicamente a la eternidad de las especies más que a la eternidad del mundo, como establece el título con el que lo conoce la tradición. Allí discute si puede o no, haber creación de la especie humana en un primer hombre Adán, o si, en cambio la especie humana debe ser considerada eterna. A pesar de ello, el texto ha sido leído en una clave interpretativa que afecta el dogma de la creación. En verdad, hacia el

---

6   SIGER DE BRABANTE, *De Aeternitate Mundi*, pág. 120.
7   SIGER DE BRABANTE, *De Aeternitate Mundi*, pág. 113.
8   AVERROES, *Fas Al-Maqâl, o Doctrina decisiva y fundamento de la concordancia entre la revelación y la ciencia,* Se ha utilizado la traducción española de M. Alonso en: *Teología de Averroes*. Madrid, 1947. Reimpresión Sevilla, El Monte, 1998. pág.- 175-6. En línea: <http://www.muslimphilosophy.com/ir/fasl.htm>.
9   La doctrina de las *Quaestiones in tertium De Anima*, escrita cerca de 1269 expresa un franco averroísmo, atenuado en el *Tractatus De Aeternitate Mundi*. Cfr. BAZÁN, p. 77 y ss. Cfr. también: I. PÉREZ CONSTANZÓ, *La función de la filosofía y la doble verdad en Siger de Brabante, Cuadernillo de la XXIXa. Semana Tomista: Diálogo entre Filosofía, Teología y Ciencias,* Bs. As. 2004. Existe versión en línea: <http://es.scribd.com/doc/151873575/PerezConstanzo-04>. Fecha de consulta: 30 de septiembre/2013, pág. 1.

fin del tratado Siger señala que los filósofos "consideran que demuestran que el mundo comenzó, aunque ni esto ni su opuesto puede ser demostrable, pero por la fe sabemos que comenzó".[10] La obra no debe ser vista como un capítulo aislado de la filosofía medieval, sino como el reflejo de varios problemas: es particular testigo de las consecuencias que tuvo la recepción del aristotelismo en Occidente a partir del siglo XII; marca el surgimiento de una nueva manera de hacer filosofía; y, finalmente, constituye el preludio de consecuencias doctrinales y metodológicas que se consolidarán en el siguiente siglo.

El tema de la eternidad del mundo es analizado también por Siger en dos capítulos del *De Anima intellectiva*, con matices bien diferenciados de la doctrina del *De Aeternitate;* allí argumenta en favor de la eternidad de las substancias separadas o espirituales. En efecto, en el *De Anima,* Siger establece que sólo existe una única alma intelectiva, y consagra dos capítulos a demostrar sucesivamente que es eterna en el futuro y en el pasado,[11] lo cual depende de su inmaterialidad.[12] En efecto, la inmaterialidad del alma es una consecuencia de su propia operación intelectual en cuanto conoce todas las cosas corruptibles recibiendo inmaterialmente sus formas; y por ello no puede cesar de existir. En esta obra, Siger parte de la autoridad de Aristóteles quien sostiene que aquello que es eterno en el futuro, lo es igualmente en el pasado de un modo recíproco.[13]

Y siguiendo doctrina de Aristóteles y Averroes, considera que las vicisitudes de la historia humana, deben ser consideradas en sus evoluciones sucesivas, como el resultado de la acción de los cielos. La eternidad del mundo y del movimiento y el carácter siempre en acto del primer motor fundamentan estos ciclos eternos de las especies y de los procesos: nada llega a ser que no haya sido antes. El conjunto de estas tesis lograron perturbar la serenidad del mismo Tomás de Aquino, quien hacia el final de su *De Unitate Intellectus contra averroistas*, señala que si la doctrina averroísta fuese verdadera, entonces "la fe se ocuparía de lo que es falso e imposible".[14] Como tendremos oportu-

---

10 SIGER DE BRABANTE, *De Aeternitate Mundi*, pág. 136. En las obras que van del período de 1271 a 1274, la primera cuestión del VIII *Physicorum* (fol. 129 rb-vb) es "utrum mundus sit ab aeterno o de novo creatus". Allí se afirma que el mundo podría tener un comienzo si la voluntad divina así lo determinase, con lo cual se abre a la posibilidad de la temporalidad de lo creado. Y en el primer *Comentario a la Metafísica* (cuestión segunda, Libro V, fol. 83 ra-b) afirma, en particular que "debemos creer los artículos de fe".
11 SIGER DE BRABANTE, *De Anima Intellectiva*, cap. 4 y 5, pág. 89-95.
12 SIGER DE BRABANTE, *De Anima Intellectiva*, pág. 79-80. Véase asimismo: pág. 89.
13 SIGER DE BRABANTE, *De Anima Intellectiva*, pág. 92-93.
14 TOMÁS DE AQUINO, *De Unitate Intellectus*, caput 5: *Solvuntur rationes contra*

nidad de mostrar, en el inmediato análisis del tratado *De Aeternitate Mundi,* Siger flexibiliza de modo significativo la doctrina expuesta en el *De Anima intellectiva.*

2. La fundamentación argumentativa del *De Aeternitate Mundi*

El tratado se propone examinar "si la especie humana y en general cualquier especie de seres generables y corruptibles, comenzó a existir, no habiendo preexistido de ningún modo".[15]

Siger toma como punto de partida de su reflexión una doble objeción de quienes combaten la eternidad del mundo y de las especies. Primero: los individuos que constituyen cada especie tienen una duración finita: luego el todo constituido por esas especies debe tener la misma naturaleza, es decir debe ser finito y limitado. En segundo lugar todo ser en el mundo es causado por Dios. Pero el hombre no puede ser producido sino en un individuo determinado; y como no hay en la humanidad ningún individuo eterno, el hombre debió comenzar a existir.

Para responder a estas dos objeciones y desplegar las cuestiones filosóficas implicadas, Siger organiza su análisis en tres secciones. En la primera establece cómo es producida la especie humana y en general cualquier otra especie cuyos individuos están sometidos a generación y corrupción.

En una segunda sección, responde a las dificultades presentadas: afirma que para que ambas objeciones fuesen verdaderas, se debería suponer que en las series engendradas, un término no presupone otro anterior y de la misma especie, lo que claramente está supuesto en la generación de la especie humana.

Siger completa la argumentación incorporando dos secciones de gran extensión, cuyo debate se vincula tangencialmente con la cuestión que tiene en desarrollo. Examina primero el problema del universal que resuelve a la manera de Aristóteles; y finalmente, afronta la relación potencia-acto en su vinculación con la temporalidad.

Al inicio del texto, articula este proyecto analítico sobre el cual gira todo el tratado:

"Primero se indagará cómo la especie humana, y en general cualquier otra [especie] de [realidades] generables y corruptibles, ha sido

---

pluralitatem intellectus (in fine) en: <http://www.corpusthomisticum.org/oca.html>.
Traducción al español I. SILVA-I. PÉREZ CONSTANZÓ, Eunsa, 2005, n. 123, p. 130.
15   SIGER DE BRABANTE, *De Aeternitate Mundi,* pág. 113.

causada. Segundo, (...) se considera la respuesta a esta pregunta según el modo en que fue formulada. Tercero: dado que se considera que los universales existen en los singulares, [se deberá investigar] cómo o de qué manera esto puede ser verdadero. Cuarto: al afirmar que una especie comienza a existir sin que nada prexista antes, se sigue que la potencia precede al acto en cuanto a la duración; por lo cual, hablando según el modo de la filosofía será [necesario examinar] cuál de los dos [acto o potencia] precede al otro en cuanto a la duración, lo cual constituye una dificultad".[16]

Tales, pues, los problemas investigados en los cuatro capítulos en los que se divide el texto y que seguidamente desplegaremos.

2.1 Las especies de entes generables y corruptibles son eternas y causadas

La experiencia nos permite constatar que la causa de los singulares está en los singulares pues cada individuo se engendra a partir de otro. Pero del hecho que cada uno de los individuos haya sido causado, no se sigue que la especie humana como tal haya comenzado a existir en un momento determinado.

En efecto, la tesis principal del tratado es que la especie humana es causada y también eterna. Causada en cuanto no tiene el ser por sí misma; y eterna, porque los individuos se generan uno con anterioridad a otro, conforme a una secuencia infinita.[17] De allí se concluye que la especie humana no comenzó a existir en un momento determinado. Si bien Siger refiere su doctrina a la consideración de una especie, tiene cuidado de remarcar que la teoría es general y se aplica a todas las especies cuyos individuos nacen a través de la generación y se corrompen. La base de todo su razonamiento descansa en una vía de análisis del movimiento donde la principal fuente aludida es Aristóteles.[18]

En toda especie los individuos son producidos por generación, y por tanto no existen todos a la vez, sino sucesivamente. De allí que la especie no tenga un ser completo y acabado, pero siempre es causada.

En este capítulo primero Siger procura analizar de qué modo la especie humana es causada. La objeción de la que se parte es la siguiente: "Todo es causado por Dios, incluidos también los universales. Así: "la especie *hombre* es causada por Dios, porque es un ser del mundo, por

---

16 SIGER DE BRABANTE, *De Aeternitate Mundi*, pág. 114-115.
17 SIGER DE BRABANTE, *De Aeternitate Mundi*, pág. 115.
18 SIGER DE BRABANTE, *De Aeternitate Mundi*, pág. 116.

tanto, es necesario que llegue a existir en un momento determinado, tal como [existe] el cielo o cualquier otra cosa causada por Dios".[19]

Y la respuesta que ofrece desde un punto de vista filosófico parte del señalamiento de que la especie humana es causada por generación. Y esto es así porque la conforman seres cuya materia está en potencia respecto de la forma. De manera que, concluye, "si la especie humana ha sido causada por Dios a través de la generación, no procede directamente de él (…). Por lo cual la especie humana no es generada por sí sino por accidente".[20]

Es por ello, que Siger concluye que las especies no son engendradas porque si alguien prestara atención a la experiencia vería que "cada cosa que es hecha, es hecha de una materia individual y determinada".[21] Y dado que: "el hombre en su existencia es este hombre –Sócrates o Platón– y Sócrates es un hombre, por esta razón, generado Sócrates, es generado *el hombre*".[22]

En síntesis, Siger afirma que sólo al generarse el hombre se genera la especie. Alude como fuente al libro VII de la *Metafísica*[23] de Aristóteles donde se refiere que una esfera de bronce es una esfera, del mismo modo que Platón es hombre, y también lo es Sócrates y cualquier otro individuo. Y así concluye "que *el hombre* es engendrado a partir de cualquier individuo y no sólo a partir de este [individuo] determinado".[24]

De modo que la especie no es producida por sí, por cuanto la forma específica no actualiza totalmente una misma materia tal como sucede con los seres materiales incorruptibles, es decir, los cuerpos supra lunares.[25] La especie humana, al contrario, es producida *per accidens*, es decir que no existe sino en individuos corruptibles y sucesivos. Por lo cual esta existencia es accidental, en cuanto no tiene el carácter de realidad estable ni permanente. Y a partir de ello concluye que la especie humana debe ser considerada eterna y causada,

"no de manera tal que, abstraída de los individuos, exista como sempiterna y causada, ni tampoco es sempiterna porque exista en un individuo causado sempiterno –tal como lo son las especies celestes o las inteligencias– sino porque en los individuos de la especie humana

---

19   SIGER DE BRABANTE, *De Aeternitate Mundi*, pág. 114.
20   SIGER DE BRABANTE, *De Aeternitate Mundi*, pág. 115.
21   SIGER DE BRABANTE, *De Aeternitate Mundi*, pág. 115.
22   SIGER DE BRABANTE, *De Aeternitate Mundi*, pág. 116.
23   ARISTÓTELES, *Metaph*. VII, 8, 1033 a 30-33.
24   SIGER DE BRABANTE, *De Aeternitate Mundi*, pág. 116.
25   SIGER DE BRABANTE, *De Aeternitate Mundi*, pág. 117.

uno es generado antes que el otro eternamente, y la especie tiene existencia y es causada en virtud de la existencia y en ocasión de cualquier individuo".[26]

Por lo cual podemos señalar dos aspectos fundamentales que aquí tácitamente aparecen: el primero es una noción de creación particular que reconoce como fuente a Averroes; el segundo, es una reflexión sobre el estatuto de los universales, que será específicamente tratada en el tercer capítulo.

Siger parte de la enseñanza de Averroes quien entiende que la creación no puede entenderse como un momento determinado tras el cual el mundo, y concomitantemente el tiempo, comienzan a existir. Averroes dirige todos sus esfuerzos a romper la identificación que se produce entre creación y temporalidad.[27]

La creación, no debe entenderse como el surgimiento del mundo de la nada, sin que haya algo previo a su existencia.[28] Dios, "no hace sino el compuesto de materia y forma; y esto lo hace moviendo la materia y transmutándola hasta actualizar lo que en ella está en potencia".[29]

El agente opera a partir de lo que está en potencia, y dado que el acto es anterior a la potencia, Dios no opera desde la nada.[30] Además, nos dice Averroes que "no consta en la revelación divina que Dios coexistiese con la pura nada; eso no se halla textualmente en parte alguna de la revelación".[31]

En efecto, la creación es un comienzo en el ser, pero no desde la nada absoluta, es una constitución y conservación del ser: "Este ser que percibimos por la demostración apodíctica es Dios, el Hacedor de todas las cosas, que a todas les ha dado el ser, y su Conservador".[32]

---

26 SIGER DE BRABANTE, *De Aeternitate Mundi*, pág. 116-117.
27 Cfr. para este aspecto el desarrollo expuesto en: P. HERRAIZ, "De Aeternitate mundi: la propuesta averroísta", Ier Congreso Internacional de Nuevos Investigadores en Historia del Pensamiento, 8 de Marzo de 2012, U. Complutense. Versión en línea: <http://www.academia.edu/1717277/De_aeternitate_mundi_la_propuesta_averroista>.
28 ALFONSO GARCÍA MARQUÉS, "La teoría de la creación en Averroes", *Anuario Filosófico*, 1986 (19), p. 45. Texto Disponible en: <http://dadun.unav.edu/bitstream/10171/2248/1/03.%20ALFONSO%20GARC%C3%8DA%20MARQU%C3%89S%2c%20La%20teor%C3%ADa%20de%20la%20creaci%C3%B3n%20en%20Averroes.pdf>. Fecha de consulta: 28 de noviembre/2013
29 AVERROES, *Aristotelis cum Averrois commentarium*, In XII Metaphys. Commentarium 18, fol. 304 H.
30 AVERROES, *Fas al Maqâl*, p. 175-176 en: M. Alonso, *Teología de Averroes*, Comillas 1947. Reimpresión: Sevilla, Fundación El Monte, 1998.
31 AVERROES, *Fas al Maqâl*, pág. 174.
32 AVERROES, *Fas al Maqâl*, p. 175.

La creación, desde esta perspectiva, no debe entenderse como una novedad en el orden del ser, sino como una relación de dependencia y de conservación en el ser.

Por lo tanto el tiempo no es anterior al mundo, pero sí ha sido causado. Tenemos, así, un mundo eterno y causado, en el que no se formula una diferencia fundamental entre creación y conservación.

La conclusión sobre la eternidad de la especie humana se precipita hacia el final del capítulo primero:

"De allí es que la especie humana, según los filósofos, siempre existe y no comenzó a existir sin haber preexistido completamente de ningún modo. Porque decir que [la especie] misma comenzó a existir no habiendo preexistido completamente es decir que alguno de sus individuos comenzó a existir antes que hubiera otro individuo de esa especie. Pues la especie humana no fue causada de otro modo, según los filósofos, sino que fue generada a través de la generación de un individuo con anterioridad a otro".[33]

2.2 La respuesta a las objeciones formuladas

El capítulo 2 refuerza la línea argumentativa. Siger responde a la objeción de que la especie humana es nueva y comenzó a existir no habiendo preexistido de ningún modo.

En efecto, en la especie humana los individuos son producidos a partir de una causa agente semejante al efecto producido. Cada agente ha sido engendrado y supone un generador antecedente. Pero es imposible formular un primer generador pues su propia naturaleza requiere un generador anterior semejante. No hay pues comienzo en las especies cuyos individuos vienen a la existencia por vía de generación; es por ello que los filósofos las consideran eternas: "según los filósofos, ningún individuo de una [especie] comenzó a existir sin la preexistencia de uno anterior".[34]

Por otra parte, lo que es eterno en el pasado lo es también en el futuro y recíprocamente. Por lo cual se debiera afirmar que las especies son causadas no en un primer individuo, sino en cada individuo en particular, en cuanto cada uno de ellos tiene su razón de ser y también su razón de ser causado. Esta teoría supone que en el mundo de las generaciones, Dios no puede producir las cosas directamente, sino a través de intermediarios o agentes de la misma especie.

---

33 SIGER DE BRABANTE, *De Aeternitate Mundi,* pág. 117.
34 SIGER DE BRABANTE, *De Aeternitate Mundi,* pág. 118.

Paralelamente a este razonamiento Siger propone la eternidad de la materia primera,[35] del movimiento[36] y del tiempo,[37] de manera que todos los principios constitutivos del mundo inferior o sublunar son eternos, sólo los individuos son inestables y corruptibles. El comienzo de la especie implicaría la no existencia de ningún individuo "ni este, ni cualquier otro individuo de la especie"[38] considerada.

La segunda inflexión de este capítulo está consagrada al examen de los argumentos en contrario. Y enuncia la siguiente objeción respecto de la eternidad del mundo: así como todo tiempo pasado, sea próximo o remoto, posee una distancia determinada respecto del presente, del ahora; así entonces todo tiempo pasado es finito.[39] La consecuencia implícita es que si el tiempo hacia atrás es finito, todo en algún momento comenzó a ser, tesis contraria al pensamiento de Aristóteles.

Siger examina la forma de la argumentación y la expone silogísticamente. El razonamiento parte de estas dos afirmaciones:

A) Todo ser del mundo ha sido causado por Dios;
B) El hombre es un ser del mundo.

Y en tal caso, la conclusión debiera ser que C) el hombre es causado por Dios y no que D) el hombre comenzó a existir en algún individuo determinado. Por tanto la conclusión que admite un primer hombre no se sigue correctamente de las premisas.[40]

Quienes argumentan que la especie humana ha sido creada a partir de un individuo, suponen algo falso, pues la especie humana no podría haber sido hecha sempiterna por Dios a menos que Dios crease algún individuo eterno, tal como la especie de los seres supra lunares fue engendrada eterna porque son eternos los astros. Pero como no existe ningún hombre que sea eterno, consideran justificado que todas las especies han comenzado a existir.[41] En el texto, nuestro autor no tiene el objetivo de elaborar una demostración en contrario, sino que sólo se limita a exponer el vicio de la argumentación ofrecida.

---

35 SIGER DE BRABANTE, *De Aeternitate Mundi*, pág. 135.
36 SIGER DE BRABANTE *De Aeternitate Mundi*, pág. 119.
37 SIGER DE BRABANTE *De Aeternitate Mundi*, pág. 119.
38 SIGER DE BRABANTE, *De Aeternitate Mundi*, pág. 118.
39 SIGER DE BRABANTE, *De Aeternitate Mundi*, pág. 118.
40 SIGER DE BRABANTE, *De Aeternitate Mundi*, pág. 119.
41 SIGER DE BRABANTE, *De Aeternitate Mundi*, pág. 120.

3. El problema de los universales y su vinculación con el tema

El capítulo 3 está dedicado a reflexionar sobre el estatuto mismo de los universales. El desarrollo argumentativo nos revela el pensamiento de Siger sobre un problema largamente debatido en el medioevo.

La articulación del capítulo se desarrolla en base a dos tópicos centrales:

a) El universal y su relación con el alma: alude como fuente al libro II del *De Anima*[42] donde Aristóteles establece que el universal está en el alma; y también a Temistio[43] quien expone en su comentario que los conceptos son "semejanzas las cuales son realidades universales que en sí atesora y recoge el alma".[44]

b) El segundo aspecto se refiere al carácter ontológico del universal: el universal no es substancia –señala Siger– según lo enuncia también Aristóteles en el libro VII de la *Metafísica*.[45] De modo que los conceptos son entendidos por el alma, y son separados pues se dan en el intelecto.

El fundamento de la predicación universal radica en la intelección abstracta y común de cualquier naturaleza, por lo cual el universal no existe en acto antes de ser inteligido:

"No es necesario que el universal en acto exista de este modo antes de que sea inteligido, porque lo universal en acto es un inteligible en acto. Pues lo inteligible en acto y las facultades intelectivas son un acto único; tal como es único el movimiento del agente y del paciente, aun cuando sean diferentes en cuanto a su ser".[46]

Su exposición confronta, sin nombrarlo con Alberto Magno, quien ha afirmado que el universal es anterior a su presencia en la inteligencia del hombre, pero en expresión de Siger "no conviene al universal tener existencia universal antes de ser concebido por el intelecto".[47]

Siger afronta la objeción albertina: el objeto que causa la operación intelectiva parece preceder en el orden natural a la misma operación intelectiva: "el universal en tanto universal es motivo de la intelec-

---

42 ARISTÓTELES, *De Anima*, II, 5, 417 b 23.
43 THEMISTIO, *In De Anima*, III, 5, pág. 130, lían. 95-96.
44 SIGER DE BRABANTE, *De Aeternitate Mundi*, pág. 120.
45 ARISTÓTELES, *Metaph.*, VII, 13, 1038 b9.
46 SIGER DE BRABANTE, *De Aeternitate Mundi*, pág. 125.
47 SIGER DE BRABANTE, *De Aeternitate Mundi*, pág. 125.

ción del mismo modo que el objeto de intelección causa el acto".[48] Siger replica que "los universales, en tanto que tales, residen solamente en el alma, por lo cual ni esencial ni accidentalmente son generados por la naturaleza. La naturaleza, que es inteligida universalmente y por consecuencia predicada, está en los particulares y [en cuanto universal] es generada por accidente".[49]

Siger entiende que la objeción que considera que los universales son *res universales* puede entenderse de dos maneras: o bien admitiendo que existen tales universales; o bien entendiendo que son tales en cuanto inteligidos universalmente. Si los universales, existieran universalmente en la naturaleza, entonces no serían conceptos del alma. La universalidad no está en la cosa: el universal denomina lo particular a partir de su intelección universal y abstracta, por lo cual está en el alma y no en la cosa.[50]

4. El análisis de la relación acto-potencia y su relación con la temporalidad

La última cuestión considerada alude a la relación acto-potencia y la analiza bajo diferentes aspectos, determinando las soluciones en conformidad con los principios expuestos al inicio del tratado. Veamos el punto en detalle.

a) Precedencia del acto en cuanto a la razón o definición. En un orden conceptual "el acto debe preceder a la potencia pues la potencia es definida a través del acto como cuando decimos que el constructor tiene la potencia para construir".[51]

b) Precedencia del acto en cuanto a la sustancia y perfección. Si se examina la relación acto-potencia desde el punto de vista de la perfección individual, también el acto es anterior a la potencia en cuanto todos los seres sometidos a la generación y corrupción pasan de la potencia al acto, a través de un ser en acto.

Pero si la relación acto-potencia se considera no ya en una generación particular sino en la especie completa generada, en ese caso, la potencia no precede al acto en el tiempo, de un modo absoluto. De modo

---

48 SIGER DE BRABANTE, *De Aeternitate Mundi*, pág. 125-126.
49 SIGER DE BRABANTE, *De Aeternitate Mundi*, pág.126-127.
50 SIGER DE BRABANTE, *De Aeternitate Mundi*, pág. 127.
51 SIGER DE BRABANTE, *De Aeternitate Mundi*, pág. 128.

que: "ni en los seres eternos ni en las especies como la del hombre, la potencia es anterior en el tiempo".[52]

En efecto, Siger propone el carácter cíclico de la existencia donde las cosas que fueron regresan circularmente, aunque en función de la antigüedad no se guarde memoria de ello.[53] En el caso de las especies, una realidad debe ser considerada a partir de otra circularmente y al infinito, por lo cual "no hay una primera en el tiempo".[54] De allí la conclusión negativa de Siger con relación a un primero, un inicio en la especie:[55]

> "Si el conjunto de todos los seres en algún momento no existió como proponen algunos poetas, teólogos y [filósofos] naturales, según refiere Aristóteles en el XII de la *Metafísica*,[56] [entonces se seguiría] que la potencia precede a su propio acto de un modo absoluto. Y si una especie completa, como la especie humana, hubiera llegado a existir sin haber preexistido nunca en acto, como algunos consideran poder demostrarlo, [entonces] la potencia para el acto de esa especie precedería a ese mismo [acto] en términos absolutos. Pero ambos casos son imposibles para Aristóteles".[57]

Si el universo entero hubiera estado en algún momento en potencia, todos los seres y el mundo en su totalidad también existirían sólo en potencia para comenzar a existir, y la materia debería tener la capacidad de pasar por sí sola al acto, lo que resulta imposible,[58] pues esto permitiría inferir que la materia está simultáneamente en acto y en potencia a la vez.

Sin embargo, aunque el acto del agente preceda en cuanto a la substancia y perfección al acto y la perfección de lo generado por dicho agente, sin embargo a partir de esto no se sigue que el acto del que genera preceda en el tiempo al acto de lo generado. Pues no es posible afirmar que:

> "el acto considerado en absoluto antecede a la potencia en cuanto al tiempo, aunque algún acto se compruebe que deba preceder a alguna potencia para ese acto. Porque así como un ser en potencia pasa al

---

52 SIGER DE BRABANTE, *De Aeternitate Mundi,* pág. 128.
53 SIGER DE BRABANTE, *De Aeternitate Mundi,* pág.132.
54 SIGER DE BRABANTE, *De Aeternitate Mundi,* pág. 129.
55 SIGER DE BRABANTE, *De Aeternitate Mundi,* pág. 118.
56 ARISTÓTELES, *Metaph.* XII, 6, 1072 a 1-5.
57 SIGER DE BRABANTE, *De Aeternitate Mundi,* pág.131.
58 SIGER DE BRABANTE, *De Aeternitate Mundi,* pág. 131.

acto por medio de uno de su misma especie en acto, así también [el ser] existente en acto en esa especie fue generado a partir de alguno existente en potencia para el acto de esa especie, de ahí que, así como aquello que es acto en potencia deviene acto por un hombre en acto, así también el hombre que se genera, es generado del esperma previo y en potencia en el hombre; y por la misma razón, la gallina precede al huevo en el tiempo y el huevo a la gallina, como el vulgo sostiene".[59]

Por lo cual, en el orden de la especie el acto tampoco precede a la potencia en un sentido absoluto, ni la potencia al acto. Y si bien, en el ciclo de las generaciones, siempre hay un hombre en acto, y según los filósofos siempre podrá haberlo; en un sentido absoluto, "en el orden de la especie, el acto no precede a la potencia en el tiempo".[60] Sólo hay una precedencia temporal de la potencia si se considera el tema respecto del movimiento del individuo.[61]

Pasa luego al análisis de la relación acto-potencia en nuevos casos: los seres supra lunares y el primer motor. La generación sin existencia previa de un motor se da en los fenómenos celestes donde cada realidad es causa de sí misma:

"En el caso de los astros, no hay generación y por tanto, tampoco pasaje de la potencia al acto. De allí que, en esa especie de seres, el acto en cierto modo, antecede a la potencia en el tiempo; lo cual no es verdad en el caso de otras especies, como ya fue expuesto".[62]

Y en el caso del primer motor que conduce al acto a todo ser en potencia tampoco hay una prioridad temporal del acto con relación a la potencia que es la materia primera. En efecto, así como Dios siempre existe, así también, de acuerdo con Aristóteles, existe siempre la materia primera. Por lo cual, "el primer motor nunca precede en el tiempo al ser en potencia".[63] El primer motor y agente siempre está en acto, por lo cual siempre se mueve y actúa y produce una realidad sin que medie movimiento, según los filósofos.[64]

En el colofón cierra el texto afirmando que:

"A partir de la generación del hombre en la naturaleza creen demostrar que el mundo empezó a existir en un momento determinado.

---

59 SIGER DE BRABANTE, *De Aeternitate Mundi*, pág. 129-130.
60 SIGER DE BRABANTE, *De Aeternitate Mundi*, pág. 129.
61 SIGER DE BRABANTE, *De Aeternitate Mundi*, pág. 132.
62 SIGER DE BRABANTE, *De Aeternitate Mundi*, pág. 133.
63 SIGER DE BRABANTE, *De Aeternitate Mundi*, pág.133-34.
64 SIGER DE BRABANTE *De Aeternitate Mundi*, pág.131-132.

Sin embargo, ni esto ni lo contrario puede demostrarse, sólo la fe manifiesta que el mundo comenzó a existir".[65]

5. Síntesis conclusiva del *De Aeternitate*

El texto finaliza con un pequeño número de conclusiones fundamentales que podemos sintetizar en los siguientes enunciados:

1. En el orden de los entes físicos sublunares, la eternidad de la especie encuentra su fundamento en la eternidad de la materia prima

El ser en potencia sólo es eterno en cuanto considerado como materia prima. Cuando se refiere a la materia propia de los entes, según lo enseña Aristóteles en el libro IX de la *Metafísica*,[66] lo generado siempre es un ser nuevo; no lo es, en cambio, en cuanto se considera la especie:[67] "Así como lo generado es corruptible en un tiempo finito, así también lo generable es finito si se lo considera en su materia propia y en relación a la generación como dice el *Comentador* en el libro I del *De Caelo*".[68]

2. Las especies sometidas a generación y corrupción deben ser consideradas eternas

En el orden de los seres sublunares cada ser considerado, supone otro anterior, de un modo infinito; por lo cual, para cada uno de ellos, el acto precede a la potencia.

En tal sentido, es correcto afirmar que en el orden de la generación el acto precede a la potencia porque todos los seres en potencia pasan al acto por medio de otro existente en acto. Y por ello el ser en acto precede a la potencia en el proceso de generación, no sólo en cuanto al tiempo sino en cuanto a la potencia propia respecto del acto de lo generado. En efecto, no sólo el acto de generar proviene de quien genera, sino también la potencia de generar respecto del acto de ser generado: tal el esperma, en cuanto realidad capaz de generar el hombre.

Pero si pasamos de lo particular a la consideración de la especie, cada ser generado supone uno precedente y así como cada ser en potencia implica un ser en acto, así también cada ser en acto implica una potencia antecedente en secuencia indefinida.[69]

---

65 SIGER DE BRABANTE, *De Aeternitate Mundi*, pág. 136.
66 ARISTÓTELES, *Metaph.*, IX, 7, 1049 a12-18.
67 SIGER DE BRABANTE, *De Aeternitate Mundi*, pág. 135.
68 SIGER DE BRABANTE, *De Aeternitate Mundi*, pág. 135; Averroes, *In De Caelo*, I, n. 121.
69 SIGER DE BRABANTE, *De Aeternitate Mundi*, pág.136.

3. Doctrina filosófica y verdad revelada

Siger reconoce que la verdad está en la revelación; y a diferencia de Tomás de Aquino, no aborda metodológicamente la búsqueda de un acuerdo entre la indagación racional y la revelación. En los casos en los que Tomás ha integrado el pensamiento de Aristóteles a su propia especulación, lo ha hecho en virtud de la verdad que a sus ojos este pensamiento contenía. E incluso la base aristotélica desarrollada por este autor en la consideración del problema de la eternidad del mundo, es completada con elementos y tradiciones ajenas al pensamiento aristotélico.

Mientras que Tomás incluye en su especulación las verdades que había descubierto en Aristóteles; Siger aborda una metodología diferente de trabajo y a través de su exégesis intenta restituir el pensamiento de Aristóteles a su ámbito de origen, depurándolo de interpretaciones neoplatónicas. Al considerar el problema de la eternidad de las especies y el mundo sigue exclusivamente la vía abierta por el Filósofo,[70] y ese camino lo conduce a la conclusión de que el mundo y todas las especies en él existentes, son eternas. Es posible descubrir en ambos autores dos análisis y enfoques del texto aristotélico, netamente diferenciados.

Pero así como es clara para Siger la adopción de la eternidad de la materia aristotélica, concomitante con la eternidad del movimiento y del tiempo; también es manifiesta su admisión del estatuto de realidad causada, propia de cualquier especie. Esta particular perspectiva, entendemos que podría constituir un punto que lo aproxime doctrinalmente a Tomás de Aquino, permitiéndole admitir la posibilidad de un mundo eterno, causado y a la vez, dependiente de su causa primera.

Fuentes

SIGER DE BRABANT, *De aeternitate mundi*, éd. B. BAZÁN, en Siger de Brabant, *Quaestiones in tertium de anima, De anima intellectiva, De aeternitate mundi*. Louvain, Publications Universitaires-Paris, Éditions Béatrice-Nauwelaerts, coll. «Philosophes médiévaux, XIII», 1972, pp. 113-136. [Esta edición reemplaza la de W.J. Dwyer, aparecida en Lovaina en 1937]

SIGER DE BRABANT, *Quaestiones super librum De causis*, éd. A. MARLASCA. Louvain, Publications Universitaires-Paris, Éditions Béatrice-Nauwelaerts, coll. « Philosophes médiévaux, XII », 1972.

---

70   SIGER DE BRABANTE, *De Aeternitate mundi*, pág. 116-117.

Traducciones

VOLLERT, C., KENDZIERSKI, L.H et BYRNE P.M., St. Thomas Aquinas, Siger of Brabant and St. Bonaventure on the Eternity of the World. Edition and Translation, Milwaukee, Marquette University Press, 1964. [Traducción al inglés de KENDZIERSKI del *De aeternitate mundi,* pp. 84-95]

PASNAU, R., *Questions on De anima,* Book III. http://spot.colorado.edu/~pasnau/research/siger.htm

PIRONET, F., *Questions sur la Métaphysique,* VI. comm.1 (reportatio de Viena) (Comparación entre la teología revelada y la teología filosófica): http://www.mapageweb.umontreal.ca/pironetf/Siger/SigerQMETVI1Trad.pdf

Bibliografía

ARGERAMI, O., «El problema de la contingencia en Siger de Brabante», en *Revista de Filosofía,* 1968, (20), 44-56.

BAZÁN, B, "La eternidad y la contingencia del intelecto en Sigerio de Brabante", *Philosophia* 1973, (39), 63-84.

BAZÁN, B., "La réconciliation de la foi et de la raison était-elle possible pour les aristotéliciens radicaux?", *Dialogue* 1980, (19), 235-254.

BIANCHI, L., *L'errore di Aristotele. La polemica contro l'eternità del mondo nel XIII secolo.* Florence, La Nuova Italia Editrice, (Pubblicazioni della Facoltà di lettere e filosofia dell'Università di Milano, 104), 1984.

BIANCHI, L., "L'evoluzione dell'eternalismo di Sigieri di Brabante e la Condanna di 1270", en C. Wenin (éd.), *L'homme et son univers au Moyen Age.* Louvain-la Neuve, Éditions de l'Institut Supérieur de Philosophie, coll. Philosophes médiévaux, XXVI-XXVII, 1986, Vol. II, pp. 903-910.

BIANCHI, L., *Censure et liberté intellectuelle à l'Université de Paris* (XIIIe-XIVe siècles). Paris, Les Belles Lettres, 1999, pp.165-201.

BIFFI, I., "La teologia in Sigieri di Brabante e Boezio di Dacia", en R. Martínez (éd.), *Unità e autonomia del sapere: il debattito del XIII secolo.* Rome, Armando, 1994, pp. 97-133.

BUKOWSKI, T.P., "The Eternity of the World According to Siger of Brabant: Probable or Demonstrative?", *Recherches de théologie ancienne et medieval,* 1969, (36), 225-229.

CAPARELLO, A., «Sigieri di Brabante: Maestro del dubbio», *Angelicum,* 1985, (62), 565-608.

CARVALHO, M., "Raimundo Llull, Sigério de Brabante e o problema do primeiro homem", *Revista Filosófica de Coimbra,* 1996, (37), 361-384.

DALES, R.C., *Medieval Discussions of the Eternity of the World.* Leyden-New York-Copenhagen-Cologne, E.J. Brill, coll. «Brill's Studies in Intellectual History, 18», 1990.

DUIN, J.J., «Les commentaires de Siger de Brabant sur la Physique d'Aristote», *Revue philosophique de Louvain,* 1948, (40), 463-480.

EBBESEN, S., "The Paris Arts Faculty: Siger of Brabant, Boethius of Dacia, Radulphus Brito", J. MARENBON (éd.), Medieval Philosophy. London-New York, Routledge 1998, pp. 269-290.

ERMATINGER, C., "A Second Copy of a commentary on Aristotle's Physics Attributed to Siger of Brabant", *Manuscipta,* 1951, (5), 41-49.

HAMESSE, J., *Les Auctoritates aristotelis. Un florilège médiéval. Étude historique et édition critique,* coll. Philosophes Médiévaux, XVII. Louvain Publications Universitaires-Paris, Éditions Béatrice-Nauwelaerts, 1974.

HISSETTE, R., "Substance et création selon Siger de Brabant. À propos de l'interprétation d'Étienne Gilson", *Recherches de théologie ancienne et médiévale,* 1979, (46), 221-224.

IMBACH, R., "L'averroïsme latin du XIIIe siècle", en IMBACH, R. et KENDZIERSKI, L.H., "Eternal Matter and Form in Siger of

Brabant", *Modern Schoolman*, 1955, (xxxii), 223-241.

MAIER, A., "Nouvelles questions de Siger de Brabant sur la Physique d'Aristote", *Revue Philosophique de Louvain*, 1946, (44), 497-513.

MAIER, A., "Les commentaires sur la Physique d'Aristote attribués à Siger de Brabant", *Revue Philosophique de Louvain*, 1949, (47), 334-350.

MANDONNET, P., *Siger de Brabant et l'averroïsme latin au XIIIe siècle*. Louvain, Institut Supérieur de Philosophie, coll. «Les philosophes belges, 67», 1908-1911, 2 vols.

MARLASCA, A., "De nuevo, Tomas de Aquino y Siger de Brabante", *Estudios Filosóficos*, 1974, (23), 431-439.

NARDI, B., "Una nuova monografia su Sigieri di Brabante", *Giornale critico della filosofia italiana* 1939, (20), 453-471.

PICHÉ, D., *La condamnation parisienne de 1277. Texte latin, traduction, introduction et commentaire*. Paris, Vrin, coll. «Sic et non», 1999.

PUTALLAZ, F.-X. et IMBACH, R., *Profession: philosophe. Siger de Brabant*. Paris, Cerf, 1997.

PUTALLAZ, F.-X., *Insolente liberté. Controverses et condamnations au XIIIe siècle*. Fribourg, Éditions Universitaires-Paris, Éditions du Cerf, coll. Pensée antique et médiévale, Vestigia, 15 », 1995.

RENAN, E., Averroès et l'averroïsme. Paris, Maisonneuve et Larose, 1997. [Réédition avec une préface d'A. de Libera. 1ère édition en 1852]

SASSEN, F., "Siger de Brabant et la doctrine de la double vérité", *Revue Néoscolastique de Philosophie*, 1931, (33), 170-179.

VAN STEENBERGHEN, F., *Maître Siger de Brabant*. Louvain, Publications Universitaires-Paris, Vander-Oyez, coll. « Philosophes médiévaux, XXI », 1977.

VAN STEENBERGHEN, F., "Siger de Brabant et la condamnation de l'aristotélisme hétérodoxe le 7 mars 1977", *Bulletin de l'Académie Royale de Belgique*, 1978, 64, 63-74.

WÉBER, É.-H., *La controverse de 1270 à l'Université de Paris et son retentissement sur la pensée de S. Thomas d'Aquin*. Paris, Vrin, coll. « Bibliothèque thomiste, XL », 1970.

Capítulo 16
Las postrimerías medievales del tema: Guillermo de Ockham

a etapa final de la disputa medieval sobre la eternidad del mundo, tras la condena de 1277 y con un salto de casi cincuenta años, la encontramos en la posición defendida por Guillermo de Ockham. El pensador franciscano asume como propios muchos argumentos defendidos por Tomás de Aquino e incorpora argumentaciones personales precisando como nota peculiar un giro argumentativo que acentúa la indagación en el plano de la posibilidad respecto del plano de los hechos.

Promediando el siglo XIV, la discusión en torno a la eternidad del mundo perdería virulencia y lentamente iría desapareciendo hasta ser retomada por Francis Bacon en el renacimiento inglés, con lo cual la posición de Ockham marcaría una de las últimas tendencias de la disputa.

Analizaremos la posición del *Inceptor* en dos textos centrales. El primero, ha sido integrado al *Comentario a las Sentencias*, y es parte de la *Reportatio* del libro II, pero los editores contemporáneos del texto han mostrado su carácter autónomo[1] debiendo ser considerado como una cuestión disputada posterior a 1318 o 1319. El segundo es un texto mucho más breve y forma parte de una recolección de *Quaestiones Quodlibetales* que el *Venerabilis Inceptor* no llegó a disputar, pero que redactó en Aviñón entre 1323-24.

Ambas exposiciones examinan el problema desde dos puntos de vista distintos y complementarios: desde la naturaleza del mundo y desde la perspectiva de la omnipotencia divina. Ockham no concluye, con la afirmación de la posibilidad efectiva de un mundo eterno, sino –y aquí su aportación al problema– con la mera probabilidad del hecho, probabilidad que encuentra su fundamento último en la positiva afirmación de la omnipotencia divina. Ciertamente los textos ockhamistas no citan a Tomás de Aquino, sólo critican a Enrique de Gante asumiendo la defensa de una posición agnóstica desde el punto de vista de la razón para dirimir el problema en torno a la eternidad o finitud del mundo.

La línea argumentativa de Buenaventura y la del maestro Baglione, por tanto, no parece haber tenido defensores en la escuela franciscana y ciertamente los teólogos más destacados acabaron sosteniendo una doctrina alineada con la posición de los maestros dominicos. De manera que la victoria inicial de la línea conservadora defendida por Enrique de Gante fue de muy corta duración. La doctrina de Escoto anticipa este camino al inclinarse en favor de Tomás de Aquino,[2] cuando sostiene que no conviene apoyar la fe sobre sofismas. En su *Lectura* el *Doctor Subtilis* se muestra escéptico respecto de los argumentos que pretenden establecer la imposibilidad de una creación eterna, expresando: *sed non videtur mihi quod istae rationes necessario concludant.*[3]

1. La noción de infinito

El interés por los temas del infinito y del continuo físico que se expresaba en Oxford es verdaderamente notable, al punto que los argumentos *en contra* de la *Quodlibeta* II están centrados casi exclusivamente en torno a estas nociones. Su condición de franciscano lo conduce sin duda a un examen minucioso de los argumentos que habían utilizado ilustres maestros después de Buenaventura; de allí que en

---

[1] Ha sido editada junto con *De causalitate finis* y *De intellectu Agente* como *Quaestiones Disputatae*. Cf. OCKHAM, *Quaestiones Variae*, (OTH VIII, p. 12* y 13* de la introducción).

[2] Cf. DUNS ESCOTO, *Ordinatio* II, d. 1, q. 3 (ed. Vaticana VII, 50-59)

[3] Cf. La argumentación completa se halla en: DUNS ESCOTO, *Lectura*, II, d. 1, q. 3 (ed. Vaticana XVIII, 29-51). El texto citado corresponde al nro. 116, p. 39 de la citada edición.

su exposición resulta posible advertir la huella de John Peckham, de Enrique de Harclay y de Guillermo de Alnwick.[4]

El texto que compendia y resume las tesis centrales de la *Expositio super Physicam* de Ockham en torno al concepto y realidad del infinito es, sin dudas, la *Brevis Summa Libri Physicorum* (Libro III, cap. 3-5). En ella Ockham examina la noción de infinito ampliando el espectro aristotélico y considerando la posibilidad de un infinito actual no contemplado en el texto de la *Física*:

"El infinito se dice de un triple modo. Primero: de lo que no es cuanto, como el punto o Dios. Segundo, de lo que es extenso en acto al infinito; y tercero, de lo que es infinito en potencia, como lo divisible al infinito".[5]

Las razones que aduce en favor de la existencia del infinito también aluden a algunos de los criterios enunciados en el paso aristotélico:

"Según dice el Filósofo, (…) el infinito existe en virtud de cinco razones: el tiempo es, por lo tanto el infinito es. Segundo: el continuo se divide al infinito. Tercero: la generación y la corrupción son perpetuas. Cuarto: todo lo finito limita con algo. Si este algo es infinito, se tiene lo propuesto; y si es finito, se pregunta lo mismo, procediéndose al infinito, con lo cual se llega a lo propuesto. Quinto: si alguien puede imaginar lo infinito, luego, el infinito existe".[6]

En su glosa del texto, Ockham señala que Aristóteles tanto en la *Física*[7] como en la *Metafísica*[8] admite que el tiempo no puede tener comienzo ni fin.[9]

El segundo aspecto se refiere a la divisibilidad de las magnitudes: los matemáticos apelan a la noción de infinito en cuanto asumen que toda extensión geométrica puede ser dividida, sin encontrar nunca un límite. Y el tercero alude a la perpetuidad de la generación y de la corrupción, lo cual supone la permanencia de un principio material que subyace a este proceso.[10]

---

4   R. DALES-O. ARGERAMI, *Medieval Latin Texts on theEternit of the Word*, Brill, 1991, p. 69-85. Ver asimismo: R. DALES, *Medieval Discussions of the Eternity of the World*, Brill, 1990, p. 199-230.
5   OCKHAM, *Brevis Summa Libri Physicorum* (OTH VI, Libro III, cap. 3 , p. 47)
6   OCKHAM, *Brevis Summa Libri Physicorum* (OTH VI, Libro III, cap. 3, p. 47)
7   ARISTÓTELES, *Phys.*, IV, 13, (222 a 33- b 7); VIII 1, (251 b 10-28).
8   ARISTÓTELES, *Metaphys.*, XII, 6 (1071 b 6-11)
9   ARISTÓTELES, *Phys.*, III, 8, (208 a 20-21)
10 ARISTÓTELES, *Phys.*, III, 8, (208 a 8).

Ockham admite que: "las tres primeras razones concluyen correctamente que algo es infinito según el tercer modo",[11] esto es, considerado en cuanto infinito potencial. En la *Brevis Summa* no da mayores precisiones que aparecen, en cambio, en otras obras.[12] Así y a modo de ejemplo, es claro que Ockham, al admitir como correcta la conclusión aristotélica sobre la eternidad del tiempo, se apartaría de la tradición franciscana, considerando posible la armonización entre un mundo creado y eterno, tema particularmente desarrollado en las *Quaestiones Variae*.[13]

En cuanto al cuarto de los argumentos, al concebir que todo lo limitado, es siempre limitado por algo, Aristóteles alude a la creencia (*pístis*) sobre el carácter relacional de la limitación en el espacio (b 20-22). En su respuesta, Ockham hace propio el comentario de Averroes, expresando que este presupuesto es simplemente falso pues la limitación y finitud de cualquier ente físico surge de la consideración de ese ente en sí mismo y no por relación a algo otro.

Finalmente, Aristóteles señala la no existencia de límite alguno en nuestro poder de pensar la infinitud del número y de las magnitudes, recordando que la infinitud de la serie numérica y del espacio cósmico son los dos factores fundamentales[14] en los que se apoya la creencia habitual sobre la existencia del infinito. Ockham considera que en este quinto argumento la proposición mayor "es falsa, puesto que la imaginación siempre sigue a la realidad y no a la inversa".[15]

La descripción del infinito potencial con la que cierra su estudio introductorio se ajusta, en principio, a los parámetros aristotélicos: "infinito es lo cuanto fuera de cuyas partes siempre hay algo más allá que puede ser incrementado",[16] idea solidaria del infinito *in fieri* aristotélico.[17]

2. El infinito y la divisibilidad del continuo dimensivo

Al considerar el orden de la magnitud y sus partes dimensivas, Ockham parece incluir bajo motivación de una lógica siempre vinculada a lo individual, la posibilidad de un infinito en acto:

---

11   OCKHAM, *Brevis Summa Libri Physicorum* (OTH VI, Libro III, cap. 3, p. 47)
12   OKHAM, *Quaestio Disputata: Utrum mundus potuit fuisse ab aeterno per potentiam divinam* (OTH VIII, Q. 3, 59 y ss.) y OCKHAM, II *Quodlibeta* (OTH IX, II,q. 5, 128 y ss.
13   OCKHAM, *Quaestiones Variae*, (OTH VIII, p.59.
14   ARISTÓTELES, *Phys*., III, 4, (203 b 22-23).
15   OCKHAM, *Brevis Summa Libri Physicorum* (OTH VI, Libro III, cap. 3 , p. 47).
16   OCKHAM, *Brevis Summa Libri Physicorum* (OTH VI, Libro III, cap. 3 , p. 49).
17   ARISTÓTELES, *Phys*., III, 4, (207 a 1).

"según el Filósofo, en todo continuo hay infinitas partes porque de cualquier parte dada, en cuanto es cuanta, es verdadero decir que tiene partes, y así al infinito. En caso contrario, el continuo se compondría de indivisibles, lo cual es imposible".[18]

Este examen se va a profundizar en obras de madurez donde desarrolla un pensamiento todavía más independiente. Así en las *Quaestiones Physicorum* Ockham se pregunta si el continuo puede dividirse al infinito, pues si toda potencia natural puede reducirse al acto, la potencial división infinita del continuo podría asimismo devenir actual,[19] lo cual lo conduciría a admitir el infinito en acto.

Sin embargo, el avance en esta línea de pensamiento está sujeto a oscilaciones. En un primer paso, y nuevamente apelando a la autoridad de Averroes, niega que una parte del continuo pueda dividirse real y actualmente al infinito:

"es incorrecto afirmar que todo lo posible puede devenir existente. En efecto, la verdad de esta [proposición]: 'el continuo puede dividirse al infinito' exige la verdad de esta otra: 'no hay ninguna parte del continuo que no pueda ser subdividida'; y de la siguiente: 'una parte del continuo no está subdividida en acto', que es una negativa de *inesse*. Por consiguiente no toda proposición acerca de lo posible puede convertirse en una afirmativa de *inesse*".[20]

Pero junto a este argumento que sostiene el criterio aristotélico, Ockham desarrolla un nuevo aspecto del problema tendiente a determinar si el continuo se compone de partes actuales o potenciales. Para resolverlo indica, en primer término, que algo puede existir en acto:

1. al modo de la sustancia: de manera que si se consideran dos sustancias en acto no podrían constituir algo uno *per se*;
2. o bien, al modo de las partes, que existen en acto y constituyen algo uno, no habiendo separación alguna entre ellas.

Partiendo de esta distinción, Ockham reitera sistemáticamente este argumento: ningún ente real actualmente existente se compone de un no ente. Por lo tanto, si el continuo existe, también existirán todas y cualesquiera de sus partes y lo harán conforme al segundo de los modos referidos.

Además, cada una de las partes del continuo existe con actualidad propia y no con aquella del todo: "en efecto, cada una de las partes exis-

---

18 OCKHAM, *Brevis Summa Libri Physicorum* (OTH VI, Libro III, cap. 3 , p. 50)
19 OCKHAM, *Quaestiones Physicorum*, q. 66 (OPH VI, 582 y ss.)
20 OCKHAM, *Quaestiones Physicorum*, q. 66, (OPH VI, 584).

tente en el continuo, o separadamente de él, tiene el mismo grado de actualidad, esto es, una actualidad propia".[21] Esta doctrina se opone expresamente a la doctrina del Aquinate para quien las partes del continuo existen con el único acto de existir del todo siendo las mismas reales, pero potenciales.

La inferencia posible y aquí radica el núcleo más personal de su doctrina es que, para Ockham, un continuo tiene infinitas partes actuales, diferenciables entre sí y reales.

> "como se ha probado en la Q. I de las *Quodlibeta* la línea no se compone de puntos ni de partes indivisibles. Se compone, por tanto de partes divisibles que siempre están en acto; en consecuencia hay infinitas partes en el continuo".[22]

Y cada una de estas partes se distingue de las restantes, tal como la mano se distingue del pie, es decir, en función de sus cualidades.[23]

En suma: una extensión no se compone de puntos ni de partes indivisibles, sino de partes actuales y siempre divisibles. Por lo tanto, si el continuo existe, también existirán todas y cualquiera de sus partes, obligadamente, en acto,[24] por lo que puede concluirse que hay infinitas partes reales, actuales y diversificadas en el continuo.[25]

Otro análisis que abre la consideración del infinito actual se refiere al mundo como totalidad.

Aristóteles ha concebido un mundo compuesto de toda la materia posible, siendo ésta limitada; para Ockham, en cambio, una potencia creadora puede producir siempre nuevos individuos y siempre nueva materia con lo cual proporciona una visión secuencialmente amplificable del mundo físico.

Mientras que Aristóteles afirma que el mundo tiene una extensión finita y limitada, Ockham señala, contrariamente, que por más grande que sea una forma dada, Dios siempre puede crear una más grande aún. El acceso a lo infinito se vincula en esta ejemplificación con la omnipotencia divina.

---

21 OCKHAM, *Quaestiones Physicorum*, q. 68, (OPH VI, 588).
22 OCKHAM, *Quaestiones Physicorum*, q. 70 (OPH VI, 591).
23 OCKHAM, *Quaestiones Physicorum*, q. 71 (OPH VI, 595).
24 OCKHAM, *Quaestiones Physicorum*, q. 68 (OPH VI, 588).
25 OCKHAM, *Quaestiones Physicorum*, q. 70 (OPH VI, 591 y 595).

3. El infinito en relación con el tiempo

En las *Quaestiones Variae*,[26] Ockham se pregunta si el mundo habría podido existir desde toda la eternidad (*utrum potuit fuisse ab aeterno per potentiam divinam*); mientras que en el *Quodlibet*[27] examina, en cambio, si Dios puede hacer un mundo desde toda la eternidad (*utrum Deus potuit fecisse mundum ab aeterno*). La posición que Ockham defiende es la misma en uno y en otro texto y radica en la afirmación de que no es contradictorio que una creatura haya existido desde toda la eternidad, ni desde el punto de vista de Dios, ni desde el punto de vista de la creatura,[28] reconociendo que:

> "ni una ni otra de las afirmaciones puede ser probada suficientemente, porque la parte negativa no implica una contradicción manifiesta, ni la afirmativa concluye de un modo conveniente".[29]

En las dos obras indicadas, Ockham prácticamente no considera los argumentos en favor de la eternidad del mundo; por lo cual parece tener asumido, que no son probatorios. Sólo al finalizar la *Quaestio*[30] recuerda los argumentos tradicionales en su favor -en la lectura que entiendo puede hacerse del hecho- con el objetivo de sostener su posibilidad.

Veamos el tema en detalle, distinguiendo las dos vías demostrativas desarrolladas por Ockham.

3.1 Argumentos ockhamistas respecto de la eternidad del mundo vinculados con la noción de infinito

El análisis crítico de Ockham está centrado en la doctrina de Enrique de Gante quien, en su opinión, expone los mejores argumentos en orden a probar que es contrario a la creatura existir desde toda la eternidad.

Las objeciones señaladas por el *Doctor Solemnis* expresan que un mundo eterno implicaría contradicción porque:

a) El infinito podría ser recorrido.[31]

---

26 OCKHAM, *Quaestiones Variae*, (OTH VIII, p.59).
27 OCKHAM, *Quodlibeta* II, *quaestio* 5 (OTH IX, 128).
28 OCKHAM, *Quodlibeta* II, *quaestio* 5 (OTH IX, 128).
29 OCKHAM *Quodlibeta* II, *quaestio* 5 (OTH IX, 128).
30 OCKHAM, *Quaestiones Variae*, (OTH VIII, p. 67-68)
31 OCKHAM, *Quodlibeta* II, *quaestio* 5 (OTH IX, 129).

b) Existiría el infinito en acto.[32]
c) Existirían muchos infinitos,[33] comparables entre sí.
d) Y, finalmente, de esa comparación resultarían absurdos tales como el hecho que la parte sea igual al todo.[34]

Las respuestas ockhamistas están centradas en tres aspectos: la admisión inicial de un infinito en el orden temporal *a parte ante*, esto es, pretérito, que ya ha sido recorrido; la existencia no contradictoria y por cierto, anti aristotélica, de un infinito actual; y finalmente, la posibilidad efectiva de comparar series infinitas. Veamos cada línea argumentativa.

3.1.1 El infinito pretérito puede ser atravesado

Enrique de Gante asume la imposibilidad de atravesar el infinito basándose en la doctrina aristotélica de *Metafísica* XI, 10.

Ockham distingue en su respuesta la diferencia entre infinito pasado, vinculado con las revoluciones astrales que ya han acaecido, y el infinito futuro. El infinito pasado "puede ser recorrido (*pertransitum*) pero en cambio no podría ser recorrido un infinito futuro (*pertranseundum*)".[35]

Ockham comparte con Aristóteles que no se puede alcanzar un punto infinitamente alejado de otro punto dado; de modo que si la distancia es infinita no se la podrá jamás recorrer *(pertranseundum)* en un tiempo finito. Pero no es imposible que el infinito *a parte ante* haya sido atravesado. En efecto, entre dos puntos dados, en el espacio o en el tiempo, la distancia es siempre finita y siempre puede ser recorrida. Ockham puntualiza esta diferencia a través del participio pasado: *pertransitum*[36] marcando su diferencia con el adjetivo verbal referido al infinito *a parte post*: *pertranseundum*.

Dicho de otra manera, para todo período dado, la distancia con el presente es siempre finita pese a existir una infinidad de períodos que hayan podido ser atravesados: días, años y traslaciones recorridos.

---

32 OCKHAM, *Quodlibeta* II, *quaestio* 5 (OTH IX, 129).
33 OCKHAM, *Quodlibeta* II, *quaestio* 5 (OTH IX, 129).
34 OCKHAM *Quodlibeta* II, *quaestio* 5 (OTH IX, 129). El argumento ha sido desarrollado en el siglo XIII por John Peckham y nos hemos referido a él en: Olga L. LARRE, "El problema de la eternidad del mundo en John Peckham", *Controversias filosóficas, científicas y teológicas en el pensamiento Tardo - Antiguo y Medieval"* (ed. Silvana FILIPPI), Editorial: Paideia, Universidad Nacional de Rosario-Instituto Superior Don Bosco, 2011, pág. 291-304.
35 OCKHAM, *Quodlibeta* II, *quaestio* 5 (OTH IX, p. 130).
36 OCKHAM *Quodlibeta* II, *quaestio* 5 (OTH IX, p. 130).

Ockham hereda la especulación de sus predecesores y se encuentra en el clima matemático de los calculadores de Oxford, e innegablemente está menos sorprendido que Tomás por las positivas conclusiones sobre el infinito actual que se sostenían en su tiempo y que constituyen la base de los futuros desarrollos sobre el cálculo infinitesimal. Si se admite que el tiempo pasado es infinito, con ello se debe suponer también que el infinito ha sido atravesado, *pertransitum,* y la prueba de ello radica en que nosotros existimos aquí, hoy. La justificación inconmovible de un infinito recorrido y actual, Ockham la encuentra en nuestra propia presencia en el ahora. El mismo argumento es expuesto en las *Quaestiones Variae*: si no se diera una primera traslación no alcanzaríamos el "hoy". Estas revoluciones son infinitas y, actualmente, pretéritas; por ello hay un número infinito de revoluciones que al presente ha sido recorrido.[37]

En suma: para Ockham la contradicción no está en que el infinito haya sido atravesado[38] sino en que se lo atraviese con relación al futuro, pues no hay un período pasado infinitamente alejado de hoy, pero sí hay un futuro infinitamente alejado del presente.

Esta nueva perspectiva de análisis centrada en el infinito en acto también encuentra su correspondiente justificación teológica de escuela: negar que Dios pueda hacer existir actualmente un infinito potencial, significa negar que Dios sea omnipotente. Este mismo principio regulador le permite a nuestro autor pensar de un modo distinto el problema, abriendo las fronteras del universo aristotélico vinculado con la finitud.

3.1.2 La posibilidad de un infinito actual de almas

El segundo análisis sobre el infinito emprendido por Ockham está basado en el ejemplo de Algacel: un mundo eterno implicaría un infinito actual de almas inmortales. Como hemos indicado, es éste el argumento que Tomás de Aquino en su opúsculo *Sobre la eternidad del mundo* presenta como "el más difícil" de todos los que involucran el tema del infinito; no obstante lo cual, reconoce que la argumentación tiene muchos supuestos: porque Dios pudo hacer al mundo sin hombres ni almas, o pudo hacer al hombre después que al mundo, aun cuando hubiese hecho el mundo desde toda la eternidad".[39]

---

37 OCKHAM, *Quaestiones Variae*, (OTH VIII, p. 60)
38 OCKHAM *Quaestiones Variae*, (OTH VIII, p. 80-81).
39 TOMÁS DE AQUINO, *Sobre la Eternidad del mundo, Suma contra los Gentiles y Suma Teológica (selección)*. Buenos Aires, Aguilar, 1975. Cf. Estudio preliminar a cargo de Angel Capeletti, p. 51.

En las *Quodlibeta*, Ockham señala que la posibilidad de que Dios haya creado un alma cada día pasado descansa en la omnipotencia divina y entraña la posibilidad de una infinitud actual de almas, dado que el tiempo pasado es infinito y que esas almas en número infinito subsisten por ser inmortales. Pero además, propone un análisis en torno a la proposición: "Dios ha podido producir un alma cada día pasado" en cuanto constituye una expresión ambigua que admite dos sentidos distintos, según se la entienda en el orden de la división o de la composición. Si se la entiende conforme al orden de la división ('este día, este otro, o este otro'), se la comprende como:

> "[una proposición universal] verdadera, de la que cualquier singular es verdadera. Y sin embargo no se sigue de ella que [Dios] produjo un infinito [en acto], porque en alguno de esos infinitos días, comenzó a producir".[40]

En cambio, según el sentido de la composición ('este día y este otro y este otro') la proposición es falsa,[41] pues no se puede pasar al orden de la existencia una proposición sobre lo posible. Así, por ejemplo:

> "la [proposición]: 'ambas partes de una contradicción pueden ser verdaderas' es falsa en el sentido de la composición, pero es verdadera en el sentido de la división, dado que una u otra de sus singulares es verdadera".[42]

Además, en conformidad con el criterio de la omnipotencia divina, Ockham vuelve a argumentar en favor de una posible eternidad:

> "Dios pudo haber producido un hombre desde toda la eternidad y haberlo preservado de los agentes que lo corrompen; de modo que al no morir, duraría infinitamente. Pero de esto no se sigue que tendría una infinita perfección, porque habría durado en virtud de Dios".[43]

La eternidad de la creatura no la hace equiparable con Dios. Ockham discierne perfectamente entre una infinidad intensiva propia de Dios, y una extensiva aplicable a las criaturas. Además, Dios no podría haber hecho un hombre eterno y haberlo abandonado a su propia naturaleza por cuanto esto sería contradictorio; ya que es propio de la naturaleza del hombre tender naturalmente a morir.

---

40   OCKHAM, *Quodlibeta* II, *quaestio* 5 (OTH IX, p. 131).
41   OCKHAM, *Quodlibeta* II, *quaestio* 5 (OTH IX, p. 131).
42   OCKHAM, *Quodlibeta* II, *quaestio* 5 (OTH IX, p. 131).
43   OCKHAM, *Quodlibeta* II, *quaestio* 5 (OTH IX, p. 133).

En suma, y sintetizando los elementos analizados, Ockham responde al argumento de Algacel concediendo que pueden existir en acto infinitas almas pues es posible que existan en acto infinitas perfecciones distintas de Dios, pero de esto no se sigue que "algo distinto de Dios tenga una perfección infinita, porque las distintas almas no pueden constituir algo uno".[44] Asume así claramente la distinción entre un infinito en el orden de la cantidad o infinito dimensivo y en el de la perfección o infinito intensivo.

3.1.3 Multiplicidad y comparación de infinitos

Sólo resta, finalmente, atender la tercera cuestión que nos hemos propuesto: el problema de la comparación entre los infinitos, lo que presupone preguntarnos primero, si los infinitos pueden ser muchos:

"el concepto de 'muchos' es equívoco: de un modo se dice que son muchos [los infinitos] cuando hay tantas cosas en uno como en otro, y también cuando son muchos según cierto número. Conforme a este modo, [respondo que] los infinitos no son muchos, porque ninguno supera a otro según un número".[45]

El ejemplo del que parte para el análisis es el caso de las revoluciones de los astros, diferentes entre sí, y todas infinitas,[46] de modo que hay "algunos infinitos mayores que otros. Esto es claro en las revoluciones del sol y de la luna".[47]

Ockham toma las conclusiones ya expresadas por John Peckham[48] quien había admitido que un infinito puede ser mayor que otro en cuanto contiene más elementos: así la colección de la infinitud de los años pasados contiene, a su vez, aquella del infinito de los años pares pasados, pero es incorrecto afirmar que la primera colección tiene más elementos que la segunda, pues ambas colecciones son infinitas. Ockham expone esta misma argumentación bajo otro ejemplo: se pregunta si en la forma mayor hay más partes que en la forma menor, respondiendo

---

44 OCKHAM, *Quaestiones Variae*, (OTH VIII, p. 68)
45 OCKHAM, *Quodlibeta* II, *quaestio* 5 (OTH IX, p. 131).
46 OCKHAM *Quaestiones Variae*, (OTH VIII, p. 61-63)
47 OCKHAM, *Quaestiones Variae*, (OTH VIII, p. 80). Cf. asimismo: OCKHAM *Quodlibeta* II, *quaestio* 5 (OTH IX, p.132).
48 OLGA L. LARRE, "El problema de la eternidad del mundo en John Peckham", en *Controversias filosóficas, científicas y teológicas en el pensamiento Tardo - Antiguo y Medieval" (ed. Silvana Filippi), Editorial: Paideia, Universidad Nacional de Rosario-Instituto Superior Don Bosco, 2011, pág. 291-304.

expresamente al caso que "no hay más partes en un continuo mayor que en un continuo menor (...) Y esto porque ninguna multitud excede infinitamente lo infinito";[49] texto este de innegable proximidad al que Galileo a través de Salviati.[50]

Las consecuencias de la afirmación de un infinito actual son interesantes: Ockham ingresa en el ámbito de los pensadores que paulatinamente van abonando el terreno que permitirá alcanzar un concepto de magnitud que sea a la vez, continua e infinita. Sin embargo, la portada de su análisis es todavía eminentemente ontológica y no matemática, con expresiones oscilantes y de difícil interpretación.

3.2 Argumentos ockhamistas que parten de la realidad de la creatura

Ockham desarrolla esta nueva serie de argumentaciones que se despliegan sobre tres ejes distintos: el modo de ser propio de la creatura; la existencia, contradictoria o no, de una creación eterna; y, finalmente una evaluación sobre la posibilidad de una creación eterna en orden a la libertad divina.

También en este caso rechaza los argumentos de Enrique de Gante, quien vuelve a ser, como en la serie argumentativa referida al infinito, el interlocutor elegido. Toda la exposición está centrada, por un lado, en la definición de creatura, y por otro, en torno a la admisión de la simultaneidad causa-efecto.

En cuanto al primer aspecto, Ockham admite que no hay contradicción en la existencia de una criatura eterna "pues no hay en ello ninguna incompatibilidad (*repugnantia*) tanto de parte de Dios como de la creatura".[51]

El maestro de Gante define la creatura como aquello que tiene el no ser por sí, o como lo que es un *no ser por sí*. Una vez admitida esta definición, será necesario, a su vez conceder que *el no ser* de la creatura realmente precede por naturaleza a su ser. Pero si esto es así, responde Ockham, no habría potencia alguna capaz de hacerla existir. Alude como ejemplo al círculo cuadrado que no existe en razón de la misma contradicción que lo determina y que ni siquiera la omnipotencia divina sería capaz de producir.

---

49   OCKHAM, *Quaestiones Physicorum*, q. 70, (OPH VI, p. 594).
50   GALILEO GALILEI, *Diálogos acerca de dos nuevas ciencias*, Losada, Buenos Aires, 1945, 137. Remitimos al Capítulo 14 del presente trabajo, la sección correspondiente a J. Peckham.
51   OCKHAM, *Quaestiones Variae*, (OTH VIII, p. 67).

No se puede concluir, como lo hace Enrique de Gante que la creatura debe tener el ser después del no ser de modo que le corresponda un no ser por naturaleza, e infiriendo de ello un necesario origen temporal. Al decir que la creatura es un no ser –concluye Ockham– solamente se indica que no existe por sí. La fórmula: "la creatura es por sí misma un no ser", debe ser entendida entonces, como una negación en este otro sentido: "la creatura no existe por sí en cuanto ella es por otro".[52]

El segundo punto de conflicto con Enrique de Gante recae sobre el problema de la posible simultaneidad causa-efecto y es evaluado en las *Quaestiones Varias*.[53] El *Doctor Solemnis* defiende la necesaria precedencia de la causa, derivándola del concepto mismo de creatura en cuanto indica para él, como lo hemos señalado, un no ser antecedente. Pero esto no sería posible si la creatura fuese eterna pues todo efecto debe ser posterior a su causa. La fuerza del argumento del maestro de Gante descansa en que los opuestos: ser y no ser, no pueden corresponder, simultáneamente, al mismo sujeto; lo que implica la idea de una necesaria sucesión entre el no ser inicial de la creatura y su existencia recibida de otro.

En su respuesta, Ockham entiende que el no ser que se predica de la creatura no es un atributo positivo; de modo que el principio de exclusión mutua de los atributos contrarios que Enrique de Gante exhibe como fundamento de la argumentación, no es admisible sino entre atributos positivos. Esta refutación ya había sido sugerida por el maestro Duns Escoto,[54] y Ockham la hace propia asumiendo también su ejemplificación: la materia es a la vez sujeto de la privación y de la forma sin que haya en ello contradicción alguna, pues la privación no es un atributo positivo. Un atributo negativo o privativo no debe forzosamente pertenecer a la cosa, nos basta con afirmar que le pertenecerá de no mediar ningún obstáculo.[55]

De la misma manera, Ockham agrega a la serie de las *Quodlibeta* un argumento que está vinculado a la precedencia de la causa respecto del efecto, mostrando que no se puede inferir de la proposición *a*: "Dios ha precedido cada ser humano por la duración", esta otra proposición *b*: "Dios ha precedido a todos los seres humanos por la duración",[56] pues se comete una falacia de consecuencia. En efecto, la proposición *a* debe ser entendida en el sentido siguiente: "Para cada ser humano,

---

52 OCKHAM, *Quaestiones Variae*, (OTH VIII, p. 80-81).
53 OCKHAM, *Quaestiones Variae*, (OTH VIII, p. 67).
54 DUNS SCOTUS, *Ordinatio* II, d. 1, q. 3, n. 167 (ed. Vaticana VII, 85).
55 OCKHAM, *Quaestiones Variae*, (OTH VIII, p. 83-84).
56 OCKHAM *Quodlibeta* II, quaestio 5 OTH IX, p. 134).

Dios lo ha precedido en cuanto a la duración", formulando la relación en la perspectiva de un cuantificador y no a la inversa.

De modo que el argumento ofrecido no prueba que el mundo haya comenzado, sino que para todo día dado donde el mundo existe, Dios debe ser anterior. Con lo cual, y teniendo en cuenta que hay una infinidad de tales días, es posible inferir la posibilidad de un mundo eterno. Repárese en particular que el concepto de eternidad que Ockham pone en juego en este argumento coincide con una duración sucesiva e indefinida.

Por ello Ockham sostiene que no hay contradicción alguna entre la condición de la creatura y la eternidad.[57] En consecuencia *es posible* que una causa suficiente y eterna pueda producir un efecto eterno si no media ningún obstáculo.[58] Menciona como ejemplo físico el rayo que es engendrado por el sol y alude también a las verdades lógicas y aritméticas en cuanto son eternas y causadas: "cuatro y dos son seis" desde toda la eternidad, refiere Ockham tomando como fuente a san Agustín;[59] y cita también el ejemplo de la huella en el polvo y del cuerpo y su sombra.[60] Desde ello infiere que ningún agente que obre de un modo instantáneo (*sine successione*) precede a su efecto pues: "en la acción súbita el principio y el término de la producción, junto con el ser producido, son [todos] simultáneos".[61]

Por ello no es contradictorio, finaliza Ockham coincidiendo en esto con Tomás de Aquino, que una cosa tenga su ser a partir de otro, desde toda la eternidad. Y aun concede que la criatura sea un cierto no ente pues si Dios cesara de sostenerla en la existencia, cesaría de existir, la sola acción de Dios impide que se realice actualmente esta caída en la nada o en el no ser.

El tercer y último análisis propuesto por Ockham está centrado en el concepto de la libertad divina. ¿Una creación eterna sería una creación necesaria?[62] Se trata, pues, de preguntarse si aquello que es creado en el sentido de la Revelación habría podido ser creado en un sentido filosófico aceptando el principio de una creación libre.

Para Enrique de Gante un mundo eterno sería necesario en todo punto del tiempo pues nada podría hacer que lo que ha existido eternamente, no haya existido.[63] Ockham admite esta conclusión del maestro

---

57   OCKHAM, *Quaestiones Variae*, (OTH VIII, p. 85. Véase íb. p. 68).
58   OCKHAM *Quaestiones Variae*, (OTH VIII, p. 82-83)
59   AGUSTÍN, *De immort. Animae*, c. 2 (PL 32, 1022).
60   OCKHAM, *Quaestiones Variae*, (OTH VIII, p. 95).
61   OCKHAM, *Quaestiones Variae*, (OTH VIII, p. 95).
62   OCKHAM, *Quaestiones Variae*, (OTH VIII, p. 87).
63   Sigue el argumento aristotélico: véase OCKHAM, *Expositio in libr. Periherm. Aristot.*,

de Gante, pero lo corrige, añadiendo, que ese mundo eterno habría podido no existir en cuanto depende de la voluntad de Dios.[64] Su respuesta adhiere a la idea de una anterioridad no sólo cronológica sino de naturaleza[65] por parte de Dios lo que es suficiente para asegurar la contingencia del mundo: "si el mundo hubiese existido desde toda la eternidad, nunca hubiese no-existido. De modo que los contradictorios ser y no ser no le convendrían realmente, (…) pues uno le convendría siempre: el ser, y el otro, nunca: el no ser".[66]

En efecto:

"La proposición 'el mundo fue hecho desde la eternidad', es *ahora* necesaria en cuanto es *ahora* verdadera y no puede ser falsa; sin embargo *podría* haber sido falsa. Del mismo modo, una proposición verdadera respecto del pasado es necesaria, y sin embargo podría haber sido falsa".[67]

De manera que si bien Ockham comparte con Enrique de Gante que un mundo eterno es necesario, puntualiza, salvaguardando la libertad divina que, no sería absolutamente necesario que este mundo exista: Dios podría no haberlo creado. En particular, esta última precisión de Ockham puede ser utilizada para sugerir una distinción entre creación y conservación.[68] Enrique de Gante sostuvo que una conservación eterna sería comparable con la producción necesaria, en el orden trinitario, del Hijo por el Padre, poniendo en evidencia que la noción de conservación como simple producción de la existencia también puede ser pensada como necesaria.

Si bien Ockham adopta generalmente en su obra, una concepción de la posibilidad que implica una anterioridad de la potencia respecto de sus efectos;[69] sin embargo no suscribe totalmente las conclusiones del argumento del maestro de Gante. Pues se podría admitir que Dios ha creado libremente un mundo eterno conviniendo una anterioridad de naturaleza de la acción de Dios sobre la existencia del mundo.

I, c. 6, 13 (OPH II, 420 y ss.)

64 OCKHAM, *Quaestiones Variae*, (OTH VIII, p. 90).
65 OCKHAM, *Quaestiones Variae*, (OTH VIII, p. 84).
66 OCKHAM, *Quaestiones Variae*, (OTH VIII, p. 86).
67 OCKHAM *Quodlibeta* II, *quaestio* 5 (OTH IX, p 132-133). El destacado en la traducción nos corresponde.
68 OCKHAM, *Quaestiones Variae*, (OTH VIII, p. 84).
69 Particularmente en su *Tratado sobre la Predestinación y la Presciencia divina de los futuros contingentes* Ockham establece que el conocimiento de los hechos futuros se formula a la manera de una disyunción donde Dios conoce con evidencia qué parte es verdadera y cuál falsa. Su respuesta descansa últimamente en la causalidad divina.

Por lo cual, el término creación, sostiene Ockham,[70] ha de significar la producción total de una cosa, que no implica necesariamente la idea de un comienzo. Al aceptar esta idea de producción de un efecto indiferente a su duración limitada o no, entendemos que Ockham se sitúa en una perspectiva próxima, en lo que a este aspecto se refiere, a la de Tomás de Aquino.

La idea de mundo eterno y creado, defendido tanto por Ockham como por Tomás de Aquino supone una dependencia en la existencia que es eterna y libre, una dependencia que podría no ser.

Pero también es posible señalar alguna diferencia: para Tomás, la presencia o ausencia de comienzo no afecta a la noción de creación que, además, es idéntica a la de conservación. De allí que, desde el punto de vista de Dios, el acto de crear-conservar sea eterno, y se identifique con Dios mismo; sólo la Revelación nos permite conocer que este acto tiene por efecto un mundo cuyo tiempo es finito.

En cambio Ockham asume en este punto la doctrina de sus predecesores franciscanos y también la doctrina de Enrique de Gante, la idea misma de creación de un mundo que comienza o aún la idea cristiana de creación introduce una distinción en Dios entre la acción de crear y la acción de conservar. Tomás no asume esta distinción porque entiende tanto a la creación como a la conservación como una acción libre de Dios; y en su teología trinitaria, al exponer la generación en Dios no hace intervenir la idea de conservación.

En cambio, la doctrina de Enrique de Gante distingue entre:

a) la noción de conservación necesaria: sea la del Hijo por el Padre, o la del mundo por Dios, de elaboración filosófica;[71]
b) la libre conservación o creación de Tomás de Aquino;
c) Y, finalmente, la noción cristiana de creación que se distingue de la conservación en cuanto supone un origen temporal del efecto.

En verdad, Tomás rechaza distinguir *b* y *c* porque la duración del efecto no introduce diferencia en la acción causal divina. En cambio, Ockham admite la distinción entre creación y conservación pero, y esto a diferencia del maestro de Gante, la concibe de modo libre y no-necesario. Y si bien el acto presente es necesario en virtud de la necesidad del presente; sin embargo, se lo puede juzgar libre no sólo por referencia a un tiempo anterior y en cuanto depende de una voluntad que puede o no cumplirse, sino también en referencia a un tiempo futuro y a una voluntad que puede suspenderlo en cualquier momento.

---

70 OCKHAM, *Quaestiones Variae*, (OTH VIII, p. 85).
71 OCKHAM, *Quaestiones Variae*, (OTH VIII, p. 65).

De alguna manera Ockham sostiene una concepción de un Dios sometido a una lógica temporal. Esta concepción lo conduce a utilizar argumentos diferentes de los de Tomás para sostener posiciones semejantes en sus conclusiones.

Fuentes

OCKHAM, *Quaestiones Variae*, (OTH VIII, p.59).

OCKHAM, *Quodlibeta* II, *quaestio* 5 (OTH IX: *Quodlibeta Septem*, editada por J. Wey, C.S.B., St. Bonaventure, New York, 1980).

Bibliografía general

ADAMS, M. MC. CORD, *William Ockham*, (2 vol.) Univ. Notre Dame Press, 1987, XX-629; V-630.

ADAMS M. MC. CORDS, "Intuitive cognition, certainty and scepticism in William Ockham, *Traditio*, 1979 (26), 338-398.

ALFÈRI, P., *Guillaume d' Ockham. Le singulier*, Paris, 1989.

ARGERAMI, Omar, *La cuestión De aeternitate mundi: Posiciones Doctrinales*, Sapientia, (1972), 27, 313-334; Ibid., (1973), 28, 179-208.

BASTIT, P. *Les principes des choses en ontologie médiévale. Thomas d´Aquin, Scot, Occam*, Bordeaux, Biére, 1997.

BAUDRY L., *Lexique philosophique de Guillaume d' Ockham*, Paris, 1958.

BERETTA B., *Ad aliquid: la relation chez Guillaume d´Occam*, Fribourg, Editions Universitaires Fribourg Suisse, 1999.

BERTELLONI F., *La filosofía Medieval* Trotta, Madrid, 2002

BIARD J., Guillaume d´Ockham,: logique et philosophie, Paris, PUF, 1997.

BIANCHI, Luca, *L'errore di Aristotele. La polemica contro l'eternità del mondo nel XIII secolo*, Florence, 1984.

BOEHNER Ph., *Medieval Logic*, Manchester y Chicago, 1952.

BOEHNER, Philotheus, *Ockham Philosophical Writings*, USA, Hackett Publisihing Company, 1992.

BOEHNER, Philotheus, *Collected articles on Ockham*, The Franciscan Institute, New York, 1958.

BOLZAN, Juan E.- FRABOSCHI, Azucena, *Santo Tomás y los capítulos generales de la orden de los Hermanos Predicadores 1278-1370*, Sapientia, (1974), 29, pp. 263-278.

BOTTIN F., *La scienza degli occamisti*, Rimini, 1984.

BURGOA, Lorenzo V., "Abstracción e intuición en Guillermo de Ockham o la encrucijada entre el pensamiento medieval y la filosofía moderna (II)", *Estudios Filosóficos*, Vol LII, n°149, 2003, pp. 5-42.

CORVINO F., "Questioni inedita di Occam sul tempo", *Riv. Crit. di storia della filosofia*, 1956, (11), 41-67.

CORVINO F., "Questioni inedite di Occam sul continuo", *Riv. Crit. di storia della filosofia*, 1958, (13), 191-208.

CORVINO F., "Le Quaestiones in libros Physicorum nella formazione del pensiero di Guglielmo d' Occam", *Riv. crit. di storia della filosofia*, 1959, (14), 206-220.

CROMBIE, Alistair C., *Historia de la Ciencia: De San Agustín a Galileo,* Vol 1-2, Madrid, Alianza Editorial, 1996.

DALES, Richard, *Medieval discussions on the eternity of the World*, Brill, Leiden, N.Y., Kobenhavn, Köln, 1990.

DAMPIER, William C., *Historia de la ciencia y sus relaciones con la filosofía y la religión*, 2ª. ed., Madrid, Tecnos, 1992.

DE ANDRÉS, Teodoro, S.I., *El nominalismo de Guillermo de Ockham como filosofía del lenguaje*, Madrid, Gredos, 1969.

DE MURALT A., *L'enjeu de la Philosophie médiévale*, E. J. Brill, Leiden-New York-Köln, 1993.

DUHEM, Pierre, *Le système du monde. Histoire des doctrines comologiques de Platon à Copernic*, París, 1958 (1° ed. 1913-1917).

GHISALBERTI A., *Guglielmo di Ockham*, Vita e Pensiero, Milano, 1972.

GODDU, A., *ThePhysics of William Of Ockham*, Leiden-Kölhn, Brill, 1984.

GRANT, E., *La ciencia física en la Edad Media*, México, FCE, 1983(4).

KNYSH G., *Ockham Perspectives*, Winnipeg, 1994

KRETZMANN, N., "Ockham and the creation of the beginningless world", *Franciscan Studies*, 1985, (45), XXIII, pp. 3-31.

LARRE, O., *La filosofía Natural de Ockham. Una fenomenología del individuo*, Colección de Pensamiento Medieval y Renacentista, N· 8, Pamplona, Eunsa, 2000.

LARRE, O., "La convergencia de rasgos de tradición agustiniana y aristotélico-averroísta presentes en la elaboración de la teoría del tiempo de Guillermo de Ockham", *Anuario Filosófico*, 2000, (XXXIII/2), pp. 607-629.

LARRE, O., "El problema de la eternidad del mundo en John Peckham", *Controversias filosóficas, científicas y teológicas en el pensamiento Tardo - Antiguo y Medieval"* (ed. Silvana Filippi), Editorial: Paideia Universidad Nacional de Rosario-Instituto Superior Don Bosco, 2011, pág. 291-304.

LEFF G., *Medieval Thought from St. Augustin to Ockham*, Harmonsworth 1958, repr. 1970

LEFF G., *William of Ockham. The Metamorphosis of Scholastic Discourse*, Manchester University Press, 1975

LERTORA MENDOZA, C., *Ciencia y filosofía en el Oxford medieval*, Ciafic, Bs. As, 1977, 9-39.

LOPEZ VAZQUEZ, J. R., "La función de la intuición ockhamista", *Revista Española de Filosofía Medieval*, Zaragoza, 1993.

LOHR C. H., "Aristotle in the West: some recent Books", *Traditio*, 1969, (25), 417-31.

MAIER A., *Metaphysische Hintergründe der spätscholastischen Naturphilosophie*, Roma, 1955.

MAIER A., *Zwei Grundprobleme der Scholastischen Naturphilosophie*, Roma, 1951.

MAIER A., *Die Vorläufer Galileis im 14. Jahrhundert*, Roma, 1966.

MARENBON, J., *Le temps, l'éternité et la prescience de Boèce à Thomas D'Aquin*, Librairie Philosophique J. Vrin, Paris, 2005.

MICHON, C., *Thomas D'Aquin et la controverse sur L'Éternité du Monde*, Éditions Flammarion, Paris, 2004.

MINGUEZ PEREZ, C., *De Ockham a Newton: la formación de la ciencia moderna*, Serie Historia de la Filosofía, N' 10, 2ª ed., Ediciones Pedagógicas, Madrid, 1994.

MIETHKE J., "Ockham's Summulae in libros Physicorum eine nichtauthentische Schrif?", *Archivum Franciscanum Historicum*, 1967, (60), 55-78.

MOODY E. A., *Studies in Medieval Philosophie, Science and Logic*, Ed. Berkeley University of California Press, Los Angeles-London, 1975.

ROSS HERNANDEZ, J., *Dios, eternidad y movimiento en Aristóteles*, Eunsa, Pamplona, 2007.

SHAPIRO H., *Motion, Time and Place according to William Ockham*, Franciscan Institute Publications, Philosophy Series, 13, St. Bonaventure, N. Y.-Louvain-Paderborn, 1957, pág. VIII-151. Publicado también en: *Franciscan Studies*, 1956, (16), 339 y ss.

TIPLER, F. J., *La física de la inmortalidad*, Editorial Alianza, Madrid, 2da. ed. 2001.

TORELLO, R. M. "El ockhamismo y la decadencia de la escolástica en el siglo XIV", *Pensamiento*, 1953, (9), pp. 203 y ss.

VIGNAUX, P., *El pensamiento en la Edad Media*, T. Segovia (trad.), México, FCE, 1993.

VIGNAUX, P., "Occam", *Dictionnaire de Theologie Catholique*, col. 718-783.

Capítulo 17
Balance y consideraciones finales

La eternidad del mundo en la tardo-antigüedad fue pensada desde una concepción cíclica del tiempo; el planteamiento medieval, en cambio, considera la cuestión de un mundo eterno desde una perspectiva no sólo física sino también metafísica, discutiendo dos posibilidades: la de un pasado lineal infinito, o contrariamente, con inicio temporal, abriendo así, la discusión en torno al concepto mismo de infinitud.

La revisión historiográfica de la transmisión de las fuentes conduce a distinguir una filiación greco-latina que se inicia con Platón y alcanza las *Sentencias* de Pedro Lombardo, mientras que la fuente greco-árabe se expresa masivamente a partir de fines del siglo XII sobre la naciente universidad. Ha sido un lugar común considerar la formulación del problema de la eternidad del mundo, durante el siglo XIII, como un producto derivado de la introducción de los libros naturales de Aristóteles y de algunos autores árabes como Avicena, Algacel y Averroes.

Richard Dales, a partir de estudios centrados en el desarrollo del problema entre los años 1220 y 1260, sostiene, de un modo contrapuesto a lo que ha sido la evaluación más difundida en el tratamiento del problema, que los filósofos latinos medievales estuvieron en deuda, fundamentalmente, con tres autores: Platón, San Agustín y Boecio,[1] enfatizando así la importancia de la transmisión occidental. Nuestro trabajo nos ha permitido matizar mucho la combinación de viejo y de nuevo que caracterizó la escena parisina del siglo XIII y ver cómo estas dos tradiciones se han aproximado e imbricado a lo largo del tiempo.

El estudio realizado transitó autores muy diversos. Una voz aislada en la tardo-antigüedad pero relevante para nuestro tema fue la de Juan Filopón, neoplatónico cristiano del área alejandrina. Su crítica a la cosmología aristotélica anticipó, en parte, los posteriores debates medievales, tanto la controversia Algacel-Averroes como las posiciones centrales del siglo XIII.

Filopón no considera que los argumentos aristotélicos en favor de la eternidad del movimiento y del tiempo sean necesarios. En la *Física*, Aristóteles argumenta que el instante es un medio entre el antes y el después, por lo cual, el tiempo debía haber existido desde siempre.[2] Un instante inicial absoluto, partiendo de esta premisa, sería imposible pues por definición, todo límite supone algo anterior y posterior. Filopón argumenta: "me sorprende que el Filósofo no se haya dado cuenta de que no ha probado nada, pues cae en una petición de principio".[3] Siglos más tarde el mismo Tomás de Aquino advertirá la dificultad de este argumento,[4] haciendo propia esta crítica a Aristóteles.

Filopón expone una serie de argumentos que fueron retomados en un segundo momento del debate medieval por filósofos y teólogos islámicos como Alkindi y Algacel, y por cristianos medievales, como san Buenaventura: el infinito no puede ser recorrido y tampoco puede incrementarse, por lo que una serie infinita de eventos pasados no permitirían llegar nunca al presente.[5]

Todos los autores cristianos medievales sostuvieron como un *artículo de fe*.que el mundo ha sido creado de la nada, no es eterno y no

---

1   R. DALES, *Medieval discussions on the eternity of the World*, Brill, Leiden, N.Y., Kobenhavn, Köln, 1990, 3.
2   ARISTÓTELES, *Física*, VIII, 251 b 20.
3   FILOPÓN, *Against Aristotle on the Eternity of the World*, Duckworth, Londres, 1987, 139.
4   TOMÁS DE AQUINO, In VIII *Phys*., lect. 2, n. 983 y también en IV *Phys*., lect. 21, n. 617.
5   FILOPÓN, *Against Aristotle on the Eternity of the World*, 143-146.

tiene la eternidad que le corresponde a Dios, afirmando así la creación en el tiempo. La prueba aducida solía partir del comentario al *Pentateuco* (*Gen* 1,1), a la luz de la exégesis patrística. Sin embargo, no todos los teólogos y filósofos cristianos enfrentaron la cuestión de la misma manera. En este trabajo se ha expuesto, sobre la base de los textos, distintas fórmulas argumentativas que surgieron en el pensamiento medieval.

San Agustín no sólo sostuvo que el mundo no es eterno; sino que consideró que se puede probar que no lo es. San Buenaventura, con matices entre sus diferentes obras y etapas de su pensamiento, y el franciscano Guillermo de Baglione de un modo más contundente, siguieron a san Agustín, procurando refutar un averroísmo que interpretaba a Aristóteles en la línea de la eternidad.

Al comienzo de la segunda parte de su *Breviloquio, s*an Buenaventura ofrece una significativa presentación de las verdades que deben afirmarse sobre la creación: "Acerca de la cual se ha de admitir, en resumen, que toda la construcción del mundo fue conducida al ser en el tiempo y de la nada, por un primer Principio solo y sumo".[6] En efecto, prosigue el maestro franciscano, para que haya orden perfecto y fin en las cosas es preciso que todas se reduzcan a un primer principio, que debe ser primero y perfectísimo, y que las produce desde la nada: "Y como la producción de la nada supone el ser [*esse*] después del no ser [*non esse*] por parte de lo producido, y esta inmensa [fuerza productora] sólo es propia de Dios, *es necesario que el mundo sea producido en el tiempo* por esa misma virtud infinita, obrando por sí misma e inmediatamente".[7]

El tiempo *(ex quo)* en el que se produce el *exitus* del *non esse* al *esse* es también, en consecuencia, una criatura, un ser. De esta forma argumenta san Buenaventura que es un error suponer un mundo eterno, porque no pudo ser antes de la creación.

En sus escritos sobre el tema, Tomás de Aquino señala que si bien no puede demostrarse la eternidad del mundo, tampoco puede probarse su no eternidad. Ni la autoridad de Aristóteles es suficiente al respecto, ni tampoco los argumentos producidos son convincentes. Contra los

---

6 "Circa quam [creationem mundi] haec tenenda sunt in summa: videlicet quod universitas machinae mundialis producta est in esse ex tempore et de nihilo ab uno principio primo, soloet summo" BUENAVENTURA, Brev., p. 2, c. 1 [Q. V, 219a]).

7 BUENAVENTURA, "Et quia productio ex nihilo ponit *esse* post *non-esse ex* parte producti, et immensitatem hoc sit solius Dei, necesse est, quod creatura mundi sit producta ex tempore ab ipsa virtute immensa, agente per se et mmediate" (*Brev., p.* 2, c. 1 [Q. V, 219b]).

averroístas, Tomás de Aquino sostuvo la posibilidad de un comienzo del universo en el tiempo, pero paralelamente, defendió *contra murmurantes,* la posibilidad de su eternidad.

La doctrina de Tomás, podría resumirse en estas palabras: "Es propio de lo eterno no tener principio de duración; es de la condición de la creación tener principio de origen, no de duración, salvo que se entienda la creación como la concibe la fe".[8] Aquino distingue cuidadosamente el orden del origen del ser, del orden de la duración, y, por tanto, establece la posibilidad de un estudio que enfoque ambos aspectos por separado. De ahí que pueda pensarse, sin caer en contradicción alguna, en un mundo creado *ab aeterno.*

El afirmar que el mundo es eterno e ingenerado no implica, para Aquino, que no haya sido producido por Dios. La causa eficiente de suyo no exige prioridad de duración, sino solamente prioridad de naturaleza respecto de su efecto; y la producción, de suyo, puede realizarse por generación o por creación. La causa que obra instantáneamente, como obra Dios, puede obrar desde que existe, y, por tanto, Dios en orden a su potencia infinita, ha podido crear libremente el mundo desde toda la eternidad.

Tomás pretende evitar que la razón haga un uso inadecuado del dato de fe, atribuyéndose e imponiendo conclusiones que, de hecho, no puede alcanzar.

Siger de Brabante, por su parte, propone considerar el problema de la eternidad de las especies asumiendo una perspectiva filosófica distinta. Siguiendo a Averroes, Siger entiende que racionalmente –y queda esto bien claro- no puede haber un pronunciamiento con respecto a los contenidos de la fe, pues sólo corresponde creer lo que ha sido dado por revelación;[9] los filósofos, en cambio, "consideran que demuestran que el mundo comenzó, aunque ni esto ni su opuesto puede ser demostrable, pero por la fe sabemos que comenzó".[10]

---

8   TOMÁS DE AQUINO, *De Potentia,* q. 3. a. 14 ad 8: "De ratione aeterni est non habere durationis principium; de ratione vero creationis habere principium originis, non autem durationis, nisi accipiendo creationem ut accipit fides".

9   AVERROES, *Fas Al-Maqâl,* traducción española de M. Alonso en: *Teología de Averroes.* Comillas, 1947. Reimpresión Sevilla, El Monte, 1998. pág.- 175-6

10 SIGER DE BRABANTE, *De Aeternitate Mundi,* pág. 136. En las obras que van del período de 1271 a 1274, la primera cuestión del VIII *Physicorum* (fol. 129 rb-vb) es "utrum mundus sit ab aeterno o de novo creatus". Allí se afirma que el mundo podría tener un comienzo si la voluntad divina así lo determinase, con lo cual se abre a la posibilidad de la temporalidad de lo creado. Y en el primer *Comentario a la Metafísica* (cuestión segunda, Libro V, fol. 83 ra-b) afirma, en particular que "debemos creer los artículos de fe".

La tesis principal de su tratado *Sobre la Eternidad del Mundo* es que la especie humana es creada y también eterna. Creada en cuanto no tiene el ser por sí misma; y eterna, porque los individuos se generan uno con anterioridad a otro, conforme a una secuencia infinita.[11] Si bien Siger refiere su doctrina a la generación de la especie humana, tiene la precaución de señalar que la teoría es general y se aplica a todas las especies cuyos individuos nacen y se corrompen. La base de todo su razonamiento descansa en una vía de análisis del movimiento donde la principal fuente aludida es Aristóteles.[12]

La victoria inicial de la linea conservadora defendida por Enrique de Gante fue de corta duración. Ya Escoto había expresado su perplejidad frente al problema y se inclinaba en favor de Tomás de Aquino, y en contra de Enrique de Gante.[13] Su respuesta asume la opinión de Tomás e indica que no conviene apoyar la fe sobre sofismas; y en la *Lectura*[14] se muestra escéptico respecto de los argumentos que pretenden establecer la imposibilidad de una creación eterna (*sed non videtur mihi quod istae rationes necessario concludant*[15]), y admite que la distinción entre creación y conservación es solamente de razón.

La postura de Tomás va a ser repetida por autores posteriores a él, y obtiene cierta hegemonía histórica, perpetuándose en su escuela hasta el fin de la escolástica. Sin duda se constatan algunas variaciones de detalle; pero también es bastante natural que cuando una doctrina se difunde deviniendo clásica, suele perder rasgos de nitidez.

Se podría indicar que el debate alcanza un punto de cierre con un salto de casi cincuenta años, después de las disputas de Enrique de Gante y de las condenas de 1277, con la doctrina de Guillermo de Ockham. La posición defendida por Ockham, en torno a 1320, es fuertemente próxima a la de Tomás de Aquino pero con singulares diferencias en el plano de su fundamentación.

En el siglo XIV la consolidación de una solución abierta con relación al conocimiento del tema de la eternidad o finitud del mundo se basa en la no contradicción entre un mundo eterno y creado; y halla su fundamentación metafísica en el marco de la omnipotencia divina. En efecto, si Dios lo hubiese querido, habría podido crear un mundo

---

11 SIGER DE BRABANTE, *De Aeternitate Mundi*, pág. 115.
12 SIGER DE BRABANTE, *De Aeternitate Mundi*, pág. 116.
13 DUNS ESCOTO, *Ordinatio* II, d. 1, q. 3 (ed. Vaticana VII, 50-59)
14 DUNS ESCOTO, *Lectura*, II, d. 1, q. 3 (ed. Vaticana XVIII, 29-51).
15 DUNS ESCOTO, *Lectura*, II, d. 1, q. 3 (ed. Vaticana, p. 39).

eterno. En consecuencia, rechazar en Dios la posibilidad de crear lo que es posible habría conducido a limitar su libertad.

Marcamos en este punto una interesante paradoja: en nombre de la libertad divina, los teólogos en 1277 se habían opuesto, específicamente, a la idea de un mundo eterno; y más genéricamente, al necesitarismo que vislumbraban en el pensamiento físico aristotélico. Y es en nombre de esta misma libertad que se concluye, un siglo después, que una nueva cosmología como ciencia de lo posible, debe ser admitida: si es lógicamente posible que el mundo sea eterno, puede también serlo realmente, de modo que al rechazar en Dios la posibilidad de crear lo que es lógicamente posible, se acabaría limitando su libertad. La alternativa para Ockham no radica, como para Tomás, entre un mundo eterno y un mundo con inicio temporal, sino entre un mundo que *puede ser o no* eterno; situando la discusión del problema en el plano conjetural de la posibilidad, aspecto dominante en la ciencia que cierra el medioevo.

En las postrimerías del siglo XIV la discusión prácticamente ha desaparecido, absorbida, aun en el ámbito franciscano, por la hegemonía de la postura tomasiana. El tema es retomado por Francis Bacon en el renacimiento inglés y por Kant en la modernidad, quien también –si bien desde una metafísica distinta– admite que la razón humana, y en este caso en virtud de su propia naturaleza, no puede alcanzar una respuesta ni sobre la eternidad ni sobre la no-eternidad del mundo. Sin lugar a dudas estas ideas propias de la modernidad se encuentran anticipadas en el debate del siglo XIII, donde vemos despuntar el problema de las antinomias.

Pero de la misma manera que Tomás y Kant no tienen una idéntica versión del agnosticismo, no hay tampoco una identidad absoluta entre Maimónides y Tomás ni entre Tomás y Ockham. Las diferencias más importantes aparecen centradas en razones de fundamentación metafísica: la concepción de la relación de Dios con el tiempo; el alcance de la razón en orden al discernimiento del tema; y la distinción o no, entre creación y conservación. No obstante ello, entendemos que es posible establecer conclusiones que vinculan el pensamiento medieval con el moderno admitiendo líneas de continuidad en el proceso de elaboración y discusión del problema. No dudamos en sostener que la perspectiva medieval ha proyectado una larga sombra en la modernidad.

No proponemos la simplificadora hipótesis de una determinación de influencias directas del pensamiento medieval en el moderno, nuestro interés ha consistido en exponer los planteamientos lógico-metafísicos de las distintas manifestaciones de la disputa medieval y sus estrategias argumentativas, para que resulte posible destacar sus proyecciones y establecer en qué medida armonizan en sus metas y articulaciones temáticas con el pensamiento posterior. Y en este sentido entendemos que es posible establecer cierta afinidad programática e incluso señalar paralelismos, destacando la proximidad del pensamiento moderno con tradiciones que le antecedieron.

La compulsa histórica desarrollada reviste tal complejidad que excede los alcances de esta presentación: entre cualquiera de los autores mencionados, se podrá descubrir mediaciones que hemos saltado. Y cada uno de los autores estudiados podría ser objeto de un estudio monográfico independiente.

Nuestro interés ha sido abrir la consideración de la discusión medieval sobre el tema presentando un texto en español -que no existe al momento-, y proponiendo a un lector contemporáneo la riqueza de estos olvidados planteamientos, asociados a metafísicas fecundas y profundamente diversas. El texto permite desvanecer la idea de un medioevo de estructura uniforme y monolítica, donde el mismo modo de enseñanza centrado en las disputaciones, como forma programática, sistemática y regular, no sólo de aprendizaje sino de investigación, da cuentas de esta diversidad permitiendo la inclusión de distintas versiones argumentativas respecto de un tema. Y finalmente, el texto proporciona los instrumentos para ver que la modernidad sólo puede ser comprendida cabalmente vislumbrando sus antecedentes en tradiciones que le antecedieron.

Antología de textos

PLATÓN

Timeo
Santiago de Chile, Ediciones Universidad Católica de Chile, 2003, trad. Oscar Velasquez

27d -28c: Por consiguiente, según mi opinión, hay que distinguir en primer lugar lo siguiente: ¿Qué es lo que siempre es y no tiene generación, y qué lo que se genera y jamás es? Uno es de hecho comprensible por la inteligencia mediante razonamiento, siendo siempre para consigo mismo, mientras que el otro es a su vez concebible por la opinión mediante sensación no racional, generándose y destruyéndose, pero jamás siendo realmente. Y a su vez, todo lo que se genera es de necesidad que se genere por una causa, porque es totalmente imposible tener generación sin una causa. En consecuencia, cuando el artesano de alguna cosa estuviera siempre mirando hacia lo que existe en sí mismo —puesto que utiliza algo de tal condición como modelo reproduciría la forma y capacidad de aquello—, todo lo que así se realice es por necesidad bello; pero de donde sea que mirara hacia lo generado, puesto que aquel utiliza un modelo creado, no sería bello.

Sobre el cielo en su conjunto, entonces —o el cosmos, o si se eligiera quizá nombrarlo preferentemente incluso de otro modo, que así se le nombre—, se debe también por cierto examinar primero acerca de él, aquello que se presume debe examinarse en un principio acerca de todo: si era siempre, puesto que no tenía principio alguno de generación, o se generó, originándose desde un cierto principio. Se generó: ya que es visible y tangible y tiene un cuerpo, y todas estas cosas son sensibles; y se hizo manifiesto que las cosas sensibles, que son comprensibles por la opinión mediante la sensación, eran generadas y creadas.

29e-30c: Digamos, entonces, por qué motivo el constructor construyó la generación y este universo. Era bueno, y jamás surge en un ser bueno envidia alguna acerca de nada; y libre como estaba de ella, quiso que todo se generase lo más parecido posible a sí mismo. Estaría aceptando, entonces, lo más correcto quien aceptara de varones juiciosos especialmente este principio supremo de la generación y del cosmos. Porque Dios quiso que todas las cosas fueran buenas y que en lo posible nada fuera defectuoso, así, entonces, después de tomar control de todo cuanto era visible, que no se mantenía en reposo sino que se movía en forma discordante y desordenada, lo condujo al orden desde el desorden, pues consideraba que aquello era de todas formas mejor. Porque no estaba ni está permitido al mejor hacer sino lo más bello. En consecuencia, después de razonar descubrió que, entre las cosas visibles por naturaleza, ningún universo carente de entendimiento será jamás más bello que un universo en posesión de entendimiento, y que es imposible, además, que un entendimiento se haga presente en algo separado de un alma. Debido entonces a este razonamiento, una vez que situó un entendimiento en un alma y un alma en un cuerpo iba construyendo el universo, de modo que la obra que él estaba ejecutando fuese por naturaleza la más bella y mejor. Así, en consecuencia, según el relato verosímil se debe decir que este cosmos se generó de verdad como un viviente animado y pensante, por la providencia de Dios.

37 c-d: Cuando el Padre que lo engendró percibió que se movía y vivía, una efigie generada de los dioses eternos, se regocijó, y complacido se propuso hacerlo incluso más semejante aún al modelo. Sucede en consecuencia que así como este es un viviente eterno, así también él se esforzó en lo posible para completar este universo. Porque sucedía que puesto que la naturaleza del ser viviente era eterna, esto era también ciertamente imposible comunicarlo en forma total al viviente generado; mas medita hacer una cierta imagen móvil de vida eterna, y mientras ordena el cielo hace, simultáneamente, de una vida que permanece eterna en unidad una imagen eternal que avanza conforme a número, a la que hemos llamado tiempo.

ARISTÓTELES

Tópicos
Madrid, Gredos, 1996, trad. M. Candel

I, 11, 104b 12-17: Son también problemas aquellas cuestiones de las que hay argumentaciones contrarias (pues hay dificultad en saber si es así o no es así, al haber argumentos convincentes acerca de lo uno y de lo otro), y aquellas cuestiones acerca de las cuales, por ser muy amplias, no tenemos argumentos, juzgando que es difícil dar el porqué de ellas, v.g.: la de si el mundo es eterno o no: pues uno podría también investigar las cosas de este tipo.

Física
Madrid, Gredos, 1995, trad. G. Echandía

I, 8, 191a 24-33: Que sólo de esta manera se pueden resolver las dificultades de los antiguos, lo vamos a mostrar ahora.

Los que primero filosofaron, al indagar sobre la verdad y la naturaleza de las cosas se extraviaron, como empujados hacia un camino equivocado por inexperiencia, y dijeron que ninguna cosa puede generarse o destruirse, puesto que lo generado tendría que llegar a ser o del ser o del no-ser, pero ambas alternativas son imposibles; porque de lo que es no puede llegar a ser, puesto que ya es, y de lo que no es nada puede llegar a ser, puesto que tendría que haber algo subyacente. Y así, extremando las consecuencias inmediatas, llegaron a afirmar que no existe la multiplicidad, sino sólo el Ser mismo.

I, 8, 191b 13-16: También nosotros afirmamos que en sentido absoluto nada llega a ser de lo que no es, pero que de algún modo hay un llegar a ser de lo que no es, a saber, por accidente; pues una cosa llega a ser de la privación, que es de suyo un no-ser, no de un constitutivo suyo.

I, 9, 192a 25-34: En cierto sentido la materia se destruye y se genera, en otro no. Porque, considerada como aquello "en lo que", en sí misma se destruye (pues lo que se destruye, la privación, está en ella); pero considerada como potencia, en sí misma no se destruye, sino que necesariamente es indestructible e ingenerable. Porque si llegase a ser, tendría que haber primero algo subyacente de lo cual, como su constituyente, llegase a ser; pero justamente ésa es la naturaleza de la materia, pues llamo "materia" al sustrato primero en cada cosa, aquel constitutivo interno y no accidental de lo cual algo llega a ser; por lo tanto tendría que ser antes de llegar a ser. Y si se destruyese, llegaría finalmente a eso, de tal manera que se habría destruido antes de que fuera destruida.

VIII, 1, 251a 9 - 251 b28: El movimiento, dijimos, es la actualidad de lo movible en tanto que movible. Es necesario, entonces, que existan cosas que puedan moverse según cada movimiento. Y aun dejando de lado la definición de movimiento, todos admitirían que para que algo se mueva hace falta que pueda moverse según cada movimiento particular; así, para que algo sea alterado tiene que ser alterable, para que sea desplazado tiene que poder cambiar según el lugar, y por tanto una cosa antes de ser quemada tiene que ser quemable, y antes de que queme a otra tiene que poder quemarla. Y sin duda será necesario que estas cosas hayan sido engendradas en algún tiempo, antes del cual no existían, o que sean eternas.

Ahora bien, si cada una de las cosas movibles ha sido generada, entonces con anterioridad a este movimiento tendrá que haber habido otro cambio o movimiento, aquel por el cual fue generado lo que puede ser movido o mover. Y suponer que tales cosas hayan existido siempre con anterioridad al movimiento parece una suposición absurda a poco que se la considere, y parecerá todavía más absurda conforme avancemos en nuestro examen. Porque si, entre las cosas movibles y motrices, suponemos que en algún tiempo una sea la que primero mueva y otra la que primero es movida, pero en otro tiempo [anterior] no hay sino reposo, entonces será necesario que haya un cambio anterior al reposo; porque tiene que haber una causa del reposo, ya que el reposo es privación de movimiento. Por consiguiente, tendrá que haber un cambio con anterioridad al primer cambio.

En efecto, algunas cosas mueven en un solo sentido, mientras que otras mueven según movimientos contrarios; así, el fuego calienta, pero no enfría; en cambio, parece que hay una ciencia de los contrarios sin que deje de ser una. Aunque también en el primer caso parece haber alguna similitud con lo que se observa en el segundo, pues en cierto modo el frío calienta cuando se aparta y se aleja, como también el hombre de ciencia yerra voluntariamente cuando utiliza su ciencia en sentido contrario. Pero todas las cosas que tienen posibilidad de actuar y padecer o de mover y ser movidas, no tienen tal posibilidad de cualquier manera, sino cuando están dispuestas de determinada manera y se aproximan entre sí. Así, cuando dos cosas se aproximan de tal manera que una mueve y la otra es movida, y cuando están dispuestas de tal manera que una puede mover y la otra puede ser movida. Y si el movimiento no existiese siempre, es claro que ninguna de las dos cosas estaría en condiciones tales que una tuviese la posibilidad de ser movida y otra de mover, sino que sería preciso que una u otra cambiase. Esto ocurre necesariamente en el caso de los relativos; por ejemplo, si una cosa es el doble que otra, pero antes no lo era, entonces tendrán que haber cambiado una u otra, si no ambas. Luego habrá un cambio anterior al primero.

Además, ¿cómo podría haber un "antes" y un "después" si no existiera el tiempo? Es más, ¿cómo podría existir el tiempo si no existiera el movimiento? Porque si el tiempo es el número del movimiento, e incluso un cierto movimiento, y puesto que el tiempo existe siempre, entonces es necesario que el movimiento sea eterno.

Pero, sobre el tiempo, parece que todos están de acuerdo, excepto uno, pues dicen que es ingénito. Y justamente en esto se apoya Demócrito para mostrar que es imposible que todas las cosas sean generadas, pues el tiempo es ingénito. Sólo para Platón hay generación del tiempo, pues dice que fue generado simultáneamente con el cielo, y que el cielo fue generado. Pero si el tiempo no puede existir ni se puede pensar sin el "ahora", y si el "ahora" es un cierto medio, que sea a la vez principio y fin, el principio del tiempo futuro y el fin del tiempo pasado, entonces el tiempo tiene que existir siempre. Porque el extremo del último tiempo que podemos tomar tiene que ser algún "ahora" (pues en el tiempo no podemos captar nada fuera del "ahora"). En consecuencia, puesto que el "ahora" es a la vez principio y fin, tiene que haber necesariamente un tiempo en ambas direcciones. Pero si es así para el tiempo, es evidente que también tiene que serlo para el movimiento, ya que el tiempo es una afección del movimiento.

Acerca del cielo
Madrid, Gredos, 1996, trad. Miguel Candel

I, 3, 270a 12-22: Igualmente razonable es suponer también acerca de él que es ingenerable e incorruptible, no susceptible de aumento ni de alteración, debido a que todo lo que se produce lo hace a partir de un contrario y un sujeto, y asimismo el destruirse [tiene lugar] previo un sujeto y bajo la influencia de un contrario para pasar al [otro] contrario, tal como se ha dicho en los tratados anteriores; ahora bien, las traslaciones de los [cuerpos] contrarios son también contrarias. Entonces, si no es posible que haya nada contrario a éste por no haber tampoco movimiento alguno contrario a la traslación en círculo, parece justo que la naturaleza libere de los contrarios a lo que ha de ser ingenerable e indestructible: en efecto, la generación y la destrucción se dan en los contrarios.

I, 12, 281b 15 - 282a 3: Así pues, [una misma persona] tiene a la vez la potencia de estar sentada y la de estar de pie, porque cuando tiene aquélla también tiene la otra; pero no de manera que esté a la vez sentada y de pie, sino en tiempos distintos. Ahora bien, si algo tiene durante un tiempo infinito la potencia de varias cosas, eso ya no tiene lugar en tiempos distintos, sino simultáneamente.

De modo que, si algo que existe durante un tiempo infinito es corruptible, tendrá la potencia de no existir. Y por ser durante un tiempo infinito, supóngase realizado lo que puede [llegar a ser]. En consecuencia, existirá y no existirá simultáneamente en acto. Se concluirá, pues, en una falsedad, dado que se ha establecido algo falso. Pero si no fuera algo imposible, tampoco la conclusión sería imposible. Por consiguiente, todo lo que existe siempre es incorruptible sin más.

Igualmente es ingenerable: pues si fuera generable, sería posible que durante algún tiempo no existiera. (En efecto, es corruptible lo que, habiendo existido previamente, ahora no existe o puede que luego, en algún momento, no exista; generable, lo que puede no haber existido previamente). Pero no hay ningún tiempo en que sea posible que lo que existe siempre no exista, ni [tiempo] infinito ni limitado: en efecto si realmente existe durante un tiempo infinito, también puede existir durante un tiempo limitado. No cabe, por tanto que una misma cosa pueda existir siempre y no existir nunca. Pero tampoco [cabe] la negación, quiero decir, por ejemplo: no existir siempre. Es imposible, por tanto, que algo exista siempre y sea corruptible. Tampoco [es posible] asimismo, que sea generable: pues de dos términos, si es imposible que el posterior se dé sin el anterior, y es imposible que se dé éste, también es imposible que se dé el posterior. De modo que, si no cabe que lo que siempre existe no exista en algún momento, es imposible también que sea generable.

I, 12, 282a 21 - 282b 1: Así pues, ni lo que siempre existe ni lo que siempre carece de existencia será generable ni corruptible. Y está claro que, si es generable o corruptible, no será eterno. Pues [en tal caso] sería a la vez algo que siempre puede existir y algo que no siempre puede existir: y se ha mostrado antes que eso es imposible.

Y si una cosa es ingenerable y existe, ¿será necesariamente eterna, tanto en ese caso como en el de que sea incorruptible y exista? (Me refiero a lo ingenerable e incorruptible en sentido propio, a saber: ingenerable, lo que existe ahora sin que anteriormente fuera verdad decir que no existía; incorruptible, lo que existe ahora sin que posteriormente vaya a ser verdad decir que no existe).

O bien, si estas cosas se implican mutuamente y lo ingenerable es incorruptible y lo incorruptible generable, lo eterno acompañará necesariamente a cada uno de ellos, y, tanto si una cosa es ingenerable como si es incorruptible, será eterna.

II, 1, 283b 26 - 284a 2: A partir, pues, de lo expuesto puede uno tener la certeza de que el cielo en su conjunto ni ha sido engendrado ni puede ser destruido, como algunos dicen, sino que es uno y eterno, sin que su duración total tenga principio ni fin, y tiene y contiene en sí mismo la infinitud del tiempo, [certeza obtenida] también a través de la opinión de los que lo describen de manera distinta y lo pretenden engendrado: pues si cabe que [el universo] sea de ese modo y, en cambio, no del modo que aquéllos dicen que ha sido engendrado, entonces esto daría también un gran peso a la creencia en su inmortalidad y eternidad.

II, 1, 284a 11-17: Los antiguos asignaron a los dioses el cielo y el lugar superior, por [considerar] que era lo único inmortal; ahora bien, la presente exposición constata que es incorruptible e ingenerable, así como que es insensible a toda contrariedad [propia de la existencia] mortal y, además de eso, libre de penalidades por no necesitar de ninguna fuerza ajena que lo reprima impidiéndole desplazarse de aquel otro modo que sería natural en él: en efecto, todo lo que [posea una condición] semejante estará sujeto a sufrimiento, tanto más cuanto más eterno sea, y no será partícipe del más noble estado.

PLOTINO

Enéadas I-III
Madrid, Gredos, 2015, trad. Jesús Igal

Sobre el cielo
II-I (40), 1, 1-30

Si, al afirmar que el cosmos ha existido siempre anteriormente y siempre existirá a pesar de tener cuerpo, atribuyéramos la causa de ellos a la voluntad de Dios, en primer lugar bien puede ser que dijéramos verdad, pero no aportaríamos clarificación alguna. En segundo lugar, el hecho de que el cambio de elementos y la destrucción de los animales terrestres deje a salvo la forma, tal vez nos obligue a concluir que así es también como sucede en el universo, arguyendo que esto es lo que puede la voluntad de Dios estando el cuerpo escabulléndose y fluyendo constantemente: imponer la misma forma ora a una cosa, ora a otra, de modo que quede a salvo perpetuamente no la unidad del número, sino la unidad en la forma. En efecto, ¿por qué unas cosas han de poseer la perpetuidad de este modo, sólo en la forma, mientras que las del cielo mismo han de poseer la perpetuidad individual?

Pero si, por el hecho de que el universo abarca todas las cosas y de que no hay nada en que pueda cambiar ni agente alguno que cayendo sobre él desde fuera pueda destruirlo, atribuyéramos a eso la causa de su indestrucción, en virtud de ese argumento concederíamos la indestructibilidad al conjunto y al universo; pero dado que el sol y la sustancia de los demás astros son partes y no cada uno un conjunto y un todo, de dicho argumento obtendremos garantía no de que permanezcan por todo tiempo, sino de que la permanencia les corresponde en lo que respecta a la forma, exactamente como ésa es también la única permanencia que parecería competer al fuego y demás elementos y al mismo universo entero. Porque, aunque no sea destruido desde fuera por otro, nada impide que, destruyéndose a sí mismo constantemente con la mutua destrucción de sus partes, sea permanente sólo en la forma, y que, con el incesante fluir de la naturaleza del sustrato, siendo otro el que le comunica la forma, suceda en el animal universal exactamente lo mismo que en el hombre, en el caballo y en los demás animales. Porque hombre y caballo existen siempre, pero no el mismo hombre y el mismo caballo. Por consiguiente, no habrá una parte de aquél, tal el cielo, que permanezca por siempre, mientras que las de la tierra perezcan, sino que todas estarán en la misma situación, difiriendo solamente en el tiempo que duran. Demos, eso sí, que las del cielo sean más duraderas. (pp.129-130)

Sobre la eternidad y el tiempo
III, 7 (45), 2, 1-20
¿Qué hay que decir, pues, que es la eternidad? ¿Diremos que es la Sustancia misma inteligible, análogamente a como si alguien dijera que el tiempo es el cielo universo y el cosmos? Ésta es, en efecto, la opinión que dicen que, a su vez, sostuvieron algunos acerca del tiempo. Porque nos imaginamos y concebimos que la eternidad es algo sumamente augusto y que la naturaleza inteligible es sumamente augusta y como no es posible decir que una cualquiera de las dos sea más augusta que la otra mientras que de lo que está más allá no hay que predicar ni siquiera ese atributo, según eso bien pudiera uno identificar las dos cosas. Porque, además, tanto el cosmos inteligible como la eternidad son ambos inclusivos e inclusivos de las mismas cosas.

No obstante, cuando decimos que los unos está incluidos en la otra –en la eternidad- y cuando predicamos de aquéllos la eternidad –porque "resulta, dice (Platón), que la naturaleza del modelo era eterna"–, estamos diciendo de nuevo que la eternidad es distinta de ellos, aunque admitimos, eso sí, que la eternidad es inherente a aquella naturaleza, o que existe en ella o que está presente en ella. Por otra parte, el que la una y la otra sean augustas no demuestra su identidad, pues bien puede ser que a una de las dos le venga de la otra su calidad de "augusta". Además. Los Seres contenidos están en una de las dos a modo de partes, mientras que el contenido total de la eternidad está en ella todo junto, no en calidad de parte, sino en razón de que todo lo que se caracteriza por ser eterno lo es en virtud de la eternidad (p. 342).

III, 7 (45), 3, 25-35
La conclusión es que la eternidad no es el sustrato, sino esa especie de resplandor que emite el sustrato mismo merced a la identidad de la que da garantía con respecto no a lo que está en espera de ser, sino a lo que ya es, asegurando que es así y no de otra manera. Porque ¿qué hay que pueda llegar a ser suyo más tarde que no sea suyo ahora, si tampoco él ha de ser más tarde algo que no sea ya? Además, no hay un punto de partida desde donde (el sustrato) haya de llegar al ahora: ese punto de partida no sería distinto del ahora, sino el ahora. Y como

tampoco va a existir en lo venidero algo que (el sustrato) no tenga ahora, síguese forzosamente que éste no ha de llevar anejo ni el "fue", porque ¿qué hay que haya sido suyo y dejó de existir?, ni el "será", porque ¿qué hay que esté por ser suyo? Queda, pues, que su ser consiste en ser exactamente lo que es. La eternidad es, pues, esto: lo que ni fue ni será, sino que sólo es, poseyendo este "es" establemente por el hecho de que ni cambia en el "será" ni ha cambiado. Resulta, por tanto, que la vida total, junta y plena y absolutamente inextensa que es inherente al Ser en su ser, eso es precisamente lo que buscamos: la eternidad. (pp. 344-345).

AGUSTÍN DE HIPONA

La Ciudad de Dios, en *Obras de San Agustín*
Madrid, BAC, 1964, Tomo XVI, trad. J. Morán, O.S.A.

Libro XI, cap. 6, p. 598:
Si es recta la distinción entre eternidad y tiempo, basada en que el tiempo no existe sin alguna modalidad móvil y en que en la eternidad no hay mutación alguna, ¿quién no ve que no existirían los tiempos si no existiera la criatura, susceptible de cambio y moción? De esta moción y mutación, cediendo y sucediendo una cosa a otra, porque no pueden coexistir, de intervalos más cortos o más largos, resultaría el tiempo. Siendo, pues, Dios el ser en cuya eternidad no existe mutación alguna, el creador y ordenador de los tiempos, no comprendo –dice– que después de algunos espacios temporales creara el mundo, a no ser que se diga que antes del mundo ya existía alguna criatura, por cuyos movimientos comenzaran los tiempos.

Libro XII, cap. 12, p. 680:
Y, si esto se traslada al espacio que no tuvo principio y se van sustrayendo, no digo momentos pequeños uno a uno, u horas, días, meses o años, sino espacios tan enormes como los comprendidos en la suma de años imposible ya de contar por los calculadores, y que, sin embargo, se agota minuto a minuto por la sustracción de momentos, y se estén sustrayendo, no una, dos y muchas veces, sino siempre, ¿cuál es su efecto, qué operación es ésta, que nunca llega al principio, pues que no existe?

Por eso, lo que ahora preguntamos nosotros después de cinco mil años y pico, podrán preguntarlo también nuestros descendientes con idéntica curiosidad después de seiscientos mil, si es que esta mortalidad humana y esta debilidad ignorante se mantiene en sucesión continuada por tanto tiempo.

Esta misma cuestión pudieran también haberla suscitado nuestros predecesores, los que existieron en los tiempos mismos de la creación del hombre. En fin, el primer hombre, al día siguiente o el mismo día de su creación, pudo preguntar por qué no fue creado antes. Y por más, antes que fuera creado, esta dificultad sobre el principio de los seres temporales tendría el mismo valor entonces que ahora y que tendrá después.

Confesiones
Buenos Aires, Losada, 2005, trad. Silvia Magnavacca

Libro XI, Cap.X.12:
¿No están llenos de su propia vejez los que nos preguntan qué hacía Dios antes de crear el cielo y la tierra? "Si estaba ocioso -dicen- y no llevaba a cabo obra alguna, ¿por qué no siguió absteniéndose para siempre de trabajar, como se había abstenido siempre antes? Pues si ha surgido en Dios algún movimiento nuevo y una nueva voluntad de crear algo que nunca antes habría creado, ¿cómo hablar ya de verdadera eternidad, donde nace una voluntad que antes no existía?" Porque la voluntad de Dios no es una criatura sino que existe antes de la criatura, ya que nada se crearía si no lo precediera la voluntad del Creador. La voluntad de Dios pertenece a su misma sustancia. Si ha surgido en la sustancia divina algo que antes no existía, esa sustancia no podría llamarse verdaderamente "eterna". Pero, si era eterna la voluntad de Dios de que existiera la criatura, ¿por qué no es eterna también ésta? (p. 329).

Libro XI, cap. XIII.15:
[...] Pues, ¿cómo podrían haber pasado innumerables siglos que Tú mismo no hicieras, dado que eres el autor y el creador de todos los siglos? O ¿qué tiempos hubieran existido, de no haber sido creados por ti? O ¿Cómo habrían pasado, de no haber existido nunca? Así pues, dado que eres el obrero de los tiempos, si hubo algún tiempo antes de que hicieras el cielo y la tierra, ¿por qué se dice que te abstuviste de obrar? Tú habrías hecho ese mismo tiempo: no pudieron pasar los tiempos antes de que los hicieras. Si antes del cielo y la tierra no había ningún tiempo, ¿por qué se pregunta qué hacías "entonces"? No había "entonces" donde no había tiempo. (pp. 330-331).

Libro XII, cap. XI. 12:
También me has dicho, Señor, con fuerte voz al oído interior, que no es coeterna contigo ni siquiera aquella criatura cuyo deleite eres Tú solo, que en ti abreva con la más perseverante pureza, sin mostrar su mutabilidad en ningún tiempo ni lugar; que, siempre presente a ti, a ti se adhiere con todo el afecto, no teniendo futuro que ansiar ni nada que recordar y transmitir al pasado; que no varía con ninguna vicisitud ni sufre distensión alguna en los tiempos. [...] (p. 364).

Libro XII, cap. XII. 15:

[...] dos cosas encuentro que hiciste exentas de tiempos, aun cuando ninguna de las dos es coeterna contigo. Una, formada de tal modo que, sin ningún defecto de contemplación, sin intervalo alguno de mutación, y aunque mutable, sin cambio, goza de tu eternidad y de tu inmutabilidad. La otra, informe de tal modo que no tenía forma alguna desde la que pasar a otra, de movimiento o de reposo, lo cual la hubiera sometido al tiempo. Sin embargo, a ésta no la dejaste informe, porque, antes que todos los días, en el principio creaste el cielo y la tierra, los dos elementos a los que me referí. Pero la tierra era invisible y no compuesta, y las tinieblas estaban sobre el abismo, palabras con las que se insinúa la masa informe, para preparar gradualmente a aquellos que no pueden concebir una privación de especie que sea total, sin llegar empero a la nada. De ella habrían de hacerse el otro cielo y la tierra, visible y compuesta, y el agua hermosa, y todas las cosas que después fueron hechas a lo largo de los días. Porque son tales que en ellas tienen lugar las vicisitudes de los tiempos, a causa de los cambios regulares de los movimientos y de las formas (p. 365).

Libro XII, cap. XIII. 16:

Esto es lo que ahora comprendo, Dios mío, cuando escucho decir a tu Escritura: "En el principio hizo Dios el cielo y la tierra. Pero la tierra era invisible y caótica, y las tinieblas estaban sobre el abismo", sin que se recuerde en qué día hiciste estas cosas. Así entiendo ahora que se trata de aquel "cielo del cielo", cielo inteligible, donde la inteligencia conoce simultáneamente, no en parte, no en enigma, no en espejo sino totalmente, con toda evidencia, cara a cara; no ya una cosa, ya otra, sino como se dijo, simultáneamente, sin ninguna vicisitud de los tiempos. [...] (pp. 365-366).

Boecio

La consolación de la filosofía
Buenos Aires, Aguilar, 1955, trad. P. Masa, pp. 182-185

Libro V, prosa 6:
— "Si, como hemos demostrado anteriormente, el conocimiento de las cosas no depende de la naturaleza de ellas sino de las del ser que las conoce, examinemos, cuanto no sea dable, cómo es la naturaleza divina, para poder conocer también cuál sea su esencia.

— "Que Dios es eterno, lo prueba el consentimiento unánime de todos los pueblos.

— "Consideremos qué es la eternidad; así descubriremos también la naturaleza de Dios y el carácter de su ciencia o conocimiento.

4. — "La eternidad es la posesión total y perfecta de una vida interminable. Definición que resultará más clara si la estudiamos en vista de las cosas temporáneas.

5. — "Todo ser que vive en el tiempo está de continuo yendo desde lo pasado a lo futuro, siendo incapaz de abarcar de una sola vez toda la duración de su existencia. No ha alcanzado aún el día de mañana, cuando ya ha perdido el día de ayer. En vuestra vida actual sólo vivís el momento presente, rápido y fugaz.

6. — "Así, un ser sujeto a la ley del tiempo, puede no haber tenido principio y no tener fin, como Aristóteles afirma del mundo; pero no por eso reúne las condiciones necesarias para que se le pueda llamar eterno.

7. — "Puesto que siendo su vida ilimitada, no puede abarcar de una vez su duración: no está todavía en el futuro ni tampoco es suyo el pasado.

8. — "Por el contrario, el ser que abarque y posea igualmente en su totalidad la plenitud de una existencia sin límites, de manera que no le falte ni un solo instante del porvenir ni del pasado, con toda razón se podrá llamar eterno. El cual por necesidad y totalmente se posee a sí mismo en el presente, jamás se abandona, y en su presente reúne la infinidad de los momentos del tiempo que fluye.

9. — "Esto nos muestra el error de aquellos que imaginaron que el mundo creado es coeterno con su creador, por haber entendido que

Platón enseñara que el mundo no tuvo principio en el tiempo ni jamás tendrá fin.

10. — "Son cosas muy distintas, en efecto, el prolongar indefinidamente una existencia sin límites, atributo, según Platón, propio del mundo, y abarcar igualmente en su totalidad la actualidad de una existencia ilimitada, lo que evidentemente corresponde a la divina inteligencia.

11. — "Si juzgamos que Dios es anterior a la creación, esto no se ha de entender por razón de tiempo, sino en cuanto que es la consecuencia de la simplicidad de su naturaleza.

12. — "En efecto, el movimiento infinito de las cosas temporáneas imita en algún modo el estado siempre actual y en quietud de una existencia inmóvil, al cual no puede llegar aquél ni menos realizarlo. Por ello, de la inmovilidad desciende al movimiento; de la simplicidad del presente va a la infinita cantidad que componen los futuros y pasados. Y aun cuando no posea igualmente en su totalidad la plenitud de su existencia, en alguna manera parece rivalizar con aquel al que no puede alcanzar, porque de una forma u otra nunca deja de existir, asiéndose a la actualidad del momento presente, breve y fugaz, cualquiera que ésta sea. Como esta actualidad se asemeja muy parcialmente al presente eterno, los seres que la tienen creen haber llegado a la posición de la existencia.

13. — "Pero en la imposibilidad de estacionarse, el fluir de los seres ha emprendido el camino sin fin del tiempo, y de este modo, siempre en marcha, prolonga una existencia cuya plenitud no ha podido abarcar estabilizándose.

14. — "Por lo cual, y para dar a las cosas el nombre más apropiado, diremos con Platón que Dios es eterno y el mundo es perpetuo.

Alkindi

El arte de la lógica demostrativa,
primer capítulo, ed. Albino Nagy, en Baeumker, Beiträge II, 5, Münster, 1897. <https://archive.org/details/diephilosophisc00kind>

Trata este capítulo de lo que los sabios dicen: que el mundo o es antiguo o es nuevo.

Pero si por antiguo entienden la longitud del tiempo, entonces o es verdadero lo que afirman, si realmente entienden, que no ha cesado el ser estable en su identidad, por lo cual es siempre del mismo modo; o no es verdadero y el mundo no es estable en su identidad, según una disposición instantánea. Entonces también cesará de este modo, además lo que los sabios denominan mundo no es sino el mundo corpóreo, el cual es de dos especies, a saber la realidad celeste y la realidad natural. Pero hay dos especies en los cuerpos que están bajo el círculo de la luna: una es la de los elementos generales y la otra la de los singulares. Pero las realidades generadas siempre están sujetas a la generación y la corrupción; aunque los elementos generales están siempre sometidos a la variedad y alteración, y esto es manifiesto para los que tratan de las cosas naturales. Los cuerpos celestes están siempre en movimiento y cambio de lugar, por lo tanto ¿dónde estará su estabilidad según esta disposición?

Pero si por estabilidad entienden la forma y la figura esférica, en cuanto siempre permanece, saben entonces que la figura esférica y el movimiento circular no están en el cuerpo, no son constitutivos de la esencia, sino que son dos formas perfectivas, desde la intención del agente, como aclaramos en la carta sobre la materia y la forma. Ahora bien toda forma que está en lo formado a partir de la intención del agente no tiene una identidad estable ni es sempiterna, pues sólo es estable o sempiterno lo constituido por la forma.

Ya sabes que el conservador del mundo en esta forma es la velocidad del movimiento del cielo circundante. Pues el motor del cielo es distinto del cielo. Aunque la quietud del movimiento del cielo no será sino instantáneo (in ictu oculi), como se ha dicho, y al igual que el día del juicio también será instantáneo (in ictu oculi) o así al menos se puede decir. También sabes que si el cielo dejara de moverse, cesarían de moverse los planetas en su curso, y los signos del amanecer y del atardecer, y se destruiría la forma del mundo y su existencia y haría magno el día del juicio. Esto sin duda debe ser. Pues cualquier cosa es posible, si aceptamos que el tiempo es finito, es necesario que desemboque en este efecto puesto que es posible que el cielo cese a partir de una revolución. Pues la cosa que lo mueve también puede hacer que cese, lo cual le es fácil, (...) pues es de él la potestad de inclinar a aquello hacia la parte que quisiera.

AVICENA

Sufficientia physicorum
en: *Auicenne perhypatetici philosophi, ac medicorum facile primi Opera in lucem redacta, ac nuper quantum ars niti potuit per canonicos emendata:*
Logyca; Sufficientia; De celo & mundo; De anima; De animalibus; De intelligentiis. Alpharabius De intelligentiis. Philosophia prima

Suficencia, I, 2:
La causa de la substancia, en cuanto que es substancia es la forma... pero es accidental la causa de los que cambian y se perfeccionan pero no en lo substancial. Pero ya está en el uso, y en esta obra hemos llamado a toda causa, forma. Por lo tanto, llamemos forma a toda disposición, a saber, en razón de que todo, lo que se hace en lo receptible, se hace receptible por una propiedad. Y la materia difiere de cada uno de estos, porque se encuentra en cada uno de aquellos de alguna manera. Y la forma difiere de la privación, porque la forma es esencia por sí misma o porque se debe agregar ser al ser que tiene [ya] la materia. Pero la privación no agrega ser sobre el ser, ya que la materia tiene [ser], sino que la acompaña al modo de comparación de ella respecto de esta forma, que no tendría ser sino en potencia para recibir esa forma. Y esta privación no es privación absoluta, a saber, es privación que tiene algún modo de ser, porque es privación de la cosa en cuanto preparación y aptitud para aquella forma designada en la materia. Pues el hombre no se hace hombre desde la no humanidad, sino desde la inhumanidad apta para recibir la humanidad, y la generación se hace a través de la forma, no a través de la privación, y la corrupción se hace a través de la privación y no a través de la forma. Y se dice, que la cosa se hace desde la materia y la privación, y no se dice que se haga desde la forma...

Pero dicen en este lugar que la materia causa el deseo de la forma, y que las mujeres se asimilan a la materia, las formas se asimilan al hombre, y esto es lo que no entiendo. El deseo de los animales no es tal, que se remueva de la materia; pero el deseo natural por el cual es arrastrada la cosa como la piedra hacia abajo...y también ese deseo ampliamente es por ella.

Suficiencia, I, 3:

Encontramos materias, que son generadas y son corrompidas, como la leña para la cama...y la materia primera, acerca de la cual sabemos que ni es engendrada ni es corrompida, y su ser es perpetuo. Pero de las formas algunas son generadas y son corrompidas, y ellas son las que se encuentran en los seres generados y corruptibles, y otras formas ni son generadas ni son corrompidas, y ellas son las que tienen el ser perpetuamente.

Sobre el cielo y el mundo, IV:

Todo lo que comienza a ser o a hacerse, es producida desde dos causas: una es la materia, desde la cual se hace; la otra causa es la privación. Del mismo modo, de aquello que muere no se da la destrucción, sino cuando desde una disposición suya se cambia a su contrario; y todo lo que se hace desde cosas contrarias a sí mismo, del mismo modo su destrucción se hace desde cosas contrarias a sí mismo. Pero dado que el cielo es un cuerpo, todo lo que, como ya dijimos, es distinto de los cuatro elementos, y no se encuentra en otro cuerpo, que sea contrario a aquél, porque no hay ningún movimiento, como ya dijimos, que le sea contrario al movimiento circular. Y esto es manifiesto, por esto el cielo no se genera ni corrompe, y si esto es así, entonces es claro que no es mutable por una disposición a otra cosa, por lo cual es perpetuo.

Metafísica, tr. 9, cap. 1:

La esencia, que es necesariamente y es necesariamente así; es el principio de todas las cosas, de modo que, todo lo que es por ese principio, es necesario en cuanto a aquél; de otro modo tendría por él una disposición que no era, y así no sería necesario que sea en cuanto a todas sus partes. Pero si la disposición, que se genera, es puesta no en su esencia, sino fuera de su esencia, como algunos la ponen en la voluntad: entonces la cuestión es esta: la voluntad se hace por sí misma, restará hasta aquí, saber si es por voluntad, por naturaleza, o por alguna otra cosa, cualquiera que sea. De qué modo podría algo que no es, ser hecho o pones que es hecho en su esencia o no es hecho en su esencia, pero será algo distinto de su esencia y permanecerá hasta aquí la duda. Pues si se hace en su esencia, entonces sería variable. Hubiera sido manifiesto, que lo que es necesariamente por sí es necesariamente en todas sus partes.

(Al fin del capítulo): Por lo tanto ya ha sido manifestado la certeza de que, lo que anteriormente afirmamos, es decir: el movimiento no tiene inicio en el tiempo y no tiene inicio sino por parte del creador y este es el movimiento celeste; es necesario entonces, que la causa más cercana al primer movimiento sea el alma, y no la inteligencia, y que el cielo tenga un alma que obedece a Dios.

Sobre las definiciones y dudas:

Se dice eterno de muchos modos; pues se dice eterno según comparación o por relación, y también se dice eterno absolutamente. Eterno según comparación es aquello cuyo tiempo en el pasado es mayor que el tiempo de otra cosa. Y de este modo se dice eterno por comparación a eso [mayor]. Lo eterno absolutamente se dice según dos modos. Pues se dice según el tiempo o según la esencia. Aquello que es eterno según el tiempo es aquello que fue en un tiempo pasado infinito. Pero lo eterno según la esencia es aquello cuya esencia no tiene el ser por un principio que la cause. Por lo tanto eterno según el tiempo es aquello que no tiene principio temporal. Y eterno según la esencia es aquello que no tiene principio causal del cual dependa, y de este modo es eterno Dios glorioso.

Maimónides

Guía de los perplejos
Madrid, Trotta,1994, edición de D. G. Maeso

2º parte, cap. XXV, pp. 303-304:

[Consideraciones diversas sobre la teoría de la eternidad del mundo. La creación ex nihilo]

Debes saber que no rehuimos la aserción de la eternidad del mundo porque los textos escriturarios proclamen su creación, pues aquellos en que se afirma la novación del mismo no son más numerosos que las alusiones a la corporeidad de Dios. Ni se nos cierran las puertas de la interpretación alegórica en cuanto a aquella; al contrario, podríamos explicarla aquí como hicimos para rebatir dicha corporeidad de Dios (¡ensalzado sea!). Dos razones nos han movido a no preceder así ni admitirla: *Primera*, la incorporeidad divina se ha demostrado, y necesariamente debe recurrirse a la interpretación alegórica siempre que la demostración descarta el sentido literal y se impone la obligatoriedad de tal elucidación. Ahora bien, la eternidad del cosmos no se ha demostrado, y, por ende, no deben forzarse los textos interpretándolos alegóricamente para imponer una opinión cuya contraria podría igualmente sobreponerse mediante otros argumentos. He aquí una razón. *Segunda*, nuestra creencia en la incorporeidad de Dios (¡exaltado sea!) no nos echa por tierra ninguno de los fundamentos de nuestra religión, ni desmiente ningún texto de los profetas. Nada hay en contra, sino que, al decir de los ignorantes, eso se opone al texto escriturario, pero, como queda expuesto, nada hay contrario en él, antes bien ése es su objetivo. En cambio, admitir la eternidad del mundo, como hace Aristóteles, es decir, como una *necesidad,* de manera que no pueda alterarse ninguna ley de la naturaleza y nada admita modificación de su curso habitual, equivaldría a minar la religión desde su cimiento, desmentir todos los milagros, negar todo aquello que la Ley hace espera o temer, a menos que ¡por Dios! se pretenda también interpretar alegóricamente los milagros, como lo han hecho los *bātinīes* ("alegoristas") musulmanes, lo cual equivaldría a una especie de vesania. De todos modos, si se admite la *eternidad* conforme a la segunda opinión que dejamos expuesta, la de

Platón, según la cual el cielo fue creado y es perecedero, tal teoría no destruye los fundamentos de nuestra religión, ni implica la negación del milagro, sino más bien su admisibilidad. Muchos pasajes del Pentateuco y otros podrían entenderese de conformidad con esa teoría, o incluso argumentarse con ella. Nada nos obliga, sin embargo, a menos que tal opinión pudiera demostrarse; pero, no habiéndolo sido, no nos inclinamos por ella, ni le prestamos atención; preferimos tomar los textos en su sentido literal y afirmar que la religión nos ha enseñado una cosa que es inasequible y el milagro corrobora la veracidad de nuestras acciones.

Ten en cuenta que, admitida la creación del mundo, todos los milagros son posibles, como igualmente la *Torá,* y se desvanecen todas las objeciones que pudieran oponerse. En consecuencia, si se pregunta: ¿Por qué Dios se ha revelado a éste y no a otro? ¿Por qué Dios otorgó esta Ley a tal nación y no legisló para las restantes? ¿Por qué en tal época, y no antes ni después? ¿Por qué ha preceptuado unas cosas y prohibido otras? ¿Por qué privilegió al profeta con tales milagros, que se narran, y no con otros? ¿Cuál era el propósito de Dios al promulgar su Ley? ¿Por qué no inspiró a nuestra naturaleza el sentimiento de tales preceptos o prohibiciones, si tal era su propósito? La contestación a todas estas cuestiones sería la siguiente: "Así lo quiso", o "Así lo exigió su Sabiduría". Lo mismo que creó el mundo con esta forma, cuando fue su beneplácito, sin que nos sea dable averiguar su voluntad al respecto, ni de la sabiduría que le movió a elegir tales formas y tal época, de igual modo no podemos descubrir su complacencia, ni las exigencias de su sabiduría, *determinante* del objeto de dichas cuestiones. En cambio, si se sostiene que el mundo es como es por obra de la *necesidad,* forzosamente esos interrogantes, de los que no se podría salir sino con respuestas inadecuadas, que implicarían el mentís y la negación de todos esos textos de la Ley, cuyo sentido literal no puede poner en duda ninguna persona inteligente. Por tal motivo se ha rechazado tal teoría, y los piadosos han pasado y pasarán su vida meditado sobre esta materia; pues si la novación del mundo llegara a demostrarse, siquiera según sea la opinión de Platón, se desvanecería todo cuanto los filósofos dijeron para rebatirnos; como igualmente, si hubieran logrado demostrar la eternidad del mundo conforme a la teoría de Aristóteles, se hundiría toda la religión y sentiríase la necesidad de una orientación hacia otras opiniones. Con esto te he expuesto que todo depende de esa cuestión. Tenlo muy en cuenta.

BUENAVENTURA

Opera Omnia S. Bonaventurae, Commentaria in librum secundum Sententiarum
edita Studio et Cura PP. Collegii a S. Bonaventura, Ad Claras Aquas (Quaracchi), 1885, Tomo II, pp. 19- 24
< http://www.archive.org/stream/doctorisseraphic02bona#page/n7/mode/2up>

Dist. 1, p. 1, a.1, q. 2: Se investiga, si el mundo fue producido en el tiempo o desde la eternidad. Se muestra que *no fue en el tiempo*:

1. Por dos razones tomadas del movimiento.

La primera es *ostensiva*: antes del primer movimiento y mutación está el movimiento del primer móvil; pero todo lo que empieza, empieza por un movimiento o mutación: por lo tanto ante todo aquello que empieza, hay un movimiento de aquél. Pero este movimiento no puede ser anterior a sí ni antes de su móvil: por lo tanto es imposible que comience. Supuesta la primera proposición se prueba de esta manera: porque la suposición es en filosofía que "en todo género lo perfecto es anterior a lo imperfecto"; pero entre todos los géneros de movimiento el movimiento según el lugar es el más perfecto, porque es propio del ente completo; y entre todos los géneros de movimiento local el movimiento circular es más veloz y por lo tanto más perfecto; pero tal es el movimiento del cielo: por lo tanto es perfectísimo y por lo tanto primero, por lo tanto se hace evidente que...

2. Lo mismo se muestra *por lo imposible*. Todo lo que llega ser lo hace a través del movimiento y la mutación (*Física*, V, 1, 225 a y ss.): por lo tanto si el movimiento sale al *ser*, sale por movimiento y mutación; y lo mismo acontece respecto de lo que se investiga: por lo tanto, o es ir al infinito, o es poner *algún movimiento sin principio*; si algo es movido: por lo tanto es móvil, por lo tanto también el mundo.

3. El mismo argumento *es ostensivo,* a partir del *tiempo*, de este modo: todo lo que empieza, o empieza en el *instante,* o en el *tiempo*: por lo tanto si el mundo comenzó, lo hizo en un *instante*, o en el *tiempo*. Pero antes de todo tiempo hay tiempo (*Física* VIII, 1; IV, 11, 219 a 17-33), y antes de todo instante hay tiempo: por lo tanto el tiempo es antes de

todas las cosas que comienzan. Pero no puede ser antes el mundo y el movimiento: luego, el mundo no comienza. La primera proposición es evidente de suyo. La segunda, a saber, que antes de todo tiempo hay tiempo, se evidencia por esto, que, si vale, valía con necesidad. Del mismo modo, que antes de todo instante haya tiempo, se hace claro de este modo: el tiempo es la medida circular (*Física* IV, 14, 223 b 28 y ss.) que conviene al motor y al móvil; pero todo punto, que está en el círculo, tanto es principio como fin: por lo tanto todo instante del tiempo tanto es principio del futuro, como término del pretérito (*Física* IV, 13, 222 a 33 y ss.): por lo tanto antes de todo ahora hubo pretérito, por lo tanto se hace evidente que...

4. Lo mismo, *por imposible*. Si el tiempo fuera producido, lo sería o en el *tiempo* o en el *instante*. No en el *instante*, porque no es en el instante (*Física* IV, 11, 219 a 30-33), por lo tanto lo es en el *tiempo*. Pero en todo tiempo hay que poner un antes y un después, como también un pasado y un futuro: por lo tanto si el tiempo fue producido en el tiempo, antes de todo tiempo hubo tiempo, y esto es imposible: por lo tanto...

Estas son las razones del Filósofo, las cuales han sido tomadas a partir del mundo.

5. Del mismo modo, otras razones de los filósofos son tomadas desde las *causas productivas*; y generalmente pueden ser reducidas a dos razones, de las cuales la primera es *ostensiva*, la segunda en cambio *por lo imposible*. La primera es la siguiente: puesta la causa *suficiente* y *actual*, se pone el efecto (*Física*, II, 3, 195 b; Avicena. *Metafísica*, IX, 1.); pero Dios desde la eternidad fue la causa suficiente y actual del mundo mismo; por lo tanto, etcétera. La proposición *mayor* es de suyo evidente. La *menor* a saber, que Dios es causa suficiente, se evidencia porque como no necesita de nada exterior para crear al mundo sino la potencia, sabiduría y bondad, y estas estuvieron en Dios perfectísimamente desde la eternidad, se evidencia que desde la eternidad fue [causa] suficiente. Y que también sea *actual* se muestra así: Dios es acto puro y su mismo *querer*, como dice el Filósofo (Metafísica, XI, 6, 1071 b 19; XI, 7, 1072 a 25); y los Santos afirman que es su *obrar*: por lo tanto... etcétera.

6. Lo mismo pero *por lo imposible*. Todo aquello que empieza a obrar o producir, cuando antes no producía, pasa de la inactividad al acto (Física, VIII, 1); si, entonces, Dios comienza a producir al mundo, pasa de la *inactividad* al *acto*; pero en cualquier caso similar hay inactividad y mutación o mutabilidad; por lo tanto también en Dios hay *inactividad* y *mutabilidad*. Pero esto va en contra de su suma bondad y suma simplicidad: por lo tanto esto es imposible, es una blasfemia decir [eso] de

Dios y, de ese modo, que el mundo comenzó. Estas son las razones, que los comentadores y los autores modernos agregan a los argumentos de Aristóteles, o bien pueden reducirse a estas razones.

Pero también para lo contrario hay argumentos basados en proposiciones de suyo evidentes según la razón y la filosofía.

1. La primera es esta. *Es imposible agregar algo al infinito* (Aristóteles, *De Caelo* I, 12, 283 a 9), esta es evidente de suyo porque todo aquello que recibe adición, se hace mayor, "pero el infinito no puede ser mayor", pero si el mundo es sin principio, durará infinitamente; por lo tanto no se le puede agregar algo a su duración. Pero consta que esto es falso, porque la revolución [del mundo] se agrega a la revolución de cada día: por lo tanto, etcétera. Si *dices*, que el infinito es en cuanto a lo pretérito, pero en cuanto a lo presente, lo que ahora es, es finito en acto. Por lo tanto en cuanto a esa parte, es decir, en cuanto a lo finito en acto es mayor. En *contra* de esto, se aclara que, lo pasado se vuelve mayor: y esta es una verdad infalible, que, si el mundo es eterno, las revoluciones del sol en el universo son infinitas, en cuanto una revolución del sol es doce veces la revolución de la luna. Por lo tanto hay más revoluciones de la luna que del sol, pero el sol las tiene infinitas: por lo tanto los infinitos en ese aspecto, en cuanto infinitos, se superan unos a otros. Pero esto es imposible, por lo tanto entonces...

2. La segunda proposición es esta. *Es imposible ordenar las cosas infinitas*. Pues todo orden fluye desde el principio a través del medio, por lo tanto, si no hay primero, no hay orden; pero la duración del mundo o la revolución del cielo, si son infinitos, no tienen primero (*De animal. Gener*. II, 6, 742 b 21; *Física,* VIII, 5, 256, a 19): por lo tanto no tienen orden, y por lo tanto una no es antes que la otra. Pero esto es falso: queda por lo tanto, que tengan un primero. Pero si *dices* que no es necesario poner la condición del orden, sino en aquellas cosas que están ordenadas según un orden de causalidad, porque en las causas es necesaria esa condición (*Física*, VIII, 5; *Metafísica* I 2, 994 a1). Me *pregunto ¿*por qué no en las otras? *Además*, tu con esto no te escapas: pues nunca hubo una revolución del cielo, sin generación de un animal por otro animal; pero consta que el animal se ordena al animal, por el cual es generado según un orden causal. Por lo tanto, si según el Filósofo (*Física*, VIII, 5; *Metafísica* I, 2, 994 a 1) y la razón es necesario poner una condición en la cual se ordenen según un orden de causas. Luego en la generación de los animales es necesario poner un primer animal; y el mundo no hubiera sido sin los animales, por lo tanto, etcétera.

3. La tercera proposición es la siguiente: *"Es imposible recorrer lo infinito" (Física*, VIII, 5. *Metafísica* I, menor, 2, 994, a 1); pero si el mundo no comenzó, hubo infinitas revoluciones: por lo tanto es imposible transitar aquellas: por lo tanto fue imposible llegar hasta ésta. Pero *si tu dices* que no han sido transitadas, porque no hubo una primera (Cf. Tomás de Aquino. *Suma Teológica*, 1, q.26, a.2 ad. 6), o, que también pudieron ser transitadas en un tiempo infinito: *sin embargo* no evades [esta objeción]. Pues te pregunto a ti, si *alguna* revolución antecedió a la de hoy infinitamente o ninguna. Si *ninguna*: entonces todas distan de ésta finitamente, por lo tanto todas son finitas, por lo tanto tienen principio. Si alguna *dista* infinitamente: me pregunto si acerca de la revolución que se sigue inmediatamente de aquella, si dista infinitamente. Si no es así: entonces tampoco aquella dista, porque existe siempre entre ambas una distancia finita. Pero si dista infinitamente, del mismo modo pregunto acerca de la tercera o de la cuarta y así hasta el infinito: por lo tanto no dista más de una que de otra: por lo tanto no es anterior a ninguna, por lo tanto son todas simultáneas.

4. La cuarta proposición es esta. *Es imposible que lo infinito sea abrazado por una virtud finita*; pero si el mundo no comienza, lo infinito será alcanzado por la virtud finita: por lo tanto, etc. *La prueba de la mayor* se evidencia de suyo. *La menor se muestra así*. Supongo que solamente Dios tiene una virtud infinita en acto, y todas las demás cosas la tienen finita. Supongo también, que el movimiento del cielo nunca fue sin una substancia espiritual creada, la cual o él mismo la hizo, o al menos la conoció. Seguidamente también supongo esto, que la substancia espiritual de nada se olvida. Entonces si alguna substancia espiritual de virtud finita fue simultánea con el cielo, nunca se dio una revolución del cielo, que no fuera conocida; y haya sido olvidada: por lo tanto conoce todo en acto; y fueron infinitas: por lo tanto alguna substancia espiritual de virtud finita al mismo tiempo abrazó lo infinito. Pero si dices que no es obstáculo que por una única semejanza se conoce a todas las revoluciones que son de la misma especie y completamente similares entre ellas: se *opone* a esto el que no solo serán conocidas, sino también los efectos de las mismas; pero los efectos de las cosas variadas y diversas son infinitos: se hace claro.

5. La quinta es así. *Es imposible que las cosas infinitas sean simultáneamente*. (Aristóteles, *Física*, III, 5; *Metafísica*, X, 10, 1066 b 11), pero si el mundo es eterno sin principio, como el mundo no es sin el hombre –porque todas las cosas son en razón del hombre– y el hombre dura un tiempo finito: por lo tanto los hombres fueron en número infinito. Pues hubo tantos hombres como almas racionales, por lo tanto

hubo una infinidad de almas. Pero hubo tantas almas que fueron como tantas que son, porque son formas incorruptibles: por lo tanto hay una infinidad de almas. Pero si en razón de esto afirmas que hay transmigración de las almas (Pitágoras, Cf. Diels *Fragmente der Vorsokratiker* 1, 25 y ss.; Platón *República* X, 13 ss., n° 614 ss.; Cf. Agustín, *Sobre la ciudad de Dios*, XII, 26), o que existe un alma en todos los hombres. El *primero* es un error de la filosofía porque como quiere el Filósofo (*De Anima*, II, 2, 414, a 25) "el acto propio está en la materia propia": por lo tanto no puede el alma, que fue perfección de uno, ser perfección de otro, como también afirma el Filósofo. Lo *segundo* es más erróneo aún, porque mucho menos existe un alma para todos.

6. La última razón es esta. *Es imposible que lo que tiene ser después del no ser tenga el ser eternamente*. Porque esto implica contradicción; pero el mundo tiene el *ser* después del *no-ser*; por lo tanto es imposible que sea eterno. Que tiene *ser* después del *no-ser* se prueba de esta manera: todo aquello que tiene el ser totalmente desde algo, es producido por aquello desde la nada; pero el mundo tiene el *ser* totalmente por Dios: por lo tanto el mundo es desde la nada; pero no desde la nada materialmente sino originalmente. Pero todo lo que es producido totalmente por algo diferente por esencia, tiene el ser desde la nada, lo cual es evidente. Pues lo que es producido totalmente, es producido según la materia y según la forma; pero la materia no es producida desde algo pues no es producida desde Dios: es manifiesto entonces que es desde la nada. Entonces, la *premisa menor*, esto es que el mundo es producido totalmente por Dios se evidencia por otra cuestión.

Conclusión: *Si afirmamos que todas las cosas son producidas desde la nada, esto implica decir, que el mundo es eterno o ha sido producido desde la eternidad.*

Respondo que debe afirmarse lo siguiente: decir que el mundo es eterno o que ha sido producido eternamente, diciendo que todas las cosas son producidas desde la nada, esto es totalmente opuesto a la verdad y a la razón, como lo demuestra el último argumento; y además es contra la razón, porque ningún filósofo ni siquiera los de entendimiento más corto han podido creer eso. Pues esto manifiesta una contradicción manifiesta.

Afirmar que el mundo es eterno presupuesta la eternidad de la materia, parece razonable e inteligible, y esto se muestra con dos ejemplos. La salida de las cosas mundanas de Dios es por modo de huella o vestigio. De modo que si el pie fuera eterno, como también el suelo, en el cual se forma la huella o vestigio, sería también eterno; pues nada prohibiría entender que la huella del pie fuera también coeterna, si fuera huella del pie (Agustín, *Sobre la ciudad de Dios*, X, 31). De este modo si la materia o el principio potencial fuera coeterno al autor ¿qué le prohibiría a la misma huella ser eterna? Vemos que esto tiene coherencia. Hay además otro ejemplo razonable. La creatura proviene de Dios como la *sombra*, del Hijo procede como el *esplendor*, pero cuanto más rápido aparece la luz, al mismo tiempo hay *esplendor* y al mismo tiempo hay sombra, si existe un cuerpo opaco opuesto a ella. Por lo tanto si la materia es coeterna al autor como el cuerpo opaco, entonces es razonable poner al Hijo, que es esplendor del Padre, como coeterno: de este modo parece razonable, que las creaturas o el mundo, que son sombra de la suma luz, sean eternas. Y esto es más razonable que la idea opuesta, a saber que la materia imperfecta fue eternamente, sin la forma o la influencia divina, como afirmaron algunos filósofos; y por lo tanto los más razonadores como también el más excelente entre los filósofos, Aristóteles, según lo que los Santos imponen, y los comentadores exponen, y por sus palabras se alega, en este error habían caído. Ciertamente los modernos dicen, que el Filósofo ni pensó ni intentó probar que el mundo de ninguna manera comenzó, sino que no comenzó con un *movimiento natural*. Cuál de estas es más verdadera, yo no lo sé, solamente sé esto: si se afirma que el mundo no comenzó según la naturaleza, esto es con verdad y los argumentos asumidos por el movimiento y el tiempo son eficaces. Pero si alguien piensa que el mundo de *ningún modo* comenzó, manifiestamente se equivoca, como se hizo evidente más arriba con los diferentes argumentos señalados. Y fue necesario poner, para evitar la *contradicción* que o el mundo no fue hecho, o no fue hecho desde la nada. Pero para evitar la infinitud actual fue necesario afirmar o bien la *corrupción* del alma racional, o la *unidad* y la *transmigración*; y así perder la beatitud (Agustín, *Sobre la ciudad de Dios*, X, 30). Se sigue de este error que no sólo tiene un mal *inicio* sino que tiene un pésimo *fin*.

1. Por lo tanto, lo que se ha objetado en primer lugar sobre el tema del movimiento, en cuanto que es el primero entre todos los movimientos y mutaciones porque es perfectísimo, debe decirse que hablando de movimientos y mutaciones *naturales*, se dice la verdad y no tiene objeción, pero hablando de la mutación *sobrenatural*, a través del cual el mismo móvil llega al ser, no tiene verdad. Pues aquella mutación precede a todo lo creado, y así al primer móvil, y por esto también a su movimiento.

2. Lo que se objeta que todo movimiento llega a *ser* por un movimiento, debe decirse que el movimiento no sale *al ser de suyo*, ni *en sí*, sino *con otro y en otro*. Y porque Dios en el mismo instante hace al

móvil e influye como motor sobre el móvil, por lo tanto co-crea al movimiento del móvil. Pero si preguntas sobre esa creación, debe decirse que allí se debe responder como en lo primero. Y esto se aclaró mejor anteriormente (a. 3, q. 2. ad. 5).

3. Lo que se objeta al *ahora* [nunc] del tiempo debe decirse que al igual que en el círculo, el punto se entiende de doble modo, o cuando se *hace* o *después de hecho*; y como, mientras se engendra, hay que poner y asignar el primer punto, y cuando ya es, no hay que poner un primero. Del mismo modo se toma el *ahora* en el tiempo de dos maneras: en la misma *producción* del tiempo hay un *ahora* primero, antes del cual no hubo otro que fuera principio del tiempo, en el cual se dice que todos fueron producidos. Y después que el tiempo *ha sido hecho*, es verdadero que el término del pasado también se relaciona al modo del círculo, de este modo las cosas producidas no lo fueron en un tiempo ya perfecto. Y así se evidencia que las razones del Filósofo nada valen para esta conclusión. Y lo que se dice, que antes de todo *tiempo* hay tiempo, [se debe decir] que es verdadero asumiendo lo interior dividiendo, pero no procediendo fuera de lo anterior.

4. A lo que se objeta acerca del tiempo cuando comienza; debe responderse que comienza en su principio; pero el principio del tiempo es *instantáneo* o *ahora*; y así comienza en el instante. Y no tiene validez el argumento que dice que si no fue en el instante, por lo tanto no comenzó en el instante, porque los sucesivos no están en su inicio. Sin embargo esto se puede decir de otra manera, dado que de dos modos se puede hablar del tiempo: o según la *esencia* o según el *ser*. Si es según la esencia, en el *ahora* está toda la esencia del tiempo, y comienza con la cosa móvil, y no en otro ahora, sino en sí mismo, porque el estado está en el primero, de donde no tuvo otra medida. Pero si se considera según el *ser*, entonces comienza con el movimiento de variación, a saber no comienza por creación, sino aún mejor por la mutación de los mismos móviles y máximamente por el primer móvil.

5. A lo que se objeta sobre la suficiencia y actualidad de la causa, debe decirse que una causa puede ser *suficiente* de dos modos: ya sea obrando por *naturaleza* o por *voluntad* y *razón*. Si obra por *naturaleza*, entonces en el mismo instante en que es, produce. Si en cambio obra por *voluntad* aunque esta sea suficiente, no es necesario que en el mismo instante en que es, obre; pues obra según la sabiduría y la discreción, y así considera la conveniencia. Porque si no convenía a la naturaleza de la creatura la eternidad, no dejaba el que Dios no done a alguno esta nobilísima condición: así entonces la voluntad divina, que obra según la sabiduría, no produce desde la eternidad, sino en el

tiempo; porque así como produjo, así lo dispuso y así lo quiso. Desde la eternidad quiso producir en el momento en que lo produjo; como yo quiero *ahora* oír misa *mañana*. Y así se evidencia que la *suficiencia* no concluye.

Del mismo modo debe decirse sobre la actualidad que la causa puede estar en acto de dos modos: o en sí, como si dijera: el sol brilla; o en el efecto, como si dijera: el sol ilumina. Del primer modo Dios siempre estuvo en acto, puesto que él mismo es acto puro, no teniendo ninguna mezcla de lo posible; de otro modo no siempre está en acto; pues no siempre fue productor.

6. Se objeta a lo segundo: Si de no productor fue hecho productor, se muda del ocio al acto; pero debe decirse que *hay algún agente* en el cual la acción y la producción agrega algo al agente y al productor. En tal caso, como de no-agente se hace agente, varía de algún modo; antes de la operación está *ocioso*, y en la operación se agrega un *complemento*. Pero *hay otro* agente, que es su acción, y a tal agente nada se le agrega cuando produce ni tampoco en él se hace algo que antes no estaba; y ni en el operar recibe un *complemento* ni cuando no obra está *ocioso*, ni cuando de no-productivo se hace productivo, *muda* del ocio a la acción. Pero así es Dios también para los filósofos quienes sostuvieron que Dios es simplísimo. Se evidencia entonces que no tiene sentido el argumento de aquellos. Pues si en razón del *ocio* se debe evitar el que desde la eternidad las cosas fueron hechas, sin estas cosas, el bien perfecto no existiría, ni tampoco *con* las cosas, porque lo perfectísimo en sí es perfecto. Además si en *razón* de la *inmutabilidad* fuera necesario que las cosas sean eternas, nada nuevo podría producir. Entonces, ¿de qué modo sería Dios, si nada nuevo puede producir? Todas estas cosas indican demencia más que filosofía o algún argumento.

Si tu preguntas, de qué modo puede ser entendido como Dios obra por sí mismo y sin embargo, que no empieza a obrar; se te debe decir que, aunque esto no puede plenamente ser captado en razón de la imaginación conjunta, sin embargo puedes convencerte por una razón necesaria.; y si alguien se aleja de lo sensible para alcanzar lo inteligible, de algún modo lo percibe. Pues si alguien pregunta si el Ángel puede dar de beber al alfarero, dado que no tiene manos, o también lanzar piedras; se le debe responder que puede porque lo puede con su sola virtud sin órgano, lo que puede el alma con su cuerpo y sus miembros. Así pues, si el Ángel en razón de su simplicidad y perfección supera al hombre, de modo que pueda hacer aquello sin la intervención de un órgano, para lo cual el hombre necesariamente necesita de un órgano:

puede también hacer el Ángel a través de uno, lo que el hombre hace a través de muchas cosas.

Cuánto más entonces Dios, que está en el confín de toda simplicidad y perfección, por imperio de su voluntad sin ningún medio, que no es otra cosa que él mismo, puede producir toda las cosas, y permanecer inmutable en el producir! Así puede el hombre ser llevado a comprender estas cosas. Pero esto lo captará más perfectamente si estas dos cosas puede contemplar en sus obras, a saber el que es *perfectísimo* y *simplicísimo*. *Perfectísimo*, porque todas las cosas que son perfectas a él se le atribuyen; *simplicísimo*, porque ninguna diversidad en él se pone, ni tampoco ninguna variedad ni mutabilidad; por lo tanto permanece estable cuando da a todas las cosas el moverse.

Tomás de Aquino

Sobre la Eternidad del mundo
Buenos Aires, Aguilar, 1975, trad. A. J. Cappelletti (selección), pp. 44-50

3. Se debe averiguar, por tanto, si hay rechazo del entendimiento a estas dos cosas: que algo sea causado por Dios y sin embargo haya existido desde siempre. (...)

4. Toda la cuestión consiste, por consiguiente, en esto: si ser creado por Dios en cuanto a la substancia toda entera y no tener comienzo en la duración son cosas que se repelen entre sí o no.

Mas, que no se repelen se muestra de este modo: Si, en efecto, se repelen, ello no sucede sino por una de estas dos causas o por ambas: o porque es necesario que la causa eficiente preceda a su efecto por existir en la duración, o porque es necesario que el no ser preceda al ser en la duración; y por esto se dice que es hecho por Dios de la nada.

Primero, debe mostrarse, por tanto, que no es necesario que la causa eficiente, es decir, Dios, preceda a lo causado por Él en la duración, si así Él lo quisiera.

5. En primer término se muestra así. Ninguna causa que produce su efecto instantáneamente precede de un modo necesario a su efecto en la duración.

Pero Dios es una causa que produce su efecto no por medio de un movimiento sino instantáneamente. Por consiguiente, no es necesario que preceda a su efecto en la duración. (...) Por tanto, en cualquier momento en que se ubique a un agente que produce su efecto instantáneamente puede ubicarse el término de su acción.

6. Además, la causa que produce toda la substancia entera de la cosa no puede menos al producir toda la substancia entera que la causa que produce la forma al producir la forma, sino, al contrario, mucho más; porque no la produce sacándola de la potencia de la materia, como sucede con aquel que produce la forma. Pero un agente que sólo produce la forma, puede hacer que la forma por él producida exista siempre que él mismo existe, como resulta evidente en el sol que ilumina. Por tanto, con mucho mayor razón Dios, que produce toda la substancia entera de la cosa puede hacer que lo causado por Él exista siempre que Él existe.

7. Además, si hay alguna causa que una vez dada en determinado momento no puede hacer que se dé el efecto procedente de ella en el mismo momento, esto no sucede sino porque a dicha causa le falta algo para ser completa, ya que la causa completa y lo causado existen al mismo tiempo. Pero a Dios nunca le faltó algo para ser completo. Por tanto, lo causado por Él puede darse siempre que Él se dé, y así no es necesario que lo preceda en la duración.

8. Además, la voluntad del que nada quiere mengua su eficacia, y principalmente en Dios. Pero todos los que explican los argumentos de Aristóteles en los cuales se prueba que las cosas proceden desde siempre de Dios por el hecho de que éste hace siempre lo mismo, dicen que tal cosa se seguiría si El no fuera causa eficiente por medio de su voluntad.

Por tanto, aun cuando se suponga una causa eficiente por medio de la voluntad, la misma puede hacer que lo causado por ella nunca haya estado sin existir. Y así resulta evidente que no repugna al entendimiento al decir que la causa eficiente no precede a su efecto en la duración, pues aquellas cosas que repugnan al entendimiento Dios no puede hacer que existan.

9. Queda ahora por ver si repugna al entendimiento que alguna cosa hecha nunca haya estado sin existir, a causa de que es necesario que su no ser haya precedido a su ser en la duración, por cuanto se dice que fue hecho de la nada.

Pero que esto a ningún entendimiento repugne se muestra por lo que dice Anselmo en el capítulo octavo del *Monologión*, al explicar en qué sentido se dice que la criatura es hecha de la nada: "La tercera significación –dice– por la que se expresa que algo es hecho de la nada se da cuando entendemos que ha sido en verdad hecho pero que no hay algo de lo cual haya sido hecho. Con una significación semejante parece que se dice, cuando un hombre se entristece sin causa, que se ha entristecido por nada. Según este sentido, pues, si se entendiera, como más arriba se ha concluido, que fuera de la esencia suprema todas las cosas que de ella proceden han sido hechas de la nada, esto es, no de alguna cosa, no se seguirá inconveniente alguno".

De lo cual resulta evidente que, según esta explicación, no se supone relación alguna de lo que ha sido hecho a la nada, como si fuera preciso que antes lo que ha sido hecho no haya sido y luego haya sido algo.

11. Y no es necesario que a causa de esto existan al mismo tiempo la nada y el ser, porque aquélla no lo precedió en la duración. No se supone, en efecto, si la criatura existió desde siempre, que en algún momento haya sido nada, sino que se supone que su naturaleza es tal

que sería nada si se la dejara librada a sí misma, así como si dijéramos que el aire desde siempre fue iluminado por el sol, sería necesario decir que el aire fue hecho luminoso por el sol. Y como todo lo que se hace se hace a partir de lo que no se da, esto es, a partir de aquello que no se da al mismo tiempo que lo que se dice que es hecho, será necesario decir que es hecho luminoso a partir de lo no luminoso u oscuro; pero no de manera que alguna vez haya sido no luminoso u oscuro, sino porque tal sería si se lo dejara librado a sí mismo. Y esto se hace patente de un modo más explícito en las estrellas y los mundos que son siempre iluminados por el sol.

HERVÉ NÉDELLEC

Herveus Natalis, Quodlibeta
Venecia, 1513. Reimpresión The Gregg Press, Ridgewood, Nueva Jersey, 1966

Quodlibetum II, quaestio 1: Es verdadero que todo lo que es generable es corruptible, pero la consecuencia, que extraen los adversarios es falsa, cuando dicen: lo mismo se sigue de todo lo que tiene causa eficiente; porque no todo lo que se hace, se hace por generación, sino que es necesario poner algo no hecho por generación, sino por creación (...).

Porque todo lo que se hace, o es completamente simple o compuesto. Si es totalmente simple, no se hace por algo presupuesto, porque de ese modo no sería completamente simple, como se evidencia de suyo. Si se hace compuesto de materia y forma, es necesario poner también, que tiene causa eficiente en cuanto a ambos: En cuanto a la forma es evidente; y en cuanto a la materia es necesario conceder esto, porque de lo contrario, será de suyo y sí necesariamente, lo cual no es verdadero, porque esto sólo conviene a Dios. O bien es posible que sea o no sea, y por consiguiente que tenga una causa efectiva. O bien es esto, porque tiene necesidad de ser, pero por otro distinto, y por consiguiente que tenga una causa, por la cual es. Y así todo lo que es tal tiene causa eficiente, y su substracción es causa de no ser, y por consiguiente tiene más no ser que ser, en el orden natural.

Algo puede ser dicho artículo de fe de dos maneras: de un modo, porque es alcanzado por la sola fe, y de este modo que el mundo es creado en el tiempo es artículo de fe. De otro modo no, porque no puede ser alcanzado de otro modo que no sea por la fe, o porque lo, que no puede ser alcanzado por la razón, es poseído por fe. De este modo que el mundo es creado por Dios absolutamente es artículo de fe, porque cualquiera asume por fe que el mundo es creado por Dios; no es sin embargo, artículo de fe en el primer modo, porque que el mundo es creado por Dios en el tiempo o en la eternidad, puede ser probado eficazmente por la razón.

Para aquellos que contra esto objetan, diciendo que aunque no se ponga en el símbolo que Dios novedosamente es creador del cielo y de la tierra, sin embargo esto es lo que se da a entender. Y esto es también lo que se entiende en el comienzo del Génesis, donde se lee: "En el principio Dios creó el cielo y la tierra". Es necesario entender literalmente el principio de duración, o no. Y pruebo esto, porque o tenemos por fe que Dios es el creador del cielo y de la tierra en el tiempo o no. Si no, entonces no es contra la fe poner que el mundo fue creado en la eternidad, lo cual es falso y también herético. Si [respondemos afirmativamente] por lo tanto, por fe debe ser sostenido que Dios es el creador en el tiempo, y por consiguiente es necesario poner, que ya desde el símbolo, ya desde la Escritura sea aceptado.

a) Si la novedad de ser es lo mismo que hacer y ser hecho según la razón.

Sobre la eternidad del mundo, cuestión 1: En cuanto a lo tercero. De este modo se hace evidente que, en razón de lo mismo, hacer y ser hecho no requiere novedad de ser. Y esto porque la novedad no agrega nada a la recepción del mismo ser sino la negación o carencia del mismo ser en el tiempo y en la duración precedente existente o posible. Pero nada negativo o privativo puede convenir a lo positivo como es el hacer y el ser hecho. Por lo tanto la novedad del ser no es de la misma razón que el hacer y el ser hecho.

b) Si a aquello que es desde la eternidad y necesario repugna el ser por otro efectivamente

Sobre la eternidad del mundo, cuestión 2: Es manifiesto que lo hecho en aquello que ha de ser hecho no incluye la posibilidad de no ser ni tampoco le conviene a sí, de donde se sigue que a lo hecho no le repugna el ser hecho y que sea necesario desde toda la eternidad.

Esto se manifiesta de dos maneras: en primer lugar (I) por la naturaleza objetiva de lo posible, que es la razón de lo hecho en cuanto que es hecho; (II) en segundo lugar por la comparación del ser hecho con la causa eficiente. Lo primero se muestra así: (Ia) Es propio de la naturaleza de lo hecho en cuanto es hecho, como ya ha sido dicho, el ser posible objetivo. Pero si algo es posible objetivamente, no es necesario que le sea posible el no ser. Por lo tanto de lo que ha de ser hecho, en cuanto hecho, no se sigue la posibilidad de no ser y por lo tanto no le repugna el ser necesario desde la eternidad... (Ib) En segundo lugar, lo mismo se evidencia por la siguiente razón: Así del mismo modo que lo posible subjetivo es a su acto, del cual es su sujeto; así también lo posible objetivo es al ser en el acto a través de la acción del agente. Pero no todo lo posible objetivo es posible subjetivo en razón de los actos de los opuestos. Por lo tanto ni todo lo objetivo posible es posible con respecto a los actos de los opuestos *así como aquello, que es posible obje-*

tivamente es necesariamente posible de no ser. La mayor así se aclara: porque así como un sujeto que tiene necesaria relación a su acto, al modo como la materia del cielo es a su forma y el hombre a la risibilidad; así también se evidencia que un género, que tenga necesaria relación a su efecto, como el sol a la iluminación del aire y como un matorral para causar en el agua su imagen y otras relaciones semejantes, como el hombre para hacer banquillos, gracias a lo cual se muestra la premisa mayor. Es decir, así como se encuentra lo posible subjetivo respecto de su acto, así también lo posible objetivo al ser en acto, por la acción del agente. La menor también se evidencia por un ejemplo sensible. Pues la materia del cielo es posible subjetivamente con respecto a la forma del cielo, la cual de ninguna manera puede ser posible subjetivamente respecto a los actos opuestos, y del mismo modo, el hombre respecto a lo risible, por lo cual se evidencia la menor, a saber que no todo lo posible subjetivo es respecto de actos opuestos. Por lo tanto no todo posible objetivo es respecto de los opuestos, a través de lo cual se logra lo que se intenta probar, a saber que no todo posible objetivo sea posible respecto del no ser en cuanto tal.

(II) Lo segundo se evidencia principalmente comparando el efecto con la causa eficiente. Cuando algo es efectivamente por necesidad desde otro, puesta la causa necesariamente se sigue el efecto, porque tienen una relación necesaria de modo que puesto uno se debe poner en razón de esa necesidad lo que se sigue, como se evidencia en los ejemplos anteriormente citados. Por lo tanto en tales casos, son al mismo tiempo y por necesidad, causa y efecto. Aclarado esto así argumento entonces lo siguiente: Todas las cosas son al mismo tiempo coexistentes necesariamente bajo alguna relación determinada, como no les repugna ser o coexistir bajo aquella relación determinada por algún tiempo, así si fueran desde la eternidad, no les repugnaría coexistir necesariamente bajo aquella relación; cuya razón es, que la necesidad fundada sobre las relaciones de las cosas, sobre las cuales se fundan las ciencias, se extienden para siempre y se abstraen de toda diferencia de tiempo. Pero como se evidencia por la razón anteriormente propuesta, algunas cosas son, según necesidad, simultáneas, de las cuales una es causa y la otra es efecto. Por lo tanto si ambos fueran eternamente, necesariamente coexistirían y sin embargo una sería causa y la otra efecto... Pero debe decirse que...no se busca saber si existe algún agente por necesidad natural desde la eternidad. Consta que no, porque solamente Dios es desde la eternidad, pero la cuestión busca saber lo siguiente: si tal cosa existiera desde la eternidad, le repugnaría obrar desde la eternidad, a saber, que al agente en cuanto agente también le repugnaría con necesidad de naturaleza desde la eternidad. Y el argumento muestra que no le repugnaría en cuanto que el agente con necesidad de naturaleza es desde la eternidad.

(IIb) Para lo mismo se argumenta por comparación del efecto con la causa eficiente, de esta manera: porque que el efecto desde la eternidad no coexiste necesariamente con su causa que necesariamente existe desde la eternidad, o, porque el efecto pueda no ser en virtud de la misma causa existente, o porque su ser es posterior a su causa. Pero ni uno ni otro es verdadero, porque algún eficiente, tal como es, produce necesariamente su efecto. Por lo cual si alguno es necesariamente desde la eternidad, [y] le repugnara obrar necesariamente, esto no se daría, porque a lo eterno, en cuanto eterno le repugna el obrar necesaria y eternamente, porque es un agente con libre albedrío, al cual le repugna la necesidad absoluta, aunque no le repugna la condicionada. Y así se evidencia, que aquello, que es necesario (desde la eternidad, en cuanto tal, no le repugna ser hecho ni al contrario).

c) Si es más probable que el primer motor y su movimiento comenzara novedosamente que fuese eternamente.

Quodlibeto III, cuestión 11: Se argumenta que es más probable que el primer móvil y su movimiento sean novedosamente que fuesen eternamente: porque es más probable que Dios sea con infinita virtud que lo opuesto, por lo tanto es más probable que el primer móvil y su movimiento comiencen novedosamente y no que fuesen desde toda la eternidad. Lo que antecede se toma de cierta determinación mía en las Cuestiones Ordinarias. Se prueba el consecuente de esta manera: si Dios tiene una virtud infinita, puede hacer todo aquello que no implique contradicción; pero el primer móvil es producido *desde la nada* sin nada presupuesto, lo cual no implica contradicción. Por lo tanto, si Dios tiene una virtud infinita, es más probable que Dios produzca un primer móvil desde la nada que lo opuesto. Pero aquello, que es producido desde la nada, puede ser producido *desde lo nuevo*, porque puede ser producido sin ninguna transmutación. Por lo tanto, etc. [mucho más probable es que Dios produzca un primer móvil desde lo nuevo, que éste móvil fuese desde la eternidad].

Del mismo modo la virtud infinita tiene más poder de producir las cosas desde la nada que una virtud finita sobre la forma. Pero la virtud finita puede producir desde lo nuevo a la forma. Por lo tanto, de la misma manera la virtud infinita puede desde lo nuevo producir toda cosa, a saber a todo el primer móvil.

En sentido contrario: es más probable que todo lo que se hace desde lo nuevo, se haga a través del cambio y no al contrario. Pero, si todo, lo que hace con novedad, se hace con transmutación, es necesario ir al infinito en los móviles asumiendo un movimiento antes del movimiento, como prueba el Filósofo en el VIII de la *Física*, y allí mismo prueba, que es necesario reducir todas estas transmutaciones a algún movimiento perpetuo que está en algún móvil perpetuo. Por lo tanto es más probable que el primer móvil y su movimiento fuese desde la eternidad que lo contrario.

Respondo: esta cuestión surge en razón de lo que dije en las Cuestiones Ordinarias. Que Dios tiene virtud infinita se puede probar con razones probables más que lo opuesto. Por lo tanto sobre esta cuestión se deben hacer dos cosas: En primer lugar se debe considerar si se puede mostrar con mayor probabilidad que Dios tiene una virtud infinita o su contrario; en segundo lugar se debe considerar, si se sigue por esto, que es más probable que el primer móvil y su movimiento comience desde lo nuevo o que fuese desde la eternidad.

En cuanto a lo primero digo que, como ya dije en las Cuestiones Ordinarias, se puede probar con razones más eficaces que Dios tiene una virtud infinita, y la razón que allí difusamente propuse, la tocaré aquí brevemente. Porque Dios es entidad y perfección infinita, por lo tanto también su virtud. La consecuencia es clara, porque en Dios lo mismo es la virtud que su perfección esencial. Por lo tanto, si uno es infinito, también lo que resta en cuanto a eso, lo es. El antecedente así se muestra: aquello que es ilimitado por la primera ilimitación del ente, la cual incluye a toda otra ilimitación, es ilimitado absolutamente. Y la perfección divina es de ese modo. Por lo tanto, etcétera. La mayor así se evidencia. Porque todo lo limitado es limitado por alguna limitación. Pero aquello, que no es limitado por la primera limitación del ente y que incluye todas las otras limitaciones, por ninguna limitación es limitado y por consiguiente es ilimitado. Por lo tanto, etcétera. Se prueba la menor: Porque la primera limitación del ente, que incluye todas las otras limitaciones, es una limitación en el género: pero la perfección divina, no está limitada en el género, la que incluye toda limitación del ente, porque la limitación en la especie incluye a la limitación del género y la limitación en el individuo de suyo [incluye] la limitación en la especie. Pero que la perfección divina no está limitada en el género, se ha probado difusamente en las Cuestiones Ordinarias de esta manera, que cualquier perfección que está absolutamente en cualquier género, se incluye en una única perfección simple divina. Pero debe notarse que, como allí se dijo, la limitación puede ser tomada de dos maneras:

de un modo en cuanto limitación en el orden de la predicación, porque a saber, así se predica de esto, y no de otro. Y tal limitación, aunque deba ser llamada limitación, conviene sin embargo a Dios, porque de Dios se predica de sí mismo y no desde otro distinto. De otro modo se habla de la limitación en el orden de la perfección, a saber, que afecta a lo limitado y según determinado grado de perfección, como la justicia creada tiene limitación en tal especie, dado que es tal justicia, de modo que ni la sabiduría ni la substancia ni tal limitación le convienen a Dios...

En cuanto a lo segundo, a saber: si se sigue de la infinitud de la esencia divina la novedad en el ser en la creatura generalmente no solo en el primer móvil sino también en su movimiento especialmente. Respondo que no, porque si la novedad está en el efecto, no hace a las cosas finitas o infinitas por virtud de la causa, sino más bien por el modo del obrar, a saber porque la causa o bien obra movida por un motor, y de este modo puede tener un efecto nuevo, o bien obra por libre albedrío, y así está en su poder el obrar o el no obrar, en un tiempo largo o corto. De donde si fuera alguna causa desde la eternidad, la que obrara por necesidad de la naturaleza, súbitamente, y por virtud finita o infinita, tendría un efecto eterno; pero si obrara por libre albedrío, podría tener un efecto nuevo, por una virtud finita o infinita. Y de esto formo el siguiente argumento como principal: esto no se seguiría de una virtud infinita, cuyo opuesto puede estar con una virtud infinita, en cuanto que es por parte suya. Pero lo opuesto a la novedad de ser, en cuanto a su parte, puede estar con la virtud infinita, porque, como ha sido dicho, la virtud infinita si fuera desde la eternidad, podría producir un efecto eterno. Por lo tanto etc. Sin embargo nos es permitido pensar que la virtud infinita haga esto: que produzca toda la cosa sin nada presupuesto, porque, cuanto mayor es la virtud, a tantas más cosas se extiende, sin embargo, en cuanto a la novedad de ser, directamente no hace nada, y si debiera hacer o ser algo eternamente, más pareciera hacer eternamente como dice el Filósofo, quien afirmó, que la virtud que mueve en un tiempo infinito es infinita.

Que sea más probable, que las cosas sean por necesidad desde la eternidad, como lo afirmó el Filósofo, o que sean desde lo nuevo, como afirma la fe, creo que esto depende de la posición frente al modo de obrar de Dios, a saber si obra esas cosas por necesidad de la naturaleza, las cuales proceden inmediatamente desde Él, u obra por libre albedrío; porque si es según el primer modo, inmediatamente nada procedería desde Él novedosamente, sino desde la eternidad y necesariamente; pero si fuera del segundo modo, entonces podría todo ente ser producido desde lo nuevo, porque es causa por sí de todo otro ente, como he probado en la tercera cuestión ordinaria.

Cuál de estos modos es más probable: me parece que, en cuanto a lo que se puede probar de lo que se nos manifiesta, más se manifiesta a nuestro intelecto el que Dios produce por necesidad, que producir inmediatamente, en cuanto es opuesto, aunque esto sea falso.

En cuanto al argumento [señalado] en primer lugar, que está en oposición, respondo quitando la consecuencia. Sin embargo no se sigue: Tiene virtud infinita, por lo tanto produce desde lo nuevo. Para probar lo primero, debe decirse que, aunque producir toda la cosa sin algo presupuesto como sujeto no implique contradicción, sin embargo no se puede demostrar que Dios es la causa de todo ente sin nada presupuesto, o –novedosamente– desde la eternidad, como si decir que Dios es la causa inmediata de algo nuevo [fuera] imposible con su modo de obrar, a saber si Dios produjera las cosas con necesidad de naturaleza.

A lo segundo debe decirse que, peca según una falacia de dicción cambiando en el fin de la frase, el *"cuanto"* con el *"cuando"*. Al usar: 'más puede la virtud infinita', se admite *cuanto,* pero, *cuando,* se utiliza en la menor. La virtud finita puede desde lo nuevo, etcétera, se admite *cuando*. Pero si admitiéramos en la mayor: Más puede la virtud infinita sobre toda cosa novedosamente, que la virtud finita, debe decirse que esto no es verdadero, si su modo de obrar repugnara al obrar novedosamente; porque la virtud infinita no acarrea la novedad de ser, como ya ha sido probado...

Durando de San Porciano

D. Durandi a Sancto Porciano super sententias theologiae Petri Lombardi commentariorum libri quatuor
París, 1550

In 2, dist, 1, q. 2: *Si la creatura que tiene el ser fijo y permanente podría ser producida desde la eternidad.*

Que la creatura haya sido desde la eternidad puede ser entendido de dos modos. Según un modo, como no teniendo causa o principio de su eternidad. Y este modo es imposible según la filosofía, y herético según la fe que algo además de Dios fuera o pueda ser desde la eternidad. De otro modo, que la creatura siempre fue no teniendo inicio de su duración, pero teniendo, sin embargo, causa y principio de su eternidad. Y este modo no se puede negar sino en razón de un defecto de la potencia divina, o en razón de la repugnancia respecto de la creatura. Lo primero no se puede afirmar de ningún modo porque la potencia divina se extiende a todos los posibles.

13. Ni lo segundo puede ser afirmado, porque repugnan por parte de la creatura, ni puede ser hecha desde la eternidad, porque sería en razón de un defecto de la potencia pasiva desde la eternidad, o por repugnancia del intelecto. Lo primero no puede ser dicho, porque por la misma razón nada puede ser creado totalmente, ni desde la eternidad, ni de lo nuevo. Porque la creación nada supone de parte de lo hecho. Por lo tanto solamente resta ver si hay repugnancia del intelecto, esto es, si implica contradicción que la creatura fuese desde la eternidad.

14. Y debe decirse sobre esto que, la cosa permanente, cuyo ser no consiste en la sucesión, como el cielo, el hombre, el ángel, puede ser producido por Dios desde la eternidad. Lo cual se evidencia de tres modos, según el triple modo que hay en la razón de creatura. Es, pues, creatura, el ente producido por otro, de la nada. Ya por esta razón, por la que la creatura es ente, no puede repugnarle el que fuese desde toda la eternidad, porque principalmente repugnaría a Dios, en el cual se salva más verdaderamente la razón de ente; por lo tanto si le repugnara esto, sería o en razón de la causa que produce, porque es por otro, o en razón de la producción, porque es ente producido, o en razón de

los términos, porque es desde la nada. Y acerca de esto se presentan las dificultades en los argumentos. 12. Que no repugne en razón de la causa que produce, se evidencia porque es por otro. Porque no es necesario a la causa agente preceder en la duración a su efecto, porque no es de la razón del agente; o en cuanto es agente absolutamente, o en cuanto es tal agente, a saber por voluntad. Pero lo primero no se puede afirmar, porque se encontrarían muchos agentes, cuyos efectos son al mismo tiempo que sus causas. Puesto si hay el fuego, hay luz en la casa, y el sol, en cuanto aparece, ilumina al hemisferio. Lo mismo se da en razón del agente [que obra] por voluntad, que precede en la duración a su efecto, a menos que la voluntad asienta nuevamente, de modo que primero no quiera y luego quiera, o que la voluntad siga a la deliberación. Pero ni uno ni otro de estos se encuentra en Dios, por lo tanto, etc.13. Así también la voluntad divina no disminuye su potencia, pero según todos, si Dios obrara por necesidad natural, las cosas serían desde la eternidad. Por lo tanto, aunque Dios obre por voluntad, las cosas podrían ser desde la eternidad. No hay por lo tanto repugnancia con relación al intelecto, si decimos que la causa agente no precede a su efecto. 14. Debe investigarse ahora que no haya repugnancia por parte de la producción, [en lo referente a] que la creatura no pudiera ser desde la eternidad, porque de esto depende la parte mayor de la cuestión (...).

19. En este tema, algunos afirman una simple emanación sin movimiento precedente (según la cual aquellas cosas, que son creadas) son hechas y han sido hechas, y son y son uno, y son medidos en el ahora, que no necesariamente coexiste con anterioridad a algo en el tiempo. Esto se evidencia, porque la acción y la pasión son un movimiento bajo diversos respectos, [a saber] desde el cual y hacia el cual; por lo tanto circunscripto al movimiento, la acción y la pasión son bajo ese solo respecto entre sí productor y producido. Dado que la creación es sin movimiento, crear y ser creado se dicen bajo ese solo respecto entre Dios y la creatura, de modo que crear no es otra cosa que dar el ser a otro sin ningún supuesto, y ser creado, [no es otra cosa] que tener de ese modo el ser desde Dios. Y de este modo cuando según una relación es verdadero afirmar que, instantáneamente, la creatura tiene el ser desde Dios. Y en otro es verdadero también afirmar que es creada y ha sido creada. No es necesario que la medida de la creación coexista primeramente en el ahora del tiempo, porque no es necesario que un movimiento preceda a la creación, como es en la iluminación nueva, en razón de la novedad. Pero como en las cosas divinas siempre es verdadero decir que el Hijo es engendrado y ha sido engendrado por el Padre por necesidad natural, y en la identidad de la esencia, también

es verdadero decir de la creatura (cuando es), que es creada por Dios, y ha sido creada por la libre voluntad divina, según una diversidad de la naturaleza, de modo que sea la misma acción la de creación de las cosas y la conservación de las mismas. Y aunque así se debe pensar, sin embargo de otro modo se ha de hablar, según lo que muchos dicen, porque las acciones más evidentes para nosotros son aquellas que son con movimiento, o que corresponden al movimiento, junto con las generaciones de las cosas naturales. Y en esto las cosas no se dice que son hechas luego del primer instante, en el cual reciben el ser. Por lo tanto, según esta semejanza, tampoco decimos que el cielo ahora sea creado, o los ángeles, y sin embargo, según la verdad de la cosa, así se deba pensar. Por lo tanto la medida de la creación es lo que permanece ahora pudiendo existir con muchos tiempos simultáneamente. Y no es necesario reconocer algún ahora de tiempo, que coexista primero, cuando ningún movimiento precede a la creación, como tampoco es necesario dar un último ahora del tiempo, que coexista con un último en la duración de la creatura. 20. De lo anterior se llega al siguiente argumento: la acción no es sucesiva, ni es medida ahora por el móvil [que fluye], porque la mayoría de las veces no conviene afirmarlo, sino en lo que permanece ahora. Y tal acción no impide, que lo producido por ella no pueda coexistir junto con el productor. Y esto es manifiesto por lo anteriormente tratado. Pues si fuera sucesiva, impediría la coexistencia respecto de cualquier agente. Además si fuera repentina y fuera medida ahora por el que fluye, no impediría la coexistencia con el agente temporal, sin embargo impediría con respecto al [agente] eterno, porque tal ahora no sucede asumirlo las mayoría de las veces. Y por lo tanto cuando es afirmado una vez, no puede ser afirmado anteriormente. Y no fue así desde la eternidad. Pero a este inmóvil nada le impide en el orden de la acción, la coexistencia del efecto con el agente eterno. Pero la creación es una acción de ese tipo, porque no es sucesiva, sino súbita, y no es medida ahora por el móvil, sino por lo permanente, como ha sido deducido; por lo tanto no repugna a la creatura en razón de su producción, porque no puede coexistir desde la eternidad con un Dios que lo produce, que fue en segundo lugar. 21. Que lo mismo no tenga repugnancia en razón de los términos (lo cual vino en tercer lugar), a saber en razón de que la creatura se dice ser desde la nada (pues por esto claramente se ve, que la creatura tuviera el ser, luego de la duración de la nada. Y esto así se evidencia: aquello, que no precede a la creatura por duración o naturaleza, no impide, que pueda ser eterna; pero ser nada o desde la nada no precede al ser de la creatura por duración o naturaleza; así entonces...etc. La mayor es evidente si se afirma no precede por naturaleza. La menor se prueba, porque la creatura no se dice que es hecha desde la nada materialmente, tanto si la nada sea la materia de lo hecho, ni tampoco según un orden, de modo que permanezca un orden positivo respecto de la nada. Y según este sentido, se hace desde la nada, esto es después de la nada, pero lo que se dice que es hecho desde la nada lo es de un modo puramente negativo, esto es, no desde algo. Y, de este modo, no hay precedencia de duración, o de naturaleza y se entiende la nada con respecto al ser de la creatura. De donde no es necesario que algo anteceda a la creatura ni en el tiempo ni en la naturaleza.

GABRIEL VÁZQUEZ S.I.

Disputationes Metaphysicae
apud Ludovicum San(c)tium, 1617, 318 p.

In 1. p. S. Thomae, *disp.* 177, *cap.* 5: *Es más probable la opinión según la cual este universo más allá de las generaciones de las substancias y accidentes, en cuanto pertenecen a todas las cosas, pudiera ser eternamente.*

Estimo mucho más probable, que todo este universo pudiera ser eternamente, no solo en cuanto a las substancias, y a las cosas permanentes sin corrupción, con una duración infinita, sino también en cuanto al movimiento; pero no en cuanto a las generaciones tanto de las formas substanciales, como de las accidentales. Por lo demás, antes de que mostremos que el movimiento de los cuerpos pueda ser desde la eternidad, lo cual Durando consideraba imposible, pero que otros en el capítulo anterior defendieron como posible, probaremos contra ellos que no puede haber una serie de generaciones desde la eternidad, en lo cual convenimos con Durando.

Sobre la generación del hombre había sido considerada por Tomás una única razón peculiar la cual abrazaron Cayetano, el Ferrarense, Hervé y Capreolo. Porque si se diera un infinito en acto en los separados por materia; habría un número infinito de almas, en tanto que son inmortales, y según la verdadera filosofía no pasan de un cuerpo al otro: y por lo tanto dicen, que si Dios por su omnipotencia quisiera hacer que las mismas almas informaran cuerpos distintos, no podría haber generaciones desde toda la eternidad: pero entonces no pensaban que fuera un absurdo un proceso al infinito en las generaciones, porque en las causas esencialmente ordenadas, ya sea particulares o universales, debemos llegar a una [causa] primera. Sin embargo en las causas ordenadas accidentalmente, que se encuentran en la serie de generaciones, no es necesario que se de una primera. El argumento tiene que ser discriminado porque todas las causas esencialmente ordenadas mueven en acto al efecto y una por la otra: y por lo tanto es necesario que se de una primera causa desde la cual comienza toda operación y movimiento: pero las causas ordenadas accidentalmente, no concurren todas en acto al efecto: pues para que se de esto, es decir, para que Pedro engendre un hijo, no es necesario que el padre de Pedro, y el abuelo y los demás generadores, obren, sino que basta con que cada uno haya engendrado en su momento. Acerca de lo cual los doctores citados no pensaban que fuera absurdo conceder, generaciones desde la eternidad en las otras cosas, en las cuales verdaderamente no se sigue nada incómodo como en las almas humanas.

Pero yo por otra razón pienso que no sólo sobre las almas humanas sino también sobre las otras cosas ya sustanciales o accidentales no se puede dar desde la eternidad: pues no considero imposible una infinita multitud de almas, ni contra la mente de Aristóteles, como en la disputa 26 cap. 3 fue probado; ni Santo Tomás en el capítulo 38 del segundo libro *Contra Gentiles* considera imposible. Pero el argumento es así, como Dios es el primer ente por esencia y la causa de todas las demás cosas, todo ser se refiere a El como a la primera y próxima causa. Así entonces es necesario llegar a algún ente producido por Dios, y desde el cual todas las cosas se deriven: afirmado esto se sigue no puede haber generaciones desde la eternidad; porque o infinitos hombres son producidos por Dios directamente desde la eternidad, y esto no pareciera ser correcto, puesto que un hombre generaría a otro desde la eternidad y sin principio; o serían producidos finitamente por Dios, y de este modo si debieran generar unos a otros, con orden y sucesión de serie, no podrían darse infinitas generaciones, porque finalmente llegaríamos a aquél primero, el cual no fue engendrado por otro, sino producido próximamente por Dios.

Ciertamente afirmar, que las generaciones fueron desde la eternidad según un orden, por lo cual afirmó Aristóteles que ningún ente primero fue producido solamente por Dios, así también se afirma que Dios por su omnipotencia no fue causa, de modo que las generaciones fueron o por naturaleza o acaso por azar. Pues quien puede hacer, como Dios, hubiera hecho de la nada generaciones en el mundo, y sin embargo no podamos asignarle la primera cosa creada. Respondo que hubiera hecho generaciones desde la nada, y no esta o aquella, sino que es la causa que da por su omnipotencia el que hubiera generaciones: pues de otro modo solo habría causa coadyuvante a las generaciones. Este argumento prueba que acerca de cualquier serie de generaciones, propongamos un inicio. Así Aristóteles afirmó generaciones desde toda la eternidad, como ya en la disputa 26, cap. 3 y el la disputa 81, c. 1 se dijo, porque pensaba, que un universo sin autor que se constituyó por su sola naturaleza. Dado que si hubiera sabido que Dios, autor libre de todas las cosas, piensa que todos los géneros de las cosas producidas se reducen al mismo ser; no hubiera dicho, que necesariamente el mundo fue desde la eternidad, ni estimaría que aquella serie de generaciones fuera posible...

Ahora resta que probemos solamente que no sólo las cosas permanentes no pudieron ser desde toda la eternidad sino también el movimiento continuo del cielo como pensaba Aristóteles. Pero esto sería manifiesto si resolvemos los argumentos que suelen oponerse a esta sentencia. El primer argumento es el que implica un infinito al pasado y lo concluido. A lo cual respondo que sin embargo no es absurdo, si lo infinito no tenga al inicio, pero que tenga fin. Así no es asombroso que el movimiento, el cual comienza sin principio, anduviera por repetición infinitos espacios. El segundo argumento: si un infinito fuera mayor al otro, porque hasta el año anterior el tiempo fue infinito, al cual se le agregó el año presente, entonces se hace mayor. Pero a este argumentos respondimos en la disputa 26 c. 2 allí también aclaramos que esto no se le ocultó a Aristóteles; y mucho menos dejó de afirmar que el movimiento fuera eterno: porque no estimó encontrar allí algo absurdo.

Tercer argumento: donde quiera que hay un orden de prioridad y posterioridad, debemos asignar algo como primero; ero los días están ordenados de ese modo. Por lo tanto entre ellos debería haber un uno primero. Respondo que en el orden finito esto es verdadero, y en una serie infinita basta que, ante cualquiera haya uno, como si dijésemos que en esta multitud hay un orden. Y esto debe entenderse así sobre estas cosas, según un orden de duración y sucesión han sido ordenadas: pues si hubiera un orden de causalidad, como en las causas no hay proceso al infinito, se debería haber llegado a alguna primera causa.

Cuarto argumento: si el cielo fue según su substancia creado desde la eternidad con movimiento; hablando del sol y de la luna: o la luna fue creada en oposición o en conjunción. Si en conjunción, ¿cuanto duró hasta la oposición? Claramente no un tiempo infinito: porque el espacio era finito, y se debía trasladar circunvalaciones finitas: pero si hay un tiempo finito, entonces todo tiempo posterior sería finito, porque tendría inicio; y agregando un finito anterior, no se lo haría infinito y eterno.

Respondo. El argumento claramente supone aquello que debe probar. Pues supone, que el cielo ha sido producido primero en cuanto a su ser, en algún determinado lugar, lo cual se debía deducir del argumento. Por lo tanto decimos que en aquella creación desde la eternidad no hay algo primero en el ser; pero el ser así supone cierta continua conservación, que es verdaderamente creación, como en la disputa 173 cap. 3 fue explicada. El cielo, que continuamente es conservado por Dios, en todo sitio y posición procede de la nada; no se entiende que la nada lo precedió sino que su naturaleza caería en la nada, si no fuera continuamente conservado. Al argumento si el cielo de la luna fue creado en oposición o en conjunción, debe distinguirse. Pues o se habla del primer punto de la creación y así ni en un sitio, ni en otro es producido, de modo que hubo algo primero en la producción: o se habla de la producción absoluta, y así decimos que en cualquier sitio ha sido producido por Dios con una creación continua, como también ahora es producido. Pues como en ninguno hay contradicción manifiesta, no debemos afirmar que Dios no pueda crear un mundo tal como lo explicamos; pero este artículo sobre la creación del mundo, por la sola fe se cree, como aconseja Santo Tomás en el art. 2.

Francisco Suárez

Disputaciones metafísicas
Madrid, Gredos, 1961, trad. S. Rábade Romeo, S. Caballero Sánchez y A. Puiggerver Zanón, Vol III, pp. 540-543. Disputación XX, sección 5, Vol III

11. *No repugna a la creación el ser realizada desde la eternidad. –En qué sentido debe entenderse la expresión «de la nada» en la definición de creación.–* (...) Afirmo: no pertenece a la razón de creación la novedad del ser actual, es decir, que no sea producido desde la eternidad. Se demuestra porque ni está incluido esto en la definición de creación rectamente entendida, ni por ningún otro capítulo resulta ello necesario ni contradictorio lo opuesto. Se prueba la primera parte, porque cuando se dice que la creación es una producción de la nada, la partícula *de* no significa sucesión de una cosa después de otra, como cuando decimos que el tiempo vespertino se hace del matutino; efectivamente, además de que esa expresión es muy impropia e inepta para la definición, denota asimismo un orden accidental, a no ser en las cosas sucesivas en cuanto sucesivas; pero la creación no es de suyo una emanación sucesiva, sino momentánea, es decir, simultánea en su totalidad. Consiguientemente, la expresión *de la nada,* o bien significa, tomada en sentido negativo, la carencia de causa material, y por esta parte no hay ninguna necesidad de novedad del ser, ya que la creación, aun siendo eterna, pudo ser independiente de la causa material; o denota la relación al término *a quo,* que debe ser en absoluto no-ente, y entonces expresa únicamente orden de naturaleza, no de duración, como observó también Avicena, lib. VI de su *Metafísica,* c. 2. Ahora bien, este orden de naturaleza consiste únicamente en que la criatura, de suyo, no tiene en absoluto ningún ser, si otro no se lo comunica por creación, y en este sentido de suyo es nada negativamente, es decir, no tiene el ser por sí misma. Por esta razón, aunque fuese creada desde la eternidad, sería creada de la nada, porque de no tener el ser por sí misma pasa a tener el ser por otro, de suerte que el mismo ser (que, si no fuese hecho, sería nada) es producido por creación. Y entonces, aunque en ninguna duración real sea verdad decir que *la creatura no existe,* o que es *nada,* sin embargo, es verdad afirmar que es nada con prioridad natural a ser algo, porque tal prioridad natural no excluye el

que sea de esa manera en alguna duración real, sino que debe explicarse negativamente, a saber, que sin la causalidad, que existe en virtud de la creación, la cosa sería nada. Escoto observó acertadamente esto *In II*, dist. 1, q. 2, distinguiendo una doble prioridad natural: positiva y privativa. De igual modo que, en el mismo instante en que la forma entra en la materia, se dice que es expulsada la privación, la cual se afirma que está en la materia con prioridad natural a la introducción de la forma, no formal o positivamente, sino causal o negativamente, pues si no se introdujese la forma, allí estaría la privación; pues de igual manera debe entenderse en el presente caso.

12. *Segunda parte*– La segunda parte se prueba porque no puede mostrarse repugnancia por ningún otro capítulo, cosa que se pondrá de manifiesto facilísimamente resolviendo las dificultades puestas al principio. Por ahora se explica brevemente, porque ello no es contradictorio por parte de Dios, como resulta evidente, pues es omnipotente, ni repugna por parte del mismo ser creado en cuanto tal, ya que, aun cuando sea producido desde la eternidad, será verdaderamente creado y dependiente; porque no pertenece a la razón de tal ser creado el no haber existido alguna vez en el tiempo anterior, como tampoco pertenece a su razón el que no haya de existir alguna vez en el tiempo posterior; consiguientemente, sólo pertenece a su razón el no existir por sí mismo y el no tener absoluta necesidad de existir; pero tendría ambas cosas aunque fuese producido desde la eternidad, porque, además de emanar eficientemente de otro, dependería de su determinación libre. Tampoco repugna a la libertad de la causa la eternidad del efecto, pues, así como la determinación de la voluntad divina es eterna y, a pesar de ello, es libre, porque con prioridad racional a que esa voluntad se entienda determinada en su eternidad se entiende indiferente para querer éste o aquel objeto fuera de sí, igualmente, aun cuando crease desde la eternidad y en la misma eternidad, sería indiferente, con prioridad racional, para crear o no crear. Además, tampoco por el modo según el cual se realiza la creación repugna que ésta sea eterna, ya que no se hace sucesivamente sino toda al mismo tiempo y de manera indivisible, y por ello, aunque la eternidad misma se entienda indivisible, la creación puede coexistir con ella.

14. *Una cosa creada desde la eternidad no es infinitamente perfecta.*
– Y así se entiende también fácilmente que de la creación eterna no se sigue ninguna infinitud real en la cosa creada; pues, aunque la duración eterna se diga infinita en cuanto carece de principio, sin embargo, ésa es solamente, o bien cierta denominación extrínseca de coexistencia

con la eternidad de Dios, en cuanto carece de principio, o bien (cosa que parece más cierta) una negación de comienzo en la existencia; pero en la realidad no se añade a la criatura ninguna perfección infinita, sino la misma existiendo siempre; de igual manera que, para el ángel, el coexistir o durar mil años del movimiento celeste no es mayor perfección física que existir un solo momento, sino que es la misma en su totalidad durando sin interrupción; luego por ningún capítulo repugna a la creación ser eterna.

www.ingramcontent.com/pod-product-compliance
Lightning Source LLC
Chambersburg PA
CBHW030816190426
43197CB00036B/488